개정판

근대교회사

이성과 자율의 시대

이성과 자율의 시대
근 대 교 회 사
ⓒ 한국기독교사연구소 2025

1995년 03월 31일 1판 1쇄 발행
2010년 03월 05일　　 7쇄 발행
2016년 04월 15일 2판 1쇄 발행
2022년 08월 15일 3판 1쇄 발행
2025년 08월 15일　　 2쇄 발행

지은이: 박용규
펴낸이: 박용규
펴낸곳: 한국기독교사연구소
등　록: 2005. 10. 5. 등록 25100-2005-212호
주　소: 서울시 마포구 성지길 54 (04083)
전　화: 02) 3141-1964
이메일: kich-seoul@daum.net

기획편집: 한국기독교사연구소
디 자 인: 김은경, 황예준
인　　쇄: 아람 P&B

ISBN 979-11-87274-00-1 (03230)

저작권자의 허락 없이 이 책의 일부 또는 전체를
무단 복제, 전재, 발췌하면 저작권법에 의해 처벌을
받습니다.

개정판

근대교회사

이성과 자율의 시대

| 박용규 지음 |

한국기독교사연구소
KICH The Korea Institute of Christian History

A History of the Modern Church

The Church in an Age of Reason and Autonmy

by

Yong Kyu Park, Th.M., Ph.D.

Published by
Korea Institute of Christian History
Seoul, Korea
2016

저자 서문

다른 분야에 비해 상대적으로 뒤져있던 교회사 분야를 위해 노력해온 많은 선배교수들과 최근 외국에서 학업을 마치고 돌아와 우리의 실존을 반영하는 교회사를 저술하거나 번역, 소개하고 있는 여러 교수들의 노고에 진심으로 감사드린다. 그 중에서도 이장식 교수, 김의환 박사, 홍치모 교수, 김영재 박사, 이형기 박사, 김명혁 박사, 손두환 교수의 노고는 남다르다. 이들은 황무지와 같은 한국 기독교계의 교회사학의 발전을 위해 하나님께서 세워주신 훌륭한 학문의 스승들이다. 교회사 분야의 서적이 극소수에 불과하던 1980년대부터 교회사 분야의 양서들을 번역·소개한 서영일 박사, 최근 종교개혁 후 시대를 학문적으로 정리해 근세·현대교회사를 출간한 김광채 박사의 노고 또한 빼놓을 수 없다.

부족하지만 우리의 것을 만들고자 하는 작은 노력이 본 근대교회사의 집필 동기이기는 하지만, 막상 완성하고 보니 보완해야 할 부분이 너무 많아 부끄러운 생각이 앞설 뿐이다. 앞으로 하나님이 기회를 주시는 대로 보완할 예정이다.

본서는 다음과 같은 몇 가지 원칙 아래 쓰여졌음을 밝혀둔다. 첫째, 근대사라는 전체적인 역사적 흐름을 염두에 두면서 사상적인 흐름을 중심으로 서술했다. 근대교회의 배경, 개신교 정통주의, 계몽주의, 경건주의, 혁명시대의 기독교는 이성과 자율의 시대로 특징되는 근대교회사를 연구하는데 빼놓을 수 없는 중요한 주제들이다. 이런 사상적 맥을 이해하지 않고는 근대교회사를 바로 이해할 수 없을 것이다.

둘째, 근대교회사에서 미국 기독교가 차지하는 비중을 높였다. 유럽의 기독교 못지 않게 미국의 기독교가 근대교회사 연구에서 중요하다고 판단되었기 때문이다. 근대교회사에서 미국 기독교의 역사가 차지하는 비중이 큼에도 불구하고 지금까지 소홀히 다루어 온 것이 사실이다. 미국 기독교의 역사는 유럽의 기독교 역사와 독립하여 다룰 수 없고 상호 연계성 속에서 다루어야 할 것이다. 특히 한국의 기독교는 19세기 말 미국의 근대 기독교와 더불어 시작되었다는 면에서도 근대 미국 기독교사를 과소평가할 수 없을 것이다.

셋째, 기독교 역사에서 종교와 문화는 대립적이며 긴장 관계에 있으면서도 상호 보완 관계에 있기 때문에 역사 해석에서 양면을 균형 있게 고찰했다. 자연히 정통주의 전통(the orthodox tradition)과 인본주의 전통(humanistic tradition)을 중요하게 다루었다. 이 두 가지 전통은 기독교 전 역사에서와 마찬가지로 근대교회사에서도 큰 맥을 형성하여 왔다. 수많은 신학자와 철학자들이 등장하여 이 두 가지 전통을 분리시키거나 통합, 아니면 종합시키려고 무던히도 노력하여 왔다. 정통주의와 인본주의, 이 두 가지 전통의 균형 잡힌 고찰은 근대교회사의 이해에 필수적이다.

졸저를 진행하면서 필자는 여러 학문의 선배들에게 많은 도움을 받았다. 그 중에서도 존 우드브리지(John D. Woodbridge) 박사, 케넷 칸저(Kenneth S. Kantzer) 박사, 그리고 김영재 박사에게 적지 않은 빚을 졌다. 또한 같은 분야의 동료 심창섭 교수와 박건택 교수는 물론 전공은 다르지만 타 분야에서 충실히 연구하고 있는 신실한 동료 교수들, 소중한 시간을 내 연표와 색인 작업을 도와준 강철희 군의 노고를 빼놓을 수 없다. 본서가 근대교회사 연구에 작은 도움이 되기를 바라며, 하나님께 감사드린다.

1995년 2월 24일
朴容奎

개정판을 내면서

부족한 근대교회사가 1995년 3월에 출간된 후 27년 동안 많은 사랑을 받아왔다. 처음 출간 당시 필자의 나이 40세였고, 유학을 마치고 교수로 부임한 지 만 4년이 지난 뒤였다. 거의 번역서에 의존하는 교회사 분야에 우리의 실존을 반영하는 교회사 출현이 너무도 절실하게 요청되는 시기였다. 그 요청은 거의 30년이 지난 지금에도 마찬가지이고, 여전히 우리의 실존을 반영하는 교회사 교재가 부족한 상황이다. 그래서인지 몰라도 그동안 여러 신학교에서 졸저, 근대교회사를 교재로 사용하였고, 독자들의 꾸준한 사랑을 받았다. 이 자리를 빌려 깊이 감사드린다.

1995년 출간 당시 훗날 기회가 오면 차분하게 전체 내용을 검토하면서 수정 보완할 계획을 세웠지만 교수로 재직하는 동안 강의와 새로운 연구와 여러 활동들이 겹치면서 그 일은 쉽지 않았다. 이번에 시간을 내서 근대교회사 전체적인 구조와 내용과 체제는 그대로 유지하되 다음 사항들을 검토하고 수정 보완하였다.

첫째, 2016년에 출간된 2판의 각부, 각장, 그리고 참고문헌과 색인에 이르기까지 동일한 페이지를 유지하는 것을 원칙으로 개정 작업을 진행하였다. 때문에 개정판은 2판과 색인까지의 전체 페이지가 동일하다.

둘째, 가능한 문장을 현대적으로 바꾸었다. 예를 들러 불란서를 프랑스로, 화란을 네덜란드로, 서반어를 스페인으로 통일했다. 등장인물들의 이름도 영미권 출신은 영어식 발음을 원칙으로 했고, 영어권이 아니면 그 인물이 태어난 국적의 언어로 표기하는 것을 원칙으로 하였다. 예를 들어 찰스 대제는 샬로마뉴 대제로, 헨리 1세는 앙리 1세로, 인물에 따라 영어, 프랑스어, 독일어 식으로 전체를 수정했다.

셋째, 조약이나 협약 등 역사적 사실의 경우도 그것이 일어난 나라의 명칭을 따랐다. 예를 들어 오스나브뤼크와 뮌스터(각각 1648년 5월 15일과 10월 24일)에서 체결되어 프랑스어로 조약문이 작성된 평화조약은 영어권에서는 그동안 '베스트팔렌 평화조약'으로 널리 알려졌지만 이를 '베스트팔렌조약'으로 수정했다. 근대교회사가 영국과 미국, 유럽대륙 전체를 아우르는 통사라는 사실을 염두에 두었기 때문이다.

넷째, 근대교회사에 등장하는 거의 모든 인물들의 생몰년도를 일일이 확인하고 없는 경우 찾아서 삽입했다. 도저히 찾을 수 없는 경우를 제외하고는 거의 다 추가하였다. 한 인물의 생몰년도는 그가 살았던 시대가 근대교회사에서 어느 시점에 해당하는가를 파악하는데 저자나 독자 모두에게 절대적으로 필요하다고 판단했기 때문이다.

다섯째, 본문에 나오는 인물의 이름과 책 제목의 경우 한글명과 원서명을 가능한 그 나라 말로 병기하려고 하였다. 이것은 독자들이 다소 독서의 흐름을 깨는 등 불편할 수 있지만 학문적인 뒷받침을 통해 더 많은 연구를 하거나 정확한 의미를 독자들이 파악할 수 있도록 배려하려는 의도였다. 그러나 각주에서 언급된 경우 본문에는 원서 명을 병기하지 않았다. 그리고 모든 수정 내용을 참고문헌과 색인에도 반영했다.

본서가 독자들에게 역사의식, 교회사에 대한 안목과 혜안을 넓혀주고 근대교회사 연구에 작은 도움이 되기를 바라며, 하나님께 모든 영광을 올려드린다.

2022년 8월 15일
박 용 규

목차

저자 서문 · 5

개정판을 내면서 · 7

서 론 · 13
    1. 근대교회사 해석문제 · 13
    2. 근대교회사 출발과 시대구분 문제 · 20
    3. 총체적인 재구성과 서술 방법 · 26

제 I 부 근대교회사 배경

제 1장 종교개혁 후 유럽의 변혁 ········· 31
    1. 아우구스부르크 종교화의 · 32
    2. 프랑스 개혁교회와 낭트칙령 · 36
    3. 네덜란드 독립운동과 칼빈주의 · 42
    4. 30년 전쟁과 베스트팔렌 조약 · 44

제 2장 청교도 운동 ········· 49
    1. 엘리자베스 여왕과 통일령 · 52
    2. 의회와 찰스 1세의 충돌 · 57
    3. 크롬웰 시대의 청교도 운동 · 61
    4. 찰스 2세의 왕정복고와 청교도 운동 · 64
    5. 청교도의 영향과 평가 · 66
    6. 요약 및 정리 · 68

제 3장 조지 팍스와 퀘이커 운동 ········· 70
    1. 조지 팍스의 종교적 체험 · 72
    2. 퀘이커 조직과 확장 · 73
    3. 퀘이커의 가르침 · 74

제 4장 개척시대의 미국 기독교 ················· 78

   1. 신대륙의 정착과 식민지 경쟁 · 79
   2. 뉴잉글랜드와 영국식민지 개척 · 88
   3. 미국 청교도 선조들의 신앙 · 97
   4. 요약 및 정리 · 103

제 II 부 개신교 정통주의

제 5장 개신교 정통주의 ······················· 107

   1. 개혁파 정통주의 · 109
   2. 루터파 정통주의 · 115
   3. 정통주의 신학 · 119
   4. 정통주의와 소시니안주의 · 122
   5. 요약 및 정리 · 124

제 III 부 계몽주의와 근대 유럽의 기독교

제 6장 자연과학과 철학의 발달 ················· 127

제 7장 계몽주의 운동 ························ 135

   1. 계몽주의의 역사적 배경 · 137
   2. 계몽주의 특징들 · 141
   3. 계몽 사조의 진행 · 148
   4. 볼프주의와 니올로기(Neologie) · 157
   5. 요약 및 정리 · 161

제 8장 계몽주의에 대한 반동 ··················· 162

   1. 쟝 자크 루소 · 163
   2. 조셉 버틀러 · 168
   3. 데이빗 흄 · 171
   4. 임마누엘 칸트 · 175

제 IV 부 경건주의와 영미 각성운동

제 9장 경건주의 운동 … 185
1. 경건주의 운동의 기원 · 186
2. 개혁파 경건주의 · 187
3. 루터파 경건주의 · 189
4. 경건주의의 특징과 가르침 · 201
5. 경건주의의 영향 · 203
6. 요약 및 정리 · 206

제 10장 대각성운동과 미국 기독교 … 208
1. 1차 대각성운동, 조나단 에드워즈, 뉴잉글랜드 신학 · 210
2. 에드워즈 이후의 뉴잉글랜드 신학 · 221
3. 대각성운동과 교세의 확장 · 226
4. 요약 및 정리 · 232

제 11장 요한 웨슬리와 영국 감리교 운동 … 234
1. 요한 웨슬리의 사상 및 교육적 배경 · 236
2. 홀리클럽 · 241
3. 조지아 선교 · 244
4. 올더스게이트가 회심 · 247
5. 감리교 부흥운동 · 249
6. 조지 휫필드와 칼빈주의 감리교 운동 · 253
7. 독립혁명과 미국 감리교 운동 · 257
8. 웨슬리의 사상 평가 · 261
9. 요약 및 정리 · 266

제 12장 사회개혁과 근대 선교운동 … 268
1. 찬송가 발전 · 270
2. 사회개혁 · 271
3. 근대 선교운동 · 275

제 V 부 혁명시대의 기독교

제 13장 프랑스 혁명과 유럽의 혁명 ·················283
1. 프랑스 혁명 · 285
2. 나폴레옹 통치 하의 교회 · 287
3. 나폴레옹 이후의 유럽 · 288

제 14장 옥스포드 운동과 새로운 변혁 ·················292
1. 옥스포드 운동의 역사적 배경 · 294
2. 옥스포드 운동의 이상 · 296
3. 새로운 교파 운동 · 301

제 15장 혁명시대의 미국 기독교 ·················303
1. 독립혁명과 낙관주의 · 304
2. 전환기의 교회들 · 312
3. 2차 대각성운동 · 314
4. 2차 대각성운동, 찰스 피니, 칼빈주의 수정 · 323
5. 2차 대각성운동의 영향과 결과 · 329
6. 요약 및 정리 · 347

결 론 · 349

근대교회사 주요 사건 연표 · 353
참고문헌 · 369
색인 · 377

서 론

> 하나님께서는 나에게 글을 쓸 수 있는 힘을 주셨다 … 나는 아무 것도 미움으로 쓰지 않았고, … 항상 내가 믿는 바가 하나님께 영광이 되도록 신실하게 노력해왔다.
>
> 1564년 마지막 병 중에서 존 칼빈(John Calvin, 1509-1564)

1. 근대교회사 해석문제

근세(Neuzeit)는 사고가 하나님 중심에서 인간 중심으로 변천된 시기였다. 쿠르트 디트리히 슈미트(Kurt Dietrich Schmidt, 1896-1964)는 1648년부터 현재까지를 근대교회사로 규정하고 "개인주의와 세속주의 시대의 교회사"(Geschichte der Kirche im Zeitalter des Individualismus und des Säkularismus)라고 통칭했다.[1] 중세가 신율로 특징되는 시기라고 한다면, 근세는 "인간이 스스로 주인이 되고자 하는 자율의 시대"였다. 인간은 더 이상 영적인 세계에만 집착하지 않고 현세에 관심을 집중시켜 이를 인간 생활의 준거점으로 삼기 시작했다. 따라서 에른스트 트럴취(Ernst Troeltsch, 1865-1923)는 근대의 두드러진 특징을 "현대 정신의 해방"에서 찾았다. 그러나 하인리히 보른캄(Heinrich Bornkamm, 1901-1977)이 지적한 것처럼 근대교회사는 일반 역사와 달리 그 특징을 한마디로 규정하는 것이 어려운 시기이다.

---

1 K. D. Schumitt, *Grundriss der Kirchengeschichte IV: Geschichte der Kirche im Zeitalter des Individualismus und des Säkularismus 1648-1950* (Gottingen, 1954).

근대를 보는 관점에 대해서도 개신교와 로마 가톨릭은 입장이 서로 다르다. 로마 가톨릭은 "기독교 전통으로부터 탈피를 추구하는 근대"를 비판적으로 보는 것이 일반적인 경향이다. 제 1차 바티칸 회의(1869-1870)의 교황무오설 이후에 나타난 문화 투쟁을 통하여 가톨릭 교회는 계속하여 사회와 문화에 대한 주도권을 장악하려고 노력하여 왔다. 그러나 칼 라너(Karl Rahner, 1904-1984)나 한스 큉(Hans Küng, 1928-2021) 같은 현대주의적 경향을 가진 신학자들이 가톨릭에 영향을 미치면서 이런 비판적이고 부정적인 관점은 점차 수정되고 있다. 제 2차 바티칸 회의(1962-1965)는 이 사실을 충분히 반영하여 준다.[2]

개신교 역사가들도 탈 기독교를 추구하는 근대를 "인본주의 시대"로 규정하면서 비판적인 시각으로 바라보는 것은 마찬가지이다. 그러나 비판의 시각은 서로 다르다. 로마 가톨릭이 로마교회의 기득권 상실에서 오는 교권적인 비판인 것에 반하여 개신교도의 비판은 기독교의 전통과 정통의 상실을 염려하는 데서 오는 비판이라고 볼 수 있다. 이처럼 근대를 비판적인 시각으로 보는 경향은 개신교 내의 보수주의자들 가운데 두드러진다.

그러나 칼 바르트, 프리드리히 고가르텐, 그리고 딜타이 같은 개신교 내의 진보주의자들은 근대를 긍정적으로 평가한다. 그들은 종교개혁을 통하여 진정한 기독교적 인간론이 정립되었으며, 인간, 하나님, 세상의 삼각 관계가 책임과 조화 속에 형성되도록 만드는 데 종교개혁이 절대적인 영향을 미쳤다고 보았다. 그런 의미에서 종교개혁을 포함한 종교개혁 후시대는 인간성을 회복하여 하나님과 세상과의 아주 새로운 관계를 정립한 시대였다. 근대는 하나님과 세상 사이를 혼돈하지 않고 오히려 하나님과 세상 자체를 인정하고 양자의 관계에서의 인간의 역할과 위치를 탐구했던 시대였다고 본다.

삶의 영역에서의 인간의 책임이 강조되면서 인간이 단순히 신율적인 도구로 전락해 버린 중세와는 달리 근대에서의 인간은 창조적이고 독립적인 기

---

2   Austin Flannery, O.P. ed., *Vatican Council II* (Grand Rapids: Erdman, 1992).

능을 부여받은 책임 있는 존재로 인정을 받았다. 이런 의미에서 빌헬름 딜타이(Wilhelm Dilthy, 1833-1911)가 지적한 것처럼 "종교개혁이 신앙의 자유의 실현을 통해 인간 정신의 성숙에 기여"했음을 간과할 수 없다.[3] 종교개혁은 가톨릭에 대한 맹목적인 의존에서의 탈피, 인간의 자연 지배 그리고 사회와 문화에서의 이성의 중요성이라는 세 가지 측면에서 근대 정신의 기반을 조성하여 주었던 것이다. 근대를 긍정적으로 평가하려는 관점은 에른스트 트뢸취(Ernst Troeltsch, 1865-1923)에게서도 찾아 볼 수 있다.[4]

이처럼 접근하는 방향은 서로 상이하지만 공통적으로 동의하고 있는 것은, 교회가 이 시대의 사상적인 주도권자가 아니라 세속 문화가 이 시대의 사상을 주도하였다는 사실이다. 때문에 근세에 접어들면서 "중세의 이념"인 교회에 근거를 두고 있었던 통일적인 문화가 종말을 고하고 새로운 현상들이 나타나기 시작했다. 국가와 교회가 분리되고, 세속적인 문화와 종교적 이념이 분리되고 또 새로운 교파가 발흥하기 시작했다. 과학의 발달과 세상 문화가 전통적인 기독교회에 영향을 미치면서 교회는 세속화되어 갔다. 이 때문에 혹자는 이 시대를 "자율의 시대," "이성의 시대" 혹은 "세속화 시대"라고 칭한다. 인간의 자율과 세속주의를 연결하여 주는 개인주의는 근대의 또 하나의 특징이다. 17, 18세기에 들어서면서 각 개인의 자율이 극대화되기 시작하였고, 심지어 개인의 이익을 극대화시킴으로써 공동의 유익을 추구할 수 있다고까지 생각했다.

근대의 특징인 인간 중심의 사고는 르네상스 휴머니즘의 "인간성의 연구," 종교개혁의 "개인주의 신앙" 그리고 "자연과학의 발달"에서 결정적인 영향을 받았다.[5] 인문주의는 진정한 인간성을 탐구하기 시작했다. 기독교적인 고전을

---

3   김광채, 근대교회사, 18. Cf. W. Dilthey, *Weltanschauung und Analyse des Menschen seit Renaissance und Reformation*(1913), in: Gesammelte Schriften, Bd.2(5.Aufl.: Stuttgart/Gottingen, 1957), 41-90.
4   역사주의를 강조하는 딜타이와 달리 트럴취는 사회.경제적인 측면을 강조하면서 문화 개신교주의를 제창하는 종교사적인 접근을 한다.
5   Clyde L. Manschreck, ed. *A History of Christianity: Readings in the History of the Church II* (Grand Rapids: Baker Book House, 1962), 218.

연구하고 교부들의 연구와 성서의 원문 연구를 통하여 진정한 기독교의 의미를 발견하려고 했던 북유럽의 기독교 인문주의자들과는 달리, 이탈리아의 인문주의자들은 인문주의적인 특징을 뚜렷이 지니고 있었다. 이런 인문주의자들의 인간 중심의 사고는 근대 사상의 근간을 형성했다. 한편 "개개인의 신앙"을 강조하였던 종교개혁은 인간 사고에 또 하나의 혁명을 이룩했다. 그러나 근대의 인간 중심의 사고에 결정적인 영향을 미친 것은 자연과학의 발달로 인한 세계관의 변화이다.[6] 자연과학의 발달로 중세를 지배하였던 천동설이 무너지고 지동설이 지지를 받으면서 인간의 우주관과 세계관에 일대 혁명이 일어난 것이다. 자연히 자연과학의 발달은 인간의 사고를 "중세적인 신율적 이성"에서 "근대적인 자율적 이성"으로 전환시켜 주었다.

인간 사고의 중심이 하나님 중심에서 인간 중심으로 전이되면서 자연을 보는 관점도 달라지기 시작했다. 자연은 이제 더 이상 하나님의 피조물이 아니었다. 인간은 자연이 하나님에 의하여 규정되고 통치되는 것이 아니라 "스스로 존재하는 자연"으로 인식하게 되었다.[7] 자연에게 존재와 사고의 영역을 부여하면서 "자연적"이라는 말은 "기본적인 규범에 맞는"이라는 뜻으로 사용되었고, 그 결과 "자연 신학, 자연 윤리, 자연 경제, 자연법"이라는 말들이 생겨나 일반화되기 시작했다. 자연이 기본적인 규범으로 인식되면서 경외의 대상이 되어 "어머니"라고까지 불리게 되었다. 자연을 통하여 기독교를 논하고, 기독교를 통하여 자연을 논하는 것이 가능해졌다.

그 결과 마틴 슈미트(Martin Schmidt, 1909-1982)가 지적한 것처럼 이 시대에 "모든 분야에서 세속화의 과정을 볼 수 있는 것은 사실이지만, 이 세속화(Sakularisierung)의 과정과 병행하여 종교화(Sakrlisierung)의 과정"이 따랐던 것이다.

세계관의 변화, 자연과학의 발달, 그리고 신대륙의 발견은 인간에게 새로

---

6   Gerald R. Cragg, *Freedom and Authority: A Study of English Thought in the Early Seventeenth Century* (Philadelphia: The Westminster Press, 1975), 36-58.
7   Manschreck, *A History of Christianity II*, 219.

운 가능성을 심어 주었다. 새로운 세계를 창조하려는 인간의 열망은 단순히 미래 지향적인 경향에만 머물지 않고 스스로의 노력에 의하여 하나님 나라를 건설하여야 한다는 사명감을 확인시켜 주었다. 따라서 근세가 시작되면서 수많은 사람들이 이 땅 위에 하나님 나라를 건설하려는 시도를 하여 왔다. 이것은 특별히 신대륙에서 두드러졌다. 이와 함께 자연히 후천년설이 기독교의 종말론으로 중요한 자리를 차지하게 되었다. 영국에서 종교의 자유를 찾아 미국으로 이주해 온 수많은 청교도들은 후천년설을 자신들의 종말론으로 소중하게 간직하여 왔다. 이런 종말론은 에드워즈를 통하여 프린스톤 신학교에 정착하게 되어, 프린스톤 개혁주의자들은 이 후천년설을 자신들의 종말론으로 정립하게 되었다.[8]

자연과학의 발달이 인간의 우주관과 세계관에 일대 혁명을 가져왔듯이 근대의 특징인 개인주의의 발달은 정치, 경제 생활 뿐만 아니라 교회 생활에도 상당한 영향을 미쳤다. 개신교가 로마 가톨릭과 공식적으로 분리되었으며, 심지어 개신교 내에서도 신앙을 달리하는 수많은 교파들이 발흥하여 자신들의 집단을 형성하여 갔다. 이들 중에는 정통적인 신앙과 노선을 달리하는 교파들도 있었다. 소위 종교다원주의가 득세하기 시작한 것이다. 수많은 교단들이 역사에 등장하면서 전통적인 루터란주의와 칼빈주의는 수정되기 시작했다. 19세기 미국 예일 대학을 중심으로 등장한 소위 뉴디비니티 신학과 네덜란드의 아브라함 카이퍼를 중심으로 등장한 신칼빈주의가 그 대표적인 예이다. 이런 현상은 미국에만 국한된 현상은 아니었다. 칼빈의 사상이 베자를 거치면서 수정되기 시작하였고, 소위 엄격한 칼빈주의(hyper Calvinism)에 근거한 개혁파 정통주의가 뿌리를 내리기 시작한 것이다. 그 중 두드러진 것이 예정론이다. 타락 후 예정론(infralapsarianism)이 과소평가되면서 타락 전 예정론(supralapsarianism)이

---

8   John Wheeler Auxier, "Princetonian Eschatology 1812-1878: the Neglect of the Apocalypse" (M.A. thesis, Trinity Evangelical Divinity School, 1986); Linda Kay Johnson, "Apocalyptic Recycling in Cotton Mather and Edward Taylor" (Ph.D. disser., University of Minnesota, 1982). 또한 James H. Moorhead, "The Millennium and the Media" in *Communication & Change in American Religious History*, ed. Leonard I. Sweet (Grand Rapids: Eerdmans, 1993), 216-238을 참고하라.

종교개혁자들과 그들의 계승자들

개혁주의 예정론으로 완전히 뿌리를 내리게 되었다. 그래서 일부 현대 역사가들은 역사적 칼빈을 재정립하여야 한다고 주장하고 있다. 칼빈의 사상이 베자를 거치면서 변질되었다는 것이다. 때문에 이들은 칼빈주의를 통하여 칼빈을 이해하는 것은 칼빈의 신학을 있는 그대로 이해하는 데 한계가 있다고 말한다. 켄데일(Robert. T. Kendale, 1935-)이 칼빈과 영국 칼빈주의(*Calvin and English Calvinism to 1649*)라는 책에서 칼빈에 대한 전통적인 관점을 뒤엎고 있는 것도 이런 맥락에서 이해할 수 있을 것이다.[9] 켄데일은 칼빈의 사상과 웨스트민스터 신앙고백에 나타난 사상은 역사적 및 사상적 연속성이 없다고 주장한다. 웨스트민스터 신앙고백을 작성한 성직자들은 베자에 의해서 수정된 극단적 칼빈주의 전통을 따르고 있어 무제한적 속죄나 타락 후 예정설을 따르는 칼빈과는 상당한 차이가 있다는 것이다.

---

9   R. T. Kendall, *Calvin and English Calvinism to 1649* (New York: Oxford University Press, 1981).

"자율의 시대," "이성의 시대," "개인주의" 그리고 "세속화 시대"가 근대의 특징이지만 이것은 교회 밖에서 본 시대적 특징이지 교회의 내면적인 삶을 반영한 것은 아니다. 이 시기의 교회의 역사는 개혁파 및 루터파 정통주의, 경건주의, 계몽주의, 부흥운동, 그리고 자유주의 운동 등 좀 더 신앙적인 차원에서 전개되기 시작했다. 종교개혁 이후 개혁자들의 신학 사상이 후계자들에 의하여 수정되어 교리주의로 흐르기 시작했다. 이런 현상 중의 대표적인 것이 개신교 정통주의이다. 이 정통주의는 16세기 후반부터 한 세기를 특징지었다.

한 세기가 지나면서 개신교 정통주의에 대한 반동으로 두 가지 현상이 나타났다. 첫 번째 반동은 소시니안주의, 계몽주의 그리고 자연신론으로 진행된 탈정통주의 발흥이다. 반(反)교리주의를 특징으로 하는 소시니안주의는 전통적인 교리를 부인하고 인간의 사고의 교리적 지배를 반대하며 인간의 자율과 해방을 외쳤다. 때문에 그들은 삼위일체의 개념이나 다른 전통적인 교리를 거부했다. 이것은 근대사에서 상당히 중요한 의미를 부여하는데, 그 이유는 소시니안주의가 계몽주의로 이어주는 다리 역할을 하였기 때문이다.

정통주의에 대한 두 번째 반동은 루터교 내에서 일어난 경건주의 운동이다. 경건주의 운동은 루터교회의 영역에만 국한된 현상은 아니었다. 이것은 루터교의 영역을 넘어 18세기 후반과 19세기 개신교 전반을 특징 지어준 운동이었다. 경건주의는 교회에 체험적인 신앙의 중요성을 일깨워 주었고, 이것은 다시 모라비안 운동을 통하여 웨슬리의 부흥운동에 직접 간접적인 영향을 미쳤다. 대륙의 경건주의 운동, 찰스 웨슬리와 요한 웨슬리 형제 그리고 조지 휫필드의 영국의 부흥운동은 신대륙의 기독교에 영향을 미쳐 미국에서는 18세기 초엽에 소위 제 1차 대각성운동이 일어나 신대륙의 종교적인 삶을 특징 지우기 시작했다. 이런 의미에서 경건주의 운동, 미국의 대각성운동, 영국의 감리교 부흥운동은 상호간에 역사적인 맥락을 같이하는 일종의 갱신운동이었다.[10]

---

10 경건주의와 후대 감리교 부흥운동의 연계성에 대해서는 다음 논문을 참고하라. Howard Albert Snyder, "Pietism, Moravianism, and Methodism as Renewal Movement: A Comparative and Thematic Study" (Ph.D. disser., 1983).

한편, 기독교의 세속화를 촉진시킨 많은 요인 중에서 프랑스 혁명과 자유주의 운동의 발흥은 근대사에서 간과할 수 없는 중요한 요소이다. 프랑스 혁명은 프랑스에서 기독교 시대의 종말을 가져와 "기독교 후시대"를 열어 놓았다. 한편, 계몽주의는 자유주의 신학을 잉태하는 직접적인 전기를 마련하여 주었다. 정통적인 기독교 사상에 반기를 드는 수많은 자유주의 사상들이 발흥하여 기독교 전통 교리를 직간접으로 공격했다. 독일의 고등비평과 찰스 다윈의 진화론은 자유주의 신학을 촉진시킨 또 다른 요인이었다. 교회 밖의 문화로부터 도전을 받자 교회는 타협하거나 거부하는 두 가지 방향으로 대별되었다.

2. 근대교회사 출발과 시대구분 문제

마지막으로 우리에게 남겨진 과제는 과연 근대를 시대적으로 어떻게 구분할 것인가 하는 것이다. 일반 문화사적으로 볼 때 근대는 르네상스 휴머니즘을 기점으로 삼는다. 그러나 종교개혁사와 구분되는 교회사적인 근대의 시기는 학자에 따라 견해를 달리한다. 어떤 이들은 "독일의 프로테스탄트 교회가 처음에 독일 내의 가톨릭 세력에게 그 생존권을 인정받게 된 시기"를 근세 "역사의 중요한 전환점"으로 삼는다. 따라서 이들은 "아우구스부르크 종교화의(宗敎和議: Augusburg Interim)가 맺어진 1555년"을 근대교회사의 출발점으로 규정한다. 이들이 종교화의를 근대교회사의 출발점으로 삼는 것은 이 시기야말로 종교개혁 1세대들이 역사에서 사라지고 개신 교회와 로마 가톨릭이 분립(分立)되던 시기이기 때문에 근대교회사의 출발점으로 적격이라는 것이다. 그리고 시대를 구분하는데 있어서도 종교개혁의 발생지인 독일을 기준으로 삼는다.

이런 시대적인 구분은 어떤 면에서 근거가 있기는 하지만 다음 몇 가지 이유로 받아들이기 어렵다. 첫째, 종교개혁 시대를 1세대 종교개혁자들의 사망 연도를 기점으로 삼는 것은 바람직하지 않다는 사실이다. 종교개혁은 종교개혁 1세대들에게만 국한된 현상이 아니라 한 세대를 훨씬 넘어 진행된 개혁운동이었다. 둘째, 종교개혁이 독일에서 출발한 것은 사실이지만 종교개혁 현상을 독일만을 중심으로 평가할 수 없다는 점이다. 종교개혁의 물결은 독일의 영토를 훨씬 넘어선 범 유럽 기독교 운동이었다. 대륙과 영국의 종교개혁은 선을 긋듯이 1555년의 아우구스부르크 종교화의까지로 한정지을 수 없다. 그러므로 종교개혁 시대의 끝을 종교개혁의 지리적인 특성과 개혁자들의 시대적인 특성상 1세대 종교개혁자들의 사망이나 독일의 개신교와 가톨릭의 분립을 기준으로 삼는 것은 한계가 있다.

유럽의 근대교회사는 근대문화사와 더불어 시작되었기 때문에 근대를 단순히 종교사적으로만 접근하기에는 너무도 많은 제약과 한계가 있다. 근대교회사를 특징 지어주는 중요한 논제들, 예를 들면 개인주의의 발흥, 세속화, 자연과학의 발달, 인간성의 해방과 자율 등은 교회의 영역을 넘는 부분이 많다. 따라서 근대의 출발점을 단순히 교회사적인 영역에만 지나치게 국한시킬 필요는 없다. 쿠르트 슈미트(Kurt Dietrich Schmidt)나 제럴드 크래그(Gerald R. Cragg) 같은 수많은 교회사가들이 제시하는 것처럼, 유럽의 30년 종교 전쟁(1618-1648)이 끝나는 1648년부터를 근대교회사의 출발로 삼아야 할 것이다.[11] 1648년 베스트팔렌 조약이 체결되고 1789년 프랑스 혁명이 일어나기까지 북미와 유럽은 이성, 자율, 과학이 지배하는 새로운 시대를 맞았다.

광범위한 지지를 받고 있는 이런 해석은 사실 상당한 설득력을 지닌다. 베스트팔렌 조약(the Peace of Westphalia, 1648)은 종교적 문제로 인해 1세기 동안 진행된 종교적 분쟁을 종식시키고 종교적 관용을 공식적으로 선포한 사건이며,[12] 또한 유럽의 역사, 사회, 정치, 종교, 문화 전반에 엄청난 변화를 가져다

---

11 이 부분에 대해서는 Gerald R. Cragg, *The Church and The Age of Reason 1648-1789* (New York: Penguin Books: 1987), 9-16을 참고하라.

12 종교 전쟁이 끝나고 맺은 베스트팔렌 평화 조약은 종교개혁으로 말미암아 계속된 1세기의 종교 전쟁을 종결지어 주었다. 이 조약은 30년 전쟁의 종결이었을 뿐만 아니라 종교개혁 후 지루하게 계속된 종교 전쟁의 끝맺음이기도 했다. 베스트팔렌 조약 후에도 1세기 반 동안, 유럽의 평화는 종종 깨어지고 국가들 간에 전쟁이 없었던 것은 아니지만 양측은 무력에 의한 선교를 극력 자제하였고, 교리적 분쟁도 수습되었다. 따라서 신앙의 문제가 국가들 사이에서 심각한 문제로 대두되지 않았다.

준 사건이었다는 점에서 근대교회사로의 진입을 알리는 신호였다. 그후 유럽은 전대(前代)와는 다른 엄청난 변화를 겪으면서 이성과 자율의 시대로 돌입했다. 이 시대에 종교적 관용, 교황의 영향력 상실, 자연과학의 발달 그리고 새로운 합리주의가 발흥했다.

30년 전쟁 이전에는 가톨릭의 카를 5세나 프로테스탄트의 프리드리히, 심지어 헨리 8세조차 종교적 통일이 국가적 통일에 선행되어야 할 조건이라고 믿고 종교적 투쟁을 불사했으나, 1세기의 피비린내 나는 투쟁 결과 얻은 결론은 과연 종교적 통일이 필요하냐는 것과, 설령 그것이 필요하다고 해도 이를 위해서 너무 비싼 대가를 지불하지 않았느냐 하는 것이다. 종교적 합일을 이루기 위해 수십 년을 투쟁해 온 프랑스가 낭트칙령을 통해 얻은 값진 교훈은 종교적 통일보다는 종교적 관용이 가톨릭과 프로테스탄트 모두를 위한 바람직한 시대적 요청이었음을 발견한 것이다. 국민들로부터 환영을 받는 지도자는 종교적 통일을 추구하기보다는 종교적 관용을 통해 화합과 관용을 허용하는 대범한 지도자였다. 한 제국이 정치적 통일을 통해 여러 나라들을 다스릴 수 있다고 꿈꾸어 온 카를 5세마저도 더 이상 설 자리를 잃고 말았다. 베스트팔렌 조약 이후 유럽 여러 나라들이 독립을 쟁취하여 소위 근대 민족주의 국가관이 급속히 발흥하면서 카를 5세의 신성로마제국의 야망은 붕괴되어 버렸다.

이 시대에 등장한 종교적 관용은 확실히 근대의 중요한 특징이었다.[13] 비록 헝가리가 종교적 관용 법규를 폐지하고, 루이 14세가 위그노에게 종교의 자유를 보장한 낭트칙령을 무효화시키고 칼빈주의자들을 탄압하며, 잘츠부르크의 대주교가 자신의 공국으로부터 약 1만 5천명의 개신교도들을 추방하고, 스위스에서는 아아로 평화 조약(Peace of Aarau, 1712)이 있기까지 종교 분쟁이 계속되었지만, 베스트팔렌 조약 이전과 같은 대립적인 현상은 눈에 띄게 줄어들었

---

13 이제는 종교적 차이가 국가들 간의 논쟁을 정당화시켜 주지 못했다. 과거에는 종교적인 차이로 이웃 시민들끼리 갈라서는 경우가 보편적으로 일어났으나 이제는 그런 일이 보편적이지는 않았다. 종교적 확신 때문에 전쟁도 불사했던 선대 통치자들과는 달리 개인의 정치적 야심을 달성하기 위해 종교를 수차례 바꾸는 지도자들이 생겨났는데, 그 전형적인 인물이 앙리 4세이다.

다. 많은 나라에서는 이단이 응징되어야 할 범죄로 인식되고 있었으나 18세기 초에 이르러 신조의 문제는 형벌의 대상이 되기보다 간과되는 경우가 더 많았다.

종교적 관용 현상 못지않게 베스트팔렌 조약 이후 두드러지게 나타난 현상은 교황의 영향력 상실이다. 교황의 권위는 서유럽의 정치 현안에 더 이상 힘을 미칠 수 없는 지점까지 축소되었다. 특별히 독일에서는 교황이 외국의 한 군주 같은 존재로 전락하고 말았다. 스페인에서는 종교 재판에 교황이 직접 참여하는 것이 금지되었으며, 프랑스에서는 마자린(Mazarin)이 신중한 자세로 교황과 거리를 두고 있었다. 갈리안주의의 승리로 프랑스에는 프랑스식 가톨릭이 프랑스 민족주의와 더불어 뿌리 내리게 되었다. 군주 등을 폐위시키던 전시대의 교황의 권세는 더 이상 찾아볼 수 없었다. 교황의 파문권은 극도로 약화되어 교황은 감히 그런 권리를 사용하지 못했다. 그러므로 베스트팔렌 조약 이후 근대가 도래하면서 교황의 국제적 위상이 하락되어 교황은 더 이상 과거와 같은 존재가 아니었다. 과거 교황이 누리던 권위를 이제는 세속정부 지도자들이 누리게 되었고, 심지어 교황의 고유 권한들이 세속정부의 통치자들에게 이관되었다. 베스트팔렌 조약은 신조를 결정하는 문제에 있어서도 점증하는 세속 군주의 권력을 인정해 주었다. 이처럼 종교적 권위가 상실됨에 따라 이에 상응하여 국가법이 점점 부상했다.

자연히 이성과 자율의 시대가 직면한 주된 문제 중의 또 하나는 권위의 문제였다. 교회와 국가의 관계는 한결같이 교회에 불리한 방식으로 진행되었다. 영국의 국가 만능주의는 교회로 하여금 국가에 온건히 순종하도록 만들었다. 교회의 수장은 교황이 아니라 국가의 왕이라는 사상이 팽배해진 것이다. 이것은 영국에만 국한된 현상이 아니라 이성과 자율의 시대에 보편화된 현상이었다. 심지어 로마 가톨릭 국가들 가운데서도 교회와 로마교회와의 연계성이 의도적으로 완화되어 단지 명목상으로만 교황청에 의존하는, 그런 성격의 국가교회로 형성되었다. 몇몇 국가에서는 교회가 국가의 일부분으로 전락하기도 했다.

신앙과 성경에 뿌리를 둔 전통적인 철학이 붕괴되고 경험론에 근거한 새로운 낙관주의 철학이 이 이성과 자율의 시대에 인간의 지성을 지배하기 시작했다. 인간의 지성은 백지와 같아 경험이 지식을 형성한다는 로크의 경험철학은 아담의 후예인 인간이 태어날 때부터 전적으로 부패하다는 전통적인 인간관에 대한 혁명과도 같았다. 이것은 자연과학에 기초한 인문과학의 연구 결과였다. 인간 지성에 대한 로크의 경험론적 탐구는 세인들을 흥분시키기에 충분했다. 그는 이성이 우리에게 자연을 다스리는 법을 이해하도록 가르쳐준다고 확신했다. 로크는 계시의 필요성이나 가치에 도전하려는 의도는 없었으나 그가 견지했던 상대적인 입장은 다른 방향에서 이용될 여지가 충분히 있었다.

로크의 후계자들은 로크의 사상에 잠복해 있던 것을 선명하게 밝혀 주었다. 이성의 역할이 극대화되고 계시의 역할과 성경의 권위가 평가 절하되기 시작했다. 기적의 진실성이 도전을 받았고 성경의 예언이 재평가되었고, 절대적인 독특성과 권위를 인정받던 기독교 사상이 공격을 받았다. 이 시대의 끊임없는 관심사는 바로 이런 투쟁에 있었다. 점차 하나님이 계시하신 것으로부터 인간이 발견한 것으로 전이(轉移)되었다. 급기야는, 이성의 충족성이 자신 있게 선언되고 성서 신학의 전체 내용이 상대적으로 덜 중요한 주변적인 위치로 전락했다.

이성과 자율의 시대가 직면한 또 하나의 중요한 문제는 지금까지 교회의 삶을 지배해온 전통을 심각하게 위협하는 자연과학의 발달이다. 자연과학의 발달은 기존의 인간 사고를 변혁시키고 새로운 가치관과 세계관을 심어 주어 이성과 자율의 근대사의 토대를 구축시켰다. 때문에 근대는 이성과 자율의 시대이기도 하지만 뉴톤으로부터 시작되는 과학혁명의 시대이기도 하다. 자연과학의 발달은 근세로의 전환을 가속화시켰다. 당시까지 지배적이었던 중세적 과학관이 붕괴되고 18세기 말엽에는 이미 어느 분야를 막론하고 지성인들은 자연에 대한 뉴톤의 해석을 자연스럽게 받아들이고 있었다.

새로운 과학적 발견의 결과 새로운 합리주의가 유럽을 지배했다. 합리주의 시대의 첫 단계는 17세기 후반 네덜란드의 영향을 받은 영국에서 아이삭 뉴톤, 존 로크, 존 톨랜드, 그리고 18세기 데이빗 흄 같은 사람들에 의해 시작되었다. 두 번째 단계는 독일과 프랑스에서 18세기 볼테르, 레씽, 칸트, 그리고 페인 같은 사람들에 의해 주도되었다. 이성시대는 임마누엘 칸트에 의해 철학적으로 절정에 달했다. 이성시대는 자유로운 자연신론 사상의 상징이었던 유니테리안주의와 파괴적인 정치적 표현의 상징인 프랑스 혁명으로 상징화될 수 있다.[14] 이성과 자율의 시대 사람들은 자신이 좋아하는 대로 자유롭게 생각하고 자유롭게 행동하기를 원했다.

하나님이 역사의 주체며 주인이 아니라 인간 자신이 역사의 주인공이라는 사상이 이 시대 지성인들의 사고를 지배했다. 볼테르와 그와 견해를 같이하는 이들에게 계몽주의는 '하늘의 뜻에 대한 절대순종'으로부터의 해방을 의미했다. 이성이 하나님과 인간의 본성에 관한 근본적 문제들에 대한 해답을 줄 수 있다고 확신했다. 자연종교가 태동되어 계시된 권위에 대한 신앙은 광신자들과 비합리적인 어리석은 자들이나 하는 전근대적인 현상으로 보려는 경향이 생겨났으며, 심지어 기독교의 유일성이 붕괴되고 종교다원주의가 자연신론을 등에 업고 등장했다.

계몽주의 사상의 지도자들은 교회와 교회의 신앙을 비판하는 일에 있어서 점점 더 대담하여졌다. 계몽주의에 대한 반동으로 낭만주의가 태동되었다. 하지만 그 대안도 기독교에 우호적이지만은 않았다. 흔히들, 루소는 모든 것을 발칵 뒤집어 놓기만 했지 아무 것도 발견하지는 못하였다고 말한다. 계몽주의의 지도자들이 처음 운동을 시작할 때는 안정을 옹호하였지만, 그것은 결국 기독교 후 시대의 신호탄인 프랑스 혁명의 길을 터주었다.

이처럼, 1648년 베스트팔렌 조약이 맺어진 이후 1789년 프랑스 혁명이 일어나기까지 북미와 유럽은 이성, 자율, 과학이 지배하는 새로운 시대를 맞았다. 하지만 이 시대의 기독교가 그렇게 무미건조한 것만은 아니었다. 독일에서는 경건주의라 알려진 복음주의 운동이, 메마른 합리주의와 황폐한 형태의 스콜라주의적 정통주의가 인간의 탐구적인 정신에 부합하는 유일한 대안은 아니라는 사실을 입증했다. 개혁파, 루터파, 로마 가톨릭을 막론하고 극단적인 정통주

---

14   Manschreck, *A History of Christianity*, 218.

의로 흐르는 것을 염려한 이들에 의해 생명력 있는 복음과 삶을 모토로 한 경건주의 운동이 태동되어 경직된 기독교에 신선한 도전을 주었다. 슈페너, 프랑케, 벵겔 등은 생명력을 상실한 유럽의 기독교에 영적 활력을 불어 넣어 영미 각성운동의 촉진제가 되었다.

미국에서는 조나단 에드워즈, 윌리엄 테넌트와 길버트 테넌트 부자, 네덜란드의 경건주의 출신 데오도레 프릴링하이즌을 중심으로 1차 대각성운동이 발흥하였고, 영국에서는 경건주의 후예들인 진젠도르프의 모라비안 교도들의 영향을 받은 웨슬리가 등장하여 종교가 하나의 지성적인 가설에 불과하다는 자연신론의 전제를 타파하고 복음주의 부흥운동에 불을 붙였다. 에드워즈와 웨슬리는 신앙이 신적인 권능이며 인간의 삶을 변화시킬 수 있다는 사실을 사람들에게 환기시켰다. 확실히 감리교 운동과 미국의 1차 대각성운동은 폭넓은 관점에서 볼 때 대륙의 경건주의 운동이라는 맥락에서 조명해야 할 것이다.

3. 총체적인 재구성과 서술 방법

근대교회사의 시대적 범주를 30년 전쟁이 종식되고 맺어진 베스트팔렌 조약부터 프랑스 혁명과 미국의 독립혁명까지로 한정한다면 이 시대의 총제적인 역사 서술의 thesis는 역시 이성과 자율일 것이다. 이성과 자율이라는 주제가 이 시대의 전 영역에 흐르고 있었다. 30년 전쟁 이후 유럽인들은 교리적인 통일성이나 종교적인 통일성에 더 이상 생명을 걸려고 하지 않았으며 오히려 전반적인 종교에 대해 회의적이고 비판적인 견해를 지니게 되었다. 세속적인 국가관이 전통적인 종교적 권위를 대신했고, 자연과학의 발달은 세속적인 영역뿐만 아니라 종교 일반에까지도 심도 있는 영향을 미쳐 더 이상 종교적인 가치관이 일차적인 관심의 대상이 되지 못했다. 그 결과 베이컨과 뉴톤의 등장으로 인한 자연과학의 발달, 자연과학에 기초한 인간 이해가 당대인의 세계관을 바꾸어 놓았다. 자연히 신율적인 우주관이 붕괴되고 인간의 이성과 자연과학에 기초한 자율적이고 합리주의적인 우주관이 인간의 사고를 지배하게 되었다.

인간의 자율을 제한하고 종교적인 통일을 추구하려는 신앙고백과 한 가지 신앙을 이데올로기화하려는 개신교 정통주의에 대한 반발로 소시니안주의나 합리주의가 역사에 태동되었다. 따라서 개신교 정통주의 이후에 등장하는 소시니안주의, 계몽주의, 계몽주의에 대한 반동, 영국의 자연신론과 경험론 등은 인간의 이성과 자율을 극대화시키려는 과정 속에서 태동된 산물들이다. 영국과 미국에서 각성운동이 발흥해 교회의 삶에 생명력을 더해 준 것이 사실이지만, 찰스 브래그가 지적하듯이 이 시대 유럽교회들은 전에 없는 변혁을 맞았던 것이다. 이 시대에 경건주의, 복음주의 신앙이 영국과 신대륙에 흐르고 있었으나 18세기 말엽부터 신대륙의 기독교와 영국의 기독교 역시 유럽과 마찬가지로 이성과 자율의 문제에 봉착해야만 했다. 영국에서의 옥스포드 운동과 새로운 변혁, 프랑스 혁명, 미국에서의 독립혁명은 전형적인 이 시대의 모습들이다. 당대 정치 및 사회변화와 무관할 수 없었던 교회는 이런 혁명시대를 맞이하면서 자신들의 정체성을 반추해야 했다. 비록 미국에서 1차 대각성운동과 2차 대각성운동이 발흥하여 복음주의 기독교의 생명력을 보여주기는 했지만, 미국 기독교 역시 18세기 말부터 이성과 자율의 시대를 초월해 존재할 수는 없었다.

본서는 이런 시대적 맥락 속에서 사상적인 흐름을 고려하면서 가능한 역사적 단절을 피하고 사상과 역사의 상호 연계성 속에서 서술했다. 본서는 제 1부 근대교회의 배경, 제 2부 개신교 정통주의, 제 3부 계몽주의와 근대 유럽의 기독교, 제 4부 경건주의와 영미 각성운동, 제 5부 혁명시대의 기독교 등 모두 5부로 구성된다.

제 1부 근대교회의 배경에서는 1555년 독일 내 루터란들이 종교적 자유를 보장받은 아우구스부르크 종교화의부터 30년 전쟁이 종결되고 맺어진 베스트팔렌 조약까지의 유럽의 변혁, 청교도 운동, 조지 팍스와 퀘이커 운동, 그리고 개척시대의 미국 기독교를 개관했다.

제 2부 개신교정통주의에서는 개혁파 정통주의와 루터파 정통주의를 중심으로 17세기 개신교 정통주의를 역사적으로 고찰한다.

제 3부 계몽주의와 기독교에서는 자연과학의 발달로 인해 발생하는 세계관의 변천, 개신교 정통주의에 대한 반동으로 태동된 계몽주의 운동의 발흥과 계몽주의 운동에 대한 반동으로 태동된 낭만주의를 다룬다.

제 4부 경건주의와 기독교에서는 경건주의가 태동되게 된 역사적 배경과 그 발전과정 및 영향을 고찰할 것이다. 여기에는 대륙의 경건주의 운동, 미국의 1차 대각성운동, 영국 감리교 운동과 영국 복음주의 부흥운동의 영향을 받아 생겨난 사회개혁과 선교운동이 포함된다.

제 5부 혁명시대의 기독교에서는 18세기 말과 19세기 초 혁명시대의 유럽의 기독교와 미국의 기독교를 고찰한다. 여기에는 프랑스 혁명과 그 결과, 옥스포드 운동과 새로운 변혁, 그리고 혁명시대의 미국 기독교 등이 포함된다.

제1부
근대교회사 배경

1장
종교개혁 후 유럽의 변혁

2장
청교도 운동

3장
조지 팍스와 퀘이커 운동

4장
개척시대의 미국 기독교

1648 베스트팔렌 조약

제 1장

종교개혁 후 유럽의 변혁

> 하나님께서 우리에게 베풀어 주셨으므로 감사해야 할 무한한 은혜 가운데 가장 뛰어나고 소중한 것은 이 세상에서 우리의 진보를 방해하는 무서운 무질서와 난제들을 제거할 수 있는 힘과 능력을 부여해 주신 것이다.
>
> 낭트칙령(The Edict of Nants), 1598

1648년 베스트팔렌 조약이 체결되기까지 유럽은 격변과 변혁의 시대였다. 독일에서 루터주의 프로테스탄트 세력과 가톨릭이 격렬한 투쟁을 하고 있는 동안, 프랑스에서는 수십 년 동안 피비린내 나는 위그노 전쟁이 진행되고 있었고, 네덜란드에서는 독립전쟁과 칼빈주의 대 알미니안주의 논쟁이, 영국에서는 청교도 혁명이 진행되고 있었다. 그 결과 독일에서는 아우구스부르크 종교화의가, 프랑스에서는 낭트칙령이, 네덜란드에서는 도르트 회의가, 그리고 영국에서는 웨스트민스터회의가 개최되어 프로테스탄트 종교의 자유가 가시화되었고, 이런 가시화 현상이 30년 전쟁이후 체결된 베스트팔렌 조약을 통해 구체화되었다. 이 모든 사건들은 근세로의 준비였다.

1. 아우구스부르크 종교화의

아우구스부르크 종교화의는 1555년 독일 내 루터란 프로테스탄트들과 가톨릭들 사이에 맺어진 조약이다. 이것은 프로테스탄트 교회가 가톨릭으로부터 생존권을 인정받은 최초의 공식적인 협약이었다. 비록 독일 내에 국한된 현상이지만 개신교와 로마 가톨릭과의 분리가 표면화되기 시작했으며, 그 사건을 전후하여 새로운 개신교 신앙고백 시대가 도래했다. 1530년의 루터교의 아우구스부르크 신앙고백(Confessio Augustana), 1536년의 영국 국교회의 39개 조항(The Thirty nine Articles), 1559년의 프랑스 개혁교회의 갈리아 신앙고백(Confessio Gallicana), 1618년의 네델란드 칼빈주의의 도르트신조(The Canons of Dort), 1647-1648년의 영국의 웨스트민스터 신앙고백(The Westminster Confession of Faith)이 이 시대에 작성되어 아우구스부르크 종교화의 이후 본격적으로 개신교 신앙고백시대가 시작되었다.

아우구스부르크 신앙고백은 독일 내 루터란 세력들이 생존을 위해 투쟁한 결과 얻은 결실이었다. 가톨릭을 등에 업은 카를 5세가 무력이나 전쟁도 불사하면서 개신교들을 제압하려는 움직임을 보이자 독일 내 루터란 프로테스탄트들은 자신들의 신앙과 종교적 자유를 보호하기 위해 1531년에 슈말칼트 동맹을 결성했다. 지도자는 헷세의 필립(Philip of Hesse, 1504-1567)이었다.

당대의 신성로마 황제 카를 5세(Charles V, 재위 1519-1556)는 아버지 펠리페 1세로부터 프랑스 로렌 지방 일부, 프랑슈 꽁떼 지방, 네덜란드, 벨기에, 룩셈부르크를 포함한 거대한 영토, 부르군드 공국을 상속받았다. 카를 5세는 1526년에는 외조부 페르디난트 2세(Ferdinand II, 재위 1479-1516)로부터 스페인 왕위도 물려받아 스페인은 물론 당시의 스페인 속령이었던 사르디니아, 시실리 및 이탈리아 남부도 다스리고 있었다. 뿐만 아니라 1494년에는 스페인, 포르투갈과 토르데실라스 조약을 맺어 서경 44도를 기준으로 세계를 동서로 분할하여 서는 스페인이, 동은 포르투갈이 차지함으로써 엄청난 북미 대륙이 스페인에 속하게 되었다. 그런데다 조부 신성로마황제 막시밀리안 1세(Maximilian

I, 재위 1486-1519)가 세상을 떠난 후 황제에 올라 오스트리아, 헝가리, 보헤미아, 모라비아, 실레지아, 슬로메니아, 크로아티아, 티롤 등을 상속받았다. 카를 5세의 세력이 이렇게 거대해지자 이를 염려한 프랑스 왕 프랑수아 1세(François I, 재위 1515-1547)와 오스만터키 제국의 슐레이만 1세(Suleiman I, 재위 1520-1568)가 거대한 로마황제의 세력을 견제하기 위해 동맹을 결성했다.

거대한 영토와 신성로마황제 자리까지 차지한 카를 5세의 최대의 관심은 이제 종교적 통일을 통해 정치적 통일을 영구화하는 것이었다. 마치 콘스탄틴 대제가 정치적 통일을 지속하기 위해 종교적 통일이 필수적이라고 생각했던 것처럼, 카를 5세도 종교적인 통일이 로마제국의 영구화를 위해 필수적이라고 생각했다. 이 때문에 카를 5세는 독일 내 프로테스탄트 세력을 가능하면 무력으로라도 제압하려는 계획을 세우고 있었다. 그러나 이런 종교적 통일을 위한 노력은 오스만터키의 견제와 방해 때문에 번번이 무위로 끝났다. 오스만터키와 뜻을 같이한 사람은 프랑스 왕 프랑수아 1세였다. 카를 5세를 견제하던 프랑스는 독일의 종교개혁이 성공할 경우 신성로마 세력이 상대적으로 약화되고 그만큼 프랑스가 정치적으로 유리한 입장을 차지할 것이라는 생각을 가지고 있었다.

신성로마황제의 견제라는 동일한 관심사를 갖고 있던 오스만터키와 프랑스가 동맹을 결성해 공동 대응했다. 지리적으로도 독일을 사이에 두고 있는 프랑스와 오스만터키가 양쪽에서 독일을 견제하는 것은 어려운 일이 아니었다. 카를 5세를 견제하기는 교황도 마찬가지였다. 카를 5세의 세력이 너무 커지는 것을 원치 않은 교황은 카를 5세에 비협조적이었다. 이처럼 프랑스, 오스만터키, 교황의 견제는 어느 정도 유럽의 힘의 균형을 유지하는데 도움이 되었다.

그러나 정치적 수완이 뛰어난 카를 5세가 1544년 프랑스 왕 프랑수아 1세 및 오스만터키와 끄러비에서 평화조약을 체결하면서 힘의 균형이 깨졌다. 독일과 오랜 전쟁으로 염증을 느낀 프랑스와 오스만터키가 카를 5세와 평화조약을 체결한 것이다. 이 평화협정으로 프랑스와 오스만터키가 더 이상 신성로마제국에 반기를 들 수 없게 되자, 드디어 카를 5세에게 독일 내 프로테스탄트 세력을 제압하는 절호의 기회가 찾아왔다. 처음부터 무력을 사용한다면 오히려 부작용을 초래할 것이라는 사실을 누구보다도 잘 알고 있던 카를 5세는 교황 바울 3세(Paulus III, 재위 1534-1549)를 통해 1545년 3월 트렌트에서 교회회의를 소집한다는 소집령을 1544년 11월에 발표했다.

트렌트회의가 예정보다 9개월이 지나 1545년 12월에 개최되었으나 프로테스탄트 쪽에서는 아무도 참석하지 않았다.[1] 다음 해 6월에 소집된 레겐스부르그(Regensburg) 제국회의에서도 프로테스탄트 지도자들이 참석하지 않자 카를 5세는 독일 내 종교적 통일을 위해서는 무력으로라도 프로테스탄트 세력을 제거해야 한다고 생각했다.

카를 5세는 교황 바울 3세와 독일 내 가톨릭 영주들의 도움을 받아 1546년 여름 6만 5천명의 병력을 확보하고 프로테스탄트 세력과 맞붙었다. 프로테스탄트 영주들도 슈말칼트 동맹을 결성하고 8만 이상의 병력을 확보해 세력이 막강했다. 그러나 슈말칼트의 지도자이며 프로테스탄트 신앙에 깊이 동의하고 있던 필립이 중혼한 사건, 이후 1546년의 루터의 사망, 작센 공작 모리쯔의 동맹거부 등으로 프로테스탄트 진영은 심각한 손실을 입었다. 특히 모리쯔(Moritz, Elector of Saxony, 재위 1541-1553)를 비롯한 일부 프로테스탄트 영주가 카를 5세 쪽에 합류하는 바람에 전투는 카를 5세의 일방적인 승리로 끝났다. 모리쯔는 카를 5세편에서 보면 승리의 영웅이고 프로테스탄트 편에서 보면 배신자였다. 프로테스탄트의 일거수일투족을 잘 알고 있던 모리쯔가 카를 5세편에 서서 협공하는 바람에 슈말칼트 동맹의 군대는 힘없이 무너지고 말았다. 모리쯔는 이 공로를 인정받아 작센 선제후 요한 프리드리히 1세(Johann Friedrich I, Elector of Saxony, 재위 1537-1547)의 뒤를 이어 선제후 자리에 올랐다. 모리쯔가 슈말칼트 동맹을 배신한 것도 실은 선제후 자리를 차지하려는 야심 때문이었다. 카를 5세는 모리쯔에게 자신이 프로테스탄트 사상을 반대하

---

1 트렌트 회의는 1563년까지 계속되었다. 이 회의에서 결정된 교리에 대해서는 Mark A. Noll, *Confessions and Catechisms of the Reformation* (Grand Rapids: Bake Book House, 1991), 169-205를 참고하라.

는 것이 아니라 루터란 영주들의 반란을 반대하는 것이라고 설득하면서 모리쯔에게 특별 혜택을 주겠다고 약속했다.

카를 5세가 슈말칼트 동맹과의 전투에서 승리함으로써 가톨릭 세력은 상당히 유리한 입지를 확보할 수 있었다. 예정대로 바울 3세를 통해 트렌트 회의를 개최해 종교적인 통일을 추진할 예정이었으나, 카를 5세의 세력이 너무 커지는 것을 우려한 바울 3세가 슈말칼트 동맹과의 전쟁을 위해 파송한 교황청 군대를 철수시키는 한편 카를 5세와 사전에 상의도 없이 회의 장소를 임의로 볼로냐(Bologna)로 옮겨 버렸다.

교황을 통한 종교적인 통일이 한계가 있다고 판단한 카를 5세는 1548년에 독일 자체 내에서 만이라도 문제를 해결하기 위해 아우구스부르크 제국회의를 열어 아우구스부르크 가신조를 채택했다. 이 신조는 가톨릭과 개신교의 통일이라기보다는 가톨릭 교리에다 개신교 교리를 약간 가미한 것에 불과해 프로테스탄트가 받아들이기에는 어려움이 많았다. 따라서 이후에도 독일 프로테스탄트들의 저항은 계속되었다.

특히 독일 북부 지방의 마그델부르그(Magdelburg)는 카를 5세에 반항적이었다. 슈말칼트 전쟁에서 황제 편에 돌아섬으로써 배신자라는 낙인이 찍혔던 모리쯔(Moritz)는 실추된 자신의 이미지를 회복하기 위해 카를 5세를 대적할 계획을 세우고 있었다. 마침 카를 5세가 반항적인 마그델부르그를 토벌하기 위해 토벌군 사령관에 모리쯔를 임명함으로써 그는 전혀 의심을 받지 않고 병력을 증강시킬 수 있었다. 수완이 뛰어난 모리쯔는 독일 내 프로테스탄트 영주들과 프랑스 앙리 2세(Henry II, 재위 1547-1559)와 동맹을 맺어 정치적 입지를 강화하는 한편 자신의 병력을 이끌고 남하해 1552년 4월 아우구스부르크에서 황제 군을 격파하고 카를 5세의 영지 부르군드로 쳐들어가 카를 5세를 곤경에 빠뜨렸다. 카를 5세는 부르군드 군대를 이끌고 프랑스 군과 싸우러 가고 모리쯔의 군대를 대적하는 일은 동생 페르디난트에게 일임했다. 사태의 심각성을 예감한 페르디난트는 프로테스탄트 루터란 영주들과 1552년 8월에 파싸우 조약(Passauer Vertrag)을 맺어 아우구스부르크 가신조를 폐기하고, 1555년 9월

에는 아우구스부르크 종교화의를 체결했다.[2]

이 종교화의 내용을 간추리면, 첫째, 종교개혁의 권한은 각 지방 영주들의 고유권한으로 황제도 백성들도 이의를 제기할 수 없으며, 둘째, 영주의 영지에 거하는 모든 백성들은 영주의 종교를 따라야 하며, 셋째, 영주의 종교에 반대하는 사람들에게는 원하는 종교를 찾아 이주할 수 있는 이주권을 제공하며, 넷째, 중세 이래 지속되어 온 교회령은 계속 가톨릭이 소유권을 가지며 만약 교회령의 성직자가 프로테스탄트가 되었을 때에는 교회령에서 지급하던 급료를 더 이상 받을 수 없으며, 다섯째, 제 4항을 받아들이는 대신 교회령 내의 프로테스탄트들에게는 신앙의 자유를 허용하고, 여섯째, 프랑크푸르트, 보름스, 슈파이어, 스트라스부르그 같은 프로테스탄트 도시에서 가톨릭 예배당이 존속하는 것을 인정한다는 내용이다.

아우구스부르크 종교화의는 황제가 지배하는 보편국가에서 영주를 중심으로 하는 근대 민족국가로의 변천을 알리는 신호탄이다. 상대적으로 영주의 권한이 강화되어 1555년 이후 영주가 자기 관할권 내 종교에 대해서는 성직자 임명권, 재정권, 심지어 교리적 문제까지 관여할 수 있게 되었다. 뿐만 아니라, 비록 루터란에 국한된 현상이기는 하지만 가톨릭이 개신교를 공식적으로 인정한 사건이라는 점에서 아우구스부르크 종교화의는 교회사에서 중요한 의의를 지닌다.

2. 프랑스 개혁교회와 낭트칙령

독일에서 아우구스부르크 종교화의가 맺어진 수년 후 프랑스에서는 칼빈주의자들의 위그노 전쟁(1562-1598)이 발발했다. 프랑스의 개혁주의자들은

---

[2] Clyde L. Manschreck, ed. *A History of Christianity: Readings in the History of the Church II* (Grand Rapids: Baker Book House, 1962), 49-50에 전문이 실려있다.

위그노(Huguenots)로 알려졌는데 이 말은 맹우(盟友, oath brothers)를 뜻하는 독일어 "아이드게노쎈"(Eidgenossen)이라는 말에서 나왔다. 칼빈주의 본산지 제네바에 거주하는 프랑스인들은 제네바가 사보이 공국에서 독립하여 스위스 연방에 가입할 것을 대단히 열망했다. 이들은 자신들을 아이드게노쎈, 즉 맹우라 불렀다. 1291년 아이드게노쎈, 즉 맹우라 불렸던 스위스인들이 오스트리아에 대항하여 독립전쟁을 일으켰던 것처럼 그들의 정신을 이어 받는다는 의미에서다. 이처럼 당시 칼빈의 사상을 따르는 스위스의 프랑스인들과 본국의 개신교도들은 생명을 무릅쓰고 종교의 자유를 염원했던 위그노들이었다.

프랑스 내 위그노들이 종교의 자유를 획득하는 것은 독일 내 루터란 보다도 더 힘들었다. 특히 루이 12세(Louis XII, 재위 1498-1515)는 한 하나님, 한 신앙, 한 법, 한 왕을 모토로 자신의 중앙집권적 정치체제를 강화하면서 강력한 민족국가 형태를 유지하려고 했다. 당시 왕은 한 국가의 수장일 뿐만 아니라 교회도 지배하는 수장이었다. 이런 민족주의는 루이 12세의 아들 프랑수아 1세(François I, 재위 1515-1547)에 와서는 더 강화되어 갈리안주의(Gallicanisme)라는 형태로 나타났다. 프랑스 가톨릭교회는 프랑스식 가톨릭이어야 하며, 따라서 교황보다는 왕의 지배를 더 많이 받아야 한다는 것이다. 이 때문에 갈리안주의를 반대하는 교황과 프랑수아 1세 사이에 갈등이 생겨 프랑수아가 즉위하던 해인 1515년에 교황 레오 10세(Leo X, 재위 1513-1521)가 스위스의 협력을 받아 프랑수아 1세와 전쟁을 벌였으나 전쟁은 프랑수아 1세의 승리로 끝났다. 전쟁 결과, 프랑수아 1세와 레오 10세 사이에 볼로냐(Bologna) 조약이 체결되어 프랑스식 가톨릭주의가 교황청 승인 하에 태동되었다.

볼로냐 조약 결과, 프랑스 주교의 임명권이 교황에서 왕으로 이전되었다. 국가는 교회에 세금을 징수할 권한을 가지게 되었으며, 교회 재판 결과에 이의를 제기할 수 없던 관례가 깨지고 교회 재판에 불복하는 사람은 왕립 재판소에 항소할 수 있게 되었다. 대신 프랑수아 1세는 프랑스 성직자들이 교황에게 첫해 급료 전액을 헌납해야 한다는 아나태(annatae)와 회의주의(conciliarism)보다는 교황주의 또는 교황청주의(curialism)를 따른다고 약속했다.

가톨릭을 중심으로 한 민족주의의 형성은 이를 반대하는 어떤 세력도 용납할 수 없는 분위기를 만들어 버렸다. 더구나 1517년에 독일에서 종교개혁이 발생해 가톨릭 진영과 프로테스탄트 진영이 분열되는 것을 목격한 프랑수아 1세는 종교개혁에 대해 소극적일 수밖에 없었다. 그가 독일의 프로테스탄트를 측면에서 지원한 것은 종교개혁을 찬성했기 때문이 아니라 독일의 종교개혁을 자신의 세력 확장의 호기로 삼겠다는 정치적 계산 때문이었다. 1525년 2월 파비아 전투 때 카를 5세의 스페인 군에 프랑스 군대가 참패해 프랑수아 1세가 포로로 잡히는 수모를 겪자 이전보다 민족주의를 더욱 강화시켰다. 종교적 통일이 국력의 기초라고 확신한 프랑수아 1세는 프랑스의 전통에 따라 프랑스를 가톨릭으로 통일하기로 하고 1525년부터 개신교 세력에 대해 박해를 가하기 시작했다.

프랑수아 1세를 계승한 앙리 2세(Henry II, 재위 1547-1559)는 부왕보다도 더 강력한 반 개신교 정책을 썼다. 1548년에 화형재판소를 설치하여 수많은 개신교도들을 화형에 처했으며 1551년에는 샤또브리앙 칙령을 반포해 개신교 탄압을 제도화했다. 터툴리안이 말한 바 순교는 교회의 씨라는 역설적 진리가 이 시대의 프랑스의 상황에도 그대로 적용될 수 있는 적절한 표현이었다. 수많은 위그노들이 순교를 각오하고 개신교를 받아들였다. 1555년에 최초의 프랑스 칼빈주의 프로테스탄트 교회가 설립되고, 1559년에는 2,000교회, 신도수가 40만으로 급증했다. 1559년에는 프랑스에 개신교 총회가 결성되었고, 칼빈이 초안한 갈리아 신앙고백과 교회 권징조례가 채택되었다.

칼빈주의의 급성장은 이례적인 일이었다. 이를 가장 우려한 인물은 "칼빈주의를 종교적으로 이단이요, 정치적으로 반국가적이라"고 간주했던 프랑스 왕 앙리 2세였다. 그러나 앙리 2세의 견제에도 불구하고 프랑스 내에서는 위그노들의 비밀 집회가 늘어나고 정부 고위층 중에서도 칼빈주의자들이 생겨났다. 대표적인 인물이 위그노임이 밝혀져 1559년 12월 "이단자요 국적"으로 몰려 화형 당한 국회의원 안느 뒤 부르(Anne Du Bourg, 1520-1559)였다. 이 사건은 프랑스 개신교 운동에 중요한 의미를 지닌다. 그것은 지금까지 하류층을 중심으로 확산되던 칼빈주의 세력이 상류층에도 확산되어 있음을 단적으로 대변하는 사건이었기 때문이다. 곧 상류층의 위그노들에 대한 대대적인 탄압이 시작되었다. 그러나 다행히 앙리 2세가 무술연습 도중 부상을 입고 세상을 떠난 후 박해가 완화되었다.

앙리 2세의 뒤를 이어 프랑수아 2세(François II, 재위 1559-1560)가 왕위를 계승했으나 나이가 어려 앙리 2세의 친구 기즈(Guise)공 프랑수아(François de Guise, 1519-1563)와 로렌 추기경 샤를(Charles de Lorraine, 1524-1574)이 섭정을 맡았다. 철저한 갈리안주의 신봉자들이었던 이들은 칼빈주의에 대한 종교 탄압을 강화했다. 이들이 극심하게 위그노들을 탄압하자 오히려 그 반동으로 상류층에서는 이들을 견제하려는 온건파들이 중심이 되어 야당이 결성되었다.

1560년 12월 프랑수아 2세가 갑자기 세상을 떠나고 동생 샤를 9세(Charles IX, 재위 1560-1574)가 왕위를 계승했으나 11살 밖에 되지 않아 어머니 까뜨린 드 메디치(Catherine de Medicis, 1519-1589)가 섭정했다. 정치적인 수완이 뛰어났던 까뜨린은 가톨릭 측의 반대를 무릅쓰고 1562년 1월 쌍제르멩 칙령을 반포하여 제한된 범위 내에서 나마 종교의 자유를 허용했다. 프랑스 내의 개신교들에게 종교의 자유가 최초로 공식적인 차원에서 인정된 것이다.

그러나 가톨릭 측에서는 자신들이 "이단"이라고 반대해 왔던 집단에게 종교의 자유를 허용하는 것을 용인할 수 없었다. 이런 가톨릭 측의 불만이 표출된 사건이 소위 "바씨(Vassy) 대학살 사건"이었다. 1562년 3월 1일 프랑스 샹빠뉘(Chammpagne) 지방 바씨에서 예배드리던 1,200명의 위그노들이 기즈공 프랑수아가 이끄는 200명의 병사들에게 무참히 학살되는 참사가 발생했다. 자신의 영지에 속하는 주엠빌(Joinville) 주민들의 상당수가 그곳에 가서 예배드리는 것에 분개한 기즈공이 군대를 동원해 예배드리던 위그노들을 대량 학살한 것이다. 이 사건으로 위그노 74명이 순교하고 124명이 부상했다. 프랑수아는 군대를 이끌고 파리로 입성하여 까뜨린을 파리에서 추방했다. 36년간의 위그노 전쟁은 이렇게 해서 시작된 것이다. 위그노들이 자신들의 전쟁을 정당화시킨 사상적 근거는 "폭군방벌론"이었다.

1563년 기즈공 프랑수아가 자객에 의해 암살되고 1570년 생제르맹 화약(和約)이 맺어짐으로써 위그노 전쟁은 새로운 전기를 맞았다. 이 화약은 파리 등 몇 도시를 제외한 도시와 시골에 종교의 자유를 허용하며, 네 개의 안전지역에서 위그노 군대가 주둔하는 것을 인정한다는 것을 명시했으며, 그 후 위그노들의 자유로운 신앙생활로 정치적인 영향력이 증대되었다. 그럼에도 불구하고 실상은 위그노들에 대한 종교의 자유는 극히 제한된 형태로만 허용되었을 뿐이다. 얼마 후 발생한 성바돌로매 학살사건은 위그노들이 프랑스 내에서 얼마나 위협을 받고 있었는가를 말해주는 단적인 예이다.

위그노 쟌 달브레(Jean d'Albret, 1528-1572)의 아들과 가톨릭 신자 샤를 9세의 여동생 마가레뜨 공주와의 결혼식이 성대히 거행되었다. 이것은 위그노와 가톨릭의 분쟁을 종식시키려는 일종의 화해의 제스추어였다. 이런 측면에서 위그노의 대표 쟌 달브레와 위그노를 억압했던 프랑스 왕실의 결혼은 상징적인 의미 그 이상을 담고 있었다. 이것은 위그노의 위상을 격상시키는 사건이었기 때문에 위그노들은 대대적으로 마가레뜨 공주와의 결혼을 환영했으나 가톨릭 측에서는 오히려 가톨릭의 위상을 실추시키는 사건으로 받아들이고 둘의 결혼을 극렬 반대했다. 이런 갈등과 대립 속에서도 이들의 결혼식이 1572년 8월 16일에 성대히 거행되었다. 결혼식이 거행되고 일주일 후인 1572년 8월 23일 분개한 가톨릭 교도들이 프랑스내 위그노의 지도자들과 위그노들을 무참하게 학살하기 시작했다. 23일 토요일에 시작된 이 학살은 26일 화요일까지 계속되어 1572년 10월까지 약 2만 명의 위그노들이 살해되었다.[3]

앙리 3세(Henry III, 재위 1574-1589)가 죽자 앙리 4세가 칼빈주의를 포기하고 가톨릭으로 귀의한 후 왕위를 계승했다. 그가 가톨릭으로 귀의한 것은 가톨릭과의 마찰을 피하기 위한 것이었지 본심에서 우러나온 행동은 아니었다. 위그노에 대해 긍정적인 태도를 지니고 있던 앙리 4세는 위그노와 가톨릭 간의

---

3   Manschreck, ed. *A History of Christianity II*, 116, 141-145.

화해를 모색하기 위해 1598년 4월 13일 낭트칙령을 발표하고 그해 5월에는 스페인과 베르뎅 조약을 체결해 1562년부터 계속되어 온 위그노와 가톨릭 간의 갈등을 종식시켰다.

낭트칙령은 가톨릭이 프랑스의 국가교회이나 위그노도 양심의 자유와 제한된 범위 내에서나마 예배의 자유를 인정하는 한편, 위그노에 대한 사회적 차별과 정치적 차별도 철폐하여 위그노들도 정치가나 공무원 그리고 지방장관이 될 수 있는 길을 열어 놓았다.[4] "소위 개혁주의 신앙을 고백하는 모든 영주들, 귀족들, 그리고 다른 사람들이 그들의 집에서 그 신앙의 예배를 드릴 수 있도록 허용"하고, 위그노들이 안전구역을 계속 보유할 수 있는 길도 열어 놓았던 것이다. 대신 개혁주의 신앙에 대한 책자들은 개혁주의 신앙의 예배가 허용된 지역 외에서는 출판되거나 공개적으로 판매되어서는 안 된다는 것을 못 박았다. 또한 위그노도 가톨릭 명절을 지켜야 한다는 것과 영국, 네덜란드, 독일 등 외세와 동맹을 맺어서는 안 되고 국가에 교회세를 납부해야 한다는 사실을 명문화했다.

낭트칙령은 43년 전인 1555년에 독일에서 채택된 아우구스부르크 종교화의와 성격이 다르지만 프랑스 내 위그노들에게 종교의 자유를 허용하는 공식적인 칙령이었다. 영주가 다스리는 영토를 중심으로 종교의 자유가 허용된 독일과는 달리 프랑스는 가톨릭과 개신교가 한 지역에서 공존하는 방법을 택해 여전히 둘 사이에 갈등과 대립의 불씨는 잔존하고 있었다. 독일에서는 영주를 중심으로 화약이 맺어져 영주권이 강화된 반면, 프랑스에서는 왕의 주도하에 칙령이 반포되어 중앙집권적 민족국가가 형성됨으로써 왕권의 강화를 가져오는 계기가 되었다. 그러나 영주를 중심으로 화약이 맺어져 평민이 참여할 수 없었던 독일과는 달리 프랑스에서는 평민이 종교문제에 참여할 수 있도록 허용하여 장래 칼빈주의 문화 형성에 기여할 수 있는 길을 열어 놓았다.

---

[4] Manschreck, ed. *A History of Christianity II*, 145-146. 낭트칙령 7, 9, 18, 22조를 참고하라. 낭트칙령 원문은 다음 문헌에서도 찾아 볼 수 있다. Roland H. Bainton, *The Age of the Reformation* (Princeton: D. Van Nostrand Co., 1956), 169-170, Edwin S. Gausrad, ed., *A Documentary History of Religion in America to the Civil War* (Grand Rapids: Eerdman, 1982), 41-42.

3. 네덜란드 독립운동과 칼빈주의

16세기 중엽 네덜란드는 유럽 정치와 문화의 중심지일 뿐만 아니라 세계의 무역과 경제의 요충지로 주변국에 대한 영향력이 대단했다. 특히 부르군디 공국을 지배하고 있던 신성로마 황제 카를 5세의 고향이 네덜란드라 네덜란드는 여러 가지 면에서 정치적 특혜를 누리고 있었다. 카를 5세는 네덜란드 내의 종교적인 통일이 정치적 통일에 필수적이라는 생각을 갖고 있었기 때문에 네덜란드 내 개신교도들을 박해했다. 그중에서도 특히 재세례파들에 대한 박해가 심했다.

카를 5세의 뒤를 이어 펠리페 2세가 신성로마황제에 오르면서 상황이 반전되기 시작했다. 네덜란드어를 말하고 네덜란드에 우호적이며 상당 기간을 네덜란드에 거주했던 카를 5세와는 달리 오랫동안 네덜란드가 아닌 스페인에서 성장한 펠리페 2세(Felipe II, 재위 1556-1598)는 출신도 달랐고 네덜란드어를 할 줄 몰랐다. 때문에 그의 정책은 반 네덜란드 친 스페인 방향으로 기울었다.

황제에 오르자마자 펠리페는 반종교개혁의 선봉에 서서 예수회를 적극 지원해 가톨릭이 어느 정도 세력을 회복할 수 있었다. 이제 펠리페의 최대 관심은 종교, 문화, 정치 모든 면에서 스페인화 정책을 구사하는 것이었다. 이런 스페인화 정책에 대한 반감으로 네덜란드에서는 개신교 인구가 증가하고 심지어 가톨릭 신자 중에서도 칼빈주의로 돌아서는 경우가 비일비재했다. 그리고 1559년에 작성된 갈리아 신앙고백(Confessio Gallicana)을 참고해 1561년에 벨직 신앙고백(Confessio Belgica)이 작성되었고, 1571년에는 칼빈주의 총회가 결성되었다.

1559년 펠리페는 네덜란드에서 칼빈주의를 억압하고 가톨릭 세력을 강화시키기 위해 5개의 주교구를 18개로 재편하고 교황이 임명하던 주교 임명권도 황제인 자신에게 귀속시켰다. 괴제 동맹결성과 오렌지공 빌헬름의 등장 그리고 네덜란드 독립전쟁은 이런 맥락에서 이해해야 할 것이다. 황제의 스페인 지배 정책에 반대하여 1565년에 괴제 동맹이 결성된 후 네덜란드의 귀족들은 자기 영지 내에서 칼빈주의자들을 보호하는 정책을 썼다. 이들은 가톨릭과 칼빈주의 간의 중재를 도모했으나, 일이 원만하게 진행되지 않자 오렌지공 빌헬름(Wilhelm of Orange, 1533-1584)에게 중재를 요청했다. 가톨릭과 개신교의 중간에서 희생당하기를 원치 않아 침묵으로 일관하며 엄정 중립을 추구하던 "침묵의 빌헬름"이 오랜 침묵을 깨뜨리고 마가레뜨(Margaret of Parma, 재임 1559-1567) 총독에게 개신교에 대한 완화 정책을 건의해 종교재판이 중지되는 등 얼마동안 개신교와 가톨릭 사이에 평화가 찾아왔다.

그러나 펠리페 2세가 마가레뜨 총독을 해임시키고 페르난도 알바레스(Fernando Álvarez de Toledo, 재임 1567-1573)를 후임으로 임명하면서 네덜란드의 개신교는 다시 엄청난 박해를 받았다. 페르난도 알바레스 재임 중 이단자로 처형된 숫자만도 18,000명이나 되며, 에드몬드 백작을 비롯 괴제 동맹에 가담했던 수많은 네덜란드 귀족들도 1568년에 공개적으로 처형되었다. 페르난도 알바레스의 공포 정치에 환멸을 느낀 네덜란드 사람들은 개신교나 가톨릭을 막론하고 단순한 종교적 평화가 아닌 네덜란드의 영구적인 독립을 갈망하기 시작했다. 마침 자신의 아들 필립 빌헬름이 체포되어 스페인으로 압송되자 잠시 네덜란드를 떠나 피신해 있던 오렌지공 빌헬름은 군대를 정비해 네덜란드로 쳐들어갔다. 비록 수적으로는 열세였지만 소위 "바다의 괴제"들이 빌헬름 편에서 네덜란드의 독립을 위해 투쟁하면서 전황은 점차 네덜란드에 유리해졌다. 1573년 빌헬름은 칼빈주의로 개종했다. 이제 네덜란드 사람들에게 최대의 문제는 개신교 대 가톨릭의 대립이 아니라 독립이었다. 독립군에 패배한 책임을 지고 페르난도 알바레스가 물러난 후 1573년 루이 드 레끄장(Louis de Requesens, 재임 1573-1576)이 네덜란드 총독에 부임했다. 레끄장은 페르난도 알바레스보다는 상당히 온건한 정책을 구사하는 등 정치적 수완이 뛰어나 독립군이 어려움을 당하기도 했으나 부임한 지 3년만인 1576년에 사망하고 스페인군의 명장 돈 후안(Don Juan, 재임 1576-1578)이 네덜란드 총독에 임명되었다. 그러나 그도 2년 만에 갑자기 세상을 떠나고 말았다.

빌헬름만 제거되면 네덜란드의 문제가 쉽게 해결될 것이라고 판단한 펠리페 2세는 빌헬름을 살해하기 위해 상당한 현상금을 내걸었다. 펠리페의 계획대로 결국 빌헬름은 1584년 7월 현상금을 탐낸 한 자객에 의해 살해되었다. 네덜란드 독립군은 최대의 위기를 맞았으나, 빌헬름을 이어 아들 모리쯔(Maurits, Prince of Orange, 1567-1625)가 네덜란드 총독에 오른 후 프랑스 위그노 지도자들의 후원과 앙리 4세의 측면 지원, 그리고 영국의 지원으로 어느 정도 힘의 균형을 유지할 수 있었다. 네덜란드 독립군은 특히 해상에서의 우세로 육상에서의 열세를 충분히 만회할 수 있었다. 1598년 펠리페 2세가 세상을 떠나고 그의 아들 펠리페 3세(Felipe III, 재위 1598-1621)가 왕위를 계승해 네덜란드와의 오랜 전쟁을 종식하고 1609년에 휴전협정이 성립되어 네덜란드의 독립이 가시화 되었다.

4. 30년 전쟁과 베스트팔렌 조약

영미권에서 베스트팔렌 평화조약으로 더 널리 알려진, 한 세기의 종교 분쟁을 종식시킨 베스트팔렌 조약(Westfälischer Friede)은 30년 전쟁의 결과였다. 프랑스의 칼빈주의자들인 위그노들은 위그노 전쟁(1562-1598)을, 네덜란드의 칼빈주의자들은 네덜란드 독립전쟁(1568-1609)을 통해 개신교의 자유를 획득할 수 있었다. 독일에서도 1555년 아우구스부르크 종교회의를 통해 종교적 평화를 쟁취했으나 그것은 그 신앙고백을 받아들이는 자들, 즉 루터란에게만 국한된 제한된 자유였기 때문에 독일의 칼빈주의자들에게는 별 의미가 없었다.

독일에서는 가톨릭에 유리한 정치와 가톨릭을 선호하는 지도자들의 출현으로 가톨릭 세력은 상실된 전세를 회복할 수 있었으며, 특히 반종교개혁을 통해 가톨릭 세력이 급성장하여 칼빈주의자들은 생존권마저 위협받게 되었다. 예수회를 중심으로 가톨릭 세력이 커졌다. 특히 1549년 바이에른 지방 잉골슈타트를 시작으로 합스부르그 왕가가 지배하는 전역과 마인쯔, 쾰른, 트리어, 밤베르그, 뷔르쯔부르그, 풀타, 파터보아, 뮌스터, 오스나브뤼크 등에서 상당한 신장세를 보였으며, 잉골슈타트 대학, 비엔나 대학, 마인쯔 대학, 쾰른 대학, 트리어 대학, 밤베르그 대학, 뷔르쯔부르그 대학이 가톨릭 학교가 되었다. 가톨릭 세력을 확장하는데 크게 기여한 인물은 알브레히트 5세(Albrecht V, 재위 1550-1579)였다. 게다가 합스부르그 왕가 루돌프 2세(Rudolf II, 재위 1576-1612)가 황제가 되면서 개신교도들에 대한 탄압을 강화해 개신교는 어려운 상황에 봉착했다.

그러나 이러한 가운데서도 칼빈주의를 일찍이 수용한 독일 팔쯔선제후국에서 칼빈주의가 급성장하기 시작했다. 오토 하인리히(Otto Heinrich, 재위 1556-1559)를 계승한 프리드리히 3세(Friedrich III, 재위 1559-1576)가 칼빈주의를 받아들이면서 팔쯔선제후국은 독일 내 칼빈주의 운동의 요람이 되었다. 당시 팔츠선제후국의 수도 하이델베르그에는 독일의 명문 하이델베르그 대학이 위치하고 있다. 프리드리히 3세가 트렌트 회의에 필적할만한 신앙고백을 작성해달라고 하이델베르그 대학 교수 카스파르 올레비아누스(Kaspar Olevianus, 1536-1587)와 자카리아스 우르시누스(Zacharias Ursinus, 1534-1583)에게 부탁해 만든 것이 독일 개혁주의의 최대 걸작 하이델베르그 요리문답이다.[5] 1563년에 초판이 발행된 후 독일 전역, 네덜란드, 헝가리, 루마니아, 폴란드에도 지대한 영향을 미쳤다.

이런 시대적 상황에서 가톨릭 대 칼빈주의의 대립은 피할 수 없는 것이었다. 이 충돌이 1606년에 개신교 도시 도나우뵈르트시에서 발생했다. 이 도시는 전체가 개신교도였으며 유일한 가톨릭교회는 하일리히크로이쯔라는 이름의 수도원뿐이었다. 1606년 축제일에 이 수도원 주최로 가톨릭 신자들이 도나우뵈르트시에서 축하행진을 하면서 수도원 밖으로 진군했다. 이를 목도한 개신교 신자들이 분노해 투석하는 등 가톨릭과 개신교가 충돌하는 사건이 발생했다. 수도

---

5   Mark A. Noll, *Confessions and Catechisms of the Reformation*, 133-164.

원 원장은 황제 루돌프 2세에게 호소했고 황제는 바이에른 공작 막시밀리안 1세(Maximilian I, 1573-1651)에게 가톨릭 보호를 명령해 막시밀리안 1세가 1607년 그 도시를 무력으로 점령했다.

　도시를 점령한 가톨릭은 프로테스탄트의 철군 요구에도 불구하고, 개신교 소유 재산이 1555년 가톨릭으로부터 차압한 것이니 반환해야 철군할 수 있다고 주장했다. 프로테스탄트로서는 받아들일 수 없는 요구였다. 가톨릭의 무력 도전 앞에 위협을 느낀 프로테스탄트 영주들이 팔츠선제후국의 프리드리히 4세(Friedrich IV, 재위 1583-1610) 주도로 1608년 5월 아하우젠에 모여 개신교 동맹을 결성했다. 개신교 동맹이 결성되자 가톨릭에서도 막시밀리안 1세 주도로 개신교 동맹에 대항하여 1609년 7월 "가톨릭 제후연맹"이 바이에른 공국의 수도 뮌헨에서 결성되었다. 이렇게 해서 시작된 전쟁은 30년 동안이나 계속되었는데, 이를 시대별로 구분하면 1618년부터 1625년까지 진행된 보헤미아-팔쯔 전쟁을 시작으로 1625년부터 1629년까지 전개된 덴마크-니더작센 전쟁, 1630년부터 1634년까지 진행된 스웨덴 전쟁, 그리고 1634년부터 1648년까지 진행된 프랑스-스웨덴 전쟁 기간으로 대별할 수 있다.

　보헤미아의 후스파 교인들은 16세기 후반부터 칼빈주의를 수용하고 있었다. 루돌프 2세의 동생 마티아스(Matthias, 재위 1612-1619)가 신성로마 황제에 즉위하면서 칼빈주의가 박해를 받기 시작했다. 루돌프 2세가 1609년 보헤미아 사람들에게 허용했던 종교적 자유를 마티아스가 인정하지 않는 등 개신교 억압정책을 썼다. 후계자로 지명된 페르디난트 2세(Ferdinand II, 재위 1619-1637)는 개신교 탄압정책을 강화해 클로스터그랍과 브라우나우에 있는 두 도시의 개신교 예배당을 강제 철거했다. 이런 개신교 억압정책에 분개한 보헤미안 개신교도들이 하인리히 마티아스, 투른 백작(Heinrich Matthias, Graf von Thurn, 1567-1640)의 지도하에 들고 일어나 1618년 5월 22일 황제 마티아스의 두 총신(總臣) 마르티니쯔(Martinitz)와 슬라바타(Slawata)를 프라하 시내 흐라진 성의 창에서 밖으로 내던졌다. 곧 실레지아, 모라비아, 헝가리, 지벤뷔르겐, 오스트리아 일부지방에서도 봉기가 발생했다. 마티아스 황제는 개

1648 베스트팔렌 조약

신교 세력을 봉쇄하기 위해 백방으로 노력했으나 허사였다.

마티아스가 1619년 3월 세상을 떠나고 페르디난트 2세가 새로운 황제에 선출된 후 바이에른공 막시밀리안 1세, 스페인군과 작센선제후국 군대, 교황 바울 5세(Paulus V, 재위 1605-1621)가 황제군에 합류해 개신교에 대항하자 보헤미아 왕 프리드리히 5세가 이끄는 개신교 세력은 힘없이 붕괴되기 시작했고 그 결과 개신교의 거점 보헤미아는 엄청난 피해를 보았다.

독일에서 발생한 개신교도들의 봉기 소식을 접한 덴마크 왕 크리스티안 4세(Christian IV, 재위 1588-1648)가 독일 개신교도들을 구출하기 위해 신성 로마 황제 페르디난트 2세와 전투를 벌이면서 30년 전쟁은 국제적인 문제로 비화되기 시작했다. 그러나 가톨릭은 황제군이 승승장구하면서 세력을 더욱 확산하여 1555년 이후 잃었던 세력을 확보할 수 있었으나, 반면 개신교는 생존마저 위협받았다.

그러나 스웨덴 왕 구스타프 아돌프(Gustav II Adolf, 재위 1611-1632)

가 전쟁에 개입하면서 전쟁은 새로운 국면으로 접어들었다. 스웨덴이 위험 부담을 안고 전쟁에 개입한 이유는 니더작센과 폼머눈 지방이 황제군의 수중에 들어간 것이 발트해 연안지역에서 스웨덴 세력에 영향을 미칠 것이라는 계산 때문이었다. 황제군의 세력 확장은 상대적으로 스웨덴의 영향력 상실을 의미하는 것이었다. 1631년과 1632년 가톨릭과의 전투에서 스웨덴군이 큰 승리를 거두어 어느 정도 개신교와 가톨릭 세력이 균형을 유지했다.

1635년 페르디난트 2세는 회복령을 철회하고 개신교와의 화해를 도모했으나, 프랑스가 스웨덴과 동맹을 맺고 스페인과의 싸움을 계속했다. 1637년 페르디난트 2세가 사망하고 그의 아들 페르디난트 3세가 즉위했다. 그는 경건한 가톨릭 신자였지만 부친처럼 완고하고 편협한 인물은 아니었다. 페르디난트 3세는 더 이상 전쟁을 계속하는 것이 손해라는 사실을 잘 알고 있었다. 오랫동안 외국 군대들에 의해 시달리던 독일인들은 전쟁에 대해 염증을 느끼고 있었고, 스웨덴도 철군할 준비가 되어 있었으며 프랑스도 자국에 유익을 가져올 수 있는 조건만 허락된다면 언제든지 휴전할 준비가 되어 있었다. 명분만 주어진다면 이제 종전은 시간 문제였다.

드디어 1648년 10월 24일 독일 웨스트팔렌 지방에서 신성로마황제 페르디난트 3세(Ferdinand III, 재위 1637-1657)와 프랑스 왕 루이 14세(Louis XIV, 재위 1643-1715), 스웨덴 여왕 크리스티나(Christina, 재위 1632-1654) 사이에 평화조약이 체결됨으로써 지리한 30년 전쟁이 종결되고 유럽에 평화가 찾아왔다. 이 평화조약으로 종교개혁 후 계속된 개신교와 가톨릭의 대립이 종식되고 진정한 종교적 자유가 주어져 유럽은 새로운 시대로 접어들었다. 이런 의미에서 베스트팔렌 조약의 체결은 근대사의 출발을 알리는 신호탄이다. 그 후 칼빈주의자들에게 종교의 자유가 주어졌고, 네덜란드와 스위스가 신성로마제국에서 분리하여 독립 민족국가를 형성했으며, 지리한 종교 전쟁으로 일반 민중들이 종교에 점점 더 식상해하기 시작했다. 그 결과 전통신앙에서 이탈하여 자연과학이나 인간의 이성에 기초한 합리주의 신앙이 급속히 확산되기 시작했다.

제 2장

청교도 운동

> 목회자는 확실하며, 온유하며, 친절하며, 정직하며, 신앙심이 깊으며, 자비로우며, 방종하지 아니하며, 분내지 아니하며, 술을 탐닉치 아니하며, 투기하지 아니하며, 탐욕치 아니하며, 자기의 가정을 잘 다스리며 다른 사람에게 덕과 정직의 본이 되는 사람이어야 한다.
>
> 비숍 후퍼(Bishop Hooper), 1551

에일머(Gerald E. Aylmer, 1926-2000)가 그의 간추린 17세기 영국사에서 지적한 것처럼 "어떤 역사 사건이건 그 시대에 대한 가장 중요한 관심은 그 시대에 과연 어떤 일들이 일어났으며, 그리고 그 일들이 어째서 일어났는가 하는 것"[1]이다. 청교도 연구에 있어서도 가장 중요한 것은 청교도 운동의 기원과 해석의 문제다.[2]

오덕교가 적절하게 지적한 것처럼 "청교도운동은 하나의 교파운동이 아니라 성공회, 장로교회, 회중교회, 침례교회와 같은 다양한 부류에 속하는 개혁자들에 의하여 영국에서 일어난 종교개혁운동이었다."[3] 청교도들은 "칼빈과 츠빙

---

1   G. E. Aylmer, *A Short History of Seventeenth-Century England* (New York: n.p., 1963), 11.
2   청교도 기원과 관련하여서는 William Haller, *The Rise of Puritanism* (New York: Harper, 1957)을 참고하라.
3   오덕교, 청교도 이야기 (서울: 이레서원, 2001), 11.

스코틀랜드 개혁자, 존 낙스(John Knox, 1514-1572)의 설교

글리에 의하여 세워진 개혁주의 신학에 근거하여 성경을 해석하고, 그것을 삶의 현장에 적용하여 기독교적인 가정, 교회, 국가를 세우고자 하였다."[4]

지금까지 청교도 운동이 정치적, 사회적, 종교적, 혹은 교리적 측면에서 다양하게 연구되어 왔다. 그 결과 보는 시각에 따라 청교도 운동의 성격이 조금씩 상이했다. 청교도 운동을 종교개혁이라는 측면에서 조명하려는 이들은 청교도 운동을 종교개혁의 범주 속에서, 청교도 운동을 혁명이라는 측면에서 연구하려는 이들은 프랑스 혁명이나 미국의 독립혁명과 같은 맥락에서, 개신교 정통주의 범주 속에서 이해하려고 하는 이들은 정통주의 맥락 속에서 조명하여 왔다.

청교도 운동의 성격과 정의를 한마디로 규명하는 것이 쉽지 않다. 그러나 일반적으로 동의하는 것은 청교도 운동이 적어도 그 발단에 있어서는 가톨릭의 예전을 따르는 영국국교회에 불만을 갖고 있던 칼빈주의자들이 영국교회가 '로마주의'로 퇴보할 것을 우려하여 온전한 개혁과 교회의 순수를 외쳤던 개혁운

---

4   오덕교, 청교도 이야기, 11.

동이라는 사실이다.[5] 이런 이유 때문에 청교도들은 "영국 프로테스탄트 운동의 급진파"로 정의되기도 한다.[6] 그들의 순수한 개혁의 외침은 성경이야말로 최종적인 권위를 지닌다는 믿음에서 비롯되었다. 이들에게 성경은 삶의 표준에 적용되어져야 할 정확무오한 절대적인 하나님의 말씀이자 개혁의 표준이었다.[7]

기원상 청교도라는 말은 너무도 엄격한 계율적 삶을 꼬집어 부른 데서 나온 것으로 "맹신적 순수 추종자"라는 뜻이다. "청교도"라는 말은 영국 엘리자베스 1세 시절인 1564년에 발견되지만, 사상적인 의미에서 청교도라는 용어는 그 이전부터 찾아볼 수 있다.[8] 네이펀(Marshall M. Knappen, 1901-1966) 교수는 튜더왕조의 청교도주의라는 저서에서 감독이나 왕의 권한에 의하여 제약을 받지 않고 성서를 번역하는 등 개혁을 추진했다는 점에서 윌리엄 틴데일에게서 청교도의 사상적 원형을 찾았다.[9]

비록 청교도라는 말이 사용되기 이전부터 청교도적인 이상을 모델로 삼는 기독교 운동이 존재하였지만 역사적 청교도운동은 종교개혁운동으로, 영국과 스코틀랜드에서 17세기, 정확히 엘리자베스 1세 통치하에 초우서(Chaucer) 주교의 후계자들에 의하여 시작되었다. 시기적으로는 케임브리지 대학에서 토마스 카트라이트가 개혁을 외치던 1570년부터 1643년 웨스트민스터 회의가

---

5   청교도 운동의 정의에 대해서는 "The Definition of a Puritan," in *Society and Puritanism in Pre-Revolutionary England*, Christopher Hill (London: Secker & Warburg, 1966), 13-29를 참고하시오.

6   Aylmer, *A Short History of Seventeenth-Century England*, 59.

7   Gerald Cragg, *Freedom and Authority: A Study of English Thought in the Early Seventeenth Century*, 127-158.

8   William Haller, *The Rise of Puritanism* (Philadelphia: University of Pennsylvania, 1984), 5. 할러에 따르면, "결국 밀톤, 번연 그리고 드포(Defoe)의 작품에서 너무도 다양하고 너무도 훌륭하게 꽃 피워졌던 영적 갱생, 삶의 방식, 그리고 표현양식인 청교도 운동"은 엘리자베스 여왕으로 말미암아 생성된 시대적 상황에서 발생된 영국 교회 내에 존재했던 개혁운동이었다. William Haller, *The Rise of Puritanism*, 9. 신학적으로 청교도들은 칼빈주의자들이었지만 할레가 지적한 것처럼 "만일 우리가 영국의 칼빈주의를 지나치게 협의적으로 또는 엄격한 의미에서 해석한다면 청교도운동을 정확히 이해하지 못할 것이다." William Haller, *The Rise of Puritanism*, 8, 22. 청교도들의 우측에는 전투적인 정통주의 칼빈주의가 자리 잡고 있고 좌측에는 안티노미안적 알미니안주의가 자리를 잡고 있다.

9   Marshall M. Knappen, *Tudor Puritanism: A Chapter in the History of Idealism* (Glouchester, MA: Peter Smith, 1963).

열리기까지를 청교도 운동 기간으로 보아야 할 것이다. 이 기간 동안 교회의 조직적 갱신과 영적 갱신을 외쳤던 청교도들이 순수한 설교를 강조하며 종교서적을 출판하였으며, 종교서적과 설교를 통하여 청교도 정신은 하나의 혁명처럼 급속히 확산되었다.[10]

에드워즈 6세와 메리 여왕의 통치하에 영국은 교황을 그리스도의 사자로 믿는 구 가톨릭에 충성하는 가톨릭교도, 츠빙글리와 칼빈을 충실하게 따르는 개신교도들, 가장 다수인 영국국교회 등 세 그룹으로 나뉘어 졌다.[11]

1. 엘리자베스 여왕과 통일령

메리를 승계한 엘리자베스(Elizabeth I, 재위 1558-1601) 여왕은 오랜 갈등을 청산하기 위하여 로마 가톨릭과 개신교 간의 타협점을 찾으려고 했다. "만족스러운 타협안"은 국민의 여망이자 영국이 당면한 종교적 분쟁을 종식시키는 첩경이었다. 그래서 예전에서는 로마 가톨릭의 입장을, 신학에서는 칼빈주의를 따라 영국국교회를 조직했다. 국교회 최고 수장은 왕이었다. 엘리자베스 여왕은 1559년 수장령(Act of Supremacy)과 통일령(Act of Uniformity)[12]을 발표해 주일이나 성일에 교회에 불참하는 자에게 노동자 일주일의 임금에 해당하는 1실링의 벌금을 물렸다. 1571년에는 영국국교회의 39개 조항이 채택되어 행위공덕(14), 화체설(28), 미사(31), 마리아 무죄설(15)을 거부하고 성경

---

10 Haller는 청교도 운동에서의 설교의 위치를 상당히 높이 평가하고 있다. 청교도들의 설교는 보수적인 목회자들의 설교인 재치설교(witty preaching)와 대조적으로 영적설교(spiritual preaching)가 특징이었다. 이것을 나중에 말씀의 지혜(the Wisdom of Words)와 지혜의 말씀(the Word of Wisdom)으로 명확히 구별하고 있다. 할러는 청교도들의 설교가 청교도주의 발흥에 상당한 영향을 미쳤으나 이것이 간과되어 왔다고 주장한다. Haller, *The Rise of Puritanism*, 20-21을 보라.

11 Henry Offley Wakeman, *The Church and the Puritans 1570-1660* (London: Longman, and Co., 1912), 8.

12 Clyde L. Manschreck, ed. *A History of Christianity: Readings in the History of the Church II* (Grand Rapids: Baker Book House, 1962), 184-185.

만이 구원의 최종적인 권위를 지니며, 아담의 타락으로 인간의 자유의지가 손상되었고(10), 믿음으로만 의롭다함을 받으며(11), 성만찬 시 떡과 포도주를 모든 믿는 자들이 받아야 하고(30), 그리고 목회자들이 결혼할 것(32)을 분명히 밝혔다.[13]

그러나 그녀의 개혁은 일종의 타협안이었다. 때문에 청교도들은 엘리자베스의 개혁정책에 만족하지 않고 근본적인 개혁을 요구했다. 심지어 성직자들이 입는 예복을 적그리스도의 옷이라 하여 거부했다. 엘리자베스 여왕은 그런 청교도들의 요구를 들어주기보다 오히려 로마 가톨릭 쪽으로 전향했다. 자연히 청교도들과 왕 사이에는 갈등이 생길 수밖에 없었다. 대표적인 것이 예언모임이다. 여왕은 캔터베리 대주교 에드먼드 그린달을 시켜 성경을 연구하는 이 비공식적인 예언모임을 금지시키고, 그 모임에 참석한 사람들 모두를 체포하라는 명령을 내렸다. 그린달이 여왕의 명령을 거부하자 엘리자베스 여왕은 후임자 휫기프트를 통해 그것을 실현시켰다.

엘리자베스 여왕은 왕위에 오른 후 처음부터 호전적인 신교 지도자들의 도전에 직면했다. 특별히 메리 여왕 때 쫓겨나[14] 제네바, 취리히, 프랑크푸르트에서 훌륭한 신교 개혁을 목도하고 돌아와 진정한 개혁을 추구하려는 열성적인 개신교도들은 부담스러운 존재들이었다. 이들은 "로마 교회의 잔재"를 거부하는 한편 "교회의 해석이나 전승보다 성서의 권위"를 강조하고, "교구마다 진정하고 신령한 교직"을 세우려고 노력했다. 엘리자베스의 온건한 개혁에 만족하지 않고 제네바 모델을 따라 비성경적이고 부패한 형태로부터의 총체적인 개혁을 외쳤다.[15]

외형적인 형식주의를 일소하고 내면적인 순결을 강조하였으며, 그 일환으

---

13 Noll, *Confessions and Catechisms of the Reformation*, 212-227.
14 메리 여왕 치하에 상당수가 영국을 떠나 해외로 망명을 떠났었다. 이에 대해서는 T. M. Parker, *The English Reformation to 1558* (London: Oxford Press, 1973)의 "The Marian Reaction" (126-141)을 참고하라.
15 R. H. Moorman, *A History of the Church in England* (New York: Morehouse Narrow Company, 1963), 208.

2장 청교도 운동   53

로 교회의 장식, 성의, 중백의, 백색제의, 오르간, 십자가 상징, 감독제도, 교회 재판 등을 공격하고 설교, 성수주일, 장로교 정치를 강조했다. "십자가의 사용," "특정한 사제들의 예복," "제단에서 행해지는 성찬식," 등 국교 속에 남아있는 전통적인 요소들을 반대했다. 또한 주일 성수도 강력히 주장하여 이 날에는 "단지 종교 의식과 자선 행위만" 할 것을 요구했다. 성직자들의 방탕한 생활은 더욱이 용납되지 않았다.

이들이 감독 제도를 반대한 것은 그 제도가 성경에서 찾아볼 수 없는 교회 정치제도라고 보았기 때문이다. 이들이 호감을 갖고 있던 교회 정치제도는 장로회 정치였다. 그러나 그것만을 고집한 것은 아니며, 청교도들 중에는 개교회의 독립을 강조하는 이들도 상당수가 있었다. 개교회를 강조하는 독립파들 중에는 성인의 세례만을 주장하는 이들이 있었는데, 이들은 역사에 침례파들이라고 불리게 되었다. 이처럼 청교도들은 교회정치에서 의견이 통일되지 않았으며 장로교도, 분리주의자, 그리고 침례교도 등 실로 다양했다.[16] 급진적인 분리주의자들은 교회와 단절하고 자신들만의 독립적인 회중교회를 설립하기를 원했다. 온전한 개혁을 외치면서도 청교도들을 싫어하는 분리주의자들은 자신들의 교회를 세웠다. 초기의 분리주의는 로버트 브라운(Robert Browne, 1550-1633)에 의하여 주도되었기 때문에 브라운주의자로 알려졌다.[17]

청교도들 중에는 기성 교회 즉 영국국교회에 머물면서 개혁을 추진하기를 원하는 자들도 적지 않았으나 대부분의 청교도들은 교회 정치 형태로서 당시 영국국교회보다는 장로교 정치를 원했다.[18] 장로교적인 교회 행정이 성경적 기독

---

16 Aylmer, *A Short History of Seventeenth-Century England*, 59. Horton Davies는 장로교, 회중교회, 침례교회, 감리교 등 4개의 자유교회 중에서 장로교를 제외한 나머지 교회가 청교도 시기에 영국의 종교적 상황에서 발원한 것이라고 말한다. Horton Davies, *The English Free Churches* (London: Oxford University Press, 1963), 41.

17 이들은 엘리자베스 통치 때에 Whitgift의 주도로 네덜란드로 피신했다 돌아온 사람들이다. 이들은 분리주의자들, 율법폐기주의자들, 재세례파들 등 여러 가지 분파로 알려졌다. 이들의 공통적인 특징은 기성교회에 대해 상당히 비판적이라는 사실이다. Wakeman, *The Church and the Puritans 1570-1660*, 153.

18 Walter L. Lingle, *Presbyterians Their History and Beliefs* (Richmond: John Knox Press, 1970), 53.

교에 동참하는 길이라고 확신했기 때문이다. 자연히 스코틀랜드나 제네바 교회의 모형에 따라서 "장로교 제도"를 정착시키려는 시도가 있었다. 대표적인 인물은 케임브리지 대학 교수 토마스 카트라이트(Thomas Cartwright, 1535-1603)였다.[19] 탁월한 청교도 지도자이자 케임브리지의 개혁자였던 카트라이트는 1567년에 케임브리지 대학 설교자로 임명되었다. 그에게 성경은 신학의 원천일 뿐만 아니라 교회 정치의 기초였다. 이런 이유 때문에 카트라이트는 감독 정치를 반대하고 칼빈의 제네바 교회를 따른 장로교 정치를 선호했다. 그의 작품들은 주로 감독교회 옹호자들을 반대한 정치-신학 변증서(polio-theological polemics)였다. 교회마다 훈련을 위해 장로를 지명하고 교인들이 목사를 택할 것과 대감독, 부감독 제도를 폐지할 것, 그리고 교직의 동등성을 주장하였는데 이것은 바로 장로교 정치를 의미한다. 그의 영향으로 청교도들은 점점 더 장로교 쪽으로 기울었다.[20] 그의 대표적인 저술 권징 지침서에 담겨진 교회 사상은 영국 청교도들에게 지성적 유산이 되었다. 카트라이트는 과감한 개혁 정신 때문에 교수직을 박탈당하고 대학에서 추방당해 유럽으로 피신했다.

1603년 엘리자베스 여왕이 죽고 그녀의 사촌인 스코틀랜드 메리여왕과 그녀의 두 번째 남편 사이에 태어난 제임스 6세가 왕위를 계승하여 제임스 1세가 되었다. 제임스 1세는 엘리자베스 여왕이 내세웠던 요구 조건 즉, "남성적인 인물"과 "왕가 출신" 두 가지 모두 충족시켜 줄 수 있는 인물이었다. 때문에 제임스의 왕위 계승은 순조로웠다. 정권 교체가 평화적으로 이루어졌다는 점과 "성숙한 성년이 왕위"에 올랐다는 사실은[21] 1610년 앙리 4세의 죽음이나 1643년 루이 13세의 죽음으로 야기된 프랑스 상황과는 대조적이다.[22]

---

19   Gordon Donaldson, *The Scottish Reformation* (Cambridge: Cambridge University Press, 1960), 183-202. 장로교회의 발흥에 관하여는 Donalson의 책 "*Presbyterianism Movement*"를 참고하라.
20   Williston Walker, *A History of the Christian Church* (New York: Charles Scribner's Sons, 1970), 403.
21   Aylmer, *A Short History of Seventeenth-Century England*, 23.
22   Aylmer, *A Short History of Seventeenth-Century England*, 23.

영국과 스코틀랜드를 동시에 통치하였던 제임스 1세(James VI & I, 재위 1603-1625)와 교회 지도자들이 당면한 주요 문제는 로마 가톨릭교인들과 다른 반대파인 청교도들에 대하여 어떠한 정책을 실시해야 하는가였다. 엘리자베스와 주교들은 로마 가톨릭의 위험에 대처하면서 청교도들과의 많은 투쟁을 치러야 했으며 재임 말년에는 그들의 세력을 저지하는데 성공하기도 했다.[23] 제임스는 엘리자베스와 유사한 종교 정책을 답습하고자 했다. 장로교 색채가 강한 스코틀랜드에서는 주교 제도를 부활하여 좀 덜 엄격한 장로교를 만들었고, 영국에서는 장로교 제도를 배제하고 감독 제도를 강화시켰다.

그는 스코틀랜드에서 실시하던 정치적 방식으로 영국을 통치했다. 게다가 스코틀랜드 출신의 각료를 임명하여 영국인들로부터 이방인이라는 취급을 받기도 했다. 왕실의 도덕 수준 역시 질책의 대상이었다. 무모한 낭비벽, 화려한 의복, 계속되는 축제와 무도회 등으로 제임스 왕은 항상 스캔들에 휩싸였다. 심지어 제임스가 동성애자라는 소문도 나돌았다. 현대적 기준으로 볼 때 17세기의 영국 정부는 무능하고 불안정하며 낭비가 심한 부패한 정부였다.[24] 더구나 왕은 감독 제도를 선호했다.

제임스 1세 하의 영국에서 감독 제도를 강화시키는데 앞장섰던 인물은 캔터베리 대주교 리차드 뱅크로프트였다. 그는 "감독 제도야말로 하나님께서 세우신 것이므로 이러한 제도가 없는 교회는 진정한 교회가 아니라"는 일련의 교회법들을 제정해 "감독 없이는 왕도 없다"(No bishop, No king)고 선언한 제임스의 입장을 지원했다. 그의 통치 하에 이룩된 종교적 업적 가운데 기억될만한 일은 역시 흠정역 성경일 것이다. 흠정역을 킹 제임스 역이라고 칭하는 것은 제임스 1세의 통치시기에 완성되었기 때문이다. 이 성경은 청교도들의 건의로 1611년에 번역되어 영국민의 종교 생활, 문학 발전에 원대한 영향을 주었다. 역본 중에서 가장 훌륭하다는 평을 받고 있으며 영어 발전에도 크게 기여했다.

---

23 Aylmer, *A Short History of Seventeenth-Century England*, 58.
24 Aylmer, *A Short History of Seventeenth-Century England*, 29.

그의 업적 가운데 또 하나는 영국국교회에 남아 있기를 원치 않는 자들이 국외로 이주할 수 있도록 허락한 점이다. 헨리 바로우와 존 그린우드로 대표되는 이들이 네덜란드로 갔다 다시 미국으로 이주했다.

이 시대에 청교도의 신앙이 급속히 영국에 보급되기 시작했다. 특별히 케임브리지 시에서 번성했다. 엘리자베스 치하에 월터 미드웨이 경이 청교도 정신에 입각한 교육을 실시하기 위하여 임마누엘 대학을 설립했다. 청교도의 세력은 그곳을 통해 급속히 확산되었다. 토마스 풀러가 1655년에 "나는 오늘날 청교도 신앙이 모든 대학 교수들의 반수 이상에게 영향을 끼치고 있다고 확신한다"고 고백할 정도로 청교도들의 영향력이 확대되었다. 케임브리지 대학 출신 청교도들 중에서 가장 영향력이 있었던 인물로는 윌리엄 퍼킨스(1558-1602)와 토마스 굿윈(1600-1676)을 들 수 있다. 토마스 굿윈은 19세 때 말을 타고 존 로저스의 설교를 듣기 위해 56km를 달려갈 정도로 복음에 대한 열정이 대단했던 인물로 후에 옥스포드의 막달린 대학 학장으로 임명되어 큰 영향을 끼쳤다.

2. 의회와 찰스 1세의 충돌

1625년 제임스 1세의 뒤를 이어 왕위를 계승한 찰스 1세(Charles I, 재위 1625-1649)는 부왕의 정책을 계승하여 "왕실의 강력한 중앙 집권"을 강화했다.[25] 그는 청교도주의와 의회주의를 반대하였기 때문에 자연히 청교도 및 의회와 왕 사이에는 충돌이 생겨 세 번이나 의회가 해산되는 어려움을 겪었다. 찰스 1세는 1633년에 임명한 캔터베리 대주교 윌리엄 로우드를 통해 청교도 성직자들을 박해하기 시작했다. 이를 위해서 로우드는 필요 적절한 인물이었다. 그는 신학적으로 알미니안적이어서 칼빈주의 신앙을 가진 영국의 청교도들을 달가워

---

25 찰스 1세에 대해서는 J. H. S. Burlegh, *A Church History of Scotland* (London: Oxford University Press, 1960), 210-232를 참고하시오.

하지 않았다. 그의 탄압은 혹독했다. 어떤 청교도들은 형틀에서 고문을 당하기도 하고 귀가 잘리는 수모를 당하기도 했다. 심지어 윌리엄 프라인의 뺨에다는 선동자(Sedifious Libeller)라는 죄목의 약자인 "SL"을 새기기도 했다. 프라인은 3년 전에 극장과 연극에 참여한 여왕을 공격했다는 이유로 이미 귀가 잘렸던 인물이다.

이런 상황에서 왕은 로우드로 하여금 영국뿐만 아니라 스코틀랜드까지 감독할 것을 요청했다. 로우드가 영국 국교회의 기도서를 스코틀랜드에도 강요해 종교적인 통일을 기도했으나 결과는 오히려 정반대로 나타났다. 찰스와 로우드의 종교 정책은 종교적인 내분을 자초하였으며 정부의 입장을 더욱 궁지로 몰아 넣었다. 칼빈주의 색깔이 뚜렷한 스코틀랜드 교회의 총회가 영국의 종교정책에 반발한 것은 당연한 일이다. 총회는 왕실의 명령을 거부하고 감독 제도를 폐지해 버렸으며 스코틀랜드 교회를 장로교 원칙대로 재조직했다. 1638년 2월 스코틀랜드인들의 전통적인 종교와 정치적 자유를 지지하는 국민조약으로 알려진 문서가 작성되었고, 대다수의 스코틀랜드인들이 여기에 서약했다. 이것은 찰스 1세의 권위에 대한 직접적인 도전이었다.[26] 찰스의 내정 간섭이 오히려 반란을 유발하는 결과를 낳은 것이다.

왕은 스코틀랜드인들과 타협을 모색하든지 아니면 강압적인 정책을 사용하든지 결단을 내려야만 했다. 1638년 6월 왕은 "스코틀랜드인을 진압하기 위해 군대동원령"을 내렸다. 그러나 "스코틀랜드인들에 대항하여 효과적인 전쟁을 수행할 만큼의 자금"이 없었던[27] 왕은 전비를 마련하기 위하여 1640년 4월 의회를 소집했다. 4월에 소집한 의회가 전비 문제에는 관심이 없고 왕의 정치 및 종교 정책에 관하여 불만만 늘어놓자 왕은 2주 만에 의회를 해산했다. 이것은 역사에 단기의회로 알려졌다. 스코틀랜드인들이 영국을 침입하자 왕은 11월에 다시 의회를 소집했다. 그 결과 역사상 중요한 장기의회(1640-1660)가 시

---

26   Aylmer, *A Short History of Seventeenth-Century England*,, 114.
27   Aylmer, *A Short History of Seventeenth-Century England*,, 115.

작되었다. 의회는 다수가 장로교-청교도였고 이미 왕에게서 떠나 있었기 때문에 왕을 기소할 움직임을 갖고 있었다. 1641년 의회는 자기들의 동의 없이 왕이 일방적으로 의회를 해산할 수 없다는 법령을 통과시키는 한편 청교도에 반대하는 인사들을 의회에서 제거하고 의회 직속 병사들을 모집했다.

왕과 의회간의 분쟁이 결국 내란으로 이어져 영국의 국민들은 자연히 둘 중의 한 쪽을 지원하지 않으면 안 되었다. 귀족층들은 왕을, 민중들은 의회를 지원했다. 주변 국가들도 영국의 내전에 대한 자신들의 입장을 분명히 천명하지 않으면 안되었다. 교회 정치적으로 장로교주의인 스코틀랜드는 의회를, 가톨릭인 아일랜드는 왕을 지원했다. 1642년에 의회와 왕 사이에 전쟁이 일어나자 청교도였던 존 핌(John Pym, 1584-1643)이 의회파를 규합하였으며, 1643년에는 의회파와 스코틀랜드 사이에 맹약이 성립되어 스코틀랜드 군대가 의회파를 돕기 위해 참전했다. 참전은 영국이 개혁을 과감하게 추진한다는 조건하에 이루어졌다. 결국 의회파가 전쟁에서 승리했고, 찰스 1세는 제거되었다.[28]

영국과 스코틀랜드 두 나라 대표들이 런던의 웨스트민스터 사원에 모여 회의를 열었다. 회의는 1643년 감독 제도를 폐지하고 교회와 교회 정치 문제를 해결하기 위하여 7월 1일 교직자 121명, 평신도 30명이 참여했으며, 8명의 스코틀랜드 대표들도 회의에 참여했다. 스코틀랜드의 협력을 확보하기 위하여 감독 제도를 폐지하고 장로 제도를 옹호하며 영국, 스코틀랜드, 아일랜드의 종교 일치를 최대한 실시한다는 결정을 내렸다. 웨스트민스터 회의는 유명한 웨스트민스터 신앙고백, 소요리문답, 대요리문답을 준비하여 1646년 국회에 제출했다. 이 신앙고백은 1647년 8월 27일 스코틀랜드 총회의 비준을 받아 스코틀랜드-미국 장로교회의 골격이 되었고, 영국 국회도 이 신앙고백을 다소 수정해 1648년 6월에 승인했다.

---

28 찰스 1세의 실정과 의회파와 왕당파 사이의 싸움에 대해서는 다음을 참고하라. Peter Hammond Schwartz, "Kings on Horseback: On the Meaning of the Trial and Execution of Charles I" (Ph.D. Disser. University of California, Berkeley, 1984).

이 신앙고백은 칼빈주의 교리를 잘 해석한 것으로 유명하다.[29] 이것은 도르트 신조 이후 30년 만에 개혁주의 공동체가 이룩한 쾌거였다. 이것을 가리켜 유명한 청교도 지도자인 리차드 백스터는 "사도 시대 이래 도르트 회의와 웨스트민스터 회의보다 더 거룩한 회의는 없었다"고 힘주어 말한 적이 있다.[30] 이 신앙고백은 성경관에 있어서 칼빈을 따라 성경의 원본이 오류가 없는 하나님의 말씀임을 명문화하고, "성경에 대한 영감"과 "성경의 무오성"을 강조했다. 예정론에 있어서는 도르트신조의 타락 후 예정론(infralapsarianism)을 따르지 않고 타락 전 예정론(Supralap sarianism)을 수용했다.[31] 이 신앙고백의 또 하나의 특징은 이중 예정, 즉 어떤 사람은 구원으로 어떤 사람들은 멸망으로 예정하셨음을 8개 항에 걸쳐 자세하게 설명하고 있다는 점이다. 이런 예정론은 베자 이후 개혁파 정통주의자들에 의하여 개혁주의 전통으로 강조되어 왔던 예정론 형태이다.

또한 이 신앙고백은 루터와는 달리 율법과 복음을 이원론적 관점에서 보지 않고 다 같이 은혜의 계약 속에 포함시키고 있는데, 이것은 칼빈의 사상을 반영한 것이다. 때문에 웨스트민스터 신앙고백에는 언약 신학이 강하게 나타나는데, 행위 언약과 은혜 언약이 바로 그것이다. "전자는 하나님이 인간의 대표 아담에게 분명한 약속을 하였으나 범죄로 인해 그와 그 후손이 약속하신 모든 축복을 잃게 되어 하나님이 인간이 실패한 행위 언약 대신 그리스도를 통한 은혜 언약을 제시하셨다"는 것이다.

---

29 웨스트민스터 신앙고백의 작성자들의 신학적 배경과 신학적 입장에 대해서는 다음 논문을 참고하라. Larry Jackson Holley, "The Divines of the Westminster Assembly: A Study of Puritanism and Parliament." (Ph.D. disser., Yale University, 1979).

30 Rogers, MacKim, Sandeen, Noll, Marsden 등은 연속성을 부인하는 경향이 강하다. 최근의 Kendale의 작품, *Calvin and English Calvinism*은 이 사실을 상당히 반영하고 있다. 연속성을 부인하는 이들은 성경의 위치와 성경의 무오성을 들고 있다. 이 신앙고백이 칼빈주의 신학 체계를 함축하고 있는 것으로 이해되어 왔으나 웨스트민스터 신앙 고백과 칼빈의 신학 간의 연속성은 20세기에 들어와서 상당한 논란의 대상이 되고 있다. 적지 않은 역사가들이 신앙 고백은 칼빈의 신학과 차이가 있다고 주장한다.

31 웨스트민스터 신앙고백 3장 5에는 다음과 같이 기술되어 있다. "Those of mankind that are predestinated unto life, God, before the foundation of the world was laid, according to his eternal and immutable purpose,… has chosen in Christ unto everlasting glory,…" 이 입장을 따르면 타락 전 예정론에 가깝다.

원래 언약 신학의 기원은 쯔빙글리에게서 찾아볼 수 있으나 그것을 신학적으로 정립한 이는 쯔빙글리의 제자 불링거와 프레네커-라이든(Franek er-Leyden)대학의 교수 요한 콕세이우스(Johannes Cocceius, 1603 -1669)이다. 콕세이우스는 1648년에 "하나님의 언약에 관한 교리"를 써서 개혁주의 신학을 집대성했다. 17세기 미국의 개혁주의 교단들은 웨스트민스터 신앙 고백을 자신들의 신앙고백으로 직접 채택하거나 수정하여 채택했다. 이 신앙 고백은 영국과 미국 개혁주의 신학의 기초가 되었다.[32]

3. 크롬웰 시대의 청교도 운동

왕당파와 의회파 간의 싸움에서 앞장섰던 인물이 올리버 크롬웰(Oliver Cromwell, 1599-1658)이다. 불굴의 용기를 가진 그는 자신의 기병대를 이끌고 내스비(Naseby)전투에서 왕군을 참패시켜 의회파가 승리하는 데 결정적인 공헌을 했다. 결국 의회파가 승리하고 크롬웰을 호민관으로 하는 공화정이 1649년에 수립되어 1660년까지 계속되었다. 1649년 1월 30일 찰스 1세는 참수형을 당했다. 호민관 제도는 과도기 정부 형태였다. 영국과 같이 왕권 제도가 뿌리 내린 국가에서 이 제도가 정착하기는 쉽지 않았다. 과도기의 영국 정국을 이끄는 데는 탁월한 능력을 발휘하였지만 크롬웰 역시 통치자로서는 적합한 인물이 아니었다. 공화국을 꿈꾸어온 크롬웰은 왕좌에 앉으라는 권유에도 불구하고 그것을 거절했다. 그 결과 "전통적인 발판 위에서 정권을 결속시킬 수 있는 절호의 기회를 잃어버렸다."[33] 왕정이 뿌리를 내린 영국에서 근본적인 정치제도의 변화 없이 공화정을 이끌어 간다는 것은 한계가 있었다.

그러나 다행히도 청교도 운동은 크롬웰의 개혁 정치와 더불어 계속될 수

---

32   웨스트민스터 신앙고백의 약점에 관하여는 김영재, 교회와 신앙고백, 157-176을 참고 하시오. 김영재 교수는 교회론을 비롯한 몇 가지 문제점을 지적하고 있다.
33   Aylmer, *A Short History of Seventeenth-Century England*, 166.

있었다. 크롬웰의 통치기간에 청교도 운동을 주도한 대표적인 인물이 존 오웬(John Owen, 1616-1683)이다. 여러 가지 면에서 존 오웬은 크롬웰의 개혁이상에 가장 부합하는 인물이었다. 오웬이 비록 교단적으로는 회중교회를 지지했지만, 신학적으로는 유럽의 개혁주의 정신을 가장 철저히 변호했다. 오웬의 개혁정신, 철저한 칼빈주의 신학사상, 성실근면성, 탁월한 지성에 매료된 크롬웰이 그를 옥스포드 대학 학장에 임명하면서 오웬은 청교도 이상을 현장에서 구현할 수 있었다.

독실한 목회자 가정에서 출생한 존 오웬은 옥스포드의 퀸즈대학에서 수학하고 1632년에 학사학위를, 그리고 3년 후에 석사학위를 취득했다. 대학을 졸업하고 잠시 개인가정의 목사로 종사한 오웬은 1643년 에식스주 포드햄 지방의 교구 목사가 되었다. 이 무렵 오웬이 출판한 책이 알미니안 해설(A Display of Arminianism, 1642)이다. 이것은 오웬의 처녀작이지만 오웬이 일생동안 지속했던 신학 이상을 가장 함축적으로 담고 있는 귀중한 저술이었다. 여기서 오웬은 칼빈주의에 기초하여 알미니안주의를 비판적으로 설명했다.

투철한 개혁이상을 가진 자들이 모두 그렇듯이 오웬도 당대의 최대 주제였던 왕과 의회 사이의 논쟁에 대해서 신학적 입장만큼이나 분명한 입장을 가지고 있었다. 그는 충성스러운 의회파 사람이었다. 1648년 에식스 주 코게샬로 임지를 옮긴 오웬은 그곳에서 성공적인 목회사역을 수행하다 얼마 후 의회파 군대의 군목으로 임명되었다. 그가 크롬웰의 신임을 얻기 시작한 것이 바로 이즈음이다. 아일랜드와 스코틀랜드에서 성공적인 군목생활을 마친 오웬은 경건과 질서 그리고 학문을 회복시키기 위해 1651년 옥스포드 대학 학장에 임명되었다. 크롬웰이 그를 임명한 것은 경건한 국가를 만들며, 회중교회 및 장로교 원리에 기초한 교회개혁을 단행하고, 대학과 국교회의 개혁을 실천하려는 자신의 이상에 가장 부합되는 인물이라고 판단했기 때문이다. 그러나 오웬이 크롬웰의 뜻을 받들어 그런 개혁이상을 실천하기에는 시간이 부족했다. 호민관 제도가 몰락하고 왕정이 복고된 후 더 이상 그 자리에 있을 수 없었던 오웬은 국교회 성직을 사임하고 비국교도가 되었다. 그 후 23년간의 생을 비국교도 목사로서 그리고 저술가로서 바쁘게 지냈다. 수많은 신학서적과 경건서적, 당대의 교회정치 문제를 다룬 서적 등은 오웬의 명성을 더해주었고 그 결과 오웬은 명실상부한 비국교도 청교도 지도자로서 우뚝 설 수 있었다.

그러나 유감스럽게도 오웬은 그의 학식과 능력에 걸맞은 평가를 받지 못했다. 오웬의 작품과 사상은 그보다도 재능이 떨어지는 17세기의 다른 저작자들에 비해서 경시되어 왔던 것이 사실이다. 그것은 리차드 백스터나 존 번연의 활기찬 문체와는 대조적으로 오웬의 문체가 무겁고 이해하기가 쉽지 않았기 때문이다. 그런 까닭에 그는 대중의 신학자라기보다는 오히려 신학자의 신학자가 되었다. 존 오웬과 친분이 있던 로버트 애스티(Robert Asty, 1642-1681)는 1721년에 발간된 그의 짧은 회고록에서 오웬이 얼마나 완숙한 인물이었는가를 잘 묘사하고 있다.

> 그의 외모는 키가 크고, 얼굴은 진지하고 위엄이 있었으며 말쑥해 보였다. 또한, 그의 신분에 걸맞은 차림새와 품행을 지녔다. 그는 포용력이 매우 컸으며 능숙한 창의력과 훌륭한 판단력도 있었다. 또, 천부적으로 타고난 재치가 교육을 통해 더욱 개발된, 누구와도 견줄 수 없는 능력을 지닌 사람이었다. 그의 성격은 매우 붙임성 있고, 예의 바르며, 친근하고, 사교적이었다. 가장 비천한 사람들도 그와 쉽게 담화하고 사귈 수가 있었다. 그가 아는 사람들과 농담을 하면서-그러나, 절제와 한도가 있게-진행하는 강연은 익살스럽고 유쾌했다. 그는 감정, 특히 분노를 억누를 줄 알았으며, 침착하고 차분했다. 그는 명성이나 공적, 또는 지지자나 재산으로 우쭐대지도 않았고, 고난이나 역경에 좌절하지도 않았다.[34]

크롬웰이 세상을 떠나고 그의 아들 리차드가 1658년에 아버지를 이어 호

---

34 John D. Woodbridge, *Great Leaders of the Christian Church* (Chicago: Moody Press, 1988), 264.

민관이 되었지만 국민의 지지를 얻지 못했다. 군대를 장악하는데 실패했으며, 정치적 능력도 부족했다. 그리고 그 주변에는 유능한 인재가 아무도 없었다.[35] 리차드는 결국 자신의 무능력 때문에 만 2년도 지나지 않아 권좌에서 물러나고 찰스 2세(Charles II, 재위 1660-1685)가 1660년 5월에 왕권을 회복했다. 곧 "전통적인 상층 계급이 복귀되었다."[36] 국민의 뜻이 무엇인지를 읽을 수 있는 분별력을 지니고 있던 찰스 2세는 국민의 여론을 자신의 정치적 목적에 이용했다.

4. 찰스 2세의 왕정복고와 청교도 운동

찰스 2세는 양심의 자유를 보장하겠다고 약속했지만 정치적 기반을 구축한 후에는 정반대로 통치했다. 그는 감독 제도에 반대하는 설교를 하거나 그렇게 가르치는 장로교 목사들의 직위를 박탈했다. 예배가 다시 형식으로 흘렀다. 비국교도라는 이유로 2,000명의 성직자들이 설 자리를 잃었고, 1665년에는 소위 5마일 법이 제정되어 비국교도들이 5마일 이내의 도시 자치 마을에 들어오는 것을 금지시켰다. 수많은 청교도들이 박해를 받았다. 존 번연(John Bunyan, 1628-1688)은 대표적인 사례이다. 1628년 베드포드 근처 엘스토우에서 태어난 존 번연은 청교도 운동이 절정에 달할 무렵에 급조된 많은 직공 설교자들과 마찬가지로 충분한 교육을 받지 못했다. 아마도 그가 진정한 교육을 받게 된 것은 16세 되던 1644년부터였다. 번연은 그즈음 뉴포트 페그넬에 주둔하는 의회파 군대에 참여했다. 번연이 소속된 사무엘 루크 경의 연대에서는 그의 설교를 들을 기회가 잦았다.

번연은 그의 작품 넘치는 은혜에서 묘사한 것처럼 그가 직공으로 일하고 있

35　Woodbridge, *Great Leaders of the Christian Church*, 169.
36　Woodbridge, *Great Leaders of the Christian Church*, 175.

던 1650년대까지는 종교적 위기랄 것이 없었다. 그러나 1650년 찰스 2세의 왕정복고와 함께 설교 중단 명령에 불복하였다는 이유로 열성적인 치안 판사에게 체포되어 12년의 선고를 받고 복역하는 동안 번연은 종교적 위기를 맞았다. 그는 크롬웰 국교(國敎)에 소속된 베드퍼드 회중교회의 목사였던 전향한 왕당파 존 기포드의 도움으로 평신도 목회의 소명을 깨달았다. 6년 후 1656년 그의 최초의 저서 신 퀘이커파에 대한 성육신 변호가 출판되었다. 존 번연은 기독교인의 일생을 그린 우화집 천로역정으로 잘 알려져 있지만 이 책 외에도 죄인들의 괴수에게 넘치는 은혜, 세미픽션의 대화체 작품 배드먼씨의 생애와 죽음, 성전, 그리고 동시집 소년 소녀를 위한 책을 포함하여 약 50권의 저술을 남겼다.

번연은 직설적이고 격렬하기까지 한 자신의 기독교 신앙 체험을 성경적 신학과 이미지를 통해 활기찬 민족 언어와 훌륭하게 결합시켰다. 천로역정이 비국교도 사회에서 그전처럼 유명하지 않다고는 해도 '진리를 위한 용맹자군,' '세속적 현자군'과 같은 인물들과 '절망의 수렁,' '미의 집'과 같은 이미지들은 대단한 힘을 지니고 있다.

찰스 2세의 뒤를 이어 1685년에 그의 동생 제임스 2세(James II, 재위 1685-1688)가 왕위를 계승했다. 그는 영국의 공식적인 종교로 로마 가톨릭을 복고하는 데 성공했다. "제임스의 진정한 목적은 종교적 평등이나 관용 정책이 아니라 영국에 로마 가톨릭을 회복시키고 더 나아가서 1559년과 1662년 이후 이룩되었던 프로테스탄트 기초를 무너뜨리려는 것이었다."[37] 그의 로마 가톨릭 선호는 영국의 국교도들과 청교도들, 그리고 분리주의자들 모두로부터 호응을 받지 못했다. 비공식적 예배에 참여하는 이들을 사형에 처하는 칙령을 반포하면서 제임스 2세는 로마 가톨릭 신자들을 군대의 고위직에 임명했다. "이것은 불법일 뿐만 아니라 왕권을 남용하며 특히 심사율을 어기는 처사였다. 로마 가톨릭은 민간인 관직 이상을 가져서는 안 되었다."[38] 1685년에는 사전에 상의 없이

---

37 Woodbridge, *Great Leaders of the Christian Church*, 221.
38 Woodbridge, *Great Leaders of the Christian Church*, 222.

일방적으로 의회를 해산했다. 뿐만 아니라 왕위 후계자로 인식되어 왔던 개신교도 메리 공주를 후계자로 삼지 않고 자신의 둘째 부인과의 사이에 태어난 어린 아들을 후계자로 지명하였던 것이다.

결국 제임스 2세가 집권한 지 3년 만에 영국인들은 반란을 일으켜 그를 폐위시키고 오렌지공 윌리엄과 그의 아내 메리를 왕으로 맞아들였다. 1688년 윌리엄이 영국에 도착하자 제임스 2세는 프랑스로 도주했다. 윌리엄은 상당한 종교적인 관용을 허용했다. 1620년 39개 신조문에 서명하고 왕에 대한 충성만 약속하면 종교의 자유를 허용하였고, 비록 서명을 거부한 이들이라도 왕실을 해하고자 하는 음모만 없다면 종교의 자유를 누릴 수 있었다. 왕정복고 후에도 청교도들의 이상은 영국인들의 가슴 속에 살아 숨 쉬고 있었다. 리차드 백스터, 존 오웬, 존 밀톤 그리고 존 번연 같은 이들은 시대를 초월하여 영향을 미쳤다.

5. 청교도의 영향과 평가

1990년대 접어들어 경건주의 운동의 기원을 연구하는 이들은 경건주의와 청교도 운동의 연계성을 기정사실화하는 경향이 있다. 이들에 따르면 영국의 청교도주의는 경건주의 운동을 태동시킨 원동력이라는 것이다. 그중에서도 특별히 퍼킨스를 경건주의 운동의 원조로 보고 경건주의가 퍼킨스와 더불어 시작되어 역사적 실체로서 드러나게 되었다고 그들은 말한다.[39] 칼빈주의의 칭의론에 기초한 청교도들의 회개, 성화, 자기 경건은 경건주의 운동의 원동력이 되었다. 퍼킨스를 비롯한 청교도들은 "신학이란 영원히 축복된 살아있는 학문"이라고 보았다.[40] 자기 부정을 통한 성화를 강조하고 참 성도다운 삶을 소유하는 것을

39　주도홍, 독일의 경건주의(서울: CLC, 1991), 177. 또한 오덕교, 언덕 위의 도시 (수원: 합동신학대학원출판부, 2004), 270-289; F Ernest Stoeffler, *The Rise of Evangelical Pietism* 경건주의 초기 역사 (서울: 도서출판 솔로몬, 1993), 51-187を 참고하라.

40　Arthur William Lindsley Jr., "Conscience and Casuistry in the English Puritan Concept of Reformation"(Ph.D. Disser., University of Pittsbugh, 1982). Lindsley는 청교도 연구에 있어서

생명으로 생각했다.

청교도들의 경건 서적은 추상적인 전문 서적 보다는 성도들이 이 땅에서 어떻게 살아야 할 것인가 하는 "구체적인 성도의 현재적 삶"을 다루고 있다. 청교도들이 성결한 삶을 강조한 것은 사실이지만 그들이 모델로 삼은 것은 세상과 결별한 산 속에서의 수도원적 생활이 아니라 "삶 속에서의 수도원적 이상"의 실현이었다.

이런 청교도 정신을 이어받은 곳이 네덜란드였다. "네덜란드 교회는 청교도의 삶을 잘 보존"하는 것을 하나의 이상으로 여겼다. 때문에 네덜란드 교회의 칼빈주의적 삶을 가리켜 "제 2의 청교도"라고 부르기도 한다. 특별히 윌리엄 퍼킨스의 제자들인 보에티우스(Gisbertus Voetius, 1589-1676), 틸링크(Willem Teellinck, 1579-1629), 에임스(William Ames, 1576-1602)에 의하여 영국의 청교도주의는 영향력을 확대했다. 이들은 영국의 케임브리지 대학에서 유학하는 동안 지도교수였던 퍼킨스에게서 지대한 영향을 받아 본국에서 청교도 운동을 전개했다. 청교도의 영향을 받아 네덜란드에서 발생한 이런 운동을 가리켜 '청교도적 경건주의' 혹은 '개혁파 경건주의'라고 칭하기도 한다.

네덜란드의 개혁파 경건주의는 우트레히트 대학 교수였던 히스베르트 보에티우스와 독일 출신으로 네덜란드의 라이덴 대학 교수였던 요한네스 콕세이우스(Johannes Cocceius, 1603-1669)에 와서 절정에 달한다. 생명 있는 신학을 강조하였던 보에티우스와 콕세이우스의 신학은 독일의 개혁파 경건주의 운동에 적지 않은 영향을 미쳤다.

독일의 개혁파 경건주의 운동의 창시자인 운데어아익(Theodor Undereyck, 1635-1693)은 보에티우스와 콕세이우스의 제자였다. 그는 1654년부터 1657년까지 우트레히트 대학에서 유학하는 동안 네덜란드의 청교도적 경건

양심과 결정론의 개념은 상당히 중요한데도 불구하고 지금까지 평가절하되어 왔다고 주장한다. 퍼킨스나 에임스 같은 청교도들은 신학을 삶에 적용하는 것을 제일의 소망으로 삼아 왔다는 것이다. 이들의 결정론은 로마 가톨릭이나 후대의 영국국교회의 결정론과는 달리 계율적이며, 형식적이지 않았으며 오히려 삶의 전 영역에 하나님의 주권과 임재가 반영되어야 하는 것으로 이해했다는 것이다.

주의에 매혹되었다. 운데어아익은 그의 저서 할렐루야(*Hallelujah*, 1678)에서 보에티우스와 콕세이우스를 가장 중요한 두 선생으로 묘사한다. 그는 보에티우스에게서 "경건"을, 콕세이우스에게서 "신학"을 전수받았다. 이 두 사람을 통하여 청교도적 이상에 기초한 네덜란드의 개혁파 경건주의 독일의 개혁파 경건주의의 원형이 되었다. 독일의 개혁파 교회의 많은 학생들이 네덜란드에 유학하여 보에티우스와 콕세이우스에게서 수업을 받고 그들의 영향을 받아 본국에 돌아와 네덜란드의 청교도적 경건주의 운동을 확산시켰던 것이다. 당시 네덜란드 교회는 "독일 개혁파 교회의 신학적 방향을 주도"했다.[41] 이런 현상은 특별히 개혁파의 영향이 컸던 네덜란드와 인접한 독일의 북서부 지방에서 두드러졌다.

이리하여 영국의 청교도주의는 네덜란드 교회에, 네덜란드의 청교도적 경건주의는 독일 개혁파 경건주의의 모형이 된 셈이다.

6. 요약 및 정리

에일머가 지적한 것처럼 17세기는 언제나 그랬듯이 종교, 정치 및 사회가 밀접히 연결되어 있다. 특별히 제임스 1세(재위 1603-1625)의 즉위부터 윌리엄 3세와 메리 2세(재위 1689-1703)까지 86년간 영국의 정치는 청교도 운동과 떨어질 수 없는 관련을 갖고 있다. 때문에 청교도 운동을 종교적인 현상에 국한시켜 좁은 의미에서만 해석할 수 없고 포괄적인 해석을 내려야 할 것이다. 이런 의미에서 할러가 해석한 것처럼, 청교도 운동은 교회정치 문제, 목회자들의 개혁투쟁, 분리주의 그 이상의 문제였다. 그것은 현존하는 사회를 전도할 수 있는 새로운 삶의 방식이었다. 궁극적으로 지성의 자세, 행동규범, 심리학, 표현방식, 기성의 신앙생활을 능가하는 역동적인 신앙의 활력을 포함하여 영국문명을

---

41 Arthur William Lindsley Jr., "Conscience and Casuistry in the English Puritan Concept of Reformation", 161.

변혁시키는 결과를 가져다주었다.[42]

이 시대에 영국이 배출한 인물들이 종교적인 지도자들만은 아니었다. 앞서 언급한 백스터, 번연, 존 오웬을 비롯한 수많은 청교도 지도자들이 있었는가 하면 영국이 낳은 가장 위대한 과학자 아이삭 뉴톤과 철학자 존 로크가 출현하여 종교적인 삶과 과학적인 삶을 새로운 방향에서 수정했다. 그리하여 자연과학의 발달과 합리주의, 청교도 운동이 한 시대 속에 어우러져 있었다.

18세기에 들어서면서 영국에는 그들이 원하든 원치 않든 세 개의 종교적인 공동체가 공존하게 되었다. 다수인 영국국교회, 제 2의 세력을 소유한 비국교회, 그리고 소수의 로마 가톨릭 교회가 그것이다. 이들은 상호간에는 상당히 관용적인 입장을 취했다. 때문에 국교도이면서 프로테스탄트적인 사상을 소유한 이들이 존재하게 되었다. 이것이 2세기의 갈등 속에서 영국 교회가 자신들의 길을 찾았던 방식이다. 절대 왕정에 대한 의회의 승리는 "질서 정연한 진보와 평화적 개혁의 가능성"을 위해 싸웠던 노력의 결과였다. 그 결과 영국에는 민주주의의 장이 열렸으며 영국을 더욱 근대로 몰아넣었다.

16세기부터 시작된 영국인들의 신대륙 이주, 특히 청교도들의 신대륙 이주로 17세기에 이르러 신대륙에는 청교도 정신이 종교 · 사회 · 윤리 전반에 뿌리내리면서, 종교의 자유를 찾아 이주한 이들 청교도 필그림들에 의해 뉴잉글랜드를 중심으로 청교도 문화가 정착되기 시작했다.

---

42 Haller, *The Rise of Puritanism*, 18.

제 3장
조지 팍스와 퀘이커 운동

> 나는 사람들이 어두움에서 빛으로 돌아서 그리스도 예수를 영접할 수 있도록 보내심을 받았으니, 이는 빛 안에서 그를 영접하는 이들에게는 내가 그리스도를 영접함으로 얻은 바 하나님의 자녀가 되는 권세를 주신다는 것을 알았기 때문이다.
>
> 조지 팍스(George Fox), 1649

 민관 제도가 종막을 고하고 찰스 2세에 의해 왕정이 복고되던 전환기의 영국에서는 퀘이커 운동이 발생했다. 역사 속에 등장한 모든 종교운동이 그렇듯이 퀘이커 운동도 사회·정치·경제가 불안정한 시대에 태동되었다. 퀘이커 운동이 청교도 운동과 몇 가지 측면에서 차이가 있었으나 삶의 개혁이라는 실천적인 측면에서는 서로 공통점이 있다. 퀘이커교도들이 이상으로 내건 "기독교인의 영적 성결, 평화, 종교적 자유, 정직한 상거래, 사회정의"는 어느 정도 청교도 이상과 부합되는 것이었다. 이런 퀘이커의 이상이 하나의 독립된 공동체로 성장하는데 결정적인 역할을 한 인물이 윌리엄 펜이다.

 윌리엄 펜에 의해 개척된 펜실베이니아는 퀘이커의 이상을 실현하는 일종의 종교공동체였다. 오늘날 약 30만 명 이상의 교세를 가진 퀘이커교는 왕당파와 의회파 간에 시민전쟁이 진행되던 시기에 시작되어 호민관 시대와 왕정복고 시대에 영국과 식민지 미국에서 급속히 퍼져나갔다. 창시자는 직공의 아들인 조

조지 팍스(George Fox, 1624-1691)

지 팍스(George Fox, 1624-1691)였다. 로마 가톨릭, 성공회, 장로교회, 혹은 독립교회를 막론하고 단일 국교에 환멸을 느낀 조지 팍스와 그를 따르는 이들은 성경연구와 기도를 위해 비공식적으로 모임을 가졌다. 조지 팍스는 기성교회의

나태한 신앙, 허술한 교리, 고용 성직, 교회와 정치권력과의 타협 등에 대해 강력한 비판을 가했다. 그가 퀘이커 운동의 모토로 삼은 것은 그리스도의 능력을 통한 참된 교회의 회복과 왕국의 의(義)의 성취였다.

1. 조지 팍스의 종교적 체험

소년 시절부터 영적 임재에 민감했던 팍스는 11세 때 하나님의 임재를 체험했다. 그 후 기성교회의 해이한 신앙과 틀에 박힌 형식적인 교회의 삶에 점점 더 회의를 느끼기 시작했다. 특히 당시 만연되던 정치적 폭력과 교회의 위선 그리고 교회의 정치적 개입은 팍스의 기성교회에 대한 이미지를 더욱 부정적으로 만들어 주었다. 그는 처음에는 구두장이로 일하다가 후에 양털과 가축 상인의 동업자로 일했다. 성실성 때문에 한때 사업에도 성공하였으나, 영적인 갈등이 젊은 팍스의 마음속에 무섭게 휘몰아쳤다.

하나님의 임재를 체험한 팍스는 옥외에서 군중에게 설교를 하면서 순회 목회를 했다. 그는 구도자들에게 내면에 들리는 그리스도의 음성에 주의를 기울이고, 상거래에 정직하며, 가난한 자들에게 온정을 베풀고, 참된 교회의 자유로운 목회에 참여하라고 외쳤다. 또 "거룩한 삶을 살도록 그리스도께서 주시는 능력"을 신뢰하라고 호소했다. 그의 개혁이상은 재세례파나 후대 미국의 성결집단과 유사한 면이 있었다. 기성교회를 향한 그의 외침은 기성교회에 불만을 갖고 있던 이들에게 어느 정도 호소력이 있었던 것도 사실이나 그 이상 반대도 있었다. 팍스는 교회계단 아래로 내던져지기도 하였고, 지팡이나 심지어는 놋쇠장식으로 두른 성경책으로 두들겨 맞기도 했다. 설교 때문에 그는 6개월 동안 더비(Derby)교도소에서 지냈다. 팍스는 크롬웰 군대를 위해 일하면 석방해 주겠다는 제안을 받았으나 그리스도께서 자신과 '평화의 계약'을 맺으셨다고 말하면서 거절했다. 이 때문에 그는 6개월을 감옥에서 더 지내야만 했다.

2. 퀘이커 조직과 확장

퀘이커 운동이 역사적인 전환점을 맞은 것은 1652년 팍스가 28살 되던 해이다. 그해 어느 날 악마들이 출몰한다고 알려진 펜들 힐을 오르고 있던 조지 팍스는 주님께로 나아오는 흰옷 입은 사람들을 보았다. 이 환상을 체험한 팍스는 이것이 예수 그리스도가 성결한 백성들을 왕국으로 모은다는 것을 예언한 것이라고 믿었다. 이것은 팍스에게 선교적 사명을 일깨워주었다. 곧 수백 명의 사람들이 팍스를 따르기 시작했으며, 8년 후인 1660년에는 무려 5만 명의 추종자가 생겼다. 열성적인 젊은 남녀들로 구성된 용감한 60인이 팍스가 시장, 들, 감옥, 법정 등에서 설교할 때마다 따라 다니면서 보호해주었다. 팍스의 가르침을 담은 수많은 인쇄물이 이들에 의해 쏟아져 나와 퀘이커 사상을 널리 확산시켰다. 거베이스 벤슨(Gervase Benson, c.1610-1679), 에드워즈 버로우(Edward Burrough, 1634-663), 존 오드런드(John Audland, 1630-1664), 메리 피셔(Mary Fisher, 1623-1698), 프랜시스 하우길(Francis Howgill, 1618-1669), 윌리엄 듀즈베리(William Dewsbury, 1621-1688) 등이 팍스와 합류했다. 당시 의회파와 왕당파 사이에 벌어진 내전에 회의를 느낀 이들이 화해와 평화를 모토로 내세운 퀘이커 운동에 대거 합류했다.

퀘이커교도들이 처음 자신들을 가리켜 사용한 명칭은 기성교회 교인들과는 구별된다는 의미에서 "빛의 자녀들," "진리의 공표자," 또는 "주의 군대"였다. 그러다 요한복음 15장 14절에 나오는 "친구들"(Friends)이라는 용어를 더 좋아해 후에는 자신들을 프렌즈라 부르게 되었다. 퀘이커라는 명칭은 팍스를 따르는 자들이 붙인 이름이 아니라 팍스의 비판자들이 붙인 것이다. 비판자들은 팍스와 그를 추종하는 자들이 고통스럽게 떠는 것을 보고 조소적인 의미에서 "떠는 사람들"(Quakers)이라고 불렀다. 당시 청교도라는 명칭도 그 운동을 비판하는 자들에 의해 붙여진 부정적인 이름이듯이 퀘이커 명칭도 비판자들이 붙여준 이름이다.

퀘이커 운동이 비판과 박해를 받았다는 사실은 이미 앞에서 언급했다. 호민관 시대가 끝나고 왕정이 복고되었으나 퀘이커에 대한 박해는 전혀 수그러들지 않았다. 오히려 1661-1665년 클래런던법(the Clarendon Code)이 발효되어, 수천의 퀘이커교도들이 불법집회를 가졌고 선서심사(test oaths)를 거절했다는 이유로 투옥되었다. 1666년 감옥에서 출감한 팍스가 새로운 전기를 맞게 된 것은 3년 후 1669년 과부 마가레트 펠(Margaret Fell)과 결혼하면서 부터이다. 그녀와의 결혼은 팍스에게 안정과 성숙 그리고 도약을 가져다주었다. 스와드무어(Swarthmoor)에 있었던 그녀의 집은 오랫동안 퀘이커 운동의 사령부로 이용되었다. 결혼 후 팍스는 더욱 선교에 전념할 수 있었다. 팍스의 선교범위는 유럽, 서인도, 미국으로 확대되었고 1670년대에 팍스의 서신과 교리를 담은 서적들이 대량으로 출판되어 선교를 촉진시켰다. 1691년에 조지 팍스가 죽었을 때 영국, 스코틀랜드, 미국의 식민지에서 팍스를 따르는 이들이 무려 10만 명에 이르렀다.

3. 퀘이커의 가르침

이렇게 수많은 사람들이 팍스를 추종한 것은 그의 가르침이 당대의 정통주의 신앙과는 달리 상당히 실천적이었기 때문이다. 팍스의 가르침을 한 마디로 집약한다면 기독교는 체험의 종교라는 것이다. 하나님과 기독교의 진리를 성령의 임재로 개개인이 삶 속에서 직접적으로 체험할 수 있다. 또한 하나님께서는 개개인에게 직접적으로 계시해 주신다. 하나님의 임재를 체험하고 하나님의 영적 인도를 받는 것은 기독교인의 삶에 필수적이다. 이런 체험적인 신앙을 가진 사람들이야 말로 종교적인 경건을 실천하고 성결한 삶을 살 수 있다. 하나님의 영은 성결한 영이기 때문에 이 영을 받은 사람들은 성결한 삶을 살 수 있다. 체험적인 신앙은 개개인에게만 국한되는 것이 아니라 집단적으로도 경험할 수 있는 것이다. 종교개혁의 급진적인 개혁자들에게서 단면을 발견할 수 있는 이런 사상은 경건주의자들과 신비주의자들에게 적지 않은 영향을 주었다.

팍스의 가르침은 현대에 상당히 다양하게 해석되고 있다. 좀 더 신비주의적인 루퍼스 존스(Rufus Jones)는 팍스의 작품에서 보편구원론적 측면을 강조하고, 반면 현대 탁월한 교회사가인 조프리 너톨(Geoffrey Nuttall)이나 휴 바보어(Hugh Barbour) 같은 개신교 해석가들은 팍스와 그와 같은 당대인들 사이의 공통성을 강조하여 왔다. 이와는 달리 루이스 벤슨(Lewis Benson)같은 이들은 팍스의 작품에서 신비주의적인 측면을 뽑아내 해석하려는 이들을 비판한다.[1] 팍스는 그리스도를 직접적이며 내적 계시에 의해서만 알려지는 유일하고 참된 하나님의 말씀으로 이해했다. 그의 작품과 사상에는 종말론적인 계시관이 강하게 등장하는데, 전형적인 것이 "그리스도는 그의 백성을 친히 가르치기 위해 오셨다"는 팍스의 주장이다.[2]

이와 같은 팍스의 체험 신학을 가능하게 만든 것이 그의 로고스 개념이다. 그리스도를 말씀과 빛으로 비유한 요한복음을 따라 팍스는 빛은 죄와 어두움으로부터의 해방이며 완전한 승리를 상징한다고 보았다. 그리스도의 이 빛이 모든 사람에게 이르기 때문에 이 빛을 받은 자들은 죄와 어두움에서 벗어나 승리의 삶을 살아갈 수 있다고 믿었다. 이런 낙관적인 구원론 때문에 팍스는 그리스도가 모든 사람들을 위해 죽으셨고 그 속죄의 범위도 무제한적이라는 입장을 지지했다. 이런 입장은 알미니우스나 후대 웨슬리의 사상과 상통하는 견해다. 이런 팍스의 신학을 좀 더 체계화시킨 인물이 로버트 바클레이(Robert Barclay, 1648-1690)이다. 초기 퀘이커 학자였던 로버트 바클레이는 "보편적인, 구원하는 빛"이라는 말을 사용하여 팍스의 신학을 한층 더 다듬었다. 퀘이커파는 마음속의 그리스도를 갈보리에서 피를 흘리신 그리스도와 분리시키지 않음으로써

---

[1] Douglas Phillip Gwyn, "The Apocalyptic Word of God: The Life and Message of George Fox(1624-1691)" (Ph.D. disser., Drew University, 1982). 이들 세 가지 유형의 해석 중에 귄(Gwyn)은 세 번째 해석을 지지한다.

[2] Douglas Phillip Gwyn, "The Apocalyptic Word of God: The Life and Message of George Fox(1624-1691)." 이 면에 대한 부정적인 평가에 대해서는 Eugene Conrad Elser, "Charismatic Communication: A Critical Analysis of the Rhetorical Behaviors of George Fox, Founder of the Society of Friends" (Ph.D. disser., The Ohio State University, 1972)를 참고하라.

예수의 죽음을 불필요하게 만드는 보편구원론과 그것을 임의적이게 만드는 선택론 사이의 좁은 길을 걸었다. 마침내 퀘이커파는 그리스도의 내적 현시를 강조하는 엘라이어스 힉스(Elias Hicks, 1748-1830)를 따르는 그룹과 그리스도의 외적 현시를 강조하는 거니(Joseph John Gurney, 1788-1847)를 따르는 그룹으로 분리되고 말았다.

조지 팍스는 거룩케 하시는 대속의 능력을 가르쳤다. 퀘이커파에게는 은총에 대한 지나친 강조가, 윌리엄 펜(William Penn, 1644-1718)이 경멸조로 이야기했던 것처럼, 그리스도의 죽음을 "그의 희생의 대가로 더욱 안전하게 죄짓는 방법"으로 바꾸어 놓은 것으로 보였다. 팍스는 기독교 지도자들이 "아담과 하와의 쓰러진 집을 다시 짓는다고 약속하고서 그들이 사람들의 돈을 받은 뒤에는 그것이 이루어질 수 없다고 말한다"고 했다. 이 같은 죄에 대한 승리의 가르침은 마음의 내적 변화와 행위의 외적 변화를 모두 포함한 것이었다. 기독교인들은 그리스도 왕국의 윤리에 따라 살도록 되어있다. 더 나은 상황이나 재림을 기다리는 것이 아니다. 이러한 실생활의 경건에 대한 강조는 퀘이커교도들에게 기독교인의 감화력에 대한 확신을 불러일으켰다. 그들은 상거래의 정당한 대가, 공평한 은행업, 인디언과의 정당한 거래, 정신병자와 전쟁피해자 및 억압받는 자를 위한 치료활동 등과 같은 확실한 개혁을 시작했다.

조지 팍스는 교회에게 평화주의를 가르치라고 요구했다. 그리스도께서 전쟁의 원인을 제거하시기 때문에 기독교인들은 사람들을 죽이지 않아야 한다고 했다. 또 복음전도나 사회질서 모두가 군사적 보호를 필요로 하지 않는다고 팍스는 생각했다. 반면 청교도 신앙은 하나님께서 개혁의 칼을 군인들의 손에 쥐어 주었다고 주장했다. 그들은 크롬웰과 고대 이스라엘의 개혁운동을 유사한 것으로 보았다. 퀘이커파는 이것을 배교적 기독교(apostate christianity)라고 비난했다. 팍스와 퀘이커교도들은 기독교 평화주의의 공개 성명이라는 "1660 선언"(1660 Declaration)을 작성했다. 그 내용은 "우리를 모든 진리로 인도하는 그리스도의 영이 그리스도의 왕국을 위해서든지 또는 이 세상의 왕국을 위해서든지 간에 절대로 우리가 외적인 무기를 가지고 어떤 사람을 대항해서 싸움이나 전쟁을 하도록 하지 않으신다"는 것이었다. 퀘이커교도들이 이 성명을 따라 살거나 그 때문에 고난받는 것이 항상 쉬운 일은 아니었다. 그러나 이 성명은 역사적으로 재세례파의 전통을 따르는 사람들과 또 차츰 그 밖에 사람들과도 공유하는 핵심적인 기독교 신념을 구체적으로 표현하고 있다.

    조지 팍스는 왕국에 대한 교회의 증거를 누차 강조했다. 그리스도는 그의 백성들이 예배드릴 때와 일할 때에 함께 계시고 그의 영으로 그들을 정화시키신다. 외적인 성례전은 기독교 이전 시대에 속한 것이고 새언약 교회에 속한 것이 아니다. 하나님의 백성이 교회이지 그들이 예배드리는 건물이 교회인 것이 아니다. 퀘이커파는 전 기독교인의 보편성직과 일부의 특별성직을 구분하기는 했다. 그들은 주님께서 메시지 전달의 책임을 부여한 남성 또는 여성들의 육성 메시지가 있는 집회가 열리기를 원했으며 또 그런 곳에 참여하기를 좋아했다. 퀘이커파의 초기와 후기 구도자들 모두에게 있어서 침묵은 그들의 내면에서 그리스도의 음성을 듣기 위한 중심수단이다. 팍스는 로저 윌리엄즈 같은 침례교도들과 함께 왕국이 국가의 통제와 사제계급제도에 의해 방해받고 있다고 주장했다. 팍스와 추종자들은 선교가 모든 사람에게 있는 내적인 빛을 존중할 때 진정한 "복음"이 된다고 믿었기 때문에 아메리카 인디언과 같이 기독교국가 밖에 있는 사람들에 대한 하나님의 증거를 중요시했다. 팍스는 말씀과 행위로 왕국을 성실하게 증거하는 것이 세상 사람들을 그리스도께로 불러 모으는 일을 촉진시킬 것이라고 믿었다. 식민지 펜실베이니아는 화가 에드워즈 힉스가 매우 예술적으로 묘사했던 평화로운 왕국을 위한 유서 깊은 근거지이다.

제 4장

개척시대의 미국 기독교

> 미국 기독교는 그 자체의 특징들을 소유하고 있다고 자주 언급되곤 했다. 미국 기독교는 식민지 정착시대에 유럽에서 존재하여 오던 것과 여러 가지 면에서 다를 뿐만 아니라 현금의 어떤 다른 기독교 국가들 가운데 존재하여 오던 것과도 다르다. 이곳의 기독교는 미국풍으로 직조된 옷과 미국풍 장식으로 단장하고 있다.
>
> 사무엘 맥코넬(Samuel D. McConnell), 1880

영국에서의 청교도 운동, 종교개혁 이후 유럽에서 1세기 이상 진행된 가톨릭과 프로테스탄트 간의 대립과 마찰 그리고 그 결과로 생긴 개신교들의 박해, 또한 종교개혁 전후 유럽 각국의 식민지 쟁탈전은 신대륙의 개척을 가속화시켰다. 그 중에서도 예일 대학의 교회사가 시드니 알스트롬이 지적한 것처럼, 미 대륙에 대한 유럽인들의 정복열을 무시한다면 미국의 기독교 역사를 제대로 이해할 수 없다.[1] 종교개혁이 시작되기 전부터 스페인, 프랑스, 영국, 그리고 네덜란드 및 스웨덴 등 기타 유럽 국가들은 신대륙 발견과 개척에 적지 않은 관심과 투자를 기울여 왔다.

---

1   Sydney E. Ahlstrom, *A Religious History of American People* (New Have: Yale University Press, 1973), 53.

1. 신대륙의 정착과 식민지 경쟁

뉴멕시코와 스페인 식민지

북미의 개척에 제일 먼저 관심을 갖고 있던 나라는 스페인이다. 스페인은 플로리다,[2] 뉴멕시코, 애리조나, 캘리포니아에 이르기까지 광범위한 식민지를 개척하고 1520년부터 1840년까지 북미에서 절대적인 영향력을 행사해 오면서 미국교회사의 일부분을 형성했다.[3] 크리스토퍼 콜럼버스가 1492년 10월 11일 신대륙을 발견한 후 스페인은 북미 개척에 많은 투자를 했다. 그 결과, 1526년 제임스타운 근처에 산 미구엘을 건설하여 그곳을 식민지화하는데 성공했다. 그 후 안토니오 데 몬테시노스(Antonio de Montesinos)를 세워 교세를 확장해 나갔다.[4]

그러나 인디언과의 전쟁으로 그곳에 영구적인 식민지를 구축하는데 실패한 스페인 사람들은 플로리다로 관심을 돌렸다.[5] 드디어 1565년 플로리다 주에 세인트 어거스틴이라는 자신들의 공동체를 건설하는데 성공했다. 스페인 사람들은 1565년부터 1574년까지 플로리다의 행정관을 지낸 페드로 메넨데스 데 아빌레스(Petro Menéndez de Avilés, 1519-1574)의 리더십 아래, 1565년 여세를 몰아 프랑스 위그노들인 쟝 드 리보(Jean de Ribaut, 1520-1565)와 르네 드 로돈니에르(René de Laudonniére, c.1529-1574)가 바로 1년 전에 세인트 존스강 입구에 건설한 프랑스 공동체 포트 캐롤라인을 공격하여 그들을 대량학살하고, 그곳을 자신들의 식민지로 삼았다. 스페인인들은 플로리다 전역

---

2   Edwin S. Gaustad, ed. *A Documentary History of Religion in Amerca to the Civil War* (Grand Rapids: Eerdman, 1982), 63.
3   Ahlstrom, *A Religious History of American People*, 48.
4   Ahlstrom, *A Religious History of American People*, 40.
5   Gaustad, ed. *A Documentary History of Religion in Amerca to the Civil War*, 63. 스페인의 페르디난트는 1514년에 Ponce de Leónd을 플로리다의 행정관으로 임명하고 본격적인 식민지 작업에 착수했다.

을 자신들의 영토로 간주했기 때문에 가톨릭이던 개신교이건 모든 프랑스인들은 플로리다를 떠나야 했다.[6] 산미구엘과는 달리 플로리다에서의 스페인 식민지 개척은 비교적 손쉬웠다. 1566년 그는 한 예수회 신도에게 보낸 편지에서 "우리 주의 말씀이 이 지역에 확산될 것"이며 달과 태양을 섬기는 이 미개인 인디언들을 기독교 인디언들로 회심시키려는 거룩한 소명을 부여받았음을 고백하고 있다.[7] 메넨데스는 위그노들을 몰아내고 북미에서 가장 오래된 정착촌인 세인트 어거스틴을 설립하는데 성공했으나, 이곳은 그가 바라는 야심만큼 발전하지는 못했다. 메넨데스 지도력 아래 스페인의 예수회가 1568년 이곳에 영구적인 선교거점을 확보할 수 있었다.

1549년에는 바르톨로매 데 라스 카사스(Bartholomew de Las Casas, 1474-1566)의 영향으로 프라이 루이스 칸세르(Friar Luis Cáncer, 1500-1549)와 다른 도미니칸 교도들이 플로리다에 도착했으나 준비 없이 도착하는 바람에 원주민들에게 곧 살해되고 말았다.[8] 대신 프란시스파들의 선교노력은 계속되었고 1595년에는 11명의 프란시스파 교도들이 이주하여 교세를 확장할 수 있었다. 플로리다에서는 1634년까지 34명의 프란시스파 교도들이 44개의 선교회를 유지하면서 24,000명 혹은 30,000명의 인디언 회심자들을 대상으로 목회했다. 교리문답이 번역되어 교회의 기초교육이 자리를 잡아가는 듯 했으나 [9] 인디언들과의 갈등과[10] 선교책임을 맡고 있던 쿠바 샌티아고가 제대로 관리를 하지 않아 플로리다 선교는 별 성과가 없었다.

플로리다 역시 스페인 식민지 개척의 중심지가 되는 데는 한계가 있었다. 위험과 난관이 많은 반면 성과는 거의 없었다. 그러나 카리브 섬, 특히 히스패니오라와 쿠바에서 그리고 남미와 "뉴스페인"에서의 식민지 개척은 비교

---

6   Gaustad, ed. *A Documentary History of Religion*, 67.
7   Gaustad, ed. *A Documentary History of Religion*, 67-68.
8   Gaustad, ed. *A Documentary History of Religion*, 65.
9   Ahlstrom, *A Religious History of American People*, 41.
10 Gaustad, ed. *A Documentary History of Religion*, 68-70.

적 순조롭게 진행되었다. 1540년 프란시스코 바스케스 데 코로나도(Francisco Vásquez de Coronado, 1510-1554)가 대 탐험을 개시해 그랜드 캐년, 캔사스, 오클라호마, 텍사스, 그리고 거대한 선교지 서부 뉴멕시코의 일부를 발견하는 쾌거를 올렸으나 식민지 개척은 별 진전이 없었다.

그러다 60년이 지난 1598년에 돈 후안 오냐테(Don Juan de Oñate, 1550-1626)가 이곳을 스페인이라 명명하고 산 후안 카바예로스(San Juan de Caballeros)에 오늘날 뉴멕시코에 해당하는 최초의 식민지를 건설했다.[11] 그는 식민지 개척에 지대한 공헌을 했다. 식민지 개척을 위한 돈 후안 오냐테의 초창기 회사는 100여명의 군인들, 400명의 정착자, 7명의 프란시스칸 신부와 두 명의 평신도, 수많은 노예, 83구의 마차, 그리고 7,000마리의 가축을 소유한 거대한 회사였다. 많은 난관에도 불구하고 식민지 개척에 성공할 수 있었다.

돈 후안 오냐테를 이어 페드로 데 페랄타(Pedro de Peralta, 1584-1666)가 지도자로 부임한 후 산타페로 수도를 옮겼다. 이곳은 뉴멕시코 식민지 지배의 영구적인 중심지가 되었다. 그 후 새로운 도시들이 건설되고 농업 기술이 도입되어 스페인 공동체는 날로 번성했다. 식민지 확장과 더불어 스페인 선교는 더욱 성공을 거두었다. 1630년 25개 선교회에서 50명의 신부들이 사역하고 있었으며, 이들을 통해 회심한 사람들이 약 6만 명이나 되었다.

그러나 1680년에 발생한 인디언들의 무서운 반란으로 스페인 사람들이 대량 학살되었다. 살아남은 스페인 사람들은 20여 년 이상을 엘 파소(El Paso)로 퇴각해 있었다. 수십 년 후 스페인인들이 다시 이곳을 정복해 그 후 1세기 반 동안 옛 스페인 문화를 복고시킬 수 있었다.[12]

식민지 개척과 확장으로 가장 큰 피해를 본 이들은 인디언 원주민들이었다. 그들은 자신들의 삶의 터전을 빼앗겼을 뿐만 아니라 정복자들의 식민지 건설과정에서 노동력마저 착취당했다. 당시 피정복자이자 대부분이 노예였던 인

---

11 Ahlstrom, *A Religious History of American People*, 41-42.
12 Ahlstrom, *A Religious History of American People*, 42.

디언들은 농장, 광산, 탄광 노동력의 주원천이 되었다. 1744년까지 뉴멕시코에는 비인디언 인구가 약 1만 명으로 늘어나 그중 3분의 2가 산타페, 산타 크루즈, 알부케르크, 그리고 엘 파소 등 4대 도시에서 살았다. 프란시스파 교도들은 약 25개의 선교회를 운영하면서 17,500명의 인디언 신자들을 상대로 선교하고 있었으나 인디언 언어 습득의 실패와 선교사들 간의 마찰로 선교사역은 큰 진전을 보지 못했다. 그 결과 1800년까지 인디언 신자가 1만 명으로 급격히 줄어들었다.

뉴멕시코와는 달리 애리조나에는 여러 가지 열악한 환경으로 말미암아 선교가 활성화되지 못했다. 애리조나 남부에서는 심지어 1680년대까지도 선교가 시작되지 않았다. 한편 텍사스에 대한 스페인의 관심은 라살레가 도착할 때까지 별로 진전을 보지 못했다. 그러다 알론소 데 레온(Alonso de Léon, 1639-1691) 인도 하에 대 탐험이 시작되어 1690년에 그 지역을 스페인에 귀속시킬 수 있었다. 그 해 스페인의 프란시스 선교회 선교사 다니안 마즈넷 신부가 텍사스를 발견하고 포기했다가 3년 후 다시 1718년에 그 지역에 영구적인 선교 거점을 마련할 수 있었다. 1722년까지 10개의 선교회가 그곳에서 사역했으나 큰 성과를 거두지 못했다.[13]

스페인의 영향력은 캘리포니아 해안지역까지 확대되었다. 1540년대에 후안 로드리게스 카브리요(Juan Rodriguez Cbrillo, 1499-1543)와 다른 사람들이 서부 해안을 거슬러 올라가는 탐험을 개시했으며 1602년에는 세바스티안 비스카이노(Sebastián Vizcaíno, 1548-1624)가 캘리포니아와 오레곤을 따라 발견한 여러 섬들과 만에 이름을 명명했다. 대부분의 스페인 선교사들이 텍사스를 비롯한 남부에 선교를 집중했기 때문에 1702년까지 캘리포니아에서의 스페인의 선교는 별 진전을 보지 못했다.

그러다 알래스카에 거점을 둔 러시아가 남하하면서 캘리포니아 식민지 개척이 다시 진행되었다. 서부 개척을 촉진시킨 원인 중의 또 하나는 독립혁명이

---

13 Ahlstrom, *A Religious History of American People*, 44.

다. 독립혁명과 함께 서부에 대한 관심이 고조되어 서부 개척과 선교가 활력을 되찾았다. 그 결과 스페인의 서부 선교도 많은 결실을 맺어 1769년과 1845년 사이 146명의 프란시스 선교회 선교사들의 노력으로 원주민 가운데 약 10만 명이 세례를 받았다.[14] 당시 선교정책이 그렇듯이, 스페인도 국가적인 차원에서 식민지에 자국의 종교와 문화를 동시에 심어 캘리포니아에 스페인 문화가 뿌리내리게 되었다. 어디를 가든지 스페인인들은 교회와 국가가 같은 정신, 같은 목표, 같은 방법을 택했다.

스페인이 미 대륙에서 영향력을 상실하기 시작한 것은 19세기에 들어서면 서부터이다. 1819년 스페인은 자신들이 힘들여 개척한 식민지 플로리다를 그대로 잃어버릴까봐 미연방에 팔아 넘겼고, 그 후 1854년까지 혁명, 합병, 정복, 혹은 매수를 통해 뉴스페인 전역이 미연방으로 넘어갔다. 그럼에도 불구하고 19세기 말 토마스 오고먼(Thomas O'Gorman, 1843-1921)신부가 지적한 것처럼, 1520년부터 1840년까지 아틀란타 해협에서 태평양 해협에 이르기까지 광범위하게 퍼져있던 스페인 교회는 신대륙에 적지 않은 흔적을 남겨 문화의 일부를 형성하고 있었다. 북미에서의 스페인 문화는 스페인인들이 회심시킨 수천의 기독교 인디언들과 그들의 후예들을 통해 아직도 뉴멕시코, 애리조나, 그리고 기타 지역에 살아 역사하고 있다.[15]

퀘벡과 프랑스 식민지 개척

스페인과 마찬가지로 프랑스의 식민지 개척 역시 교회와 국가가 떨어질 수 없는 관계 속에 진행되었다. 이 시대 유럽 자국의 흥망은 식민지 개척에 그대로 반영되어 나타났다. 30년 전쟁으로 유럽이 황폐화되던 1618년부터 1648년까지 식민지 개척이 시작되었다. 따라서 유럽의 상황이 신대륙에 그대로 반영되었

---

14 Ahlstrom, *A Religious History of American People*, 46.
15 Thomas O'Gorman, *History of the Roman Catholic Church in the United States*, ACHS, vol. 9 (New York, 1895), 111-112.

다. 예를 들면 유럽에서 1688년부터 1697년 사이에 아우구스부르크 동맹 전쟁이 발생하는 동안 미국에서는 킹 윌리엄 전쟁이 발생하였고, 1701년부터 1713년까지 유럽에서 스페인 계승 전쟁이 발발하는 동안 미국에서는 퀸 앤 전쟁이 발생했다. 1740년부터 1748년까지 유럽에서 오스트리아 계승 전쟁이 발생하는 동안 신대륙에서 킹 조지 전쟁이 발발했다. 그리고 1756년부터 1763년까지 유럽에서 7년 전쟁이 진행되는 동안 신대륙에서는 프랑스 대 인디언 전쟁이 발생했다.[16] 이처럼 유럽의 정치적인 상황이 신대륙에 그대로 반영되어 신대륙 개척에 적지 않은 영향을 미쳤다.

이런 현상은 종교적인 측면에서도 그대로 나타났다. 식민지 개척과 발맞추어 발생한 프랑스의 가톨릭 종교개혁은 신학적인 문제나 정치적인 문제와 별도로 진행되지 않았다. 가톨릭 종교개혁과 더불어 복고된 어거스틴주의, 예정론 강조, 의식적인 회심 및 하나님과의 직접적인 교제를 통한 개인의 종교적인 회심에 대한 강조는 식민지 선교지에 그대로 반영되어 예수회 선교를 촉진시키는 원동력이 되었다.[17] 그 결과 프랑스가 개척한 미국의 뉴 프랑스 지역에서 로마 가톨릭의 신앙과 제도는 여타 다른 식민지, 심지어 뉴스페인과도 비교가 되지 않을 정도로 식민지 삶에서 중요한 위치를 차지했다. 이들이 추구하는 것은 단순한 프랑스 가톨릭으로의 개종만이 아니라 뉴 프랑스의 정신을 형성하는 예수회의 영구적인 정착이었다. 따라서 프랑스의 식민지 개척은 자연히 선교와 병행되어 진행될 수밖에 없었다.

스페인보다 약 100년 늦게 신대륙 정복에 나선 프랑스는 미시시피 계곡과 플로리다를 중심으로 식민지 구축에 나섰으나 플로리다에서는 스페인 세력에 밀려나고 말았다.[18] 스페인 세력에 밀려난 프랑스는 새로운 식민지 개척에 나섰

---

16   Ahlstrom, *A Religious History of American People*, 58.
17   Ahlstrom, *A Religious History of American People*, 60.
18   Gaustad, ed. *A Documentary History of Religion*, 73. 프랑스 신부 Pierre Baird, S.J.가 그의 상관에게 보고한 보고서에 의하면 프랑스의 북미 진출은 스페인에 비해 상대적으로 발전이 늦었으며 인디언을 회심시키는 일이 상당히 어려운 일임을 밝히고 있다.

다. 1604년과 1605년 사이의 혹독한 겨울 파사마쿼디(Passamaquoddy) 만의 식민지 세인트 크로익스라는 작은 섬에서는 추위와 열악한 환경으로 프랑스인들 태반이 죽었다. 다행히도 그 고난 후 아브라함 평원에서 몽트캄(Montcalm)이 몰락해 식민지 개척이 종식될 때까지 프랑스의 식민지 확장은 1세기 반 동안이나 지속될 수 있었다.

예수회 선교사 피에르 버드(Pierre Biard, 1567-1622)와 에몽드 마세(Énemond Massé, 1575-1646)가 1611년 포트 로얄에 도착하기 전 이미 두 명의 신부가 그곳에서 선교활동을 하면서 약 100명 이상의 인디언에게 세례를 베풀었다. 1604년에는 드 몬트(De Monts)를 건설하고 1608년에는 퀘벡을 개척하였으나 북미에서의 실질적인 프랑스 식민지 확장은 17세기 후반까지 실현되지 않았다. 프랑스 식민지 개척의 선봉자는 모험가이자 탐험가이며 야심가였던 르네 로베르 카블리에 드 라살(Rene Robert Cavalier, Sieur de la Salle, 1643-1687)였다. 그의 탐험은 퀘벡에서 미시시피 입구까지, 오하이오에서 미주리의 로키 산 수원지까지 확장되었다. 이 탐험으로 프랑스는 미국에 방대한 프랑스 식민지를 개척할 수 있었다.

식민지 개척과 함께 선교가 시작되었다.[19] 1615년에는 4명의 신부가 퀘벡에서 선교를 시작하였고, 10년 후 최초의 5명의 예수회 신도가 퀘벡에 도착했다. 그러나 캐나다 동부에서의 프랑스 선교는 인디언의 적대와 영국 및 네덜란드의 견제 때문에 큰 진전을 보지 못했다. 그런 난관에도 불구하고 프랑스 선교확장에 헌신한 사람이 프랑수아 그자비에 드 라발-몽모렌시(Francois Xavier de Laval-Montmorency, 1623-1708)였다. 퀘벡에 거점을 둔 뉴 프랑스는 1663년까지 식민지로서의 자리를 완전히 굳힐 수 있었다.[20] 퀘벡의 주교로 새로 임명된 라발은 어려움을 극복하고 1674년에 계속 선교지 확장에 나섰으며, 그의 선교지 확장 노력은 1688년 사임할 때까지 계속되었다. 그 후 프랑스의

---

19 Gaustad, ed. *A Documentary History of Religion*, 73-81을 참고하다.
20 Robert T. Handy, *A History of the Churches in the United and Canada* (Oxford AT The Clarendon Press, 1976), 37-45.

식민지 확장은 계속되어 1718년에 뉴올리언스 일대를 식민지화하였고, 1731년에는 루이지애나를, 그리고 1753년에는 피츠버그를 지배할 수 있었다. 약 1세기 반 동안 신대륙에서의 선교확장은 비교적 순조롭게 진행되었다.

프랑스와 인디언 간에 있었던 프랑스 대 인디언 전쟁으로 프랑스가 심한 타격을 입었으나 영국은 오히려 덕을 보았다. 스페인의 견제와 영국의 도전, 그리고 인디언과의 전쟁으로 치명적인 상처를 입은 프랑스는 1763년 파리조약을 통해 애써 개척한 캐나다를 영국에 양도하고 말았다. 프랑스는 자신들의 본거지였던 루이지애나도 스페인에 양도했다가 나폴레옹 전쟁 이후 다시 회수하여 미합중국에 팔아 넘겼다. 애써 개척한 식민지들을 영국과 미국에 양도함으로써 프랑스의 영구적인 식민지 건설은 실패했으나 그들이 심어준 종교와 문화는 이들 식민지 속에 영구히 살아남았다.

뉴 네덜란드와 뉴 스페인

스페인이 플로리다를, 프랑스가 퀘벡을 중심으로 선교와 신대륙 개척의 기지로 삼았다면 네덜란드는 맨하탄을 기지로 삼고 식민지 개척에 나섰다. 네덜란드 역시 처음부터 정부 주도 하에 신대륙 확장에 열을 올리고 있었다. 네덜란드의 식민지 개척의 전형적인 모습은 다음 두 사람의 편지 속에 잘 나타나 있다. 네덜란드 목회자 요나스 미카엘리우스(Jonas Michaelius, 1577-1638)는 험난한 항해와 투쟁한 끝에 1628년 맨하탄에 도착했으나, 곧 16년간 삶을 같이 해온 사랑하는 아내가 세상을 떠났다. 그러나 모든 신대륙의 정착민들이 그렇듯이 환경의 도전으로 낙심하거나 실의에 빠질 겨를도 없이 남은 세 자녀들과 뉴 네덜란드의 이상을 신대륙에 성공적으로 이식해갔다. 그는 맨하탄 도착 4개월 후 암스테르담으로 돌아간 그의 친구에게 다음과 같은 편지를 보냈다: "우리의 신대륙 맨하탄 도착은 모든 이들에게 고무적인 일이었다. 나는 주의 은혜로 말미암아 나의 사역이 결실이 없지 않기를 바라고 있다. 대부분의 경우 사람들은 거칠고 절제되지 않았으나 나는 거의 그들 대부분에게서 나를 향한 사랑과 존경

두 가지 모두를 발견했다."²¹ 이런 그의 희망에도 불구하고 미카엘리우스는 후에 네덜란드로 돌아갔다. 다시 신대륙 뉴 네덜란드로 돌아가기 위해 신청했으나 동인도 회사는 그의 요구를 거절했다.

네덜란드의 신대륙 개척 역사를 알려주는 또 한명은 요하네스 메가폴렌시스(Johannes Megapolensis, 1603-1670)이다. 허드슨 강 입구 맨하탄에 정착하는데 성공한 네덜란드 인들은 강을 거슬러 올라가 현 알바니에 포트 오렌지(Port Orange)를 건설했다. 포트 오렌지는 모학(Mohawk) 강이 서부에서 허드슨 강으로 흘러가 네덜란드인들이 내지로 들어가거나 인디언들과 접촉하는 요충지였다. 메가폴린시스와 그의 가족은 1642년 이곳으로 와 정착했다. 6년간 그곳에서 사역하다 본국으로 돌아갈 준비를 하고 있던 메가폴리스는 맨하탄에서 목회자 없이 신앙생활하는 본국인들의 요청으로 그곳에서 목회하며 남은 생을 보냈다.²² 그는 다른 사람들보다도 인디언들을 잘 이해한 인물이었으나 유대인들에 대해서는 상당히 부정적인 견해를 갖고 있었다. 1655년에는 암스테르담 대회에 편지를 보내 맨하탄에 유대인들의 거주를 허용한 것에 대해 강하게 반대했다. 그러나 대회는 유대인들에게 엄격한 차별정책 대신 어느 정도를 허용하는 유화정책을 구사하기로 결정했다.

스웨덴은 네덜란드보다 10년 늦은 1638년 최초의 스웨덴 루터란들이 델라웨어 포트 크리스티나에 도착했다. 5년 후 요한 비외른손 프린츠(Johan Björnsson Printz, 1592-1663)의 리더십 아래 두 번째 스웨덴 인들이 신대륙에 도착했다. 1643년부터 1653년까지 10년 동안 뉴 스웨덴의 행정관을 지낸 프린츠는 거친 지도자였지만, 영향력 있는 인물로 널리 평가받고 있다. 1642년 8월에 17세의 크리스티나 여왕이 그에게 보낸 지침서는 뉴 스페인, 뉴 프랑스, 그리고 뉴 네덜란드와 마찬가지로 상업적인 성공과 종교적인 헌신 둘의 연합을 희망하고 있다.²³

---

21 Gaustad, *A Documentary History of Religion*, 82-83.
22 Gaustad, *A Documentary History of Religion*, 81-82.
23 Gaustad, *A Documentary History of Religion*, 88-91.

2. 뉴잉글랜드와 영국식민지 개척

한편 1600년 초부터 신대륙에 이주하기 시작한 영국은 대서양 연안을 중심으로 세력을 확장해 나갔다. 영국인들의 신대륙 이주는 두 가지 방향에서 진행되었다. 하나는 버지니아를 중심으로 한 식민지 개척과 다른 하나는 뉴잉글랜드를 중심으로 한 식민지 개척이었다. 전자는 영국정부의 주도하에 진행되었으나[24] 후자는 종교의 자유를 찾아 신대륙에 정착한 이주자들에 의해 추진되었다. 영국인들이 처음 미국에 들어 온 것은 1584년 엘리자베스 여왕의 총신 월터 롤리 경(Sir Walter Raleigh, 1552-1618)이 오늘날의 버지니아 주에 버지니아 회사를 설립하면서 부터이다. 버지니아라는 명칭은 본국의 처녀 여왕 엘리자베스(Elizabeth, the Virgin Queen)의 이름을 따라 명명된 것이다.[25]

영국국교회 설립

그 후 1607년 버지니아에 최초의 영국 식민지 제임스타운이 설립되었다. 곧 이어 영국국교회도 그곳에 설립되어 로버트 헌트 목사가 부임했다.

존 롤프(John Rolfe, 1585-1622)와 인디언 공주 포카혼타스(Pocahontas, 1595-1617)의 결혼은 수년 동안 인디언들과 버지니아에 정착한 영국인들 사이에 어느 정도 평화를 유지시켜 주는데 기여했다.[26] 그러나 결혼 3년 만에 찾아온 때 이른 포카혼타스의 죽음으로 이 평화로운 공존은 위협을 받기 시작했다. 1622년에는 롤프마저 인디언에 의해 살해당하는 등 영국인들이 위협을 받기는 했으나 신대륙에서의 영국의 영향력은 프랑스와의 식민지 쟁탈전에서 승승장구하면서 점증하기 시작했다. 영국은 프랑스와의 킹 윌리엄 전쟁(1689-1697)과 스페인과의 전쟁(1702-1713)에서 승리를 거둔 후 더욱 세력을 확

---

24 Gaustad, *A Documentary History of Religion*, 97.
25 Ahlstrom, *A Religious History of American People*, 184.
26 Gaustad, *A Documentary History of Religion*, 93.

장해 나갔다. 1664년에는 네덜란드가 영국과의 식민지 전쟁에서 패한 후 북미에서 완전히 손을 떼고 1616년에 개척한 뉴욕, 뉴저지, 델라웨어를 영국에 양도했다. 식민지 확장과 함께 영국국교회의 선교도 활발하게 진행되었다.[27] 스튜어트 왕조가 복고되고 영국국교회가 뉴잉글랜드에서 본격적으로 정착되기 시작했다. 1664년 경 영국국교회가 보스턴과 뉴욕의 케사피크, 펜실베이니아와 델라웨어에서 시작되었다.

1701년 신대륙에는 약 50명의 교역자들과 4만 3천명의 영국국교회도들이 있었는데, 이를 지역 분포별로 보면 버지니아에 약 2만 명, 메릴랜드에 2만 명, 그리고 뉴욕에 약 1천명이었다.[28] 교역자가 가장 많은 곳이 버지니아로 그곳에는 약 25명의 목회자가 있었다. 그 다음이 메릴랜드로 17명 그리고 나머지 각 주에 한두 명씩 있었다. 개척 초기에 큰 교세를 가지고 있던 영국국교회는 독립전쟁 후 세력을 크게 상실했다. 전쟁 당시만 해도 세 번째로 컸던 침례교와 비슷한 교세를 가지고 있었으나 전쟁 후 상당히 줄어들었다. 미국에서 공식적으로 출범한 영국국교회는 1793년 아나폴리스의 교직자회의에서 조직한 개신교 성공회이다.

회중교회 설립

영국국교도들이 버지니아를 중심으로 정착했으나 영국에서 종교의 자유를 찾아 신대륙에 온 많은 비국교도들은 뉴잉글랜드에 자신들의 공동체를 건설했다.[29] 뉴잉글랜드란 1620년에 건설된 매사추세츠, 1623년에 건설된 뉴햄프셔, 1635년에 건설된 코네티컷, 그리고 1636년에 건설된 로드아일랜드 등 영국 청교도들이 초기에 개척한 미국 동북부 4개 주를 일컫는 말이다. 뉴잉글랜드 건설

---

27 Ahlstrom, *A Religious History of American People*, 214-229.
28 Ahlstrom, *A Religious History of American People*, 217.
29 매세추세츠에 건설되는 청교도 신앙의 공동체의 초기 역사와 관련된 초기문헌들에 대해서는 다음을 참고하라. Gaustad, *A Documentary History of Religion*, 101-109.

을 주도한 인물들은 메이플라워 호를 타고 간 비국교 청교도들이었다. 이들은 원래 엘리자베스 여왕 치하 때 종교의 자유를 찾아 네덜란드로 망명했던 순례자들이다.

네덜란드에서 얼마동안 머문 후 그들은 윌리엄 브루스터(William Brewster, c.1567-1644) 장로의 인솔 하에 1620년 7월 22일 스피드웰 호를 타고 네덜란드 델프스하벤 항을 출발했다. 그해 9월 16일 영국 남해 프리머스 항에서 런던과 사우스햄톤으로부터 온 다른 청교도들과 합류해 승객 102명과 승무원 25-30명 도합 약 130명은 자유의 나라 신대륙을 향해 순례의 대장정에 올랐다. 이들이 약 3개월의 대장정을 마치고 미국 매사추세츠의 케이프 카드에 도착한 것은 1620년 11월 9일이었다. 3개월의 긴 겨울을 지나는 동안 이들 중 상당수가 세상을 떠났다. 6개월이 지나자 살아남은 사람이 반도 되지 않았다. 그러나 나머지 생존자들은 하나님의 은혜 속에 기적 같은 일들을 해냈다. 그 후 20년 동안에 약 2만 명의 청교도들이 미국에 건너와 이들과 합류했다. 1636년 이들은 효과적인 교육을 시행하기 위해 보스턴 근처에 하버드 대학을 설립하고, 토마스 셰퍼드(Thomas Shepard, 1605-1649)가 초대 총장을 지냈다.[30] 하버드라는 이름은 대학설립에 기여한 존 하버드라는 사람을 기념하는 뜻에서 명명되었다. 19세기 유니테리안들에 의해 지배되기까지 하버드 대학은 뉴잉글랜드의 청교도 신앙 교육에 중요한 역할을 했다.

뉴잉글랜드에 정착한 영국인들은 대부분이 비국교도들이었다. 버지니아에 정착한 영국국교도들이 감독정치를 택했으나 뉴잉글랜드에 정착한 영국인들은 감독정치보다는 회중정치를 원했다. 회중교회 제도를 핵심으로 한 "표준 조례"가 매사추세츠, 코네티컷, 그리고 뉴햄프셔에 주법으로 제정되었다. 그 결과 침례교도들이 추방을 당했고, 퀘이커교도들은 박해를 받았다.

---

30 Thomas Shepard(1605-1649)는 Cambridge 출신으로 로우드 주교의 핍박을 피해 1635년 뉴잉글랜드에 정착한 인물이다. 매사추세츠의 Cambridge에서 목회를 했다. 진실된 회심의 저자인 셰퍼드는 미국 청교도가 비겁하고 독선적이라는 비난에 대해 청교도를 변호했다.

신앙의 자유를 찾아 신대륙으로 이주한 필그림들

침례교회의 설립

뉴잉글랜드에서는 1차 대각성운동 후 침례교 세력이 점점 불어나자 타교파에 대한 태도가 완화되었으나 그 이전에는 상당히 배타적이었다. 이처럼 타교파에 대해 비 관용적인 것은 종교의 자유를 찾아 이주한 이들이 뉴잉글랜드라는 공동체 속에서 자신들의 종교적인 이상을 실현하기를 원했기 때문이다. 이런 배타적인 종교정책에 이의를 제기한 사람이 1631년 영국에서 매사추세츠로 이주해 온 로저 윌리엄스(Roger Williams, c.1603-1683)였다.[31] 원래 그는 보스턴교회로부터 초빙 요청을 받았으나, 그 교회가 영국교회와의 관계를 완전히 청

---

31 Edwind S. Gaustad, *Liberty of Conscience: Roger Williams in America* (Grand Rapids: Eedmans, 1992), 193-219.

산하지 않고, 또 그것을 전혀 문제시하지 않는다는 사실을 알고는 초빙을 거절했다.[32]

그가 영국국교회를 반대하는 이유는 여러 가지가 있었다. 그 중에 하나는 영국국교회가 정교문제에 있어서 잘못을 범하고 있다고 보았기 때문이다. 재세례파의 전통을 따라 윌리엄스는 정부가 교회문제에 간섭하는 것이 바람직하지 않다고 믿었다. 교회는 순수하게 교회와 교인들에 의해 운영되어야 한다는 것이 그의 지론이었다. 이런 로저 윌리엄스의 철저한 정교분리 사상은 처음부터 많은 반대를 받았다. 그의 정교분리 원칙이 부당한 것은 아니었으나 당시의 시대적 상황 속에서는 모반자의 견해로 일축될 수밖에 없었다. 반대를 무릅쓰고 윌리엄스는 뉴잉글랜드인들의 정교일치에 대해서 뿐만 아니라 인디언들의 토지를 강제 수용하려는 백인들의 인디언 정책에 대해서도 이의를 제기했다.

1635년 매사추세츠를 떠나 살렘교회에 부임한 후에도 윌리엄스는 살렘교회가 매사추세츠 다른 교회들과 교류를 완전히 단절할 것을 요구하는 등 매사추세츠 식민지 조례와 통일령을 맹공격했다. 이런 이유 때문에 그해 10월 주정부로부터 추방령이 내려졌다. 1636년 1월 중순 윌리엄스는 살렘을 도망 나와 남쪽으로 진행하다 이전 살렘에서 목회할 때 알게 된 인디언들로부터 구입한 세콩크에 다른 5명의 피난민들과 함께 공동체를 건설했다. 그러나 지도자 윈스로우로부터 경고를 받은 후 그곳을 떠나 다시 옮긴 곳이 나라갠세트 만 상부였다. 1638년 말 윌리엄스는 인디언으로부터 구입한 그레이트 솔트 강 근처 땅에 자신과 합류한 12명의 사랑하는 동료들과 신앙의 공동체를 만드는데 성공했다.[33]

1638년 봄 일단의 피난민들이 윌리엄스의 도움으로 나라갠세트 만의 아퀴넥 섬을 사서 또 하나의 공동체를 형성하면서 로드아일랜드는 점차 식민지로서의 면모를 형성해 나갔다. 1639년 프로빈스에 윌리엄스에 의해 최초의 침례교

---

32 Handy, *A History of the Churches in the United and Canada*, 23. 핸디는 라저 윌리엄스가 분리주의자가 된 것이 1631년이라고 말한다.

33 Ahlstrom, *A Religious History of American People*, 166-167.

가 세워졌다.[34] 1639년 살렘에서 목회할 때 그곳 교회의 교인이었던 에스겔 홀리맨이 윌리엄스에게 침례를 베풀었고 다시 윌리엄스가 홀리맨과 다른 10명의 사람들에게 침례를 주었다. 이 후 신대륙의 침례교회는 영국과 미국의 다른 급진적인 청교도들처럼 회심 경험과 신약에서 언급하는 믿는 자들의 침례를 목회의 모토로 삼았다. 1651년 세 명의 침례교도가 매세추세츠에서 체포되었을 때 로저 윌리엄스는 행정관 존 엔디코트에게 "본인은 어떤 사람 혹은 사람들이라도 무력으로 그리스도를 간직하며 참 그리스도를 예배하는 것은 불가능하다는 사실을 감히 말씀드려야 할 것"이라며, 양심의 자유에 따라 모든 인류가 자신의 신앙을 유지할 수 있음을 역설했다.[35] 로드아일랜드에서는 이와 같은 윌리엄스의 종교관용 이상에 따라 종교의 자유가 처음부터 허용되었다.[36]

이렇게 하여 신대륙에 침례교가 시작된 것이다. 우리가 기억해야 할 것은 신대륙의 침례교가 대륙의 급진적인 종교개혁자들로부터 시작된 것이 아니라 급진적인 청교도들로부터 발원했다는 것과 침례교 안에 처음부터 신학적 다양성이 존재하고 있었다는 사실이다.[37] 17세기 초엽 미국에는 기원상 좀 더 알미니안적인 침례교회와 칼빈주의 침례교회 두 집단이 있었다. 제너럴 뱁티스트(the General Baptists)로 알려진 전자는 케임브리지 출신 존 스미스(John Smith, c.1570-1612)에게서 시작되었다. 분리주의 사고를 갖고 있던 스미스는 박해를 피해 1607년에 네덜란드 암스테르담으로 망명해 그곳에서 목회했다. 회심 경험이 있는 자만이 침례 받을 자격이 있다고 확신한 스미스는 스스로 침례를 받은 후 같은 신앙을 고백하는 나머지 교인들에게 침례를 주었다.[38] 존 스미스는 네덜란드에 있는 동안 네덜란드에서 발흥하던 알미니안 신학을 받아들였는데, 그것이 이 교단의 전통이 되었다. 이들이 신대륙에 이주하여 제너럴

---

34 Ahlstrom, *A Religious History of American People*, 170.
35 Gastad, *A Documentary History of Religion*, 116.
36 Handy, *A History of the Churches in the United and Canada*, 57. 로드아일랜드와 중부식민지는 일찍이 종교의 자유가 주어진 자유지대(zones of Freedom)였다.
37 Ahlstrom, *A Religious History of American People*, 171.
38 Ahlstrom, *A Religious History of American People*, 172.

뱁티스트를 설립했다.

칼빈주의 침례교(the Particular Baptists) 역시 청교도에서 기원되었다. 최초의 칼빈주의 교회가 헨리 제이콥(Henry Jacob, 1563-1624)이라는 지도자에 의해 런던 근교 사우스와크에서 형성되었다. 제이콥은 버지니아로 이주하여 목회하면서 여섯 교회를 설립했는데, 그 중 다섯 교회가 침례교회가 되었다. 이들 모두는 칼빈주의 신학을 받아들여 칼빈주의 전통 속에서 교인들을 훈련시켰다. 한편 1644년 본국에서 칼빈주의 침례교회는 7개 교회가 하나의 신앙고백을 채택했다. 1677년 이 신앙고백은 웨스트민스터 신앙고백을 모델로 자신들에게 맞게 수정한 새로운 신앙고백으로 대치되었다. 1689년에 104개의 교회가 이 신앙고백을 받아들였다. 칼빈주의 침례교도는 런던 지역에 많았으나 런던 밖에도 칼빈주의 침례교도들이 적지 않게 있었다. 대표적인 지역이 웨일즈다. 이 웨일즈에서 많은 칼빈주의 침례교도들이 신대륙에 이주해 칼빈주의 침례교회를 세웠다.[39] 이렇게 해서 신학적 입장을 달리하는 칼빈주의 침례교와 알미니안주의 침례교가 신대륙에 뿌리를 내리게 된 것이다.[40]

로저 윌리엄스가 이임한 후 토마스 올니(Thomas Olney, 1600-1682)가 프로비던스 지역의 침례교를 맡아 선교사역을 계속했다. 이곳 침례교도들은 회개, 믿음, 침례, 안수, 부활, 심판 등 6개 침례교 원리를 채택했다. 교단은 알미니안 쪽이었지만 올니는 자신의 신앙에 따라 죽을 때까지 칼빈주의 5대 교리를 교인들에게 심어주었다. 한편 로드아일랜드의 뉴포트에서는 존 클락(John Clarke, 1609-1676)이 영적 지도자가 되어 침례교를 이끌었다. 1609년 영국에서 태어나 1637년 보스턴에 오기 전까지 런던에서 병원을 운영하던 클락은 1644년에 뉴포트에 칼빈주의 침례교를 설립하여 1676년 죽을 때까지 사역을 계속했다.[41]

---

39 Ahlstrom, *A Religious History of American People*, 173.
40 오레곤주에는 있는 웨스턴 컨서버티브 침례교 신학교, 덴버 침례교 신학교, 달라스 침례교 신학교는 칼빈주의 침례교회 전통을 잇는 대표적인 신학교들이다.
41 Ahlstrom, *A Religious History of American People*, 173-174.

로드아일랜드의 침례교 영향으로 코네티컷에도 침례교회가 설립되었다. 1705년에는 로드아일랜드의 발렌타인 와이맨(Valetine Wightman, 1681-1747) 목사에 의해 그로톤에 침례교회가 설립되었고,[42] 1726년 스테반 고톤(Stephen Gorton)에 의해 두 번째 침례교회가 그곳 뉴런던에 설립되었다. 그러나 1차 대각성운동까지 뉴잉글랜드에서 침례교 성장은 큰 진전이 없었다. 1740년 대각성이 이곳에 확산되었을 때, 로드아일랜드에 11개, 매사추세츠에 8개, 코네티컷에 4개 등 뉴잉글랜드에는 전체 24개의 교회가 설립되었다. 적어도 그들 중 4개는 칼빈주의 침례교였다. 그 후 침례교회는 계속 발전하여 1707년에 필라델피아 침례교 협회를 결성했다. 잇달아 브라운 대학교가 설립되었고, 로드아일랜드에는 침례교 신학교가 설립되었다. 18세기 중엽부터 침례교회는 점차 증가하기 시작하여 19세기 초에 이르러는 장로교 회중교회 다음의 큰 교세를 이룩했다.

로마 가톨릭과 퀘이커 정착

로마 가톨릭과 퀘이커교도들도 상당히 일찍 신대륙에 정착했다. 가톨릭은 메릴랜드를 중심으로, 퀘이커교도들은 펜실베이니아를 중심으로 교회를 개척해 나아갔다.[43] 가톨릭 신자 로드 볼티모어 경(Lord Baltimore, 1606-1647)이 1634년에 설립한 메릴랜드는 13개주 영국의 식민지 중에서 유일하게 가톨릭 신자들의 신앙의 중심지였다. 그러나 미국에 이주해 오는 가톨릭 신자들이 많지 않았기 때문에 발전이 없었다. 이주자들이 많지 않아 노동력의 부족으로 고전하던 메릴랜드는 타교파 신앙인들의 이주도 허용하기 시작했다. 그 결과 청교도들의 숫자가 많아졌다. 명예혁명이 나던 1688년 이후에는 청교도들이 정권을 주도하면서 상황이 역전되었다. 개신교도들에게는 종교자유를 허용했으나 가톨릭

---

42   Ahlstrom, *A Religious History of American People*, 175.
43   Handy, *A History of the Churches in the United and Canada*, 33-36.

에 대해서는 오히려 종교적 제약을 가하기 시작했다.

로드아일랜드는 침례교 역사뿐만 아니라 퀘이커교라 알려진 프렌드 회 확장에도 중요하다. 1656년 7월 두 명의 퀘이커 여신도 메리 피셔(Mary Fisher)와 앤 어스틴(Ann Austine)이 스왈른 호를 타고 보스턴 항구에 닻을 내렸으나 이들의 착륙이 허용되지 않았다. 그 후 소수의 퀘이커교도들이 보스턴과 로드아일랜드에서 선교를 시작했다. 뉴잉글랜드에서의 퀘이커 선교는 1673년 조지 팍스가 도착하고, 윌리엄 펜이 펜실베이니아를 개척하면서 상당한 진전이 있었다. 웨스트 저지에는 조지 팍스가 여행한 후 계속 퀘이커 교도가 증가하여 1675년부터 18개월 동안 800명의 퀘이커교도가 이곳에 정착했다. 뉴저지 지방(당시 뉴저지는 펜실베이니아 일부였음)으로 이주해 온 퀘이커 교도들은 그곳에 자신들의 신앙의 공동체를 형성했다. 퀘이커교도였던 윌리엄 펜(William Penn, 1644-1718)이 개척한 펜실베이니아 주는 자연히 퀘이커교도들의 천국이었다.[44]

1667년 퀘이커로 회심한 윌리엄 펜이 퀘이커교도들을 위한 식민지 개척에 관심을 기울이기 시작한 것은 그가 영국국교회를 떠나 퀘이커교도가 되었다는 이유 때문에 7개월의 감옥생활을 하고 출감한 얼마 후였다.[45] 윌리엄 펜은 해군 제독이던 부친의 유산 대신 영국 찰스 2세로부터 펜실베이니아를 1682년에 하사받았다. 윌리엄 펜의 이상에 따라 펜실베이니아는 퀘이커교도는 물론 모든 다른 교파 사람들에게도 관용을 베풀기 시작했다.[46] 이로써 펜실베이니아는 초기에 형성된 13개 식민지 지역(북부 9개 식민지와 남부 4개의 식민지) 중 로드아일랜드에 이어 두 번째로 공식적인 종교의 자유가 허용된 식민지가 되었다.[47]

---

[44] 그러나 혁명시대에 들어서면서 펜실베이니아를 주도하는 것은 퀘이커가 아니라 장로교였다. 어떻게 스코틀랜드-아일랜드계 장로교도들이 1776년에 정치 무대에서 주도적인 역할을 하는가를 다음 논문이 잘 다루고 있다. John Murray Smoot, "Presbyterianism in Revolutionary Pennsylvania: Constitutionalism and Freedom," (Ph.D. disser., St. Mary's Seminary and University, 1982).

[45] Handy, *A History of the Churches in the United and Canada*, 58.

[46] Gastad, *A Documentary History of Religion*, 119.

[47] 13개 식민지는 1630년에 설립된 매사추세츠, 1623년에 설립된 뉴햄프셔, 1635년에 설립된

1681년 펜실베이니아를 양도받을 때까지 그곳에는 1,400명의 퀘이커교도가 있었고, 뉴저지의 공무원들은 거의 다 퀘이커교도들이었다.[48] 1700년까지 펜실베이니아주에는 40개의 퀘이커 예배처소가 있었으며 대부분 규모가 컸다. 펜실베이니아를 중심으로 교세를 확장한 퀘이커교는 독립전쟁 당시 다섯 번째 큰 교파로 성장했다.

펜실베이니아에는 퀘이커 말고도 루터파, 모라비안, 독일 개혁파, 영국 가톨릭 등 여러 교파들이 공존했다. 1784년에는 헨리 뮬렌버그(Henry Melchior Muhlenberg, 1711-1787)의 주도하에 펜실베이니아에서 최초의 루터란 대회가 조직되었다. 루터교는 1730년대 유럽으로부터의 루터교 이민자들이 증가하면서 세력이 급성장하기 시작했다. 1차 대각성운동이 발흥하던 1730년대 유럽의 경건주의 유산을 물려받은 모라비안들도 신대륙에 이주하기 시작했다.

3. 미국 청교도 선조들의 신앙

장로교 정치제도를 선호하든지, 침례교 정치형태를 선호하든지, 혹은 회중교회 정치를 선호하든지 신대륙에 정착한 지도적인 인물들은 영국의 청교도 출신들이거나 혹은 어느 정도 청교도 영향을 받았던 이들이었다.[49] 때문에 미국의 초창기 기독교 역사를 이해하기 위해서는 무엇보다도 청교도들에 대한 고찰이 선행되어야 한다.

코네티컷, 1636년에 설립된 로드아일랜드, 1682년에 설립된 펜실베이니아, 1616년에 네덜란드인들에 의해 설립된 뉴욕, 뉴저지, 델라웨어, 1634년에 설립된 메릴랜드 등 9개 북부 식민지와 1606년에 설립된 버지니아, 1663년에 설립된 노스캐롤라이나, 1670년에 설립된 사우스캐롤라이나, 1733년에 설립된 조지아 등 남부 4개 식민지를 말한다.

48 Ahlstrom, *A Religious History of American People*, 206.
49 초기 장로교회와 회중교회는 신학적으로 밀접한 관계를 맺고 있었는데, 그것은 둘이 웨스트민스터 신앙고백을 견지하고 있고, 또한 계약신학을 상당히 강조해왔기 때문이다. 그러나 회중을 중심으로 한 침례교 형태의 교회정치 제도를 가지고 있는 회중교회와 당회를 중심으로 한 장로교회는 교회 정치상 적지 않은 차이가 있었다. Handy, *A History of the Churches in the United and Canada*, 59.

뉴잉글랜드 청교도들은 인간의 구원이 전적으로 하나님의 은혜이며 행위가 아닌 믿음으로 말미암아 의롭다함을 받는다는 철저한 인식을 가지고 있었다. 이들은 하나님의 절대주권을 확신하면서도 인간의 책임을 간과하지 않았다. 청교도들 속에는 처음부터 개혁주의 사상이 확고히 자리 잡고 있었다. 뉴잉글랜드의 청교도들, 초기 버지니아의 영국국교도들, 뉴욕과 뉴저지의 초기 네덜란드인 정착자들, 나중에 온 펜실베이니아의 스코틀랜드계 아일랜드인들 모두가 칼빈주의자들이었다.

초기 하버드대학은 개혁주의 신학자로 널리 알려진 윌리엄 에임스의 신학의 정수(The Marrow of Theology)를 교재로 사용할 만큼 개혁주의 전통이 강하게 자리잡고 있었다. 그러나 칼빈의 개혁주의 사상을 그대로 답습하기를 원치 않고, 신대륙의 시대적 상황 속에 자신들의 개혁주의 문화를 정착시키기를 원했다. 당대의 개신교 정통주의자들이 종교개혁자들의 신학적 유산을 지나치게 사변적으로 이해한 나머지 신앙과 삶이 괴리되어 있었는데 반해 대부분의 미국 청교도들은 신앙과 삶을 하나로 이해했다. 그들은 하나님의 법이 모든 인간 행위의 절대적 표준이라는 사실, 모든 인간이 아담으로부터 물려받은 죄악된 인성과 개인적 범죄로 인해 하나님의 표준에 도달하지 못했다는 사실, 죄있는 인성은 스스로 영적으로 선한 일을 전혀 할 수 없다는 사실, 오직 그리스도 안에서 하나님의 은혜만이 죄인에게 구원을 안겨 줄 수 있다는 사실, 그리고 개개인의 삶 속에서 하나님의 초자연적 역사(役事)가 없으면 어느 죄인도 하나님을 찾거나 악에서 돌아서서 그리스도 안에 있는 믿음을 향해 전진하지 못한다는 사실을 믿었다.

이처럼 개혁주의의 핵심인 하나님의 절대주권 사상이 신대륙에 정착한 청교도들 속에 소중히 자리 잡고 있었다. 청교도들은, 1646년에 작성된 웨스트민스터 소요리문답에 나타난 대로 하나님을 "존재, 지혜, 권능, 거룩하심, 공의, 선하심, 진실하심이 무한하고 영원하고 변함없는 영"으로 믿었다. 이와 같이 하나님에 대해 고등관념을 가지고 있던 이들은 자연히 하나님의 말씀인 성경이 신앙과 삶의 절대적인 표준이라는 고등성경관도 가지고 있었다. 하나님께서 성경의 지면을 통해 신실하고도 분명하게 무언가를 말씀하셨다는 사실과, 이 성경에는 사생활과 사회생활 및 교회생활을 영위하기 위해 알아야 할 모든 것이 담겨 있다는 사실을 믿었다.

청교도 신학의 가장 두드러진 특징 가운데 하나는 계약 사상이다.[50] 이 계약 사상은 칼빈과 쯔빙글리 및 그의 제자 하인리히 불링거(Heinrich Bullinger, 1504-1575)에게서 기원된 것이다. 계약사상을 대표하는 인물로는 케임브리지 출신 윌리엄 퍼킨스(William Perkins, 1558-1602), 존 프레스톤(John Preston, 1587-1628), 리차드 십스(Richard Sibbes, 1577-1635) 그리고 윌리엄 에임스(William Ames, 1576-1633)를 들 수 있다. 그러나 계약신학이 신학적으로 정립된 것은 네덜란드에 망명한 윌리엄 에임스의 제자 요한네스 콕세이우스(Johannes Cocceius, 1603-1669)를 통해서다. 뉴잉글랜드 신학이 계약사상에 기초하게 된 것은 뉴잉글랜드 신학의 선조들인 청교도들에 의해서이다.[51] 이런 계약 사상은 41명이 서명한 메이플라워 약정에 그대로 나타난다.[52]

> **하나님의 이름으로 아멘.** 아래에 서명한 우리들, 하나님의 은총에 의하여 대영국, 프랑스, 그리고 아일랜드의 우리의 경이로운 최고 통치권자인 국왕이요, 신앙의 변호자인 제임스 왕의 충성스러운 백성들은 하나님의 영광과 기독교 신앙의 진보 및 우리의 국왕과 나라의 명예를 위해 버지니아 북부에 첫 식민지를 건설하기 위해 항해를 착수하고 시도하였으며, 우리의 더 나은 질서와 보존, 그리고 전술된 목적의 촉진(Furtherance of the Ends)을 위해서 하나님의 임재와 서로의 면전에서 엄숙하게 상호간에 계약을 체결하고, 우리 스스로 시민 정치단체(a civil Body Politick)로 결성한다. 그리하여 이에 바탕하여 식민지의 일반적 복지를 위하여 가장 적합하고 적절하다고 생각되는 정

---

50 Ahlstrom, *A Religious History of American People*, 130.
51 Ahlstrom, *A Religious History of American People*, 131.
52 William Bradford, *Of Plymouth Plantation* (Boston, 1901), 94-95.

의롭고 평등한 법률, 조례, 법령, 헌법, 그리고 관직을 수시로 제정하고 우리 모두 이에 당연히 복종하고 순종할 것을 약속한다.

이곳 케이프코드 곶에서 우리의 이름을 서명한 바와 같다. 우리의 최고 통치자 제임스 왕의 잉글랜드와 프랑스와 아일랜드에서의 치세 18년 그리고 스코틀랜드에서의 통치 54년, 서기 1620년 11월 11일[53]

뉴잉글랜드의 청교도들 모두는 하나님과 인간의 관계를 설명할 때 언약적인 개념을 사용했다. 이들은 하나님과 인간이 서로를 향해 일정한 의무들을 이행해야 하는 어떤 상호적 계약을 논했다. 청교도들은 구약성경에서, 언약이 때로 하나님과 인간 간의 조건 협약일 경우도 있고 때로는 하나님의 법에 대한 순종을 요구하는 무조건적인 하나님의 선물일 경우도 있다는 사실을 직시했다. 청교도들은 신약성경이, 그리스도 안에서 하나님으로부터 온 새 언약을 말하고 있다는 사실에도 주목했다. 청교도 신학은 구약과 신약의 언약 개념 모두를, 하나님의 은혜로 선포하는 한편 하나님의 율법의 권위를 유지하는 수단으로서 수용했다. 신자가 해야 할 역할은 하나님을 사랑하고 그의 율법에 순종하는 것이었다. 언약 개념은 하나님의 은혜가 주권적인 하나님의 선물이라는 사실과 구원받은 성도들은 율법을 사랑하고 그 율법에 순종해야 한다는 이중성을 함의하고 있었다. 따라서 하나님의 은혜와 율법이 언약이라는 관점에서 조화와 통일을 이루었던 것이다. 율법이 인간을 구원하지는 못하지만 구원받은 사람은 율법을 따를 수 있다는 것이다.

이런 청교도 언약사상을 가장 훌륭하게 표현한 두 사람이 코네티컷의 토마스 후커(Thomas Hooker, 1586-1647)와 보스턴의 존 카튼(John Cotton, 1585-1652)이었다. 1633년 같은 배를 타고 신대륙에 도착한 후커와 카튼은 살아있는 동안 각각의 거류지에서 "청교도풍"을 확립하는데 큰 영향력을 발휘

---

53 "Mayflower Compact: 1620," https://avalon.law.yale.edu/17th_century/mayflower.asp 〈2022년 7월 17일 접속〉.

했다. 하늘 왕국의 열쇠(Keys of the Kingdom of Heaven, 1644)와 뉴잉글랜드 내 그리스도 교회의 길(The way of the churches of Christ in New-England, 1645)의 저자이며 케임브리지 출신이었던 존 카튼은 1612년부터 1633년에 영국국교회의 목회자로 있다가 로우드의 핍박으로 영국에서 밀려나 뉴잉글랜드로 와서 보스턴 근처의 제일 회중교회에서 20년간 목회를 했다. 그는 윌리엄스와 허친슨의 추방을 지지하기도 했다. 후커 역시 케임브리지 출신으로 라우드 대주교의 핍박으로 영국을 떠나 네덜란드로 가서 3년을 그곳에 있다가 1633년 카튼과 함께 매사추세츠로 왔다. 자신이 몸담고 있던 회중교회를 떠나 매사추세츠에 하트포트를 설립하였고, 코네티컷의 헌법 초안 작성에 참여하기도 했다. 신학적인 면에서, 후커의 죄에 대한 정관(正觀)(A True Sight of Sin)이나 카튼의 대속의 그리스도(Christ the Fountaine of Life, 1651) 같은 작품들은 구속에서 은혜가 최고 위치를 차지한다는 점을 선포하고, 언약 체계가 하나님의 대(對)인간사역에 대한 최선의 설명임을 역설했다. 이러한 기본적 유사점과 아울러 두 지도자의 신학은 약간의 차이점도 내포하고 있었다. 카튼은 택자들의 마음속에 일어나는 성령의 직접적인 사역을 강조한 반면 후커는 거룩한 삶을 강조했다. 카튼은 회심 자체에서 하나님의 영광을 보여주고자 애쓴 반면 후커는 회심자들의 삶 속에서 하나님의 영광을 선포하고자 했다. 정도의 차이는 있겠지만 카튼 및 후커의 관점은 일반적으로 청교도들의 신앙을 대변하고 있다.

그러나 뉴잉글랜드에는 카튼이나 후커와 같은 청교도들의 관점만 있었던 것은 아니다. 청교도들과 다른 견해를 주창한 사람들도 있었는데 대표적인 이들로는 앤 허친슨이 있다. 매사추세츠에서 신학적인 문제로 1638년에 추방당한 앤 허친슨(Anne Hutchinson, 1591-1643)은 처음 로드아일랜드로, 다시 롱아일랜드로 이주했다. 그곳에서 그녀의 몇 자녀들이 인디언들에 의해 살해당했다. 허친슨은 하나님의 절대주권과 주권적인 하나님의 은혜사상이라는 전통적인 청교도 신앙을 평가절하 했다. 청교도들은 성령의 특별행위의 결과로 얻어지는 은혜는 반드시 선행을 동반한다고 보았으며 이것은 사람이 진정한 그리스도인지 아닌지를 평가하는 기준이 된다고 믿었다. 앤 허친슨은 성령의 특별행위의 결과로 은혜가 존재하면서도 선행이 필수적으로 뒤따르지 않을 경우도 있다는 식의 사상을 피력했다. 이것은 청교도들이 언약이라는 관점에서 하나님의 은혜와 율법을 연계시켰던 것과는 상당한 차이가 있었다. 앤은 율법의 역할을 중시했던 청교도들의 삶에서 이탈할 수 있는 가능성을 보여준 셈이다.

한편 1631년 뉴잉글랜드에 도착한 케임브리지 출신 로저 윌리엄스(Roger Williams, 1603-1638)는 극단적인 칼빈주의 사상을 따르고 있었다. 그는 하나님 은혜의 주권을 너무나도 철저히 믿고 인간의 행위를 통한 구원의 가능성을 너무나도 철저히 배격한 나머지 하나님의 역사를 "돕기" 위한 온갖 종류의 노력을 배제했다. 예컨대 하나님의 작품인 교회가 오직 하나님의 백성들에 의해 물질적으로 뒷받침되어야 하며, 그것도 성령의 감화가 있을 때만 물질을 바쳐야 한다는 신학적 확신 때문에 교회에 대한 정부의 재정적 보조를 일체 거부했다.

그래도 이 시대에 청교도들의 유산을 계승하려는 진지한 노력들이 있었다. 1726년에 출간된 사무엘 윌러드(Samuel Willard, 1640-1707)의 유작, 신학대계(*A Complete Body of Divinity*)는 하나님의 주권, 삼위일체 신에 대한 인간의 언약적 의존성, 성화의 기쁨과 성화에의 노력 등 청교도 사상을 집약한 작품이다. 윌러드 못지않게 이 시대에 뛰어난 인물이 코튼 마터(Cotton Mather, 1663-1728)이다. 인크리즈 마터의 아들로 태어나 15세 때 하버드대학을 졸업한 코튼 마터는 보스턴 북부에서 부친을 도와 미국의 청교도 운동을 계속했다.[54] 코튼 마터의 공헌은 아이작 뉴톤의 자연계 법칙, 존 로크의 사상을 흡수하면서도 청교도적 유산을 그가 살았던 시대 속에서 상설하려고 진지하게 노력했다는 점이다.

이 때문에 주저하지 않고 청교도적 정통 신앙을 위해 투쟁하면서도 독일에

---

54 Increase Mather(1639-1723)는 리차드 마터의 아들이다. 하버드 출신인 마터는 인디언과의 전쟁 약사와 예증적 섭리 기록을 위한 논문 등의 저술을 남겼으며 Half Way 계약론을 옹호하였고, 1684년부터 1701년까지 하버드 총장을 지내기도 했다. 그의 아버지 리차드 마터(Richard Marther, 1596-1669)는 1633년 로우드 대주교의 의심을 받자 영국을 떠나 1636년부터 매사추세츠에서 목회를 했다. Half Way 계약론을 옹호한 마터는 옥스포드(Oxford) 출신으로 베이 찬송가를 짓기도 했다.

서 유입된 새로운 사조인 경건주의를 옹호했다. 미국의 신앙사를 다룬 그의 저서 마그날리아 크리스티 아메리카나(*Magnalia Christi Americana*, 1702)와 선행의 여러 방법을 제시한 또 하나의 저서 보니파치우스(*Bonifacius*, 1710)에서 표현한 신학은 옛 것과 새 것의 미묘한 혼합물이었다. 과거로부터는 그 신학이 하나님의 율법에 대한 청교도주의의 사랑과 하나님의 은혜를 향한 청교도주의의 열정을 흡수하고 있었다. 유럽의 경건주의 유산을 미국이라는 청교도적 상황에서 새롭게 조명하려는 그의 시도는 후에 영적 대각성운동의 사상적 토대를 조성하는데 기여했다.

17세기까지 청교도 신학에 대한 직접적인 공격은 찾아보기 드물었으나 시간이 흐르면서 청교도들의 개혁주의 사상은 조금씩 퇴색되어 가기 시작했다. 인간의 구원이 전적으로 하나님의 선물이며 인간의 선행마저도 하나님께로부터 기원되었다는 사상이 후퇴하면서 점차 선행이 강조되기 시작했다. 선행을 통해 구원을 "준비"할 필요성이 차츰 강조되어 개심(改心) 전후 선행을 해야 할 인간의 책임에 점점 주의가 집중되었다. 외형적인 종교적 책임에 대해 더욱더 관심이 고조된 반면 내적인 영적 실체에 대해서는 점차 관심이 퇴색되었다. 당시의 시대적 상황도 청교도들의 신앙을 후퇴시키는데 일조를 했다. 물질적인 풍요, 1675년부터 1678년까지 3년 동안의 인디언들과의 전쟁, 1684년의 영국의회의 매사추세츠 헌장의 무효화, 1690년 매사추세츠 세일렘에서 발생한 주술적인 히스테리 사건은 청교도들의 신학에 변화를 가져다 준 간접적인 사건이었다.

4. 요약 및 정리

확실히 17세기 말엽과 18세기 초엽의 신대륙은 1세기 이전의 선조들이 갖고 있던 청교도 사상에서 어느 정도 이탈하기 시작했다. 교회는 새로운 시대적 상황에서 청교도 전통을 어떻게 적용할 것인가라는 사명감을 부여받았다. 이런 전통적인 청교도 사상에서의 점진적인 변천을 우려하는 이들은 한편으로 유럽에서 밀려오는 자연신론의 도전을, 다른 한편으로는 점차 일어나는 알미니안주의의 발흥을 걱정하지 않을 수 없었다. 하나님의 주권을 강조했던 청교도 사상에서 인간에게 보다 많은 책임을 부여하려는 알미니안 바람이 신대륙에 불어오기 시작했던 것이다.

이처럼, 18세기 초엽 점차 근대화하는 환경 속에서 신대륙 이주자들은 새로운 방향을 모색하지 않을 수 없었다. 그 과정에서 긍정적인 면만 있었던 것은 아니다. 노예무역은 가장 어두운 청교도 운동의 단면을 대변한다. 영국과 다른 나라에서 온 이주민들이 늘어나 노동력이 부족하자 이것을 악용하는 사례가 18세기에 시작되었다. 그것이 아프리카에서 흑인들을 붙잡아다 신대륙에 파는 소위 노예무역이었다. 1562년 존 호킨스(John Hawkins, 1532-1595)에 의해 엘리자베스 치하에서 시작되었던 이 노예무역이 18세기에 신대륙에서 번창했다. 종교의 자유를 찾아 신대륙으로 갔던 이들에 의해 참으로 거룩한 목적을 위해서라면 수단과 방법을 가리지 않는 일이 벌어졌던 것이다. 하나님께서는 인간 이하의 취급을 받고 있던 노예들의 선교를 위해 엘리아스 누(Elias Neau, 1662-1722), 코튼 마터 등을 세우셔서 이들을 통해 백인들의 죄악된 모습을 각성시키셨다. 이 노예 문제가 지난 수세기 동안 미국교회의 일치를 저해한 가장 큰 요인이며 교회 분열의 직접적인 원인이었다는 사실을 기억해야 할 것이다. 천년왕국 건설이라는 거룩한 이상을 구현하기 위해 가장 비인간적인 노예무역이 이 시대에 성행했다는 것은 역사의 아이러니이다.

제 II 부
개신교 정통주의

5장
개신교 정통주의

FRANCIS TURRETIN

스위스 개혁신학자 프랑수아 튜레틴(1623-1687)

제 5장

개신교 정통주의

> 인간의 제일 목적은 하나님을 영화롭게 하고 그를 영원히 즐거워하는 것이다.
>
> 웨스트민스터 소요리문답, 1647

17세기의 영국이 청교도 시대, 17세기의 미국이 개척시대였다면 17세기의 유럽은 정통주의 시대였다. 정통주의는 하나님, 인간, 그리고 세계에 관한 객관적이고 체계적이며 순수하고 포괄적인 교리를 제시하려고 시도했다.[1] 개신교 신학을 가장 객관적으로 제시하려고 한 것이 바로 정통주의였다.[2] 그들이 사용하는 객관적이라는 말은 오늘날 사용되는 "과학적으로 또는 경험적으로 증명될 수 있는 사실"이라는 의미가 아니라 주관적이라는 말과 대조적인 의미이다.

17세기에 정통주의자들은 종교개혁으로 발생한 신학의 주제들을 체계화하려는 노력을 하는 과정에서 성경의 이론을 자세하게 발전시켜 나갔다. 자연히 그들은 성경의 기원, 영감, 권위를 중요하게 다루었다. 개혁파 정통주의자들이 여러 가지 신앙고백을 통해 신론, 구원론, 예정론을 체계적으로 정립해 칼빈

---

1 Paul Tillich, *A History of Christian Thought* (New York: Harper & Row, 1968), 306.
2 Tillich, *A History of Christian Thought*, 306.

의 신학적 유산을 영구화시킬 수 있었다면 루터파 정통주의자들은 소위 축자 영감을 정립하였고, 그것을 그들의 영감론으로 보존했다. 시간이 흐르면서 성경의 축자영감설은 루터파 정통주의의 대표적인 영감설로 뿌리를 내리게 되었다. 17세기 "개신교 스콜라주의"는 루터파 정통주의 신학이 루터의 유산을 잃어버리고 아리스토텔레스 사상에 근거한 "중세의 스콜라주의적 요소"를 복고시켰다는 의미에서 경멸조로 붙여진 이름이다. 루터가 그렇게 배격하였던 율법주의와 스콜라주의가 루터의 전통을 계승하였다고 자처하는 그의 후계자들 사이에서 강하게 나타났다.

종교개혁 이후 개신교 내에 발생한 정통주의는 개혁파 정통주의와 루터파 정통주의로 대별된다. 개혁파 정통주의는 칼빈의 제자 데오도레 베자(Theodore Beza, 1519-1605)에서 출발해 윌리엄 퍼킨스, 도르트신조, 웨스트민스터 신앙고백을 통해 더욱 체계화되었다.³ 반면 루터파 정통주의는 루터의 제자 멜랑히톤으로부터 방법론을 전수 받은 마틴 쳄니쯔를 통해 신학적인 틀을 형성하게 되었다. 종교개혁 후 개신교 정통주의가 절정을 이룬 것은 루터파 정통주의에 와서이다.

---

3   일반적으로 데오도레 베자와 윌리엄 퍼킨스는 제네바의 개혁자 존 칼빈의 사상적 후계자들로 인정되고 있으며, 그들의 사상은 웨스트민스터 신앙고백에 담겨져 있는데 이것이 참칼빈주의라고 알려졌다. 칼빈의 사상과 웨스트민스터 신앙고백 사이에는 명백한 연속성이 있다는 것이 지금까지의 일반적인 견해였다. 그러나 20세기 후반에 들어서면서 칼빈의 사상과 웨스트민스터 신앙고백의 불연속성을 주장하는 견해들이 제기되었다. 몇몇 학자들은 칼빈의 신학이 베자에 의하여 수정되어 윌리엄 퍼킨스에게 전수되었으며, 이것이 웨스트민스터 신앙고백의 근간을 이루었다고 본다. 이것은 현재에도 논쟁이 계속되고 있는 이슈이다. 그 대표적인 인물이 켄데일이다. 켄데일(Kendall)은 그의 옥스포드 대학의 박사 학위 논문 칼빈과 영국 칼빈주의(*Calvin and English Calvinism*)에서 칼빈의 신학, 특별히 그의 속죄론이 웨스트민스터 신앙고백에 명시된 제한 속죄가 아니었다고 주장한다. 켄데일은 칼빈이 "그리스도는 모든 사람들을 위해 십자가에서 죽으셨다"는 무제한 속죄를 주장하였으며, 이런 자신의 견해가 역사적으로 살펴볼 때 모이제 아밀라누트(Moise Amyranut, 1596-1644) 및 윌리엄 커닝함(William Cunningham, 1805-1861)과도 일맥상통하는 견해라고 말한다. 박용규, "켄데일(R. T. Kendall)의 '칼빈과 1649년까지의 영국 칼빈주의'에 대한 고찰과 비평," 개혁신앙 14호 (1992년 겨울): 11-32. 한국의 주재용, 이장식, 이종성 교수를 비롯한 몇몇 학자들도 이 입장을 가지고 있다.

1. 개혁파 정통주의

폭넓은 개혁주의 유산을 제시한 칼빈의 사상이 피터 마터 베르밍글리 (Peter Martyr Vermingli, 1499-1562), 제롬 잔키(Jerome Zanchi, 1516-1590), 데오도레 베자(Theodore Beza, 1519-1605), 그리고 자카리아스 우르시누스(Zacharias Ursinus, 1534-1583) 등을 거치면서 균형을 잃어가기 시작했다. 하나님의 주권적인 은혜와 섭리에 대한 인간의 책임과 반응을 균형 있게 고찰하였던 칼빈의 방법론이 사라지고 하나님의 주권적인 은혜와 섭리만을 지나치게 강조하는 방향으로 흐르기 시작했다. 칼빈은 하나님의 구체적인 계시로부터 신학을 시작하면서도 하나님의 의지의 신비에 대해서는 경외하는 마음을 갖고 있었으나 후대 칼빈의 제자들은 하나님의 의지에서 출발하여 개별적인 항목으로 넘어가는 귀납적인 방법을 추구했다. 그 결과 후기 칼빈주의자들은 예정을 구원론에서 다루기보다 신론에서 다루어 예정론을 절대화하는 경향이 있었다. 잔키는 예정론의 근거가 "하나님의 예지"라고 보았다.

예정론을 구원론의 영역에서 다루었던 스승과는 달리 칼빈의 제자 베자는 제한 속죄를 정통칼빈주의 신앙으로 정착시켰으며, "예정론의 근거를 하나님의 지식, 의지, 능력"에 두었다. 그는 스승이 가르친 전통을 넘어 스승의 가르침을 절대화하는 경향이 있었다. 베자는 타락 전 예정론(supralapsarianism)을 체계화시켰고, 국가관에 있어서도 교회는 정부가 하나님의 말씀에 어긋나는 행위를 강요하기 전까지는 반드시 정부에 순종해야 한다는 칼빈의 국가관을 넘어 가톨릭 통치자 아래 있는 모든 백성들에게 반란을 선동할 정도였다.

멜랑히톤의 친구인 자카리아스 우르시누스(Zacharias Urcinus, 1534-1583)는 루터파 내에 비밀히 들어온 칼빈주의자라는 비난을 받았던 인물로 베르밍글리, 잔킨, 베자와는 달리 온건한 칼빈주의를 옹호했다.[4] 그는 예정을 하나

---

4 당시에 이런 현상은 흔히 있었다. 필자가 미국의 일리노이즈 주에 있는 루터란 신학교의 도서관을 방문했을 때 직원은 16세기의 신학 서적을 보여주었다. 그 책의 안쪽에는 "칼빈주의자에서 루터란주의자로"라는 필적과 함께 회심 날짜가 쓰여 있었다.

님의 본성의 필연적인 결과로 보지 않고 교회론의 뒤에 두어 예정을 구원 체험의 표현으로 보았고, 예정의 목회적 중요성을 대단히 강조했다.

칼빈 사후 개혁주의의 전통을 담은 제 2헬베틱 신앙고백(the Second Helvetic Confession)이 스위스에서 간행됨으로써 개혁주의는 신학적인 틀을 마련했다. 계약 신학의 시조중의 하나인 불링거가 초안한 이 신앙고백은 처음에는 많은 지지를 받지 못하였으나 스위스의 개혁교회가 이것을 받아들이고, 스코틀랜드 교회-대회, 헝가리 교회, 그리고 1571년 프랑스 개혁교회가 로셸(La Rochelle) 대회에서 이 신앙고백을 인정함으로써 폭넓은 지지를 받을 수 있었다. 이 신앙고백은 1549년에 만들어진 "취리히 합의서"와 같이 온건한 칼빈주의 경향을 띠고 있다. 취리히 합의가 불링거와 칼빈이 동의하여 쯔빙글리주의와 칼빈주의를 한데 묶는데 성공한 합의서라고 할 수 있다면, 헬베틱 신앙고백은 쯔빙글리주의자였던 불링거에 의하여 작성되었기 때문에 쯔빙글리의 개혁사상을 강하게 반영한다.

그러나 이 신앙고백은 칼빈과 후대 개혁파 정통주의를 연결시켜 준다는 점에서 교회사적으로 중요한 의의를 지닌다. 이 점은 예정론과 영감론에서 두드러지는데 예를 들면 예정을 신론의 마지막에 둔 점이나 "성경이 하나님에 의하여 전적으로 영감을 받은 하나님의 말씀"이라고 선언한 것이 바로 그것이다. 또한 성경을 하나님의 책으로 보고 거기서 일련의 신학적 명제를 끌어내는 점에 있어서도 마찬가지이다. 헬베틱 신앙고백은 많은 점에서 웨스트민스터 신앙고백의 선구자적 역할을 했다.

베자 이후 칼빈주의 정통주의를 대변하는 인물은 베네딕트와 프랑수아 튜레틴 부자였다. 도르트 회의의 열렬한 지지자였던 베네딕트 튜레틴(Benedict Turretin, 1588-1631)는 베르밍글리나 잔킨과 같은 극단적인 예정론을 따르고 있었다. 그의 아들 프랑수아 튜레틴(Francois Turretin, 1623-1687)은 대륙의 칼빈주의 정통주의자들 가운데 가장 잘 알려진 인물로 1679-1685년 사이에 신학강요(*Institutiones theologiae elenchticae*)를 출간했다. 이 저술은 17세기 개혁파 정통주의 신학을 대변한다고 해도 과언이 아니다. 튜레틴의 저술은

19세기 후반 프린스톤신학교에서 찰스 핫지의 조직신학이 출간되기까지 조직신학 교재로 사용될 만큼 유럽의 개혁파 정통주의뿐만 아니라 미국의 개혁주의에 지대한 영향을 미쳤다. 개신교 정통주의의 전형적인 해석자로서 스콜라적인 스타일과 방법론을 반영하는 튜레틴은 17세기 전형적인 개신교 스콜라주의자로 평가 받고 있다.

웨스트민스터 신앙고백과 더불어 17세기 개혁파 정통주의의 양대 맥으로 불리우는 도르트 신조에서 볼 수 있듯이 네덜란드에서의 개신교 정통주의는 칼빈주의 대 알미니안 논쟁으로부터 발전되었다. 소위 알미니안주의로 알려진 반칼빈주의 운동의 대표적인 지도자들은 네덜란드의 디르크 폴케르츠존 코른헤르트(Dirk Volckertszoon Coornhert, 1522-1590)와 제이콥 알미니우스(Jacob Arminius, 1560-1609)였다.[5] 알미니우스는 철물상의 아들로 태어나 독일에서 유학 도중 친척들이 스페인 군에게 학살되었다는 소식을 듣고 귀국했다. 그러나 다행히 친구들의 도움으로 학업을 계속할 수 있었다. 알미니우스는 제네바, 비젤, 파두아, 로마에서 유학을 마친 후 귀국하여 1588년 암스테르담 교회의 목사가 되어 명설교가로 이름을 날렸다. 그는 "디르크 코른헤르트의 견해를 논박해 달라는 요청을 받고" 예정론을 공부하던 중 그의 견해가 옳다고 생각하게 되었다. 그 후 그는 베자의 엄격한 칼빈주의 예정론을 의심하기 시작했다.

1603년 라이덴 대학 교수로 임명을 받은 후 알미니우스는 동료 교수인 프란시스쿠스 호마루스(Franciscus Gomarus, 1563-1641)와 의견이 충돌했다. 논쟁은 알미니우스의 사후에 가속화되었다. 알미니우스가 죽은 후에 그 자리는 알미니우스와 견해를 같이하는 시몬 비스홉(Simon Bisschop, 1583-1643)이 차지했다. 호마루스는 알미니우스의 영향을 제거하기 위하여 압력을 가했다. 후에 항의자들 또는 알미니안주의자들로 역사에 알려진 칼빈의 가르침에 반대하

---

5 참고문헌: Carl Bangs, *Arminius: A Study in the Dutch Reformation* (Nashville: Abingdon Press, 1971). 알미니우스이 은총론에 대해서는 다음을 참고하라. John Mark Hicks, "The Theology of Grace in the Thought of Jacobus Arminius and Philip Van Limborch: A Study in the Development of Seventeenth-Century Dutch Arminianism" (Ph.D. disser., Westminster Theological Seminary, 1986)

는 41명의 목회자들이 모여 칼빈파에 대항하는 항의서(Remonstrance)를 제출했다. 이 항의서는 전통적인 칼빈주의 가르침을 반대하고 알미니우스의 사상을 지지했다. 특히 논쟁의 중심은 예정론에 있었다. 예정론은 타락 전 예정론, 타락 후 예정론, 그리고 예지 예정에 근거한 예정론 등 세 가지 예정론이 있었는데 이들은 타락 전 예정론과 타락 후 예정론 모두를 거부하고 예지 예정에 근거한 예정론을 주창했다.

하나님의 선택과 유기의 작정은 만세 전에 하셨으며, 하나님의 작정을 성취하시기 위한 도구로 아담의 타락을 허용하셨다는 타락 전 예정론(supralapsarianism)과, 하나님께서는 인간의 타락을 미리 아셨지만 타락 후에 어떤 사람을 구원의 대상으로 선택하셨다는 타락 후 예정론(infralapsarianism)이 중요한 논쟁의 요소였다. 인간의 선택이 타락 전인가 후인가에 대해 타락 전 예정론자들은 하나님께서 창조 전에 어떤 사람은 영생으로 예정하고 어떤 사람은 영원한 벌로 예정하셨으며, 이 영원한 신적 작정을 구현하시기 위해 이 세상을 창조하셨고, 인간의 타락도 허용하셨다고 말한다. 반면 타락 후 예정론자들은 하나님께서 이 세상을 아름답게 창조하셨으나 인간이 자유의지를 잘못 사용함으로 말미암아 타락하였고, 하나님이 그 타락한 인간을 구원하시기 위해 예수 그리스도 안에서 구원받을 자를 예정하셨다고 주장한다.

항의자들은 위 두 가지 예정론을 반대하고 예지 예정에 근거한 예정론을 주창했다. 알미니우스는 무조건적인 선택 교리를 반대했다. 항의서 제 1항에서 전통적인 타락 전 또는 타락 후 예정론을 따르지 않고 예지 예정에 근거한 예정론, 즉 하나님은 사람이 은혜의 방법을 어떻게 사용할 것인가를 미리 아시고 예정하셨다는 입장을 따랐다. 제 2항에서는 그리스도의 속죄가 택자만을 위한 것이 아니라 "모든 사람 하나하나를 위한 것"이라고 주장했다. 그리스도가 선택된 자들만 위해 죽으셨다는 데 반대하여 그는 만민을 위해 죽으신 것을 확언하고 그 죽으심의 덕은 신자들만이 받을 것이라고 믿었다. 또한 알미니우스는 칼빈과는 달리 은혜가 불가항력적이 아니며 오히려 사람이 하나님의 은혜를 거절할 수 있다고 봄으로써 하나님의 은혜의 주권적인 역사를 평가절하 시켰다. 따라서 성령께서 택자들이 끝까지 구원을 상실하지 않도록 지켜주신다는 성도의 견인 교리도 반대하고 신자가 신의 은총을 잃을 수도 있다고 주장했다. 그가 전통적인 칼빈주의에 동의하는 점이 있다면 사람이 신의 은총을 떠나서는 아무 선행도 할 수 없다는 사실이다. 바로 이것이 알미니우스가 펠라기우스와 다른 점이다.

    항의서가 출간되자 상류층은 알미니우스의 입장을 지지하였고 농민층과 섬 지방 어부들은 호마루스의 철저한 칼빈주의를 지지했다. 이 문제로 네덜란드는 칼빈주의와 반 칼빈주의 파인 알미니우스 파와 치열한 주도권 싸움이 벌어졌다. 그 후 알미니우스의 신학은 그의 제자들인 얀 위텐보하르트(John Uyttenbogaert, 1557-1664), 시몬 비스홉에 의하여 계승되어 발전되고 체계화되었다. 칼빈파의 지도자는 마우르츠(Maurice of Nassau, 1588-1625)였고 알미니우스파의 지도자는 요한 판 올덴바르네벨트(Johan van Oldenbernevelt, 1547-1619)와 그로티우스(Hugo Grotius, 1583-1645)였다. 논쟁이 한창 진행되던 1618년 7월 마우르츠는 쿠데타를 일으켜 올덴바르네벨트를 처형하고 그로티우스에게는 종신형의 언도를 내려 투옥했다. 호마루스를 지지하는 모리스와 측근들은 1618년에 도르트 회의를 소집했다. 그해 11월 3일에 전국 회의가 도르트에서 열려 다음해 5월 9일까지 계속되었다. 여기에는 네덜란드 대표들뿐만 아니라 영국과 스위스 등 다른 나라에서도 참석했다. 여기서 알미니우스파를 정죄하고 칼빈주의 교리를 제정하여 하이델베르그 교리문답, 벨기에 신앙고백과 함께 네덜란드의 교리적 기반을 다졌다. 도르트 회의 이후 1795년 국법으로 알미니우스에게 종교의 자유를 허락할 때까지 알미니우스파는 국외로 추방되었다.

    오랫동안 진행된 칼빈주의 대 알미니안주의의 논쟁 결과 네덜란드에서는 종교적 관용 현상이 두드러지게 나타났다. 그 결과, 미국의 역사가 데이빗 웰스가 편집한 미국개혁주의신학에서 지적한 것처럼, 네덜란드에서는 알미니안주의와 칼빈주의를 조화시키려는 경건주의가 일찍이 뿌리를 내리게 되었다.[6] 이런

---

6   David F. Wells, 박용규 역, 개혁주의 신학: 현대개혁주의 역사 (서울: 한국기독교사연구소,

시대적 상황 때문에 전통적인 경직된 칼빈주의를 벗어나 관용적인 칼빈주의가 등장했고 이런 현상은 카이퍼에 이르러 소위 신 칼빈주의 형태로 나타났다.

베자의 엄격한 타락 전 예정론에 대한 반대가 프랑스에서도 있었다. 대표적인 인물이 아미로였다. 17세기 프랑스의 대표적인 개혁주의 신학자 모이제 아미로(Moise Amyraut, 1596-1664)는 베자의 전통적인 칼빈주의와는 다른 견해를 갖고 있었다.[7] 예를 들면 전통주의자들이 옹호하는 제한 속죄론을 배격하고 그 반대의 입장을 고수했다. 그 외에도 예정론을 신론의 입장에서 이해하는 것을 반대하고 원래대로 구원론적인 맥락에서 전개해야 한다고 보았다. 때문에 정통적인 칼빈주의자들로부터는 "칼빈의 신학을 반대하는 자"라는 낙인이 찍히면서 "베자의 천적"이라고 불리게 되었다.

이와는 달리 스코틀랜드 개혁주의자들은 베자와 신학적인 전통을 공유하고 있었다.[8] 낙스는 예정론에 있어서 베자, 잔킨에게서 찾아 볼 수 있는 타락 전 예정론을 따르고 있다. 일반적으로 낙스의 신학이 칼빈에게서 결정적인 영향을 받은 것으로 알려져 왔으나 라이들리는 낙스의 신학이 제네바 쪽보다는 취리히 쪽의 영향을 더 많이 받았다고 주장한다.[9] 정교 문제에 있어서도 칼빈의 견해보다는 쯔빙글리의 견해를 훨씬 더 반영하고 있다고 말한다.

2017), 220-221.

7   다음을 참고하라. Brian Gary Armstrong, "The Calvinism of Moise Armyraut: The Warfare of Protestant Scholaticism and French Humanism" (Ph.D. disser., Princeton Theological Seminary, 1967)

8   스코틀랜드 개혁주의에 대해서는 다음 서적을 참고하라: John Macleod, *Scottish Theology* (Carlisle, PA: Banner of Truth, 1974), 1-65; William Croft Dickinson, ed. *John Knox's History of the Reformation in Scotland* (New York: Philosophical Library, 1950); J. H. S. Burleigh, *A Church History of Scotland* (London: Oxford University Press, 1961)

9   Jasper Godwin Ridley, *John Knox* (New York: Oxford University Press, 1968), 291-298.

2. 루터파 정통주의

곤잘레스가 지적한 것처럼 루터파 정통주의는 기독교 사상사에서 별도의 항목으로 다룰 만큼 근대사에서 중요한 위치를 차지하고 있다. 루터파 정통주의가 시작된 것은 대략 1600년대 초부터이다. 루터파 정통주의 시대는 17세기 전체를 포괄하고 있지만, 이 기간은 처음 반세기의 고전적 시기와 1648년의 베스트팔렌 조약으로부터 시작되는 후기로 구분할 수 있다. 이 후기의 특징으로는 혼합주의와의 논쟁, 루터파 전통의 엄격한 체계화 작업 및 보다 공리공론적이었던 태도 등을 들 수 있다.

비록 개신교 종교개혁의 최초의 조직신학자로 평가받고 있는 사람은 필립 멜랑히톤이지만,[10] 루터파 정통주의의 선구자는 마틴 쳄니쯔(Martin Chemnitz, 1522-1586)이다. 그는 "루터파의 엄격한 교리를 그대로 인정"하면서도 멜랑히톤으로부터 "방법론과 문체"를 많이 빌려왔다.[11] 다음으로 중요한 인물은 비텐베르그 대학에서 루터파 정통주의를 시작한 인물로 평가받고 있는 에이기디우스 훈니우스(Aegidius Hunnius, 1550-1603)이다. 니콜라우스 훈니우스(Nikolaus Hunnius, 1585-1643)의 아버지이기도 한 그는 광범위한 성경 주석을 집필했다. 그러나 고전적 루터파 정통주의를 대표하는 사람은 비텐베르크 대학의 교수였던 레온하르트 후터(Leonhard Hutter, 1563-1616)와 그의 제자이며 예나 대학에서 교수하였던 요한 게르하르드(Johann Gerhard, 1582-1637)이다.

후터의 신학은 멜랑히톤의 조직신학을 대신하여 오랫동안 교재로 사용되었던 그의 대표작 성경과 콘코드 신조로부터의 신학적 주제들에 대한 요약(*Compendium locorum theologicorum, ex Scripturis Sacris et Libro*

---

10   Phiplip Melanchthon, *Mellanchthon on Christian Doctrine Loci Communes 1555* (Grand Rapids: Baker Book House, 1982), Vii. Cf. Wilhelm Pauck, *Melanchthon and Bucer* (Philadelphia: The Westminster Press, n.d.), xix.

11   Justo L. Gonzalez, 기독교사상사 이형기 역 (서울: 대한예수교장로회총회 출판부, 1990), 329.

Concordiae Collectum, 1610)에 잘 반영되어 있다. 그의 제자 게르하르드는 신학의 주제(*Loci theologoci*, 1610-1625)를 통하여 "종교개혁의 전통"을 계승하면서 "복음적인 교리"의 입장을 체계화하려고 노력했다. 뿐만 아니라 가톨릭에 대한 진술(*Confessio catholica*, 1633-1637)에서는 가톨릭 신학을 논박하기도 했다. 니콜라스 훈니우스(Nikolaus Hunnius, 1585-1643)와 튀빙겐의 마티아스 하펜레퍼(Matthias Hafenreffer, 1561-1619)는 동시대의 인물로, 당시에 정통주의 신학에서 중요한 위치를 차지하고 있었다. 특별히 하펜레퍼의 저서 교리 요약(*Compendium doctrinae coelestis*)은 수세기 동안 교재로 사용될 만큼 귀중히 여겨졌다. 루터파 정통주의를 발전시킨 점과 루터파 정통주의를 평신도들에게 심어준 점은 그의 커다란 공헌이다.

17세기의 루터파 정통주의를 특징 지운 것은 스콜라 철학이었다. 독일의 스콜라 철학은 루터파 정통주의를 보다 이지적인 방향으로 강화하도록 자극하였고, 그것은 또한 신학적인 문제들을 보다 명확하게 과학적으로 해결하는 데 이용되었다. 철학을 사용함으로 루터파 정통주의는 어떤 면에서 성경과 종교개혁의 유산을 보다 잘 보존하고 여과할 수 있는 수단들을 제공받은 셈이었다.[12]

17세기의 신학적 발전은 초기의 루터파 정통으로부터 물려받은 방대한 양의 자료에 대한 엄격하고 조직적인 재작업으로 이어졌다. 그러다 헬름슈테트 학파의 대가 조지 칼릭투스(George Calixtus, 1586-1656)에 와서 전통적이고 정통적인 견해들이 수정되어 "루터파 정통주의의 신학적 궤도"에서 다소 이탈하려는 소위 혼합주의 현상이 헬름슈테트 학파에서 나타나기 시작했다. 그의 최대의 관심은 교회의 일치였다. 기독교 내의 여러 가지 전통을 불러 모아 교회의 순수성을 입증하려고 했다. 이를 위하여 그는 "신앙의 근본적인 사항과 부수적인 사항"을 구별했다. 구원에 필수적인 것은 근본적이고 그 외의 모든 것은 부수적이라는 것이다. 첫 5세기 동안의 일치(concensus quinquasaeculario)에서 "근본적인 것"을 찾았던 칼릭투스는 "구원에 필요한 모든 사항"이 사도신경에

---

12   Bengt Hägglund, 신학사 박희석 역 (서울: 성광문화사, 1990), 420.

들어있다고 말했다. 결국 그는 루터란에서 비판하는 전통을 다시 끌어들임으로써 논쟁의 여지를 만들고 말았다. 교회의 일치를 강조했던 칼릭투스의 혼합주의는 근대 기독교 사상사에 두 가지 중요한 공헌을 했다. 첫째는 엄격한 루터파 정통주의의 발전에 기여했다는 점과 둘째는 에큐메니칼 운동에 기여했다는 점이다.

아브라함 칼로프(Abraham Calov, 1612-1686)에 와서 신학이 "비현실적이고 논쟁적인 방식"으로 전개되었다. 다작가였던 프러시아 출신 칼로프의 대표작은 성경의 예증들(*Biblica Illustrata*, 1672 – 1676)과 신학 주제에 관한 체계(*Systema locorum theologicorum*, 1655 – 1677)이다. 논쟁을 좋아하였던 칼로프는 혼합주의 논쟁뿐만 아니라 가톨릭주의자, 칼빈주의자, 알미니안주의자, 소시니안주의자, 신령주의자, 합리주의자와의 논쟁에 가담했다. 그는 기독교인들이 의견을 달리할 수 있는 자유를 허용하지 않은 나머지 "가톨릭주의자들을 이단으로 정죄한 것은 물론 가톨릭주의자와 칼빈주의자가 구원을 받을 수 있다고 말하는 사람들마저도 정죄했다."[13]

칼로프에 이르러서 루터파 정통주의는 좋은 면과 나쁜 면에서 다 같이 최고의 절정에 이르게 되었다.[14] 예나 대학의 요하네스 뮤새우스(Johannes Musaeus, 1613-1681)는 "교회는 성경에 계시된 진리를 증언"하는 것이 사명이며 따라서 혼합주의는 성경적 교리에 어긋난다고 보았다. 그러나 칼로프처럼 혼합주의를 극단적으로 비판하지는 않았다. 그는 비텐베르그 동료들보다는 훨씬 더 개방적인 루터파 정통주의를 형성했다.

루터파 정통주의자 가운데 가장 탁월한 설교를 하였던 요한 콘라드 단하우에르(Johann Konrad Dannhauer, 1603-1666)는 칼릭투스가 지향하는 "개신교 혼합주의"를 철저히 배격했다. 슈페너의 스승이었던 그는 비록 정통주의자였지만 "심오한 경건과 교회 생활에 대한 진지한 관심"을 갖고 있었는데, 이

---

13 Gonzalez, *A History of Christian Thought*, 341.

14 Gonzalez, *A History of Christian Thought*, 334.

것이 바로 경건주의의 한 근원이 되었다. 단하우에르는 루터파 정통주의와 경건주의를 연결하는 고리 역할을 함으로써 기독교 사상사에서 독특한 위치를 차지하고 있다.

루터파 정통주의의 마지막 신학자로 손꼽히고 있는 데이빗 홀라츠(David Hollaz, 1648-1713)는 경건주의에 공헌했던 또 다른 정통주의자이다. 참된 경건의 삶을 강조하였던 그는 당시에 발흥하고 있던 경건주의 영향을 반영하는 인물이다. 멜랑히톤에 뿌리를 두고 있던 루터파 정통주의가 홀라츠에 와서 루터의 사상의 회복을 강조하면서, 정통주의와 경건주의가 상호 대립되는 운동이 아니라 결국 연관성을 지니고 있음을 보여주었다.

정통주의 신학은 신학적인 근거를 성경 위에 두어 성경해석이 전체의 교리와 이론에 의하여 영향을 받았다. 루터파 정통주의자들은 구원사의 순서에 따라 교의를 설명했다. 성경과 신론의 중요성 때문에 성서론과 신론이 항상 먼저 소개되고 창조, 타락, 구속, 그리고 종말론이 나타났다. 성경, 삼위일체론, 창조, 섭리, 예정, 하나님의 형상, 인간의 타락, 죄, 자유의지, 율법, 복음, 회개, 믿음, 선행, 성례, 교회, 세 가지 상태, 종말론이 전형적인 순서이다.[15]

이들 프로테스탄트 정통주의자들에게 신학의 시발점은 "믿음"이 아니라 "계시"였다. 정통주의자들은 신학의 자료를 종교개혁에서 찾았을 뿐만 아니라 "상당 부분은 성경과 교부들의 원전"에서 찾았다.[16] 그러나 철학과 신학의 관계에 대한 이해는 루터 정통주의와 개혁파 정통주의 사이에 견해가 약간 달랐다. 개혁파 정통주의는 "계시의 내용을 이성에 의한 논증과 조화"시키려 했다. 예를 들면 개혁파 정통주의자인 켁커만은 삼위일체 교리가 철학적으로 설명될 수 있다고 생각하였으나 루터파 정통주의자들은 그렇지 않다고 보았다.

그들이 표방하는 철학적인 경향인 신아리스토텔리안주의는 자연히 그들의 신학에도 영향을 미쳤다. 아리스토텔레스 사상을 찾아볼 수 있는 대표적인 사람

---

15   Hägglund, 신학사, 421.
16   Hägglund, 신학사, 422.

은 쟈코보 자바렐라(Jacopo Zabarella, 1533-1589)였다. 그는 두 가지 방법론인 "합성적 순서"(ordo compositivus)와 "분해적 순서"(ordo resolutivus)를 제시했다. 전자는 원칙에서 출발하여 결론에 도달하는 방법이고 후자는 일단 목적을 설정한 다음 그 목적에 이르는 방법들을 제시하는 것이다. 이런 방법론은 정통주의의 중요한 특징을 이루고 있다. 성경적 원리를 분석적 방법론을 통하여 정립하려는 이런 시도는 루터파의 멘쩌(Balthasar Mentzer, 1614-1679)와 개혁파의 켁커만(Bartholomäus Keckermann, 1572-1609)에게서도 찾아볼 수 있다.

3. 정통주의 신학

　루터란 정통주의자들에게 성경은 은혜의 수단이며 신학의 유일한 원칙이다. 이들에게 성경의 권위는 이성보다 앞섰다. 성경이 하나님의 말씀이라는 주장은 그것이 신적 영감에 의해 기록되었다는 사실에 근거하고 있다. 초기의 정통 루터란의 전통에서 신적 영감을 받았다는 것이 의미하는 것은 원래 성경의 인간 저자들인 선지자들과 사도들이 하나님으로부터 신성한 사명을 부여받았으며, 이러한 사명에 의하여 하나님의 말씀이 어떠한 오류나 결함이 없이 기록되고 보존되어 왔다는 의미였다. 따라서 성경은 그리스도인의 믿음과 행위에 대한 그리고 모든 교리 논쟁에서의 판단 기준이 되는 무오한 규범이라는 것이다.[17]

　이런 면에서 성경의 해석은 믿음의 유추와 반드시 일치해야 하고, 문자적인 해석에 상당한 비중이 주어졌다고 보았다. 성경의 모든 구절에는 오로지 하나의 본래적인 의미만이 있으며, 이것은 다름 아닌 문자적인 의미라는 것이다.[18] 성경의 완전성과 충족성은 이들의 성경관의 신학적 근거다.

17　Hägglund, 신학사, 427.
18　Hägglund, 신학사, 428.

그러다 1620년대에 들어서면서 성경의 유효성 및 성령과 말씀과의 관계를 논하기 시작했다. 말씀 그 자체는 죽은 문자에 불과하다고 보았다. 인간은 단순히 말씀을 통하여서가 아니라 성령의 협력을 통하여 회심한다고 보았다. "외적인 말씀과 내적인 말씀"을 구분하여 내적인 말씀을 "성령의 권능"과 동일시했다. 이런 견해는 게르하르트를 비롯한 정통주의자들로부터 비판을 받았다. 그는 "말씀 자체가 영감에 의한 것인 동시에 신적 권위로 충만"해 있기 때문에 인간을 회심시킬 수 있는 권능을 갖고 있으며, 따라서 말씀은 사용되기 이전에도 "영적인 효력"을 지닌다고 보았다. 말씀이 성령을 떠나 독자적으로 역사한다는 주장은 정통 루터란 신학자들이 갖고 있는 특징이다. 그러나 개혁주의는 성령께서 말씀을 떠나서 독자적으로 역사하시지 않고 이미 들려지거나 읽혀진 말씀 안에서 그리고 말씀과 더불어 역사하신다고 본다.[19]

루터란 정통주의자들은 하나님에 대한 지식을 자연적인 것과 초자연적인 것으로 구분했다. 후자는 성경이다. 전자는 다시 선천적인 것과 후천적인 것으로 구분할 수 있는데 선천적인 것은 통찰력과 양심을 말하며 후천적인 것은 "피조물에 대한 자신의 관찰에 근거하여 얻은 추론"을 말한다. 그러나 "이 자연에 대한 지식은 이미 손상되어 버렸으므로 구원을 이루기에는 전적으로 불충분하다." 이 지식은 하나님께서 존재하신다는 사실을 알려주는 것만으로 제약되어 있다. 그러나 구체적으로 하나님이 어떤 분인가 하는 하나님의 속성에 대해서는 밝혀주지 못한다.

정통주의자들은 속성을 내적인 속성과 외적인 속성으로 구분한다. 전자는 영원성과 같은 본질적인 속성을, 후자는 전능성과 같은 나타난 속성을 지칭한다. 이런 하나님의 속성에 대한 정통 루터파의 신학적 입장은 "추상적인 공론," "학문적인 장식물"이라는 비판을 받았지만 신학을 체계화시켜 주었다는 점에서 중요한 공헌을 했다. 이 점에서 정통 칼빈주의자들은 루터란에게 적지 않은 빚을 지고 있다. 프린스톤의 정통주의자 핫지가 자신의 신학을 집대성하면서 루터

---

19   Hägglund, 신학사, 429.

파 정통주의 신학에서 상당한 부분을 끌어들이고 있는 것이 그 좋은 일례이다.

하나님의 속성 중에서 전능성은 하나님의 섭리론을 이해하는 배경을 제공했다. "창조가 우선적으로 성부에게 속하는 것이고, 구속은 아들에게, 그리고 성화는 성령에게 각각 속하는 것이라는 사실에 의하여 세 위격은 또한 구별될 수 있다. 그러나 이와 동시에 이러한 활동들에 있어서 세 위격들은 서로 협력을 하시므로 삼위일체의 외적인 사역은 분리될 수 없는 성격을 지닌다."[20]

루터란 정통주의자들은 그리스도를 초대교회의 신앙고백에 따라서 완전한 하나님과 완전한 사람으로 믿었다. 한 인격 안에서 두 본성이 연합했다는 신앙은 그들이 갖고 있는 중요한 문제였다. 개혁주의자들은 그리스도의 몸이 하늘에 제한되어 있지만 영으로서 어디에나 계실 수 있으므로 그리스도가 시공의 제약을 받지 않는다고 보았으나 루터란 정통주의자들은 성육신 이후의 로고스가 그리스도의 몸과 별도로 존재할 수 없다는 견해를 갖고 있었다. 때문에 루터란 정통주의자들은 본성의 교통(communicatio naturarum)과 속성의 교류(communicatio idiomatum)를 가르쳤다. "본성의 교통이란 말은 신성과 인성이 서로에 대하여 가장 긴밀한 관계에 있으면서 신성이 인성에 침투하여 그것을 완전하게 하는가 하면, 동시에 인성이 자신의 것을 신성에게 나누어주기도 한다는 것을 의미한다."[21] 이와 같은 양성 간의 교류로 인하여, 둘 중 어느 하나에 해당되는 사항은 다른 하나에도 적용된다고 단정 지을 수 있었다.

정통 루터란에서는 섭리 개념이 창조교리와 직접적으로 연결되어 있으며 하나님의 창조를 완전케 하는데 중요한 요소라고 본다. 섭리란 창조의 연속으로 본다. 왜냐하면 섭리의 보전 기능이 없이 피조물 스스로 존재할 수 없기 때문이다. 게르하르트의 말을 빌리면 "모든 피조물이 존속하는 것은 그들 자신의 힘에 의한 것이 아니라 하나님께서 그의 능력의 말씀으로 만물을 붙들어 주심에 의한 것이다(히 1:3)."[22] 영원한 현재 속에 살고 계신 하나님께서는 모든 것을 알고

---

20   Hägglund, 신학사, 432.
21   Hägglund, 신학사, 434.
22   Hägglund, 신학사, 439.

계시며 보고 계시다는 하나님의 예지에 입각하여 자신들의 예정론을 발전시켰다. 개혁주의에서 말하는 "무조건적인 선택"과는 달리 루터란에서 말하는 선택은 끝까지 믿음에 머물러 있을 자들이 누구인가를 하나님께서 미리 아시고 선택하셨다는 것이며, "유기는 하나님께서 끝까지 회개하지 않을 자들을 미리 아신다는 사실에 근거한 것"이다.

루터파 정통주의자들은 어거스틴의 3단계 인간의 상태(Posse non peccare; non posse non peccare; non posse peccare)와 같은 맥락에서 "타락 전의 인간," "타락 후 회심 이전의 인간," "중생한 인간" 그리고 "부활 후의 인간"으로 구분했다. 타락 전의 인간은 선을 행할 수 있었으나 타락 후에 인간은 선을 행함에 있어서는 완전히 무능하게 되었다. 부분적인 회복은 회심 이후에 나타나나 완전한 회복은 죄의 속박으로부터 완전히 해방되는 그때 실현된다.

소위 구원의 서정은 소명, 중생과 회심, 성화, 그리고 신비적인 연합이다. 믿음과 행위는 또 하나의 중요한 주제이다. 그들은 믿음을 지식, 동의, 그리고 확신으로 묘사했다. 믿음은 칭의와 중생과 연합을 포함한다. 루터란에서는 믿음의 절정이 그리스도와의 신비적인 연합이며 이후에 성령께서 들어와 내주하시게 된다고 본다. 루터파 정통주의는 교회를 가시적인 교회와 불가시적인 교회로 대별하여, 전자는 "단순히 외형적인 면에서의 신자"들을 말하며 후자는 "진정한 의미에서의 신자"들을 가리킨다고 본다.

4. 정통주의와 소시니안주의

개신교 정통주의 운동이 기독교 내에 활발하게 진행되던 16세기 전통적인 교리에 극단적인 비판을 가하는 움직임이 일어났다. 대표적인 것이 소시니안주의이다. 그들은 정통교리에 대해 반론을 제기하였으며 반 삼위일체의 경향을 강하게 띠고 있었다. 대표적인 이들은 르네상스의 회의주의가 강하게 일고 있던 이탈리아 출신들로서 마태오 그리발디(Matteo Gribaldi, c.1505-1564)와 같은 이들이다.

그러나 소시니안이라는 이름을 낳은 사람은 소시너스의 숙질 라엘리우스 소시누스(Laelius Socinus, 1525-1562)였다. 그의 조카 파우스투스 소시누스(Faustus Socinus, 1539-1604)는 삼촌의 글에 감화를 받고 그의 사상을 따랐다. 1562년 발간한 "요한복음"에서 예수의 신성을 부인하고 1563년에는 영혼 불멸도 부인했다. 소시니안주의의 영향이 두드러진 곳은 폴란드였다. 그곳에서 소시니안주의자들은 폴란드 형제단(Polish Brethren)으로 알려졌다. 초기의 지도자들은 후기와는 달리 급진적이지 않았다. 그러나 후에 소시니안이 번성한 곳은 네덜란드와 영국이었다.

소시니안들은 계몽주의 시대에 합리주의적인 신학의 길을 열어 주었으며 기독교를 세속화시켜 전통적인 신앙에서 떠나게 만들었다. 이들은 "이미 공식적인 방법으로 그 권위가 인정된 교의 또는 성경의 내용이라 할지라도 반드시 인간의 건전한 지식이라는 심판대 앞에서 정당성이 입증되어야만 한다고 주장했다. 그 결과 이성과 상치되는 것으로 생각되는 교리들은 모두 배격했다."[23] "이성을 최고의 규범"으로 세워놓고 전통적인 신학을 재해석한 것이다. 때문에 그리스도와 성령의 신성을 부인하고 그리스도를 "선지자적 사명을 지닌 단순한 인간"으로, 성령을 "하나의 신적 권능"으로 이해했다.

인간론과 죄론에서 이들은 펠라기우스의 견해를 과감하게 수용했다. 이들에게 요구되는 신앙이란 하나님이 존재하시며, 그 하나님은 보상자이며 심판자라는 것이다. 인간의 본질적인 자유를 주장하고 인간의 원죄와 예정론을 부인했다. 그들의 주장에 의하면, 인간은 자연히 죽을 수밖에 없는 존재이기 때문에 영생에 이르는 길을 발견할 수 없다. 또 그리스도는 순종의 본보기가 되는 삶을 산 도덕적인 인간으로, 신적 지혜가 충만한 사람에 불과하다.[24]

이들은 종교개혁자들이 하나 같이 옹호하던 속죄에 대한 만족설을 거부했

---

23 Hägglund, 신학사, 450.
24 Williston Walker, *A History of the Christian Church* (New York: Charles Scribner's Sons, 1970), 398.

다. 그것은 만족이 하나님의 본성의 요구가 아니라고 믿었기 때문이다. 그들에게 용서와 만족은 상호 배타적인 개념이었다. 때문에 인간의 전적인 타락이나 인간의 무능력을 거부하고 인간의 자율과 인간의 천성적인 선을 강조했다. 인간이 교리의 굴레에 갇혀 진정한 종교의 본질을 파악하지 못하는 오류를 범하고 있다고 본 그들에게 그리스도의 죽음은 모든 그리스도인들이 따라야 할 위대한 순종의 본보기에 불과하다. 이들은 성경의 권위뿐만 아니라 교회의 모든 권위를 거부했다.

5. 요약 및 정리

개신교 정통주의는 16세기의 위대한 유산들을 체계적으로 정리, 발전시킴으로써 개신교 신학의 발전에 큰 기여를 했다. 신학의 객관적 집대성과 분석은 개신교 정통주의의 위대한 유산이었다. 객관적인 권위의 존중, 성경의 영감론의 정립, 그리고 신학의 교리적 배열 등은 정통주의가 이룩한 가장 큰 업적이었다. 그러나 정통주의의 이런 객관적인 권위가 후대에 가면서 생활과 동떨어지게 되었고, 결국 이에 대해 두 가지 반응이 대두되었는데, 첫째가 계몽주의와 합리주의이다. 합리주의는 17세기와 18세기 프랑스와 영국에서 위력을 떨쳤고[25] 곧이어 독일에서도 적지 않은 영향을 미쳤다.

두 번째 반응은 경건주의 운동이다. 합리주의와 경건주의는 시대적인 순서로 볼 때 거의 동시에 일어난 운동이라고 보아야 할 것이다. 이 두 운동은 국가마다 시대적 순서를 달리한다. 영국에서는 합리주의가 경건주의보다 앞서 일어난 반면 독일에서는 경건주의 운동이 먼저 일어나고 뒤에 합리주의 운동이 일어났다. 때문에 이 둘 중에서 어느 것을 먼저 다루어야 하는가는 쉬운 문제가 아니라고 본다. 그러나 유럽의 전체적인 국면과 칸트 이후의 사조의 변천을 고려할 때 합리주의를 먼저 다루는 것이 바람직할 것이다.

---

25 Gonzalez, *A History of Christian Thought*, 391.

제 III 부
계몽주의와 근대 유럽의 기독교

6장
자연과학과 철학의 발달

7장
계몽주의 운동

8장
계몽주의에 대한 반동

파스칼(Blaise Pascal, 1623-1662)

제 6장

자연과학과 철학의 발달

> 우리는 이성에 의해 진리를 알 수 있을 뿐 아니라 우리의 가슴을 통해서 더욱더 진리를 알 수 있다.
>
> 파스칼(Blaise Pascal)

르네상스 휴머니즘과 종교개혁 외에 근세사의 출발에 결정적인 역할을 한 것은 자연과학과 철학의 발달이다. "현대인의 종교적 삶을 변화시킨 과학적-합리적 정신은 17세기에 시작되어 독일 계몽주의에서 절정에 달했고, 19세기 현대주의 파장 속에 계속 반향되어 나타났다."[1] 자연과학의 발달은 전통적인 우주관에 일대 변화를 가져왔다. 초기 종교개혁 시대에는 프톨레믹(Ptolemaic) 우주관을 받아들여 우주의 중심이 지구이며 태양과 별들도 지구를 중심으로 움직인다는 천동설을 따랐다. 폴란드의 니콜라우스 코페르니쿠스(Nicolaus Copernicus, 1473-1543)의 지동설이 나올 때까지 천동설이 인간의 우주관을 지배했다.

코페르니쿠스는 자신이 죽던 해에 지동설을 발표했으나 세인의 주목을 받

---

1 Clyde L. Manschreck, *A History of Christianity: Readings in the History of the Church II* (Grand Rapids: Baker Book House, 1981), 217.

지 못했다. 덴마크의 천문학자 타이코 브라흐(Tycho Brahe, 1546-1601)는 코페르니쿠스의 이론의 일부를 수용하고 연구를 계속하였으며, 요하네스 케플러(Johannes Kepler, 1571-1630)는 코페르니쿠스의 이론을 일반화시키는데 중요한 역할을 했다. "프란시스 베이컨(Francis Bacon, 1561-1626)은 갈릴레오를 넘어서서 과학이 우주를 이해하는 수단일 뿐만 아니라 동시에 자연을 다스리는 가장 주된 수단이라고 인식했다."[2] 망원경을 천문학 연구에 응용한 피사의 갈릴레오 갈릴레이(Galileo Galilei, 1564-1642)에 와서 코페르니쿠스의 이론은 하나의 틀로 형성되었다. 갈릴레오는 우주의 관찰에 있어서 경험적이며 수학적인 방법을 제시하여 근대 과학의 발전에 크게 기여했다.

그러나 코페르니쿠스의 이론이 대중화된 것은 아이삭 뉴톤(Isaac Newton, 1642-1727)에 이르러서이다. 코페르니쿠스, 케플러, 갈릴레오의 과학적 발견들은 1687년에 출간된 뉴톤의 원리에 의해 수학적으로 검증되었다.[3] 수학적인 공식에 의하여 천체의 움직임을 설명한 그의 원리(Principia, 1687)는 유럽에 센세이션을 일으켰다. 모든 결과는 원인을 가진다는 뉴톤의 원리는 현상에 대한 과학적인 탐구와 하나님이 창조하신 우주에 대한 기계적인 견해를 이해하는 길을 열어주는데 도움이 되었다. 그러나 뉴톤의 원리는 성경의 초자연적 요소, 계시, 기적 등을 거부하는 비판적인 반종교적인 방향의 길도 터주었다.[4] 이제 물리적인 우주는 독선적인 신의 활동무대가 아니라 당대의 과학에 의하여 설명되는 법칙의 영역일 뿐이었다. 지구는 더 이상 우주의 중심이 아니라 방대한 우주의 일부분에 지나지 않았다. 지금까지 인간의 삶의 최종 권위로 인정되어 오던 종교관이 무너지고 자연과학이 인간의 최종적인 권위로 등장하기 시작한 것이다. 인간은 성경의 하나님보다는 자연의 하나님에 더 많은 관심을 기울이게 되었다. 이성이 인간사의 규범적인 힘으로 떠올랐고, 그 결과 성경의 초자연적인 요소들

---

2   Justo L. Gonzalez, 기독교사상사 이형기 역 (서울: 대한예수교장로회총회 출판부, 1990), 417.
3   Manschreck, *A History of Christianity II*, 219.
4   뉴톤의 원리에 대해서는 Sir Isaac Newton's *Matheatical Principles, reised translation by Florian Cajori* (Berkeley: University of California Press, 1934)를 참고하라.

이 거부되었다.⁵

과학이 새로운 하늘과 땅을 드러내는 동안 철학은 이성의 이름으로 전통적인 권위에 도전하기 시작했다. 이 시대의 정신적 배경을 제공하는데 있어서 철학은 과학과 보조를 같이하고 있었다.⁶ 프랑스 출신이며 독실한 가톨릭 신자인 르네 데카르트(René Descartes, 1596-1650)는 네덜란드에서 생의 대부분을 보냈다. 1637년에 방법론 연구(*Discourse on Method*)가 출간되었고, 1641년에는 제 1철학(*First Philosophy*)이 그리고 1644년에는 철학 원리(*Principia philosophiae*)가 출간되었다. 그에게 모든 지식의 출발은 회의이며, 전혀 의심할 수 없음을 발견할 때까지는 진보란 있을 수 없다. 데카르트에게 참으로 확실하고 분명한 것은 지식이며, 전혀 의심 할 수 없는 출발점을 발견할 때까지 사람은 모든 것을 의심해야 한다는 것이다. 데카르트는 어거스틴에게서 인간의 사고 자체가 인간 존재에서 발견된다는 사실을 찾아냈다.

> 우리가 만약 이 '생각하는 나'의 내용을 검토해본다면, 우리는 그 안에서 그것의 기원 이상의 더 큰 관념들을 발견한다. 그리고 적절한 원인 없이는 아무것도 존재할 수 없으므로, 무엇이 존재한다면 그것들을 산출하기에 충분히 위대하고 실제적인 원인이 존재해야 한다. 그래서 우리는 하나님이 존재하는 것과 그 하나님이 우리의 모든 사고와 관련되어 있음을 확신하게 된다. 하나님 안에서 사고와 존재는 연합되어 있다. 우리의 개념이 명쾌하고 분명하며 기하학의 증명 같은 논리적 명확성을 가질 때에만, 참이며 신적이다. 물질은 마음과 동등하게 하나님 안에서 그 원천을 가지지만, 만물에 있어서는 마음의 반대이다. 결국 그것은 단지 외연뿐이며, 순전히 기계적인 동작을 하나님에 의해서 부여받았을 뿐이다. 그래서 동물들은 단지 기계적인 존재들이다.⁷

---

5   Manschreck, *A History of Christianity II*, 219.
6   Manschreck, *A History of Christianity II*, 210, 219.
7   Williston Walker, *A History of the Christian Church* (New York: Charles Scribner's Sons, 1970), 427.

근대 철학의 선구자, 르네 데카르트(René Descartes, 1596-1650)

여기서 우리가 알 수 있는 것은 데카르트는 "나는 생각한다 고로 재한다"(cogito, ergo sum)라는 명제를 통해 자신이 "생각하는 존재"(res cogitans)임을 증명하고 있다는 사실이다. 데카르트의 확신은 의심이 사라지기 전까지는 어느 것도 진리라고 확신하여서는 안 된다는 것이다. 그가 제시한 방법론은 크게 네 부분으로 나누어 볼 수 있다. 첫째, 어느 것이든지 진리라고 분명하게 증명되지 않는다면 진리로 받아들이지 말 것, 둘째, 연구 과정에서 만나게 된 어려움을 분석하고 나눔으로써 어려움을 해결할 수 있는 방도를 모색할 것, 셋째, 자신의 사상을 가장 간략한 것으로부터 가장 복잡한 순서로 질서 있게 배열할 것, 넷째, 모든 것을 낱낱이 열거함으로써 빠진 것이 없도록 확인할 것 등이다.[8] 생각하는 인간의 존재에서 출발하여 "하나님의 존재"를 증명하려고 한 데카르트는 인간 사고에 두 가지 혁신을 가져왔다. 첫째, 입증될 때까지는 모든 개념은 의심되어져야 한다는 것과, 둘째, 충분한 입증이란 확실한 수학적인 증명이 있어야 한다는 사실이다.[9]

프란시스 베이컨(Francis Bacon, 1561-1626)에 이르러 이런 데카르트의 사고가 좀 더 과학적인 관찰에 기초한 방법, 즉 뉴톤의 합리적인 법칙과 연계됨으로 이성시대는 당대의 합리적이고 과학적인 논리를 발전시켜 자신들의 사상적 틀을 형성할 수 있었다. 네덜란드계 유태인 바루크 스피노자(Baruch Spinoza, 1632-1677) 역시 데카르트의 원리에 상당한 영향을 받았다. 그 후 수세기 동안 경건주의자들과 낭만주의자들은 단일신론적이면서 범신론적인 경향을 띤 스피노자의 작품에서 많은 영향을 받았다. 스피노자에게 있어서 만물은 두 가지 양식 또는 속성들인 사상과 연장으로 알려진 무한한 존재이며 모든 유한한 인간과 속성들은 그것의 표현이다. 결국 그에게 만물은 하나님 혹은 자연이다.

스피노자에 버금가는 또 하나의 영향력 있는 인물은 수학자이자, 역사가며, 그리고 철학자인 고트프리드 빌헬름 라이프니츠(Gottfried Wilhelm Leibnitz, 1646-1716)이다. 그는 가톨릭과 개신교를 융합시키려고 했던 인물이다. 우주에서 하나의 본체를 찾았던 스피노자와는 달리 라이프니츠는 여러 개의 무한한 본체가 존재한다고 믿었다. 라이프니츠는 각각의 본체가 개별적인 힘의 중심인 "단자(monad)"이며 각 단자는 우주를 반영한다는 독특한 단자론을 제창했다. 의식이 크고 분명할수록 단자는 신에 가까이 다가간다. 하나님은 만

---

8   Gonzalez, *A History of the Christian Thought*, 420.
9   Manschreck, *A History of Christianity II*, 220.

물을 분명하게 이해하는 원단자(原單子, the original monad)이고, 원단자에는 모든 사상이 감싸져 있으며 이것은 선험적이다.

라이프니츠에 따르면 하나님은 완벽성을 현시하시기 위해서 세상을 창조했다. "신은 세계를 창조하여 그의 완전성을 드러내었다. 그러므로 신은 가능한 한 최선의 세계를 선택했다. 악으로 보이는 것은 불완전, 신체적 고통, 한계이고, 그렇지 않으면 도덕적 잘못이다. 그럼에도 불구하고 그것은 신이 이보다 더 나은 세계를 만들 수 없었을 것이라는 의미에서 필요한 것이다. 그러므로 라이프니츠의 해답은 인간은 자신의 타고난 생득적 관념(innate ideas)을 해명(elucidation)함으로써 인식한다는 것이었다."[10]

비록 종교합리주의의 선조라고 불리는 윌리엄 칠링워드(William Chillingworth, 1602-1644)와 타종교 관용에 지대한 관심이 있었던 로드 허버트(Lord Herbert of Cherbury, 1583-1648)도 근대사에 적지 않은 영향력을 미쳤지만, 라이프니츠에 견줄 수 없다. 그 만큼 영향력 있는 17세기의 사상가는 역시 영국의 존 로크(John Locke, 1632-1704)였다. 로크는 생득적 관념을 제시한 선대 스피노자와 상당히 다른 견해를 갖고 있었다. 그는 유명한 인간 오성론(*Essay Concerning Human Understanding*, 1690)에서 인간의 선험 사상(innate ideas)의 존재를 거부했다. 로크에 따르면 "마음은 하얀 종이이고, 그 위에 감각이 그것의 인상을 기록하며, 이 인상을 마음이 성찰을 통해 관념으로 결합하고, 단순관념이 결합하여 복합 관념이 된다."[11] 로크의 생각은 모든 지식이란 경험에 근거한 이성에 의하여 판단되는 합리성에 뿌리를 둬야 한다는 것이다. 따라서 그는 하나님의 존재가 원인과 결과로부터의 논쟁에 의하여 입증될 수 있음을 발견했다. 마찬가지로 도덕성은 수학의 진리와 같은 것에 의하여 입증이 되어야 한다는 것이다. 따라서 종교는 본질적으로 이성적이어야 하며, 종교를 이성보다 우위-경험을 넘어-에 둘 수도 있지만 이성과 결코 모순되어서

10　Walker, *A History of the Christian Church*, 428.
11　Walker, *A History of the Christian Church*, 428.

는 안 된다는 것이다.

로크는 1695년에 출판한 기독교의 합리성(*Reasonableness of Christianity*)에서 이 관점을 발전시켰다.[12] 성경에는 이성의 힘을 넘어서는 이적과 같은 것이 포함되지만 성경은 결코 이성과 대립되지 않는다고 보았다. 로크는 예수 그리스도의 삶과 가르침, 사도들의 설교, 사복음서의 역사와 사도행전을 통해 기독교가 누구나 믿을 수 있는 합리적인 종교임을 주장했다.[13] 비록 진지한 기독교인이었지만 로크는 종교의 신비로 고민하지 않았다. 그에게 그리스도를 메시아로 인정하고 그리스도가 선포한 도덕적인 윤리를 실천하는 것은 당연하며, 이것은 이성과 별 차이가 없는 상식적인 것이었다. 종교의 무기는 바로 이성적이라는 점에 있다는 것이 로크의 사상이다. 심지어 이적도 본질적으로 비이성적이라고 볼 수 없다고 생각한다.

정부론(*Treatises on Government*, 1690)에서 로크는 인간에게 천부적인 생존권, 자유권, 그리고 재산권이 있다고 주장했다. 이것을 확보하기 위해서는 통치 협약에 의한 정부가 설립되어야 하며, 대다수의 뜻이 지배하여야 하고, 그 뜻이 구현되지 않거나 근본적인 권한이 위협받을 때에는 국민은 혁명을 일으킬 권한이 있다는 것이다. 이것은 정당 정치의 철학을 제시한 것이다. 정부는 국민과의 협약에 의하여 정권을 얻은 것이기 때문에 정권이 국민을 위한 정당한 정치를 하지 않을 때에는 정권을 교체할 당연한 의무와 권리가 있다는 것이다. 어떻게 정권을 교체하는가 하는 방법론에 있어서도 상당한 권한을 국민들에게 부여하고 있다. 입법과 행정 기능을 조심스럽게 구분한 후 입법이 행정보다 우위라고 보았다. 국민과의 협약에 의하여 설립되는 정권에서 법의 집행보다는 법의 제정이 더 중요하다는 것이다.

토마스 홉스(Thomas Hobbes, 1588-1679)는 도덕의 기초를 인간의 법에서 발견하려고 하였지만 그가 발견한 것은 단지 이기심뿐이다. 도덕론의 발

---

12 Manschreck, *A History of Christianity II*, 226.
13 John Lock, *The Reasonableness of Christianity* (Boston: T.B. Wait & Co., 1811).

전에 상당히 기여한 또 한 명의 인물은 샤프테스버리 백작(Anthony Ashley Cooper, Earl of Shaftesbury, 1671-1713)이다. 1711년에 출간한 그의 인간의 특성(*Characteristics of Men, Manners, Opinions, Times*)은 대표적인 작품이다. 샤프테스버리 백작은 인간이 인격적인 원리와 사회적 관계를 갖고 있는 존재이기 때문에 도덕은 이기적인 목적과 이타적인 목적의 두 가지가 균형을 이루어야 한다고 가르쳤다.

이 조화는 성취될 수 있으며 행동의 가치는 내적인 "도덕적 감각"에 의하여 결정된다. 따라서 그는 옳고 그름을 하나님의 뜻이 아니라 인간 본성 자체의 근본적인 법칙에 근거시켰다. 이것은 신의 존재를 거부하는 이조차도 왜 도덕적인 행위를 유지하는가를 설명하여 주는 이유이다. 이것은 도덕적인 행위에 대한 원초적인 동기가 보상에 대한 희망과 징벌에 대한 공포라는 주장을 일축한다. 그 결과 일반적으로 인정되어 오던 개념 즉, 무신론자들과 도덕성의 거부자들이 이제 더 이상 동등한 의미로 사용될 수 없었다.

이런 과학과 철학의 발전들이 18세기 계몽주의의 사상적 토대가 되었다. 계몽주의는 이성의 법칙을 개인과 집단생활의 다양한 측면들에 적용하려는 의식적인 노력이다. 계몽주의의 근본적인 원리들, 자율과 이성은 근세의 사상과 행위에 심오한 영향을 주었으며 기독교가 나아갈 분위기를 조성했다.

제 7장

계몽주의 운동

> 유신론자는 하나님이 어떻게 벌하시며, 어떻게 보상하시며, 어떻게 용서하시는지 알지 못한다. 그것은 그가 하나님께서 어떻게 행동하시는지 이해하고 있다고 자찬할 만큼 주제넘지는 않기 때문이다. 다만 그는 하나님이 행동하시며 공의로운 분이라는 사실을 알고 있을 뿐이다.
>
> 볼테르(Voltaire), 1764

몽주의는 일반적으로 18세기를 통해, 개신교 정통주의에 대한 반동으로 교단을 초월하여 네덜란드, 영국, 프랑스, 그리고 독일 등 유럽에서 형성된 기독교 운동으로 그 사상적 뿌리는 17세기의 자연신론, 르네상스 휴머니즘, 소시니안주의, 17세기의 철학들, 데카르트, 라이프니츠, 로크까지 거슬러 올라간다. 또한 아이삭 뉴톤을 통한 자연과학의 발달과 그로티우스를 통한 법리학의 발전도 계몽주의 운동에 중요한 역할을 했다.

원래 학문적인 용어로 말할 때 계몽주의(Aufklärung, Enlightenment)라는 말은 특별히 18세기에 독일에서 형성된 근대 기독교 사상운동으로 라이마루스(Herman S. Reimarus, 1694-1768), 레씽(Gotthold Ephraim Lessing, 1729-1781) 그리고 헤르더(Johann G. Herder, 1744-1803)라는 이름과 관련하여 사용되었다. 당시의 세계적인 동향이었던 합리주의와 시대적인 특성 속에서 태동한 계몽주의는 모든 초자연적인 종교를 반대하고 인간 이성의 중요성을 확신하고 이 땅에서의 인간의 삶의 행복을 극대화시키려는 시대적인 사조였다. 계몽주의의 주요 사상 중의 하나는 레씽의 현자 나탄(Nathan der Weise, 1779)과 프리드리히 대제의 정책으로 대표되는 종교적인 관용이다.

대부분의 계몽주의 대표자들은 이성과의 조화 속에서 하나님, 자유 그리고 영생에 대한 신앙을 보존하였지만 기독교 교리주의, 가톨릭주의와 개신교 정통주의를 거부하였는데, 그 이유는 이것들을 인간에게서 합리주의적 기능들을 앗아가는 영적 어두움의 세력으로 간주하였기 때문이다. 계몽주의자들은 인간 본성의 선함과 계몽된 이성의 원리에 대한 근본적인 확신 때문에 낙관론적인 견해를 갖고 있었으며 인간 사회의 진보와 완전성을 절대적으로 확신했다. 계몽주의 정신이 독일 개신교에 깊이 침투하여 성경의 권위에 대한 신앙을 파괴시키고 한편으로 성경 비평학을, 또 다른 한편으로는 감상적 경건주의를 조장했다. 독일 가톨릭 내에도 요셉 2세의 치하에 계몽주의 운동의 옹호자들이 생겨나 전통적인 가톨릭의 교회 질서를 반대하기도 했다.

고대 철학이 객체(objects)에서 출발했다면 계몽주의는 주체(subjects)에서 출발했다. 때문에 자의식과 내적 경험이 중요 관심사였다. 따라서 "계몽주의란 자기를 속박하는 의존으로부터의 인간 해방이다. 여기서 말하는 의존이란 다른 것으로부터 가이드가 없다면 자신의 오성을 사용하지 못하는 인간의 무능력을 의미한다. '담대히 알라!'(Sapere aude!) '네 자신의 이성을 사용할 용기를 가져라. 바로 이것이 계몽주의의 모토다."[1] 이처럼 신학이 계시에 의존하던 것에서 벗어나 경험에 대한 관찰과 합리적인 원칙들 위에 기초를 두게 되었고, 철학은 더 이상 신학의 시녀가 아니었다.[2]

---

1   I. Kant, "What Is Enlightenment?" tr. and ed. L. W. Beck (Chicago, 1955), 286.
2   Paul Tillich, *A History of Christian Thought* (New York: Harper & Row, 1968), 315. 신비주의적 요소와 합리주의적 요소는 어떤 상관관계를 갖는다는 이유 때문에 경건주의와 계몽주의를 하나의 맥락에서 이해하려는 움직임이 있다. 틸리히에 따르면 "합리주의는 모든 인간 존재 안에 있는 '내적인 빛' 또는 '내적 진리'의 신비주의적 경험으로부터 발전한다. 이성은 신비주의적 경험, 즉 우리 안의 신적 존재의 경험으로부터 우리 안에서 발흥한다"는 것이다.

1. 계몽주의의 역사적 배경

계몽주의는 30년 전쟁이 끝나는 1648년부터 1789년 프랑스 혁명이 발생하기까지 유럽의 역사를 특징지었다. 사상의 영역에서 계몽주의는 프란시스 베이컨의 *Novum Organum* (1620)부터 순수 이성 비판(*Kritik der reinen Vernunft*, 1781)까지를 일컬어 사용되기도 한다. 계몽주의 시대는 르네상스의 인본주의적 정신과 소위 근대 세계를 몰고 온 17세기의 과학혁명이 어울린 시대였다. 이 시기에 인간의 세계관은 상당히 많은 변화를 겪었다. 많은 역사가들이 확신하듯이 근대 기독교 사상사는 16세기의 종교개혁으로 시작한 것이 아니고 계몽주의로 알려진 18세기의 운동과 함께 시작되었다. 이 시기에 발흥한 인간과 세계에 대한 낙관주의적 이해는 근대사의 특징이다.

16세기와 17세기의 프로테스탄트와 로마 가톨릭 간의 싸움이 끝나면서 교회는 문화, 정치, 사회에 대한 영향력을 급격히 상실했다. 동시에 교회의 영향력에서 벗어나려는 움직임이 발흥하면서 교회의 초자연적인 세계관을 버리고 인간 중심의 새로운 세계관과 인생관을 정립하려는 하나의 운동이 생겨났다. 이런 인간 중심의 가치관의 발흥과 영향을 일컬어 '계몽주의'라고 한다. 이런 계몽사조의 발흥 원인을 가톨릭 신학은 전적으로 개신교의 탓으로 돌렸다. 이에 반하여 개신교 신학은 15세기와 16세기의 휴머니즘에서 그 원인을 찾았다. 일부에서는 이런 사조가 배태하게 된 원인이 가톨릭주의라 보기도 한다. 그러나 최근의 대부분의 학자들은 계몽주의의 발흥 원인을 개신교 정통주의와 연계시킨다.

개신교 정통주의는 계몽주의와 경건주의의 두 가지 반동을 야기했다. 개신교 정통주의자들은 교리와 계시의 위치를 지나치게 극대화시킨 나머지 인간의 자율성과 이성의 역할을 극소화시키고 말았다. 여기에 대한 반동으로 계몽주의가 발흥했다. 다른 한편으로 객관적인 계시와 권위를 강조하면서 삶이 병행되지 않는, 생명력을 상실한 정통주의에 반대하여 경건의 실천을 강조하는 경건주의

계몽주의 선구자, 프란시스 베이컨
(Francis Bacon, 1561-1626)

운동이 태동했다.³

맥기퍼트(Arthur C. McGiffert)가 지적한 것처럼, 근대의 사상과 문화 세계는 큰 변화를 경험했다. 초자연에 대한 의존, 외적 권위에 대한 순종, 영원에 대한 시간의 종속, 사실의 상징에 대한 종속, 세계와 실체에 대한 이해는 근본적

---

3 그러나 이런 역사해석을 수학공식처럼 도식화시킬 의도는 없다. 왜냐하면 한 시대가 완전히 종식된 다음에 다른 운동이 태동된 것이 아니라 장소에 따라서는 거의 동시에 앞서 언급된 운동들이 병행되기도 했기 때문이다. 또한 계몽주의 발흥에 여러 사상이 복합적으로 영향을 주었고, 시대의 흐름에 따라 사상운동이 배태될 수 있는 여러 배경이 조성되었기 때문에 계몽사조가 전시대의 어느 한 사상에 대한 반동으로만 배태한 것이라고 획일화시킬 의도는 없다. 다만 17세기 개신교 정통주의가 계몽주의 태동의 중요한 배경 중의 하나임을 강조하려는 것이다.

인 변화를 겪었다.⁴ 이 변화는 종교개혁과 프랑스 혁명 사이에 진행된 중요한 두 개의 혁명에 의하여 촉진되었다. 첫 번째 혁명은 코페르니쿠스, 갈릴레오, 뉴톤의 작품의 영향으로 발생한 과학의 혁명이다. 이것은 인간을 전통적인 위치와 가치에서 이탈시켜 방대한 우주에서 인간의 위대함과 인간의 나약함 모두를 인식시켜 주었다. 두 번째 혁명은 데카르트의 작품의 영향으로 발생한 사상의 혁명이다. 그는 철학의 첫 번째 원리와 모든 과학에 대한 모델을 의심하게 만들었다. 이 두 가지 혁명은 인간의 자기 이해와 세계 속에서의 자신의 상황에 대한 이해에 놀라운 변화를 가져다주었다.⁵

17-18세기에 발생한 과학과 사상의 혁명은 전통적인 문화나 중세의 문화와는 판이하게 다른 세계관을 제공했다. 특별히 이것은 신학에서 두드러졌다. 계몽주의는 교회의 통치로부터 정부와 사회를 해방시켜 세속 문화의 발흥을 촉진시켰다. "근대의 사회적, 정치적 생활의 이론들과 의식들은 성경 계시나 교회의 권위로부터 나오지 않고 인간의 자연이성과 사회적 경험으로부터 독자적으로 나오는 것으로 인식되었다. 18세기 이후의 계몽시대와 근대문화의 본질적 특징은 교회의 권위와 신학적 도그마로부터 서구 문명을 해방시켜 온 역사라는 데 있다."⁶

계몽주의의 저변에 흐르고 있는 것은 이 땅에서 인간의 삶에 대한 인간 자신의 능력, 이해, 관심, 그리고 소망에 대한 확신이다. 이성이 최고의 기준이던 계시를 압도했다. 그 결과 신학이 현대 과학과 철학에 따라 조정하게 되고, 신학이 세속화되어 가는 위험을 맞았다. 따라서 근대 기독교사는 흔히 서구의 세속화의 역사(the history of secularization of the West)라고 해도 과언이 아니다.

계몽 사조는 영국, 프랑스, 독일, 네덜란드에서 다양하게 발전하였음에도 불구하고 지성주의, 현세적 문화를 즐기려는 경향, 그리고 극도의 낙관주의 등

---

4 James C. Livingston, *Modern Christian Thought* (Upper Saddle River, NJ: Prentice Hall, 1996), 2.
5 Livingston, *Modern Christian Thought*, 2.
6 Livingston, *Modern Christian Thought*, 2.

공통적인 특징을 지니고 있었다. 특별히 낙관주의는 공리주의와 개혁 또는 혁명에 대한 의욕을 고취시켰다. 또한 종교 대신 도덕이 강조되어 한때 중국의 문화가 이상적인 모델로 동경되기도 했다.

계몽주의 이전에는 영적 세계가 지고의 실재이며 일차적인 실재였으나, 계몽주의 이후 경험에 근거를 둔 인식의 세계로 방향이 전환되었다. 객관적인 철학은 실제적이고 실용적인 형태로 바뀌었다. 형이상학의 실재에 최대의 관심을 기울이고 있던 고대 사고의 출발점이 개체라면 계몽주의 철학의 출발점은 주체였다. "학문은 드디어 신학과 스콜라 철학의 형이상학에 대한 의존성으로부터 풀려났으며 그 대신 경험에 대한 관찰과 합리적인 원칙들 위에 기초를 두게 되었다."[7] 그 결과 철학이 신학의 시녀라는 전통적인 개념이 붕괴되고, 오히려 신학이 철학의 부속물로 전락해 버리고 말았다.

자연과학 분야에서도 변화가 일어났다. 기계적 수학적 방법론, 경험적 관찰에 입각한 이론이 자연과학을 지배하면서 수정된 우주관이 생겨났다. 16세기 코페르니쿠스의 태양계 이론은 대표적인 것이다. 자연과학 분야에 발생한 혁명 못지않게 신학에도 상당한 변화가 발생하였는데 대표적인 것이 자연종교에 관한 사상이다. 이것은 17세기 영국의 자연신론에서 두드러진다. 자연신론자인 체버리의 허버트(Herbert of Cherbury, 1583-1648)는 진실에 관하여(*De veritate*, 1624)라는 저술에서 "인간에게는 자연종교라는 것이 있는 바, 이것은 모든 사람들에게 공통적이면서도 계시와는 별개의 것이며 그것을 통하여 계시에 관한 지식이 없이도 인간이 축복을 받을 수 있다"는 사상을 발표했다.[8] 그는 그리스도를 지혜로운 교사요, 미덕의 본보기적인 인물로 생각했다.

---

7   Bengt Hägglund, *History of Theology*, 신학사, 박희석 역 (서울: 성광문화사, 1990), 471.
8   Hägglund, 신학사, 473.

2. 계몽주의 특징들

우리는 역사가 칼 벡커(Carl L. Becker, 1873-1945)가 충고하는 것처럼, 계몽주의뿐만 아니라 어느 시대를 막론하고 세대의 내면적인 정신을 이해하기 위해서는 그 시대의 두드러진 특징들을 살펴볼 필요가 있다. 계몽주의를 특징짓는 요소는 자율, 이성, 자연, 낙관주의, 진보, 그리고 관용과 같은 것이다. 폴 틸리히나 리빙스톤은 계몽주의의 공통적인 특징을 다음과 같이 들고 있다.

자율

계몽주의의 근본적인 원리 가운데 첫 번째가 자율이다. 때문에 칸트는 계몽주의를 "인간 미성숙의 정복"이라고 정의하기도 했다. 그가 말하는 미성숙이란 어떤 사람의 지도 없이는 자신의 이성을 사용할 수 없는 상태를 의미한다. 이성의 자유로운 사용은 계몽주의의 본질이다.[9] 인간이 다른 사람들의 통제나 지배로부터 벗어나려는 것은 인간의 본성인데 그것은 인간이 본래 자율적인 존재이기 때문이다. 바로 이성의 자율이 계몽주의를 특징지운다.

자율이라는 말은 "하나님에 대한 반역"(a revolt against God)이라는 의미와 "이성법과 일치된 삶"(living in the law of reason)이라는 의미로 사용되었다. 계몽주의를 어떤 관점에서 보느냐에 따라 전자나 후자 중 하나를 택하게 마련이다. 폴 틸리히와 같이 계몽주의를 긍정적으로 보는 이들은 후자를, 계몽주의를 부정적으로 보는 이들은 전자를 택하는 것이 일반적이다. 어느 쪽에 위치하든지 자율을 강조하는 계몽주의자들은 "타율"(heteronomy)을 근간으로 하는 종교적 권위에 도전한다.

무엇보다도 계몽주의의 특징은 권위주의에 대항하는 혁명 및 진리와 행위의 일차적인 중심요소로서 개인주의적 이성과 양심의 발흥을 들 수 있다. 모

---

9 Tillich, *A History of Christian Thought*, 320.

든 시대는 개인의 양심에 호소함으로써 기성의 권위에 도전하였지만 계몽주의는 "자율적 이성의 확산"으로 특징 지어진다. 이것은 특별히 중산층 가운데 두드러진다. 자율「autonomy= auto (self) + nomos (law)」이라는 말은 자치(self-governed)를 의미한다. 존 로크는 "진리를 진정으로 사랑하는 자"라는 표현 속에서 자율의 의미를 기술했다. 여기서 진리를 사랑한다는 말은 진리를 위해 진리를 사랑하는 것이 아니라 다른 목적을 위해 진리를 사랑하는 것을 의미한다.[10]

계몽주의 사상은 합리주의적 증거에 의하여 보장되지 않는 어떤 신앙도 배격한다. 그것은 성경 또는 교회적 권위보다는 자율적 이성에 의존해야 한다는 사실을 의미한다. 따라서 자율은 모든 진실된 자유의 원천이다. 그러나 자율이 즉흥적이고 특수한 것에 의지를 복종시켜 자신이 좋아하는 것을 무조건 행한다는 의미는 아니다. 오히려 자율은 개인의 이성과 의지가 우주적인 이성법에 따를 때만 성취될 수 있음을 의미한다. 자율과는 정반대인 "타율"은 성경 또는 교회와 같은 외적인 권위 때문에 단순히 신적 명령에 순종한다는 의미를 내포한다.

이성

18세기는 당연히 이성의 시대로 알려졌다.[11] 계몽주의 이성의 모델은 철학에서 맹목적인 권위로부터 인간의 지성을 해방시켜 지나치게 사변적이고 추상

---

10 David Hume, *An Enquiry Concerning Human Understanding* ed. A. S. Pringle-Pattison (Oxford: Clarendon Press, 1934), 19.

11 Tillich는 이성을 보편이성(universal reason), 비판이성(Critical Reason), 직관이성(Intuitive Reason), 기술이성(Technical Reason)으로 구분했다. 보편이성은 모든 인간이 공통적으로 갖고 있는 선천적인 것 즉 logos라고 보았다. 비판이성이란 정의의 원리라는 이름을 가진 인간의 본질적인 선에 대해 완전하고, 열정적으로 그리고 혁명적으로 강조하는 것이라고 보았다. 바로 여기에서 프랑스 혁명과 미국의 독립혁명이 비롯되었다고 보았다. 따라서 그는 비판이성을 혁명적 이성이라고 부르기도 한다. 인간의 지성은 본질을 직관하는 능력을 갖고 있는데 바로 이것을 직관이성이라고 부른다. 보통 직관과 이성은 상호 대립적인 것으로 보이지만 그는 그렇지 않다고 본다. 직관이성이란 비분석적 이성(a nonanalytic reason)을 말한다. 직관이성을 "현상학"(phenomenology)이라고도 말한다. 기술이성이란 실체를 더 작은 요소로 분석하는 능력을 말한다. Tillich, *A History of Christian Thought*, 326-330을 보라.

적인 이성관을 제시한 합리주의자 데카르트를 거쳐 프란시스 베이컨과 존 로크의 경험론적 이성(the empirical, experimental reason)에서 그 원형을 찾을 수 있다. 그것이 요구되는 것은 경험을 통하여 사실을 고찰하는 것이다. 이제 이성은 현대 자연과학의 모델에 따라 비판적인 기능을 수행하기를 요청받게 되었다.

캇시러(Ernest Cassierer, 1874-1945)가 지적한 것처럼 18세기의 철학적 방법은 데카르트의 방법론에 대한 연구(Discourse on Method) 보다는 뉴톤의 철학화의 법칙(Rules of philosophizing)에 따라 유형이 나뉘어졌다. 따라서 볼테르는 당대인들에 이렇게 외쳤다. "우리는 결코 가설들을 만들어서는 안 된다. 오히려 우리가 모든 것을 설명할 수 있는 어떤 원칙들을 만듦으로써 시작하자. 우리는 이렇게 말해야 한다. 정확히 사물을 분석하자." 따라서 계몽주의자들이 주창한 이 이성은 단순히 사변적인 것이 아니라 경험과 사물의 분석에 근거한 과학적인 것으로 능동적인 성격을 지닌다. 이성은 더 이상 타고난 유산, 지적인 보화가 아니라 역동적이고 진보적인 힘으로 인식되었다. 사상, 신앙, 심지어 우리의 이해마저도 변할 수밖에 없지만 하나의 기능으로서 이성은 불변하고 보편적이다.[12] 이런 이성관은 이 시대의 낙관주의 사조의 원천이 되었으며, 그 결과 자연에 대한 전통적인 이해에 변화를 주었다.

자연과 낙관주의

계몽주의 사람들에게 "이성적"(reasonable)이라는 것은 또한 "자연적"(Natural)이라는 것이며 이것은 어느 정도는 모든 사물의 본질에 근거하고 있다. 합리적인 것과 자연적인 것을 동일시하는 것은 대체로 뉴톤의 새로운 과학에까지 거슬러 올라갈 수 있다. 뉴톤에게 자연법은 질서정연하고 통일적이며 항상 그리고 어디서나 똑같다. 마찬가지로 인간사에서 합리적인 것은 또한 자

---

12 Livingston, *Modern Christian Thought*, 4. "Ideas, beliefs, even our understanding of what constitutes facts change, but reason as a function is what remains immutable and universal."

연적이다. 따라서 자연으로부터 유추되지 않은 모든 신앙과 행위는 제거되어야 한다는 것이다. 인간은 여러 종류의 인위적이고 타율적인 영향(heteronomous influences)-군주, 교회, 사회 제도 등-의 희생물이다. 홀바흐(1723-1789)는 자신의 자연 체계(*Système de la Nature* II, 1770)에서 이렇게 말한다:

> 오, 그대여, 미신의 속박으로부터 그대 자신을 해방시키시오.…나의 권리의 찬탈자인 그 공허한 이론들을 폐기하고 나의 법 아래로 돌아오시오.…참된 자유가 통치하는 곳은 오직 나의 제국 안에서라오.…나의 자녀여, 포근한 그대의 어머니의 품으로 돌아오시오! 방황자여, 그대의 방황하는 발걸음을 자연으로 돌리시오. 자연이 그대의 악한 소행을 위로하고, 그대의 마음을 그대를 압도하는 지독한 공포에서 벗어나게 할 것이오. 이제 자연으로, 인간으로, 그대 자신으로 돌아오시오.[13]

자연은 합리주의적 단순성뿐만 아니라 질서와 규칙을 반영한다. 자연의 아름다운 대칭을 발견하려고 한 사람은 뉴톤이다. 이런 낙관주의는 계몽주의의 또 하나의 특징이기도 하다. 낙관주의적인 경향에 대해서 알렉산더 교황은 다음과 같이 상기시키고 있다:

> 모든 것은 오직 하나의 거대한 전체의 부분들이라네.
> 자연은 몸, 그리고 하나님은 그 영혼 …
> 모든 자연은 당신에게 알려지지 않은 예술이며;
> 모든 기회, 모든 방향, 그것을 자네는 볼 수 없다네;
> 모든 불화, 조화가 이해되지 않으리
> 모든 부분적인 악은 보편적인 선의 일부분,

13　Paul-Henri Thiry, *Baron d'Holbach, Système de la Nature II*, chap. 14. 재인용, Livingston, *Modern Christian Thought*, 4.

그리고 잘못된 이성의 심술, 자만에도 불구하고,
한 가지 진리는 분명하다네, 곧 무엇이든지 옳다네.[14]

낙관주의 세계관을 지닌 계몽주의자들이 볼 때 세계는 암영으로 가득 찬 거대한 렘브란트의 캔버스였다. 그림 특히 렘브란트의 작품 속에서 암영은 상당히 중요한 요소이다. 차라리 그것은 그림의 가치를 이루는 필수적인 요소라고 표현하는 것이 합당할 것이다. 따라서 외관상의 악과 암영은 일종의 선이라는 견해다. 라이프니츠의 "모든 것은 선하다"는 사상은 널리 퍼져있는 계몽주의의 낙관주의 사상을 반영하는 것이다.

그러나 계몽주의 지도자라고 해서 모든 사람이 이런 낙관주의 견해를 견지한 것은 아니다. 1755년 만성절(All Saints' Day)[15]에 포르투갈 리스본에서 1,000명이 지진으로 죽은 다음 해 볼테르는 "리스본의 지진: '무엇이든 존재하는 것은 선하다'는 격언에 대해 의문을 제기함"이라는 제목의 시를 발표했다. 이 시의 서문에서 볼테르는 만일 이 세상이 최선의 제도라면 미래의 행복한 상태에 대해 더 이상 희망을 가질 필요가 없다고 하면서 무엇이든 존재하는 것이 선하다는 사실에 이의를 제기한다. 볼테르의 관점에서 보면 라이프니츠와 알렉산더 교황은 희망 없는 지도자들이다.

쟝 자크 루소는 리스본의 재난에 대한 볼테르의 시에 의하여 감명을 받고 기독교 신학에 지대한 영향을 미친 새로운 방법으로 문제를 접근하기 시작했다. 현재의 인간의 악한 상태나 그러한 악의 상태를 아담의 타락까지 거슬러 올라갈 필요가 없다고 보았다. 루소는 "자연인"과 문명인 사이를 엄격히 구분했다. 무죄한 상태에 있는 자연인은 아직 자신의 의지에 다른 사람을 복종시키려고 시도하지 않는다. 반면 문명인은 그렇지 않다. 인간 사회의 제도야말로 인간을 자기중심적이고 탐욕적으로 만들었다. 따라서 그것은 인간을 불행하게 만들며 비인

---

14 재인용, Livingston, *Modern Christian Thought*, 5.
15 가톨릭의 종교일로 11월 1일에 해당한다.

간적으로 만드는 요인이라고 보았다. 그러나 루소는 마르크스와 달리 그러한 탐욕적이고 타율적인 사회가 피할 수 없는 인간의 불가피한 운명은 아니라고 보았다. 사회 계약론에서 찾아볼 수 있듯이 루소는 개인의 뜻과 전체의 뜻이 하나로 통일된 공동체를 이상화하고 있는데, 예를 들면 개인의 자유가 공공의 선과 완전히 일치하는 자율적인 사회가 바로 그것이다.

우리가 볼테르와 루소에게서 발견하는 인간 미래에 대한 사회 개량적 소망은 근대 진보론의 핵심을 이루고 있다.

진보, 관용, 세속화

미신과 이성 사이의 한 시대 묵은 논쟁에서 승리는 결정 났다. 과학의 진보와 정치 및 사회 문제에 대한 과학적 방법의 응용이 승리했다. 베이컨, 뉴턴, 그리고 로크까지 인간은 거의 2000년 동안 완전한 암흑 속에서 살아왔다. 콩도르세의 인간 정신의 진보에 관한 역사적 개요(*Sketch for a Historical Picture of the Progress of the Human Mind*, 1795)라는 책에서 보듯이 이들은 미신의 지속성과 기독교의 승리에 대한 오류를 추적했다. 콩도르세(Condorcet)와 같은 사람들에게 번영에 대한 희망은 하나님의 나라에 대한 전통적인 기독교 소망을 대신한 일종의 종말론적 소망이었다. 루소가 타락과 구속의 기독교 교리에 대한 세속적 답을 제의하였듯이 디드로(Denis Diderot, 1713-1784)와 콩도르세(Marquis of Condorcet, 1743-1794)는 타세적인 소망을 대신하여 미래에 대한 금세적인 소망을 제공했다. 그들이 말하는 금세적인 희망이란 눈물이나, 애통하는 것이나, 곡하는 것이 없는 삶을 기대하는 것이지만 이것은 내세적인 것이 아니라 이 땅에서의 소망이라는 것이다. 인간 삶의 종말은 이제 금세에서 전적으로 끝나는 문제였다.

진보 못지않게 계몽주의 시대에 중요한 특징은 관용이다. 관용의 문제가 대두되게 된 시대적인 배경은 2세기 동안 계속된 종교전쟁과 자유에 대한 방대한 관심에서 비롯되었다. 인간들은 종교전쟁으로 싫증을 느끼고 있었다. 17

세기 후반에 들어서면서 로저 윌리엄스의 박해에 대한 피의 교리(*The Bloudy Tenent of Persecution for Cause of Conscience*, 1644), 밀톤의 재판관(*Areopagitica*, 1644), 로크의 관용의 서신들(*A Letter Concerning Toleration*, 1689), 그리고 피에르 베일의 작품들은 18세기 관용주의를 형성하는 데 중요한 영향력을 행사했다.

계몽주의 시대의 사람들에게 최대의 적은 종교가 아니라 교리주의와 무관용이었다. 베일은 "선한 탐구에 대한 장애물들은 지성인이 지식이 없다는 사실에 있는 것이 아니라 지성인이 편견으로 가득 차 있다는 사실에서 나온다"는 것을 힘주어 강조했다. 상대 견해를 제압시킬 만큼의 절대적인 확신은 존재하지 않는다. 심지어 잘못되어 보이는 신념도 옳은 것으로 입증될 가능성이 있을 수 있기 때문에 관용해야 한다는 것이다. 이러한 관용이 프랑스 백과사전파에 준 영향은 지대하다.

레씽은 자신의 독자들에게 서로 다른 두 가지 이유 때문에 종교적인 문제에 있어서는 관용적이어야 한다는 것을 상기시켜 주었다. 즉 하나님은 그의 모든 자녀들을 사랑하시고 그들을 똑같이 사랑하시기 때문이다. 레씽은 또 다른 이유로 관용을 주장하였는데, 그것은 하나의 종교는 진정한 것이지만 진리가 열매를 통하여 명료하여지기까지 어느 정도는 기다려야 한다고 보았기 때문이다.

계몽주의의 마지막 특징은 세속화다. 신학은 철학과 합리적인 사고에 의존하게 되었다. 계시를 자연종교로 대치하려고 하였으며 계시와 이성의 조화를 추구하기도 했다. 자연히 교리적인 것보다는 도덕이고 교훈적인 형태로 신학이 발전하여 갔다. 인간의 이성에 대한 계몽주의자들의 강조는 개인주의를 발흥시키는 원동력이 되었으며, 자연히 계몽주의 신학은 하나님 중심의 사고를 배제한 인간 중심의 신학으로 발전했다.

3. 계몽 사조의 진행

네덜란드

계몽주의가 가장 먼저 진행된 곳이 네덜란드이다. 암스테르담은 계몽주의 서적 출판의 중심지였다. 1648년 스페인으로부터 독립한 이후 네덜란드는 문화의 개화기를 맞았다. 경제적 번영과 시민 계급의 생성으로 과학과 예술의 발전을 보게 되었다. 네덜란드는 개혁주의에 근거한 개신교 국가이면서도 구교에 관용적이어서, 그만큼 학문의 자유도 보장되었다. 그 후 네덜란드에는 학문의 자유로운 활동이 더욱 두드러지게 나타나 사상적인 황금기를 맞기 시작했다. 휴고 그로티우스(Hugo Grotius, 1583-1645)가 자연신학과 자연법 및 역사적, 문법적 성경해석학을 가르쳤고, 데카르트, 스피노자, 피에르 베일(Pierre Bayle, 1647-1706)은 네덜란드에 망명하여 활동했다.

프랑스 라헤이에서 출생하여 예수회에서 교육받고 1628년에 네덜란드로 망명한 르네 데카르트(René Descartes, 1596-1650)는 인식의 기본 원리를 "나는 생각한다 고로 존재한다"(cogito, ergo sum)에서 찾았다. 데카르트 사상의 중요한 특징 중의 하나는 계시 신앙과 자연 종교를 구분하지 않은 점이다. 크룸비데(Hans-Walter Krumwiede, 1921-2007)는 데카르트가 자기 인식에서 출발하여 신 인식을 말한다는 점에서 개혁주의 신학자들과 일맥상통한다고 보았으나, 데카르트의 인식론은 개혁주의 인식론과 본질적으로 차이가 있었다. 데카르트가 자기 인식에서 출발하여 신 인식으로 발전하여 나간 것에 비하여 칼빈을 비롯한 개혁주의 신학자들은 신 인식에서 출발하여 인간 인식으로 발전시켜 나갔다. 칼빈을 따라 개혁주의자들은 신 인식이 인간 인식과 자기 인식의 전제가 된다고 보았다.

포르투갈에서 출생한 네덜란드계 유대인 바루크 스피노자(Baruch Spinoza, 1632-1677)는 데카르트와는 달리 단 하나의 실체(deus silve natuta)만을 말했다. 그는 "인격적 하나님과 개인의 불사를 통일하는 범신론"

을 가르쳤다. 스피노자는 이성과 계시, 국가와 교회, 신학과 철학의 관계를 논하는데 상당한 관심을 가졌고, "윤리 또는 도덕을 당위의 규범"으로 인식하지 않았다. 그의 "인간성의 구조와 그 행위"에 대한 고찰은 18세기의 독일 사상가들에게 적지 않은 영향을 미쳤다. 피에르 베일(Pierre Bayle, 1647-1706)은 위의 두 사람에 비하여 그리 큰 영향을 주지 못했다. 그러나 네덜란드에서 계몽주의가 본격적으로 진행된 것은 18세기에 들어오면서부터이다. 요한 레크(Johann Lecre, 1657-1736)와 요한 야콥 베츠타인(Johann Jakob Wettstein, 1693-1754)이 1751년에 신약에 관한 비평(*Novum Testamentum graecum*)을 내었고 발타자르 베커(Balthasar Bekker, 1634-1698)가 1691년에 마술에 걸린 세계(*De Betoverde Weereld*)를 저술하여 마귀와 마술적인 신앙을 배제했다.

영국

네덜란드의 영향을 받아 17세기 말엽 영국에서도 계몽주의가 진행되었다. 1688년 영국의 스튜어트 절대왕조가 물러가고 1694년 출판의 자유 등 정치적인 자유가 보장되자 영국에서도 계몽주의가 발흥하기 시작했다. 17세기 말이 지나면서 영국에는 소위 관용주의가 발흥하여 계시는 이성과 전적으로 일치한다고 주장했다. 이들은 믿음을 "이성적인 고찰 위에 근거를 둔 확신"으로 보았으며 계시된 종교는 이성 안에서 가장 확실하게 입증될 수 있다고 생각했다. 이때부터 영국에서는 "계시가 이성과 전적으로 일치한다"는 사상이 지배적인 사조로 나타나기 시작했다. 그들은 기독교 신앙이 이성적 주장에 의하여 입증될 수 있다는 신념을 가지고 있었다.

영국국교회의 배도자 윌리엄 칠링워드(William Chillingworth, 1602-1644)는 종종 종교 합리주의의 선조라고 불린다. 1638년 그는 개신교, 안전한 구원의 길(*The Religion of Protestants: A Safe Way to Salvation*)이라는 작품을 출간해 사심 없는 자유로운 문제 제기야말로 개신교의 가장 위대한 원리며,

가장 안전한 구원의 길이라고 주장했다. 그의 이런 주장은 하나님께서는 우리 인간에게 진리와 거짓을 구분할 수 있는 이성을 주셨다는 확신에 기초했다. 많은 비평을 받았음에도 불구하고 칠링워드의 책은 1742년까지 7판을 거듭할 만큼 상당한 센세이션을 일으켰다.

로드 허버트(Edward Herbert, Lord Herbert of Cherbury, 1583-1648)의 타종교에 대한 관심은 기독교가 유일하고, 참되며, 계시종교라는 사실을 평가절하시켰다. 그는 제종교 속에 수많은 유사성이 있음을 환기시켜, 자연신론의 몇 가지 원리를 발전시킴으로써 비교종교학의 선조가 되었다. 진리에 대하여(De Veritate, 1624)에서 그는 여러 가지 종교를 비교함으로써 자연종교의 다섯 가지 근본원리들을 추출해낼 수 있는데, 이를테면, 하나님이 존재하시며, 그는 예배를 받으시기에 합당한 분이며, 덕성과 자비는 예배와 연계성을 지니며, 인간은 자신의 죄를 회개해야 하고, 내세에 상벌이 있다는 것이다. 전통에서 떠난 이런 자연종교적인 신앙 때문에 어셔(Usher) 주교는 로드 허버트가 세상을 떠날 때도 그의 임종례를 거부하기도 했다.[16]

17세기 합리주의 운동에 지대한 영향을 미친 존 로크(John Locke, 1632-1704)는 기독교의 합리성(The reasonableness of Christianity, 1695)에서 계시와 이성을 합리적으로 조화시키려고 했다. 심지어 성경에 나타난 기적마저도 이성 경험과 모순되지 않는다고 믿었다. 1690년 인간 오성론(Essay Concerning Human Understanding)에서 로크는 "인간은 선행적인 사상을 가지고 태어나는 것이 아니며 출생 시 인간의 지성은 마치 그 위에 감성을 통해 인상을 남길 수 있는 한 장의 백지와 같다"고 말한다. 따라서 지식이란 경험에 기초한 이성에 의해 판단되어야 한다는 것이다. 앞서 언급한 것처럼, 그는 원인과 결과를 통해 하나님의 존재를 입증하려고 했는데, 그것은 비록 종교가 이성과 경험을 넘어서는 것이지만 이성과 모순되지 않는다고 믿었기 때문이다. 그의

---

16 Clyde L. Manschreck, ed. *A History of Christianity: Readings in the History of the Church II* (Grand Rapids: Baker Book House, 1962), 220.

경험론, 관용에 대한 요청, 정치사상은 18세기에 심오한 영향을 미쳤다.[17]

이들은 믿음을 합리주의적 고찰 위에 근거를 둔 확신으로 이해하여 계시가 인간의 오성과 언어를 통해 전달된다고 믿었다. 이들은 온건한 관용주의자로 불리게 되었다. 이들 자유주의자들 옆에 급진적인 자연신론주의자들이 있었다. 존 톨랜드(John Toland, 1670-1722)는 기독교는 신비주의가 아니다 (*Christianity not Mysterious*, 1696)에서 기독교로부터 신비주의적 요소를 제거하려고 했다.[18] 톨랜드는 증거 없는 어떤 신앙도 거부했다.[19] 곧 초자연적 요소들을 거부하는 반신학적 경향을 띤 자연신론이 영국을 휩쓸기 시작했다.[20] 자연신론의 일반적인 특성은 다음과 같았다.

첫째, 신은 존재하시며 그는 지존의 존재이시다.
둘째, 이 지존자는 예배와 섬김의 대상이 되어야 한다.
셋째, 신을 존귀하게 하는 예배는 덕행과 경건이다.
넷째, 사람은 죄를 회개하고 만일 회개가 있을 때는 용서가 따라야 한다.
다섯째, 악에는 징벌이 따를 것이고 선행에 대해서는 내세에서 보상을 받는다.

존 로크와 같이 자연신론자들로 알려진 이들은 이성과 계시를 조화시키려고 했다. 이들은 합리적인 것만을 내용으로 다루고 성육신, 삼위일체 등과 같은

---

17 Manshcreck, *A History of Christianit*, 220-221.
18 자연신론을 반대하고 나선 이들은 Joseph Butler(1692-1752)이다. 그는 *The Analogy of Religion, Natural and Revealed, To the Constitution and Course of Nature* (1736)에서 자연신론자들과는 반대로 계시의 필연성을 강력히 주장했다.
19 Manschreck, *A History of Christianity II*, 228.
20 계몽주의 사상이 신학에 영향을 미치기 시작한 것은 18세기 후반부터였다. 이것의 대표적인 예가 자연종교(*natural religion*)이다. 이것이 최초로 발전된 것이 자연신론(deism)이다. Hebert of Cherbury는 진실에 관하여(*De veritate*)에서 인간에게는 자연종교가 있는데 이것은 모든 사람에게 공통적으로 있다. 이것은 계시와는 별개의 것으로서 계시에 관한 지식이 없이도 이것을 통하여 인간이 축복을 받을 수 있다고 했다. 자연종교에서 예수는 도덕선생이다. "하나님, 선, 그리고 영생"의 공식이 전통적인 "하나님, 계시(신앙), 그리고 영생"의 개념을 대치했다. 따라서 점증적인 세속화가 나타났고 문화는 교회와 신앙고백으로부터 분리되어 독자적으로 발전했다.

비합리적인 것은 논의의 대상으로 삼지 않았다. 또한 자연신론자들은 기독교를 자연신학적인 관점에서 조명하기 시작해 "계시가 인간의 오성(惡性)을 통하여 우리에게 전달"된다고 보았다. "기독교의 신앙이란 우리들이 이해하고 있는 바와 같이 반드시 그리고 언제나 어느 정도는 이성에 의하여 판단되어야 하고 그 신앙은 그것이 분명한 이성의 원칙들에 배치되지 않은 것일 때에 비로소 수용될 수 있다."[21]

후대 하르낙이나 현대의 폴 틸리히처럼 존 톨랜드는 본래 순수했던 이성적인 기독교가 유대교와 희랍의 신비 종교 및 플라톤의 철학으로 인하여 왜곡되었다고 보았다. 때문에 기독교 신앙에서 신비적인 요소를 거부했다. 매튜 틴달(Matthew Tindal, 1656-1733)은 자연신론의 대표작으로 꼽히는 창조만큼이나 오래된 기독교(*Christianity as Old as the Creation*, 1730)에서 기독교를 종교다원주의 관점에서 조명하여 기독교와 원시종교를 비교하기도 했다. 이 책에서 틴달은 자연종교는 인간이 요구하는 모든 것이며, 이것은 이성에 의해 이해될 수 있다고 주장했다. 계시에서 가치 있는 것은 자연종교에서 또한 가치 있으며, 마찬가지로 기독교에서 가치 있는 것은 창조만큼이나 오래되었다는 것이다. 이성과 일치하지 않는 것은 미신적이거나 아니면 가치가 없는 것이다. 이런 틴달의 주장은 자연신론자들 가운데 흔히 찾아볼 수 있는 것으로 계시 의존 기독교에 대한 전형적인 공격이다.[22] 윌리엄 로(William Law, 1686-1761)는 틴달에 대한 응전으로 저술한 이성의 사례(*The Case of Reason*, 1731)에서 이성이 종교에서 진리를 발견하기는커녕 "우리 마음의 부패, 모든 우리 감성의 무질서의 원인"이라고 천명했다.[23]

더함의 감독 조셉 버틀러(Joseph Butler, 1692-1752)는 1736년에 종교의 유추(*The Analogy of Religion, Natural and Revealed, To the Constitution and Course of Nature*)라는 책을 출판하여 자연신론자들을 공격

---

21 Hägglund, 신학사, 466-467.
22 Manschreck, *A History of Christianity II*, 221.
23 Manshcreck, *A History of Christianity II*, 236.

했다. 그는 자연신론자들과는 달리 "우주를 창조하신 지존의 창조주를 믿는 믿음"을 전제하고 출발했다. 자연신론자들과는 반대로 계시의 필연성을 단호히 주장하였던 버틀러의 의도는 이미 하나님을 창조주로 인정한 사람들의 편에 서서 믿음의 개연성 및 그 유추와 이성과의 일관성을 증명해 보이려는 것이었다.[24] 버틀러의 사상은 영국의 웨슬리 형제에게 영향을 미쳤다.

1750년대로 들어서면서 데이빗 흄(David Hume, 1711-1776)의 경험주의적 인식론에 근거한 실증주의 운동이 발흥하여 자연신론을 대신하기 시작했다. 흄은 모든 감각적인 지각을 통하여 얻는 인식과 원인 및 본체에 대한 개념은 단지 인간의 오성의 활동이 빚어낸 환상적인 산물에 지나지 않으며, 따라서 경험 세계를 초월한 것은 학적으로 용납될 수 없다고 주장했다. 그러므로 신과 영혼 불멸은 인식론적으로 도달할 수 없는 불가지론적인 것이라고 본다. 흄은 그의 종교사(The Natural History of Religion, 1757)에서 기독교의 유일성을 거부하고 "종교가 하나의 환상이며 자연에 대한 공포와 경건에서 온 것"이라고 주장하면서 종교의 기원에 대한 다원론을 표명했다. 우리의 모든 지식은 경험으로부터 유래하며, 이처럼 기독교를 세계의 여타 다른 종교들 가운데 하나로 설명하려는 시도는 로드 에드워즈 기본(Lord Edward Gibbon, 1737-1794)에서도 찾아볼 수 있다. 흄의 영향을 받은 기본은 로마제국의 쇠퇴와 멸망사(History of the Decline and Fall of the Roman Empire, 1776-1788)에서 "기독교의 발생과 확장이 로마 제국에 미친 영향을 자연적인 과정의 결과"로 서술했다.

프랑스

프랑스의 계몽주의는 영국의 영향을 받아 형성되었기 때문에 독창적이고 창의적인 것은 없었으나 하나의 거대한 운동으로 형성되고 국제적인 성격을 지

---

24 Hägglund, 신학사, 478.

니면서 발전했다. 프랑스의 계몽주의는 영국의 계몽주의와 달리 "반교회적이고 반종교적인 색채"가 강했다. 프랑스의 계몽주의는 볼테르(Voltaire, 1694-1778) 이전까지, 볼테르 이후부터 장 자크 루소(Jean-Jacques Rousseau, 1712-1778) 이전까지 그리고 루소 이후의 3단계로 나눌 수 있다.

프랑스에서는 16세기 위그노 전쟁 때부터 이미 계몽주의 사조가 움트고 있었다. 이 시대에 활동했던 인물들은 장 보딘(Jean Bodin, 1530-1596), 미셸 드 몽테뉴(Michel de Montaigue, 1533-1592), 몰리에르(Molierre, 1622-1673), 피에르 베일(Pierre Bayle, 1647-1706) 등을 들 수 있다. 장 보딘은 종교관에서는 자연신론의 경향을 보였으며, 역사 비판적 접근을 시도하였고, 회의주의자였던 미셸 몽테뉴는 수상록(Essays, 1580)이라는 저술을 남겼다. 몰리에르는 종교적 위선자를 특유한 계몽주의적 렌즈를 통하여 분석하였으며, 네덜란드에서 활약하였던 베일은 프랑스 사회를 회의주의적 비판을 통해 분석하기도 했다.

프랑스 계몽주의가 무르익었던 것은 볼테르에 와서이다.[25] 파리 출신으로 예수회에서 교육을 받았던 볼테르는 1726년부터 1729년까지 3년 동안 영국에서 수학하면서 이신론 사상에 깊이 영향을 받았다.[26] 무신론자는 아니었지만 "종교와 로마 가톨릭 교회를 신랄히 비판함으로써 프랑스의 계몽사조를 반교회적인 성격으로 만든 장본인"이다. 볼테르는 신앙과 이성을 분리하여 신을 이론적으로 증명할 수 없지만 실제적으로 믿어야 한다고 주장한다. 대표적인 볼테르의 저서는 품성과 국가 정신(精神)에 관한 논문(Essai sur les moeur et I' esprit des nations, 1754-1758)이 있다. 또한 당대에 볼테르의 영향을 받은 소위 "백과사전파"가 일어나 계몽주의 운동에 중요한 역할을 했다. 이들은 볼테르 사상의 영향을 받아 회의주의와 무신론으로 흘렀다. 이들은 35권의 백과사전(1751-1765)을 발행하여 계몽주의 운동을 확산시켰다. 백과사전파의 대표적

---

25 Manschreck, *A History of Christianity II*, 247.
26 Manshcreck, *A History of Christianity II*, 222.

인 인물은 디드로(Denis Diderot, 1713-1784)와 달랑베르(Jean-Baptiste le Rond d'Alembert, 1717-1783)이다.

디드로는 그의 1746년의 작품 철학적 사색(the Pensees Philosophiques)에서 중력 같은 신적인 힘이 우주를 구성하고 지배한다는 뉴톤식 세계관을 제시했다. 그러다 디드로는 1753년까지 당시 만연하던 역동적인 힘에 대한 물질주의적 해석 때문에 뉴톤식의 자연신학의 '섭리적 목적론'(providential teleology)을 포기했다. 그는 물질과 힘의 연합을 통해 자연이 신의 간섭 없이 자발적으로 조직되고 운영되는 것이라고 주장했다. 하나님이 궁극적인 원인이라는 사실을 부인하고 심미적 기준에 기초한 전혀 다른 유추론을 세웠다.[27] 대표적인 인물은 아니지만 의사이며 작가였던 라 메트리(La Mettrie, 1709-1751)는 인간기계론(L'homme machine, 1747)을 저술하여 인체를 순전히 물리적인 유기체로만 보았다.

백과사전파들의 이성주의와 반종교주의에 대한 반동으로 루소(Jean-Jacques Rousseau, 1712-1778)가 제네바에서 활동했다. 그를 감정과 자연의 선지자라고도 일컫는다. 루소에 따르면 자연은 완전히 행복과 평등으로 가득 찼었는데 문화와 국가 및 재산의 사유화가 이를 망쳐 놓았다. 그리하여 그는 '자연으로 돌아가자'고 외쳤다. 국가 생활, 교육과 종교에서 자연에의 접근을 시도해야 한다는 것이다. 그의 사회계약론(The Social Contract, 1762)은 프랑스 혁명에 지대한 영향을 주었다. 또한 에밀(Émile ou De l'éducation, 1762)에서는 합리적이며 자연에 맞는 교육을 역설하며, 자연종교에서는 유신론의 이성주의적 종교를 마다하고, 신을 이성적으로 증명할 수 없다는 근거 하에 종교를 감정 즉, 자연적이고 더럽혀지지 않은 마음의 느낌에 두려고 했다.

---

27   Lissa Louise Roberts, "From Natural Theology to Naturalism: Diderot and the Perception of Rapports"(Ph.D. disser., University of California, Los Angeles, 1985)

독일

30년 전쟁은 독일 사회 전반에 심각한 영향을 미쳐 30년 전쟁 이후 독일은 경제적, 사회적, 문화적으로 심한 침체에 빠졌다. 정통주의에 대한 반동으로 경건주의 운동이 독일에서 시작될 무렵 "이웃 나라의 영향을 받아 독일에서도 계몽주의 사조"가 발흥하기 시작했다.

영국의 자연신론이나 프랑스의 급진적인 반기독교 사조와는 달리 독일의 계몽주의는 온건한 성향을 띠고 있었다.[28] 대표적인 인물은 가트프리드 빌헬름 라이프치히(Gottfried Wilhelm Leibniz, 1646-1716), 크리스티안 토마시우스(Christian Thomasius, 1655-1728) 그리고 크리스티안 볼프(Christian Wolff, 1679-1754)이다.[29] 기계적인 자연과학으로 신앙을 증명하려고 하였던 라이프치히는 1700년 베를린에 아카데미를 설립하여 독일의 계몽주의 운동에 지대한 영향을 미쳤다. 그는 "독일 계몽주의 사상의 전형이라고 할 수 있는 기독교와 관념주의 철학의 종합을 제일 먼저 시도한 사람"이다. 또한 신학을 계시신학(theologia reveleta)과 자연신학(theologia naturalis)으로 구분한 사람도 라이프치히였다. 그는 그리스도의 부활을 인정하기는 하였지만 기적에는 제한을 두었으며, "기독교를 이성 종교와 같이 취급하고 예수를 사람이 되신 하나님의 아들이 아니라 훌륭한 종교 선생"으로 보았다.

그러나 독일의 계몽주의가 선풍을 일으킨 것은 크리스티안 토마시우스에 와서이다. 그는 라이프치히 대학에서 강의하면서 "이론보다는 행동"을 통하여 계몽주의 운동을 전개했다. 학술 신문을 발행하고 교회가 고문하는 것을 폐지하도록 제안했다. 크리스티안 볼프는 위 두 사람의 사상을 보편화시켰던 인물이다. 그는 공자를 존경하였으며 이 때문에 정통주의자들과 경건주의자들 모두로

---

28 프랑스와 독일 계몽주의 역사의 비교를 위해서는 다음 논문을 참고하라. Joseph Ronald Maner, "Theory and Practice of History in the French and German Enlightenments" (Ph.D. disser., University of North Carolina at Chapel Hill, 1983).
29 한국에서는 Wolff가 그동안 영어식 발음 울프로 널리 통용되었으나 독일식 발음을 따라 볼프로 통일한다.

부터 비난을 받았다.

4. 볼프주의와 니올로기(Neologie)

계몽주의는 결과적으로 볼프주의라는 신학사조를 태동시켰다. 볼프주의는 크리스티안 볼프에게서 기원되었다. 그는 수학을 모델로 삼고, 어떠한 것도 충분한 이성적 기초를 떠나서는 존재할 수 없다는 라이프치히의 "이성 충족의 원칙"(Principle of sufficient reason)을 토대로 신학을 세웠다. 이성과 계시의 조화를 추구한 것이다. 이성의 도움을 얻어 전통적인 교리를 설명하려고 했다. 크리스티안 볼프는 수학에 기초한 합리적인 스콜라 철학 체계를 세우려고 했다. 그는 자신의 형이상학을 모순율 즉, "동일한 사물이 동일 시각에는 존재할 수도 없고 존재하지도 않는다는 법칙"과 라이프니츠가 주장한 바 이성의 법칙, 즉 "존재하는 모든 것은 반드시 충분한 이성적 기초를 가져야 한다"는 것과 "어떠한 것도 충분한 이성적 기초를 떠나서는 존재할 수 없다"는 토대 위에 정립했다. "객관적 관점에로의 복귀"를 외쳤던 볼프의 사상은 이스라엘 고트리히 칸츠(Israel Gottlieb Canz, 1690-1753)과 바움가르텐(Siegmund Jakob Baumgarten, 1706-1757)에게 영향을 미쳤다. 이들은 18세기의 정통주의와 니올로기의 중간에 위치한 이들이라고 볼 수 있다.

계몽주의는 니올로기라는 이름으로 제 2단계로 접어 들었다. 신신학(neo=New Logie=theology) 또는 합리주의라 불리는 니올로기는 "계몽주의 운동 과정상의 한 신학 단계"를 지칭하는 말이다. 볼프주의가 이성의 도움을 얻어 전통적인 교리를 지키려고 한 반면에 니올로기는 도그마에 대해 의식적으로 비판적이다.[30] 볼프주의와 니올로기의 차이가 바로 여기에 있다. 볼프주의가 이성과 계시의 조화를 추구한 반면 니올로기는 "이성과 계시의 조화"를 부정하고

---

30   Hägglund, 신학사, 485.

"계시에 근거하고 있는 교리"를 무가치한 것으로 비평했다. 이들은 원죄와 삼위일체의 교리는 물론 전통적 신학에서의 기독론까지도 그들 나름대로의 이유를 붙여 부정했다.[31] 또한 이들은 "지옥의 영원한 형벌에 대한 교리에 의문"을 제기하였으며 더 나아가서 "속죄 및 칭의 교리와 성만찬 등의 교리"를 비판함으로써 정통신학의 교리에 정면으로 도전했다. 이들은 교의의 내용이 상대적인 의미를 지니는 것으로 보았으며, 당시의 학문적인 동향인 역사비평학을 통하여 교의를 분석하고 재평가했다. 이런 접근 방법으로 교의가 인간의 발전 산물이라는 결론을 도출했다. 그 결과 성경을 역사비평적인 관점으로 접근해, 성경이 당시의 시대적 산물이라고 보았다.

볼프주의와 합리주의는 모두 "계시의 실재"를 주장하였으나 전자가 교리를 폭넓게 인정하고 수용한 반면 후자는 교리보다는 "인간의 감정과 도덕의식"을 일차적인 관심의 대상으로 삼았다. 이들은 정통적인 기독교 교리를 비판했다. 대표적인 인물들로는 요한 요아킴 스팔딩(Johann Joachim Spalding, 1714-1804), 요한 프리드리히 빌헬름 예루살렘(Johann Friedrich Wilhelm Jerusalem, 1709-1789), 헤르만 사무엘 라이마루스(Hermann Samuel Reimarus, 1694-1768), 요한 살로모 세믈러(Johann Salomo Semler, 1725-1791), 그리고 고트홀드 에프라임 레씽(Gotthold Ephraim Lessing, 1729-1781) 등을 들 수 있다. 경건주의의 영향을 전혀 받지 않은 루터교 정통파 출신인 스팔딩은 유물론자인 라 메트리(Julien Offray de La Mettrie, 1709-1751)에 대항하여 인간의 결정론에 대한 고찰(*Gedanken uber die Bestimmung des Meschen*, 1748)을 저술했다. 그는 목회자의 설교는 시민의 도덕 교육에 도움이 되는 방향에서 이루어져야 한다는 견해를 피력했다. 니올로기 실천 신학의 대표자 예루살렘은 가장 고상한 종교의 진리에 대한 연구(*Betrachtungen uber die vornehmsten Wahrheiten der Religion*, 1768)에서 창세기의 타락 기사를 성경의 초역사(Urgeschichte)라고 말하면서 "도덕적 교훈의 시"로 간주한다.

---

31   Hägglund, 신학사, 485.

합스부르그의 아카데믹 짐나지움의 교수 라이마루스는 "자연신학을 지지하고 기독교는 거짓에서 탄생했다는 극단론"을 제시했다. "예수의 부활을 설명하면서 제자들이 예수의 시체를 훔쳐 놓고는 거짓말"을 했으며, 예수는 원래 "정치적인 메시아"인데 그가 죽고 난 후 "제자들이 비정치적인 메시아"로 선전했다고 주장했다. 이것은 그 당시까지의 "기독교에 대한 공격 가운데서 가장 혹심한 것이었으며 독일 교회에 부정적인 영향을 크게 미쳤다." 이것은 "기독교의 가장 근본적인 교리를 흔들어 놓는 결과"가 되었다. 로이 수플로(Roy Sueflow)가 지적한 것처럼 "세계 기독교 공동체는 이 쇼크로부터 완전히 회복되지 못했으며 이런 쇼크를 견디며 사는 법을 배우지도 못했던 것이다."[32]

그러나 니올로기의 대표적 신학자들 중에서 가장 비판적인 사람은 요한 세믈러와 고트홀드 에프라임 레씽이었다. 할레대학의 신학교수였던 세믈러는 정통신학에 대하여 상당히 비판적이었다. 원래 자유주의 신학(Liberale Theologie)이라는 말은 그의 저술의 제목(*Institutio ad doctrinam Christianam liberater discendam*, 1744)에서 유래했다. 초대교회를 모델로 삼으려고 하였던 경건주의자들과는 달리 세믈러는 "초대교회의 순수성"을 부정했다. 교리가 상대적이라고 본 그는 "정통주의의 교리"에 구애받지 않고 성경 자체를 연구해야 한다고 보았다. "성경을 둘러싼 모든 울타리를 제거"하여야 한다는 것이 그의 모토였다.

그는 다음과 같은 세 가지 관점에서 전형적인 자유주의 신학자라고 볼 수 있다. 첫째, 성경과 하나님의 말씀을 구분했다. 성경 중에서 "도덕적인 완전성과 참된 내적 축복을 말하는 본문"만을 하나님의 말씀이라고 보았다. 둘째, 종교와 신학을 구분했다. 그는 종교가 그리스도인의 진정한 경건을 내용으로 한다면 신학은 일반적인 과학적 방법을 통하여 "전문적인 신학자를 양성하는 것"을 목적으로 한다고 보고, 이런 이유 때문에 "역사적, 비판적 성경 연구"를 주저하지 않고 수용했다. 셋째, 세믈러는 공적인 종교와 사적인 종교를 구분했다. 그는

---

32 Roy Sueflow, *Christian Churches in Recent Times* (St. Louis: Publishing House, 1980), 25.

"기독교의 본질은 개개인의 신자의 도덕성에 있으며 신자들은 하나님의 사랑을 통하여 한 정신 아래 하나로" 연결되지만, "대부분의 신자들이 사적인 종교 즉 경건을 완전한 상태로 유지하지 못하기 때문에 국가가 합법으로 인정하는 예배와 교훈의 질서를 갖춘 가시적인 교회가 필요하다는 것이다."[33] 그는 라이마루스의 극단주의를 비판하고 반대했다.

계몽주의 운동의 대표적인 또 한 명의 인물 레씽은 라이프치히와 칸트를 이은 "당대의 가장 예리한 사상가요 문예 비평가"로 알려졌다. 루터교 목사의 장남이었던 그는 "기독교를 도덕 종교"로 이해하였으며, 신학에도 상당한 영향력을 행사했다. 특별히 그가 편집한 볼프의 단편집(*Wolfenbüttel Fragments*)은 급진적인 계몽주의 사상을 확산시키는데 절대적인 기여를 했다. 후기에 그는 신학 및 철학적 문제에 상당한 관심을 가졌으며 앞서 언급한 것처럼 그가 편집한 단편집이 상당한 반향을 불러 일으켰다. 그는 종교의 본질을 모든 역사적 계시와는 독립적인 순수한 인본주의적 도덕성이라는 관점에서 조명했다. 계몽주의의 합리주의 노선에 있는 그의 종교철학 희곡 현자 나탄(*Nathan der Weise*, 1779), 그의 이론서 대화(*Ernst und Falk*, 1778-1780), 그리고 인류의 교육(*Die Erziehung des Menschengeschlechts*, 1780)은 19세기 독일 전역을 휩쓸었던 개신교 자유주의의 초석이 되었다. 비록 그의 신학이 현대인들이 평가하듯이 반기독교적인 것은 아니라고 하더라도,[34] "역사의 우연한 진리는 결코 이성의 필연적 진리에 대한 증거가 될 수 없다"[35]는 사실에 근거하여 기독교가 역사적인 종교임을 거부했다.

---

33 김영재, 기독교회사 (서울: 이레서원, 2000), 582.
34 Peter Stefan Willmer, "Lessing und Zinzendorf: Eine Vergleichende Studie Zu Lessings Personlichem" (Ph.D. disser., *The University of British Columbia*, 1984). Willmer는 레씽이 성경관, 기독교 전통의 중요성 인식, 그리고 종교적 관용 등의 문제에 있어서 현대인들이 평가하는 것처럼 급진적이지 않았다고 결론 내린다.
35 "The accidental truths of history can never become the proof of necessary truths of reason."

5. 요약 및 정리

계몽주의의 영향으로 신학과 철학이 분리되고, 신학에 대한 합리적인 설명이 일반화되었으며, 신앙이 인간의 이성에 뿌리를 두어야 한다는 경향이 나타났다. 그 외에도 계몽주의는 종교적 당면 관심사를 초자연적인 면에서 도덕적인 면으로 바꾸었다. 또한 계몽주의 시대에는 르네상스와 자연과학의 영향을 받아 개인주의 사상이 배태되고 인간화 현상이 두드러지게 나타났다. 인간의 자율에 대한 강조는 정치적인 자율을 요구하게 되고, 이것이 급기야는 프랑스 혁명으로 이어졌다. 뿐만 아니라 계몽주의의 영향으로 진보주의 신학이 인본주의 토양 속에서 태동되었다. 리빙스톤이 지적한 것처럼, 자율적 이성과 양심에 대한 호소, 정치적·경제적 불의에 대한 불만족, 낙관주의 인생론, 자연과 보편에 대한 지나친 의존 그리고 신앙의 관용 및 반교리주의 현상 등 이 모두는 중세 문명과 개신교 정통주의와의 단절을 반영하는 것이다.[36] 계몽주의 시대는 결국 그 수명을 다하게 되었고, 낭만주의로 대변되는 후기 계몽주의의 등장으로 자연, 인간, 신에 대한 계몽주의의 이해는 수정과 보완을 필요로 했다.[37]

---

36 Livingston, *Modern Christian Thought*, 9.
37 Livingston, *Modern Christian Thought*, 9.

제 8장

계몽주의에 대한 반동

> 인간의 증거와 눈으로의 직접적인 증언과 목격담에서 비롯한 것보다 인간의 삶에 더 상식적이고, 더 유용하며, 심지어 필수적인 것은 없다.
>
> 데이빗 흄(David Hume), 1748

계몽주의 · 합리주의는 경건주의, 정통주의, 고전주의, 낭만주의, 초자연주의, 그리고 칸트의 관념주의로부터 신랄한 반격을 받으면서 영향력을 상실해 가기 시작했다. 합리주의가 쇠퇴하게 된 주된 이유 가운데 하나는 합리주의가 대중들의 매력을 끌지 못했기 때문이다. 계몽주의자들이 단순성을 주장하였음에도 불구하고 계몽주의의 합리주의는 지나치게 추상적이고 지성적이어서 감정과 심미적인 측면을 소홀히 여겼다. 게다가 계몽주의 시대 자연신론은 통일성(unity)이 결여되어 있었다. 급진적인 자율의 요구는 신앙과 예배의 공감대 형성에 기여하지 못했다. 그러나 계몽주의와 자연신론이 쇠퇴하게 된 결정적인 원인은 자체 내의 자성에서 비롯되었다.

그 중에서 계몽주의 운동에 일격을 가한 사람들은 루소, 버틀러, 흄, 칸트이다. 이들은 이성의 종교라고 할 수 있는 계몽주의 · 합리주의의 기초들에 의문을 제기하였던 18세기의 사상가들이다. 계몽주의 사상을 극복한 철학자 칸트(Immanuel Kant, 1724-1804)는 1781년에 순수이성 비판(*Der Kritik der reinen Vernunft*)을, 7년 후인 1788년에는 실천이성 비판(*Der Kritik der praktischen Vernunft*)을 저술하여 사상사에 확고한 자리를 차지하게 되었다. 그의 사상의 핵심은 신앙을 위해 지식을 지양해야 한다는 것이다. 신, 자유, 불사 등은 이론적인 이성을 통하여서는 그 근거를 찾을 길이 없으나, 그것들은 "도덕적 의식의 필연적인 확신이요 실천이성의 요청"이며, "이론적인 이성보다 선행(apriori)"하는 것으로 인식했다.

본장에서는 계몽주의의 완성자 또는 정복자들이라고 평가받는 루소, 버틀러, 흄, 그리고 칸트에 대하여 살펴보려고 한다.

1. 쟝 자크 루소

기독교사에서 쟝 자크 루소(Jean Jacques Rousseau, 1712-1778)가 높이 평가받는 이유는 부분적으로 그가 이성을 감정과 의지로부터의 고립에서 해방시킴으로써 자연과 인간 그리고 하나님에 대한 논의를 새로운 측면에서 고찰할 수 있도록 만들어 주었다는 사실에 있다. 바로 이 점에서 루소가 '낭만주의의 선조'라고 평가받고 있는 것이다.[1] 감정과 의지를 재발견한 루소는 사상적으로 당대의 합리주의 정신의 소유자들과 과감하게 단절하고 사상사에 낭만주의라는 새로운 지평을 열었다.[2] 루소는 인간의 과학적 성취가 인간의 발달을 퇴보

---

[1] Clyde L. Manschreck, ed. *A History of Christianity: Readings in the History of the Church II* (Grand Rapids: Baker Book House, 1962), 320.

[2] 루소에 대한 최근의 연구 논문으로는 다음과 같은 것이 있다: John Allen Wall, "The Problem of Anxiety in the Philosophy of Roussau" (Ph.D. disser., Northwestern University, 1986); Frank J. Rohmer, "Liberty and the Family in the Political Philosophy of Montesquieu, Roussau, and Tocqueville" (Ph.D. disser., University of Chicago, 1986); Carol Leslle Rosenberg, "Towards an Aesthetic education: Sn Interpretation of Rousseau, Schiller, and Kierkegaard" (Ed.D. disser., Harvard University, 1985); David Weston Baker, "Rousseau's Children: An Historical Analysis of the Romantic Paradigm in Art Education" (Ph.D. disser., Pensylvania State University, 1982); Millard Barcay Stahle, "Rousseau's 'First Discourse' and The Defense of Virtue: An Inquiry into the Meaning of Virtue in Rosseau's Political Thought" (Ph.D. disser., Claremont Graduate School, 1982); Anthony Denis Woolfson, "Jean-Jacques Rousseau and the Tention Between

시켰다고 주장한다.

제네바의 칼빈주의 가문에서 태어난 루소는 일찍이 설교자가 되려는 꿈을 간직했다. 제네바의 개신교는 그의 지성과 성격의 발달에 중요한 영향을 미쳤다. 16살 때에 사보이로 간 루소는 그곳에서 가톨릭 종교를 가진 매력적이고 지성적인 젊은 여인 아네시의 바렌 부인(Madame de Warens, 1699-1762)을 만나 그녀의 영향으로 튜린의 수도원에서 세례를 받고 가톨릭으로 개종했다. 루소에게 바렌 부인은 자상한 어머니, 사랑스런 연인, 그리고 인생의 스승이었다. 루소는 자신의 고독한 산보자의 꿈(Reveries of a Solitary Walker, 1782)이라는 자서전에서 자신의 지성적 성숙을 이룰 수 있었던 것은 바렌 부인의 도움이 있었기 때문이라고 고백하고 있다.

33살 되던 1745년 파리로 이주한 루소는 거기서 무신론과 물질주의 때문에 오랫동안 갈등을 겪어야만 했다. 상당히 감성적인 존재에서 벗어나긴 했지만 여전히 종교적인 감성에 불타고 있던 그는 드디어 이성이 기독교의 전통적인 도그마의 대부분을 대신할 수 없다고 느꼈다.

1754년 루소는 다시 한 번 자신의 고향 제네바를 방문하여 그의 어린 시절의 개신교를 돌아볼 기회를 가졌다. 이 시절에 루소는 계속하여 종교적인 문제들로 번민했다. 드디어 자신의 지성적인 문제들을 해결하여 줄 것이라고 사료되었던 제네바 출신 베르네스(Jacob Vernes, 1728-1791) 목사를 찾았다. 그러나 그는 베르네스 목사가 상당히 진부하다고 느꼈던 옛 성경적 정통주의신앙을 굽히지 않고 있음을 발견하고 대단히 실망했다. 이 외롭고 고독한 영적 갈등의 시기에 루소는 자신이 만족할만한 신앙을 찾아야 한다고 생각했다. 몇몇 사람들이 루소의 걸작이라고 꼽고 있는 사보아 신부의 신앙고백(Profession of Faith of the Savoyard Vicar, 1762)은 그 결과물이었다. 이 "신앙고백"은 루소의 장편 에밀의 4번째 책으로 삽입되었다.

루소의 작품 중에는 그 외에도 1762년에 출판된 두개의 작품 사회 계약론

Nature and Society" (Ph.D. disser., McMaster University, 1981).

낭만주의 선조, 장자크 루소(Jean Jacques Rousseau, 1712-1778)

(The Social Contract)과 에밀(Émile, ou De l'éducation)이 있다. 사회계약론은 인간이 본래 평등하고 선하나 사회 환경이 인간을 불평등하고 좋지 않은 존재로 만들어 버렸으며, 인간이 이 자연의 상태를 회복하는 것이야말로 곧 행복으로 되돌아가는 것이라고 보았다.

에밀을 통하여 루소가 보여주고자 하는 것은 "모든 지식의 분야에서 진정한 이해는 오로지 개인적인 경험을 통하여 온다"는 것이다.[3] 루소가 주장하는 것은 인간이 행동을 통하여 배운다는 점이다. 따라서 신앙이란 개인적인 경험에 근거하지 않는다면 아무 의미 없다. 종교적인 확신은 단지 세상과의 만남에서 개인적으로 도달하는 일종의 확신이다. 때문에 루소는 자신이 "내면의 빛" 혹은 "감정" 혹은 "양심"이라고 부르는 것에 기초한 종교를 발견하기를 추구했다. 이런 이유로 몇몇 학자들은 루소의 사상을 "낭만주의적 열정주의" 또는 "감상적 자연신론"이라고 부른다. 그러나 루소가 말하는 감상이나 감정은 소위 센티멘탈리티와는 관계가 없고 오히려 직관 혹은 내적인 도덕의식에 더 가깝다. 루소에 따르면 우리의 내면적인 감정과 도덕적 경험의 인도가 없다면 유신론의 문제는 지성에 의하여 해답이 주어질 수 없다. 그 이전의 어거스틴과 파스칼 그리고 그 이후의 뉴먼과 같이 루소는 종교적인 확신이 단지 추상적인 유추로부터 오지 않고 "추론적 의식"(illative sense)으로부터 온다고 인식했다.

때문에 루소는 종교적인 확신을 위해서는 두 가지 필수적인 전제가 요구된다고 말한다. 첫째, 종교적인 사상, 교리, 혹은 확신들은 우리의 개인적인 경험과 관련이 있다는 것이다. 루소에 따르면 하나님은 단지 종교적인 나의 감정을 통하여 알 수 있다. 두 번째 필수적인 전제는 교리가 나의 도덕적 감정과 관련이 있어야 한다는 점이다. 따라서 루소에게 있어서 신학은 도덕 신학이고 또 도덕 신학이어야 한다.[4] 루소에게 인간의 도덕심은 자연적 감정, 마음의 느낌이지 획득된 후천적 아이디어는 아니다. 이 양심의 선험적 감정이 곧 인간 안에 존재하

---

3 James C. Livingston, *Modern Christian Thought* (Upper Saddle River, NJ: Prentice Hall, 1996), 42.

4 루소의 덕성 혹은 도덕 이해는 그의 *First Discourse*에 잘 나타나 있으며, 이 덕성에 대한 이해는 그의 정치철학을 이해하는 열쇠이기도 하다. 다음을 참고하라. Millard Barcay Stahle, "Rousseau's 'First Discourse' and The Defense of Virtue: An Inquiry into the Meaning of Virtue in Rosseau's Political Thought" (Ph.D. disser., Claremont Graduate School, 1982), 루소는 인간의 영혼이 불안으로부터 고통을 받는다고 보고, 그것을 극복할 수 있는 길은 에밀레와 사회계약에서 나타난 대로 이성과 정의 사이에 설정된 그 관계를 연구함으로써 가능하다고 보았다: John Allen Wall, "The Problem of Anxiety in the Philosophy of Roussau" (Ph.D. disser., Northwestern University, 1986)

는 하나님의 형상이다. 바로 이것이 모호한 피조물인 인간과 거룩한 하나님 사이를 연결시키는 유일한 연결고리이다. 그래서 루소는 이렇게 외쳤다.

> 양심! 양심! 그것은 신적 본성으로서 하늘에서 오는 불멸의 음성이다. 양심, 그것은 참으로 무지하고 유한하지만 지성적이고 자유로운 피조물의 확실한 안내자이다. 또 양심은 선악에 대한 무오한 심판자로서 인간을 하나님과 같은 존재로 만든다![5]

루소에게 신앙의 기초는 자연적인 양심이며 그에게 신앙의 열매란 도덕적 행동이다. 칸트가 후에 보여주려고 했던 것처럼 인간은 단지 순수 이성만으로 자연과 하나님을 연결할 수 없으며 하나님과 인간의 유일한 중재자는 자연이 아니라 도덕적인 양심이라는 것이다. 루소는 종교를 인간의 도덕적 양심을 통해 해석함으로 말미암아 계몽주의의 종교적 자율을 완전히 실현한 셈이다.

20세기 철학자는 종교 철학에 끼친 루소의 영향을 다음과 같이 말한다. 즉 루소의 가장 위대한 공헌은 "종교의 기초에서 '피데스 임플리시타'(fides implicita-절대적인 신뢰)[6]의 교리를 제거하였다"는 점이다. 따라서 칼빈주의나 루터주의 어느 누구도 이제까지 완전히 극복하지 못한 것을 루소는 극복했다. 루소는 전통 속에 있는 신앙을 말씀 속에 있는 신앙으로 대치시킴으로써 신앙의 중심점을 옮겨 놓았다. 사상사에 미친 또 하나의 루소의 위대한 공헌은 그가 자연신론자들의 협의적 합리주의가 했던 것보다 인간의 경험에 더욱 일치시켜 이성의 개념을 재해석하였다는 점이다.

영국의 자연신론은 루소로부터 뿐만 아니라 18세기 중엽 영국으로부터 공격을 받았다. 윌리엄 로의 이성의 사례(*The Case of Reason*, 1731)와 버클리

---

5   Rousseau, *Emile*, 254.
6   이 교리는 교회가 가르치는 것을 믿어야 구원을 얻는다는 로마 가톨릭의 교리를 말하는 것으로 교회의 가르침이 진리의 증거라는 것이다. 지식을 신자가 가지고 있는지의 여부와는 상관없이 다만 교회가 그 진리의 당위성을 인정하는 것을 가리킨다.

의 알시프론(*Alciphron*, 1732)은 자연신론자들의 방법론에 대해 심각한 의문을 제기한 대표적인 예이다. 윌리엄 로가 볼 때 이성에 의하여 모든 진리를 테스트할 수 있다는 틴달의 천부적 이성의 개념은 실제적 경험에서는 근거를 가질 수 없는 선험적 전제였다.

그러나 자연 종교를 가장 효과적으로 비평한 사람은 조셉 버틀러이다. 1736년에 저술된 종교의 유추, 자연종교와 계시종교(*The analogy of religion, natural and revealed, to the constitution and course of nature*)에서 버틀러는 자연신론자라도 감히 이의를 제기할 수 없을 만큼 자연신론의 약점을 논리적으로 파헤쳤다. 이 저술은 자연신론과 전통적인 기독교 사이의 논쟁을 야기했다.

2. 조셉 버틀러

장로교 출신인 버틀러(Joseph Butler, 1692-1752)가 영국국교회로 적을 옮긴 것은 옥스포드 대학에 진학하기 전이었다. 그는 상당히 조숙한 인물로 청소년 시절에 이미 사무엘 크락(Samuel Clarke)과 교분을 갖고 있었다. 1719년에 런던에 있는 롤스 채플의 설교자로 임명을 받은 버틀러는 1726년에 롤스 채플에서 행한 15편의 설교(*Fifteen Sermons Preached at Rolls Chapel*)를 출판했다. 이 책은 그를 일약 영국의 저명한 도덕주의자 가운데 한 사람으로 부상시켜 놓았으며 버틀러가 교계에서 성공하는 데 결정적인 역할을 했다. 1736년에는 종교의 유추를 저술하고, 1752년 60세로 생을 마치기까지 지성과 도덕을 통합한 모범적 삶을 살았다. 드레이톤 해밀톤(Drayton Sims Hamilton)이 그의 사상을 "용서의 도덕"이라고 표현한 것이나,[7] 레슬리 스테반이 그를 가리켜 "의심의 존재를 인정할 만큼 정직하면서도 의심의 존재에 의하여 무력해지지 않을

---

[7] Drayton Sims Hailton, "The Ethics of Forgiveness: A Response to Butler" (Ph.D. disser., Johns Hopkins University, 1984).

만큼 용감하였다"고 한 것은 참으로 적절한 표현이었다.

그의 종교의 유추는 하나님의 존재가 세계의 도덕적 통치자임을 쉽게 동의하면서도 기독교의 특별한 주장들에 대하여는 회의하는 자연신론자들에게 주어진 글이다. 버틀러는 다음과 같은 사실을 보여주려고 노력했다. 자연신론자의 자연의 주인이신 하나님에 대한 신앙을 자연 세계의 경험과 결부시킬 경우 계시의 신앙은 자연 종교의 신앙만큼이나 곤란하다는 인식을 낳을 수 있을 것이라는 점이다. 버틀러가 볼 때 자연신론자들의 만성적인 불평은 하나님이 성경에 스스로를 계시하셨다면 모호함이나 모순의 여지를 남겨 놓지는 않으셨을 것이라는 것이다. 하나님은 평이하게 말씀하시지 그러한 복잡한 여운을 우리에게 남기시지 않는다는 것이다.

자연신론자들에게 절대적 표준은 기록된 계시 혹은 성서가 아니라 불변의 진리 곧 자연이다. 그러나 자연을 불변의 진리로 삼을 수 없다고 확신한 버틀러는 이렇게 외쳤다. "너의 장미빛으로 채색된 안경을 벗어 던지고 자연을 바라보라! 하나님을 증명하는 데 있어서 당신이 성경에서 발견하듯이 많은 모호함들과 결점들을 자연에서도 발견할 것이다. 왜냐하면 둘 모두는 엄밀히 살펴보면 난제들로 가득 차 있으며 이 난제들은 동질의 것들이기 때문이다."[8]

버틀러에 따르면 자연도, 성경도 유신론 주장의 확실한 증거가 되지 못한다. 따라서 우리와 같은 유한의 존재들에게 성경과 자연 대신 "개연성은 바로 생명의 길이다."[9] 자연의 증거들이 단지 개연적이라는 사실을 보여준 버틀러는 오리겐의 다음과 같은 말을 인용함으로써 그의 유추적 방법을 요약한다. "성경이 자연의 저자이신 그로부터 나왔다고 믿는 사람은 자연법에서 발견되는 것과 똑같은 종류의 난제들이 성경에서도 발견된다고 기대할 수 있다."[10]

버틀러는 또한 우리의 현재적인 생명은 도덕적인 공의에 의하여 지배를 받는다고 보았다. 기쁨과 고통은 신율에 의해서 발생하는 것이 아니라 우리의 행

---

8 Joseph Butler, *Works I* (Oxford: Clarendon Press, 1896), 9.
9 Butler, *Works I*, 9.
10 Butler, *Works I*, 9.

동의 자연적인 결과들이다. 예를 들면 무절제는 질병을 야기하고 우리의 건강을 해친다. 공공의 행복과 불행 역시 우리의 도덕적 행위에 의존한다. 유아, 소년 시절, 그리고 청년 시절이 성숙을 위해 필요하듯이 금생은 일종의 내세를 위한 도덕 훈련 상태라는 것이다.

버틀러는 기독교 계시의 특수성을 변호하기 위하여 똑같은 유추 방법을 사용한다. 예를 들면 계시가 모든 사람들에게 동등하게 주어지지 않았기 때문에 기독교를 공격하는 것은 일종의 궤변이라는 것이다. 하나님의 섭리적인 지혜는 하나님의 자기계시가 상이한 사람들이나 상이한 환경에서는 다를 필요가 있다는 것을 인식하는데 있다. 마찬가지로 계시가 보편적이지만 인간의 이해의 역량 차이 때문에 계시가 반드시 통일성이 있는 것은 아니다.

버틀러는 인간에게 계시가 필요하다고 보았으나 이 계시는 자연신론자들이 이해하는 것과는 본질적으로 달랐다. 자연신론자들이 특별계시를 인정하지 않는 것에 반해 버틀러는 특별계시가 존재한다고 확신하고 또 그것이 절대적으로 필요하다고 주장했다. 인간에게 특별계시가 필요한 것은 인간의 상태가 너무나 다양하고 인간의 지식이 너무나 불완전하기 때문이라는 것이다. 버틀러는 계시에서 발견되는 많은 것들이 우리의 이성에서 쉽게 발견되는 것이 아니라는 사실을 들어 특별계시의 필요성을 인정하면서도 계시를 자연종교로부터 구분하려고 하지는 않았다. 버틀러는 기독교가 근본적으로 자연종교와 모순된다고 보지 않았다. 기독교가 자연종교와 모순되기보다는 오히려 기독교는 이성에 의하여 발견될 수 없는 것들에 대한 설명을 포함하여 "인류의 현재적 환경에 조정하려는" 자연종교의 재판에 불과하다고 보았다.

버틀러의 약점은 그가 자연종교의 한계점을 공격하였음에도 불구하고 실제로 당대인들이 갖고 있는 자연종교의 범주를 넘어서지 못했다는 것이다. 그 결과 당대인들이 갖고 있던 자연종교에 대한 신앙은 전혀 흔들림이 없었다. 버틀러가 번뜩이는 예지를 동원하여 당대의 사람들이 갖고 있던 자연종교와 기독교의 불연속적 성향을 초월하여 둘을 연계시키려고 하였으나 그것을 실행하는 데는 실패한 것으로 보인다. 자연과 기독교 모두 불합리하다고 말하는 것이 문제 있듯이 자연과 기독교 모두를 합리적이라고 변호하는 것 역시 한계가 있었다. 우리가 지금까지 보아 왔듯이 버틀러의 주장은 일관성이 결여되었고, 궤변에 가까울 정도로 모호한 부분이 많다. 바로 이 모호성 때문에 버틀러는 당대인들뿐만 아니라 후대인들로부터도 긍정적인 평가 못지않게 부정적인 평가를 받고 있는 것이다.

버틀러의 개연성과 유추의 이론이 모든 형태의 신앙을 정당화시키는 데 사용될 수 있음을 간파한 자연신론자 토마스 첩(Thomas Chubb, 1679-1747)은 아마도 똑같은 종류의 유추가 종교의 모든 영역에 적용될 수 있으리라는 근거 하에 버틀러의 이론은 "매우 위험스러운 이론"이라고 지적했다. 1742년에 헨리 돗웰(Henry Dodwell, 1641-1711) 경은 논쟁에 기초하지 않는 기독교(*Christianity Not Founded on Argument*)라는 작품을 발표했다. 그가 이 작품에서 제시하고자 하는 것은 종교적인 신앙이 이성과는 무관하고 성령에 의한 권위와 내적 조명에 호소하여야 한다는 사실이다. 그는 합리적인 신학이 실제적으로 그 이전의 안토니 콜린스처럼 확신보다는 오히려 불신앙을 산출한다고 보았다. 그러나 버틀러의 기독교에 대한 변증은 본인의 의도와는 달리 회의주의, 종교적 비합리주의, 그리고 종교적 불신앙을 야기하고 말았다.

3. 데이빗 흄

버틀러의 작품이 자연주의자들의 "이성의 종교"에 대항하여 그들의 약점을 파헤치는데 공헌한 것이 사실이지만, 실제적으로 이성의 종교에 치명적인 일격을 가한 것은 버틀러가 아니라 데이빗 흄이었다. 이런 면에서 헨리 돗웰이나 윌리엄 로와 함께 버틀러는 틴달의 자연신론과 흄의 사상을 연결하는 훌륭한 가교 역할을 했다. 특별히 흄은 철학사에서 중요한 위치를 차지하고 있다.

리빙스톤이 지적한 것처럼, 칸트의 작품과 함께 데이빗 흄(David Hume,

1711-1776)의 작품은 기독교 지성사에 있어서 하나의 분수령이다.[11] 비록 흄의 작품 몇몇은 그가 살아있는 동안에는 신학계에 방대한 영향을 미치지는 못했지만, 사후에 상당히 중요하게 평가되기 시작했다. 엄한 스코틀랜드 칼빈주의 가정에서 성장한 흄은 자라면서 종교에 회의를 갖게 되었다. 흄의 회의적인 단면은 종교사(*The Natural History of Religion*, 1757)라는 논문에서 지적한바, 세상에 만연된 종교적인 원리들을 고찰하면 그것들이 "단지 병든 사람들의 꿈"에 지나지 않는다는 표현 속에 함축되어 있다.

흄은 교리적인 무신론을 탐독한 불가지론적인 인물이나 다름없었다. 게다가 흄은 개인적인 섭리나 특별계시 혹은 어떤 특별한 종교적인 의무들을 믿지 않았다. 그가 종교라고 부른 것은 일종의 미신 거부 그 이상의 의미는 없었으며, 그에게 신이란 우주에 존재하는 원인에 불과했다. 회의주의자였던 흄은 내세를 믿지 않았다. 그것은 사후 생명이 존재한다고 믿는 것은 "일종의 비합리적인 공상"에 지나지 않는다고 보았기 때문이다. 학자들 가운데 전통적인 영혼 불멸설에 근본적인 이의를 제기하고 있는 것은 최근의 현상은 아니며 그 기원은 적어도 흄에게로 거슬러 올라간다.

흄이 자신의 사상을 분명히 정립한 것은 인간의 오성에 관한 탐구(*An*

---

11   흄에 대한 연구는 상당히 활발하다. 미국 내에서 학문적인 연구로서 흄을 다룬 것은 1892년 뉴욕대학의 Ph.D.학위 논문인 Robert B. Keyser의 "Skepticism of David Hume"이 원조라고 할 수 있다. 그 후 1917년에 Charles William Hendel이 프린스톤대학의 Ph.D. 논문으로 준비한 "Studies in the Philosophy of David Hume"가 있었다. 대공황이 미국을 휩쓸던 1932년에는 Donald D. Humphrey가 University of California, Berkely에서 경제학적인 측면에서 흄을 고찰한 Ph.D.논문 "David Hume: Economist"이 그리고 1943년에는 Henry David Aiken이 하버드대학에서 Ph.D.논문으로 제출한 "The Moral Philosophy of David Hume"이 있었다. 그 후 계속된 흄의 주요 논문을 소개하면 다음과 같다: Catherine S. Hamilton, "David Hume's Contributions Toward a Theory of Historial Knowledge" (Ph.D. disser., Yale University, 1951); Eugine Ferrell Miller, "Political Philosophy of David Hume: An Interpretation of Its Mode" (Ph.D. disser., University of Chicago, 1965); Leonard Walter Clark, "The Moral and Political Philosophy of David Hume" (Ph.D. disser., Yale University, 1967); Sally Jean Michael, "An Examination of the Role of Natural Belief in David Hume's Philosophy of Religion" (Ph.D. disser., Harvard University, 1968); Robert Michael Burn, "David Hume and Miracles in Historical Respective" (Ph.D.disser., Princeton University, 1971); Laurence Michael Dorman, "David Hume and the Miracles Controversy: 1749-1800" (Ph.D. disser., University of California, San Diego, 1973); James Allen Herrick, "Miracles and Reasonableness in the Eighteenth Century" (Ph.D. disser., 1986).

Enquiry Concerning Human Understanding, 1748)라는 작품에서였다. 18세기 변증학은 두 가지 유신론적 증거에 초점이 맞추어졌는데, 기적과 예언에 근거한 논증과 하나님의 창조설계에 입각한 논증이 바로 그것이다. 그러나 이런 방법과는 달리 흄은 자신의 전체적인 "체험적 방법"의 전제, 즉 경험이 사실에 관한 유추에 있어서 우리의 유일한 안내자라는 사실을 강조하는 데서 출발했다. 데이빗 흄에 따르면 체험이 무오하지는 않지만 인간은 체험 속에서 최고의 확실성에서부터 가장 낮은 개연성에 이르기까지 다양한 정도의 확신을 얻을 수 있다. 현명한 사람은 증거를 측정하고 여기서 확신을 뽑아내지만 그러나 거기에는 항상 의심과 주저가 따르게 마련이다. 그것은 모든 이성적인 판단들이 항상 개연성을 능가하는 확실한 증거에 근거하여 이루어지는 것이 아니기 때문이다. 흄은 이와 같은 근본적인 규칙들을 설정한 후 곧 이들 원리들을 응용하려고 했는데, 다른 사람들의 증언에 근거한 유추가 바로 그것이다.

흄이 일관되게 주장하는 것은 어떤 사물을 판단하는 표준이 경험과 관찰로부터 나온다는 것이다. 따라서 그는 기적도 이런 관점에서 해석한다. 예를 들면 건강하던 사람이 갑자기 죽었다면 그것은 기적이 아니다. 비록 드문 일이기는 하지만 이런 일은 종종 관찰되기 때문이다. 그러나 죽었던 사람이 살아났다면 이것은 기적이다. 왜냐하면 그것은 이전에 전혀 관찰된 일이 없기 때문이다. 그러나 이 경우도 증거가 설정되지 못한다면 증명될 수 없기 때문에 기적은 아무 의미가 없다는 것이다. 예수 그리스도가 죽음에서 부활했다는 사건이 불가능한 것이 아니지만 그 이전에 그런 일이 목격되지 않았기 때문에 그 사건은 검증할 수 없는 사건이라는 것이다. 이런 이유로 흄은 기적이 종교 체계의 기초가 될 수 없다고 주장한다. 엄밀히 말해 흄이 정상적인 자연의 궤도를 벗어나는 기적의 가능성을 배제하지는 않았지만 경험적으로 그런 일이 일어난다는 사실은 불가능하다고 주장하기 때문에 결국 기적을 거부하는 셈이다.

그는 다음과 같은 예를 들어 기적의 가능성을 반대한다. 1600년 1월 엘리자베스 여왕이 죽었다. 죽은 지 얼마 후 그녀가 의사들과 왕궁에 나타나 한 달 동안 사람들과 대화를 나누었으며 그리고 왕좌를 다시 얻고 3년 동안 영국을 통치했다고 한다면 역사가들은 일련의 사건들에 상당히 놀랄 것이지만 그것이 현실이라고 믿을 사람은 아무도 없다. 그렇다면 적어도 두 가지 사실을 의심할 수밖에 없다. 곧 과연 그녀가 죽었었느냐는 것과 과연 그녀가 다시 살아났었느냐는 것이다. 따라서 기적에 대한 자연적인 설명이 불가능하기 때문에 기적을 종교의 근거로 삼는 것이 불가능하다는 것이다. 그러므로 흄은 기적에 근거한 종교의 합리적인 증명이 상당히 진실 같지만 진실은 아니라고 결론을 내린다. 기적들이 기독교의 증거가 될 수 없음을 보여줌으로써 결국 이성을 통해 기독교의 초자연적 진리들을 증명할 수 없다고 결론을 내린다.[12]

사실 종교는 이성에 기초하지 않고 신앙에 기초한다. 이성을 통하여 기독교를 정립하는 것은 한계가 있다. 신앙의 주장들을 우리에게 확신시키는 데 이성은 무력하며 신앙을 증거와 조화시키려는 합리주의 역시 신앙을 획득할 수 없다는 것이 흄의 회의주의 사상 저변에 흐르는 핵심이다. 20세기의 많은 분석철학자들이나 신학자들과 마찬가지로 흄도 종교적인 신앙들이 경험 세계에서 검증될 수 있는 실체라고 간주하지는 않았지만, 초자연적인 영역이 자연적인 영역의 경험을 통해 검증될 수 있다는 자연신론자들의 실증주의 사고의 한계를 크게 벗어나지 못했다. 성경의 초자연적인 수많은 사건들을 경험의 영역에서 검증하려고 하는 것은 현대적인 의미에서 실증주의적 사고를 여실히 반영하는 것이다. 흄이 기독교와 자연종교를 합일적인 혹은 통일적인 관계에서 조명하려는 버틀러의 약점과 한계를 넘어서려고 하였으면서도, 여전히 자연종교의 영역 속에서 기독교 영역을 이해하려고 하였다는 사실이다. 이것은 자연신론자들을 비롯한 자연종교 옹호론자들이 갖고 있던 기본적인 생각들이다. 기적의 존재를 거부하지는 않았지만 기적의 역사성을 거부함으로써 기독교에서 초자연적인 영역을 제거하는 결과를 낳고 말았다. 그가 초자연적인 영역을 자연적인 경험 속에서 검증할 수 없다고 고백하고, 기적이 검증될 수 없기 때문에 종교의 기초로 삼을

---

12 David Hume, *An Inquiry Concerning Human Understanding* (C.H. Hendel edition; New York, 1955), 140-141.

수 없다고 말한 것 역시 초자연에 대한 거부에서 비롯된 것이다. 이런 면에서 흄의 기독교는 전통적인 기독교와 달랐다.

어떤 철학적인 사상들과 마찬가지로 흄에게 있어서 종교적 확신들이란 자연신앙(natural beliefs)이라 불릴 수 있는 것으로, 이 신앙은 그 자체가 실제적 유추가 아니라 세상에 대한 본능적이며 실용적인 태도에 불과하다. 바로 이 자연신앙 속에는 외부 세계의 존재, 자아의 정체 그리고 특수 섭리와 내세의 생 같은 종교적인 확신들도 존재한다. 흄은 이 자연 신앙이 체험적인 방법에 의하여 증명되지도, 무효화되지도 않는다는 입장을 견지한다. 비록 흄이 불가지론자는 아니었지만 현대 회의주의자들을 위해 상당한 길을 열어놓고 말았다. 따라서 흄은 가장 뛰어난 세속주의자였다. 이런 면에서 복음주의자들이 볼 때 기독교 지성사에서 흄의 영향은 본질적으로 부정적이라고 할 수 있다.

4. 임마누엘 칸트

현대신학에서 칸트의 중요성은 그가 전통 자연신학에 대한 흄의 비판을 확대하고 신학에 새로운 접근 방법의 이론적 근거를 설정하여 놓았다는 사실에 있다.[13] 순수 이성 비판의 서문에서 칸트는 "신앙을 위한 여지를 만들기 위해서 지식을 부정할 필요가 있음을 발견하였다"[14]고 밝히고 있다. 칸트도 흄과 같이 종교와 경험 지식 사이에 어떤 상관관계가 있음을 완전히 부정하는 것처럼 보이지만, 주목해야 할 사실은 칸트가 대조시킨 것은 신앙과 이성의 관계가 아니라 신앙과 경험적 지식의 관계라는 점이다. 흄도 그렇지만 칸트 역시 종교적인 신앙과 지식이 반립적인 것이 아니라고 보았다. 그 이유는 신앙과 지식이 대립되는 것이 아니라 두개의 다른 양상이라고 보았기 때문이다. 현대신학에서의 칸트의

---

13 Steven Onufrey Lestition, "Kant's Philosophical Anthropology: Texts and Historical Contexts, Contituity and Change" (Ph.D. disser., University of Chicago, 1986).
14 *Critique of Pure Reason*, tr, N.K. Smith, 2nd edition (London, 1958), 29.

중추적인 역할은 그가 종교적 신앙의 합리성을 유지하면서도 고전적인 경험주의에서 신학을 해방시켰다는 사실이다.

임마누엘 칸트(Immanuel Kant, 1724-1804)는 동 프러시아의 쾨니히스베르그(Konigsberg)에서 태어나 개신교 경건주의 배경에서 성장했다. 그의 양친은 개인적인 종교적 경험과 엄격한 도덕적 통일성을 강조하는 상당히 경건한 기독교인들이었다. 바로 후자의 영향이 칸트의 전 생애에 흐르고 있었으며, 이것이 칸트의 특성과 철학을 이해하는 기초다. 칸트는 항상 경건주의의 훌륭한 특성들을 존경하였지만 대학에서 만난 극단적인 감정적 열정과 위선 때문에 그는 찬양과 기도 같은 "감정적인" 훈련을 일생 동안 싫어했다.

칸트는 일생 동안 자신의 고향을 떠나지 않았다. 그는 쾨니히스베르그 대학을 다녔고 가정교사를 하다 1755년에 대학교로 돌아와 여생을 그곳에서 교수하면서 보냈다. 외형적으로 볼 때 특기할 만한 생이 아님에도 불구하고 탁월하고 대중적이며, 매력적인 강의로 인하여 칸트는 그의 학생들과 친구들에게 널리 알려졌다. 칸트는 당시 독일 대학을 지배하고 있던 라이프니쯔-볼프주의 풍(Leibnizian-Wolffian)의 합리주의에 매혹되었다. 그러다가 1770년과 1781년 사이에 그것을 거부하고 자신의 철학을 정립하기 시작했다.

1781년에 출간된 그의 순수이성 비판(*Kritik der reinen Vernunft*)은 철학과 신학에 있어서 "코페르니쿠스적 혁명"이라고 할 만큼 사상계에 지대한 충격을 주었다. 존 로크에서 데이빗 흄에 이르기까지 영국의 경험주의자들은 지성이 수동적인 역할을 한다는 사실에 이구동성으로 동의하고 있었다. 경험주의자들에 따르면 인간의 지성에는 선험적인 사상이 없으며, 오히려 지성은 처음부터 일종의 빈 그릇, 즉 외부세계로부터 "인상"을 받는 빈 서판(tabula rasa)에 불과하다. 지성은 외부로부터 이런 사상들을 모으기 때문에 모든 사상들이 경험으로부터 나온다는 것이다. 칸트가 볼 때, 지성을 특별한 외부적 감각의 단순한 수신자라고 이해하는 경험주의론자들의 수동적이고 이원론적 인식론이 흄을 회의주의로 귀결시키고 말았다.

칸트는 경험주의자들과 달리 인간의 지성이 수동적인 것이 아니라 능동적

임마누엘 칸트(Immanuel Kant, 1724-1804)

이라는 새로운 가설을 제시했다. 경험의 범주들이 우리의 현상의 지식을 결정한다는 것인데, 바로 이것이 칸트의 '코페르니쿠스적 혁명'이다. 칸트의 가설이 함축하는 것은 양면적이다. 칸트는 현상 세계에서 객관적 지식이 가능함을 제시하였다는 점이다. 지성의 선험적 범주들이 일종의 보편적인 법칙의 역할을 함으로써 순수한 자연과학을 가능하게 만들었다. 그러나 경험론을 회복하고 순수한 자연과학의 가능성을 설정하는 것은 칸트가 제시하고자 한 것의 단지 일면에 불과하다. 칸트가 보여주고자 한 것은 공간, 시간, 그리고 지각을 초월하는 분야에 그러한 객관적인 지식을 적용할 때는 객관적 지식이 가능하지 않다는 사실이다. 즉, 하나님의 존재와 같은 형이상학적 개념들은 경험의 문제가 아니며 어떤 다른 방식으로 이해되어야 한다는 것이다.

칸트는 순수 이성에 의하여 신 존재를 증명하는 세 가지 방법이 있다고 보았다. 이것은 본체론적 증명, 우주론적 증명, 그리고 물리-신학적 증명이다. 11세기 안셀름에 의하여 제시되었던 본체론적 증명이 17세기 데카르트와 라이프니츠에 와서 복고되었다. 본체론적 논증은 하나님에 대한 정의에서 시작된다. 즉 하나님은 완벽한 존재이고, 하나님이 완벽한 존재라는 것은 모든 면에서 완벽함을 소유하며, 만일 그렇지 않다면 그것은 완벽한 존재라고 할 수 없다는 것이다. 그리고 정의상 그러한 완벽한 존재는 필연적으로 존재해야 한다는 것이다.

본체론적 논증으로부터 칸트는 다른 두 개의 논증으로 눈을 돌린다. 그 중에 첫째가 우주론적 증명이다. 칸트에 따르면 만일 어떤 것이 존재한다면 절대적인 필연적 존재 또한 반드시 존재하며, 따라서 나 역시 존재한다는 것이다. 그러므로 절대적인 필연적 존재가 존재한다는 것은 일종의 의심할 수 없는 당위이다.[15] 이처럼 우주론적 논증은 어떤 것이 존재한다면 필연적으로 절대자가 존재하는 것이며 따라서 자신의 존재도 검증된다는 논리다. 칸트는 회의론과 독단론의 중간노선을 견지하고 있다. 그는 신의 속성에 관한 모든 지식을 부정하면서도 지성, 선, 정의로서 이 신 개념에는 어느 정도 마음을 열어 놓고 있다.

칸트는 자연신학을 "세계에 현시된 헌법, 질서 그리고 통일성으로부터 세상의 창조주의 존재"를 증명하려는 시도라고 언급했다. 칸트에게 하나님의 존

---

15   A Plantinga, ed., *The Ontological Argument* (New York, 1965), 508.

재와 속성을 증명하려는 그러한 자연신학의 시도는 완전히 무의미한 것이다. 그러나 우리가 언급하여야 할 것은 칸트가 형이상학을 비판하는 저변에는 하나님의 존재가 이론적으로 증명될 수 없을 뿐만 아니라 순수 이성에 의해서도 하나님의 존재 증명이 입증될 수 없다는 사고가 내재되어 있다는 사실이다. 여기에 대한 보완으로 칸트는 실천이성 비판을 출간하여 합리적 신앙의 도덕적 기초를 제시하려고 했다.

두 번째 작품 실천이성 비판(Kritik der praktischen Vernunft, 1788)에서 칸트는 세상과 인간의 관계가 과학적 지식에 의해 제한되지 않는다는 사실을 보여주려고 했다. 그것은 우리가 활동하는 하나의 무대인 이 세상이 과학적 지식의 한계를 넘어서는 도덕적 가치의 영역이라고 보았기 때문이다. 따라서 두 번째 작품에서 칸트가 보여주고자 한 것은 도덕적 질서 또는 가치의 영역을 구성하는 어떤 선험적인 전제들이 존재한다는 사실이다. 그리고 우리의 실천적 도덕적 삶에서 가장 필요한 원리들은 우리의 경험적 체험 및 순수 이성의 원리들과는 완전히 독립적이라는 것이다. 이성적인 존재인 인간은 스스로를 규정해야 하기 때문에 도덕법을 존중해야 한다. 그것은 도덕법이 외부로부터 강요되는 어떤 것이 아니라 우리가 자발적으로 순종하는 것이기 때문이다. 이것이 바로 칸트가 도덕적 자율이라 부르는 것이다. 때문에 도덕적 명령은 성경 혹은 교회와 같은 자아 밖의 어떤 원천에서 오는 것이 아니다. 그 결과 칸트는 그의 윤리적 이론을 설정하기 위한 어떠한 신학적인 기초 작업도 거부한다. 단적으로 말해 칸트에 따르면 인간의 도덕은 신(神)지식에 근거하는 것이 아니라 오히려 신(神)지식이 도덕 이성의 자명한 원리에 근거한다고 보았다. 칸트는 도덕이 신학에 근거해야한다는 전통적인 개념을 반대하고, 오히려 이 순서를 전도시켜 종교의 근본적인 신앙들이 우리의 도덕 이성에 기초해야 한다고 보았다. 도덕 원리에 의하여 먼저 신 개념을 산출할 수 있는 것은 이성이라는 것이다. 바로 이것이 신학에 있어서의 칸트의 '코페르니쿠스 혁명'이다! 결국 루소와 같이 칸트도 형이상학에 기초한 사변적인 신학을 평가 절하한 셈이다. 그에게 신지식에 이르는 유일한 길은 도덕적 양심이며, 오직 참된 신학은 윤리 신학이다.

윤리가 신학의 기초라고 하면, 칸트에게 제기되는 문제는 "우리의 도덕적 양심이 어떻게 종교적 확신들을 낳는가?"하는 것이다. 칸트는 이 문제를 이렇게 해결한다. 종교란 도덕법의 약속에 대한 신뢰이기 때문에 도덕적 양상이 종교적 확신을 낳는다는 것이다. 우리의 도덕적 본질은 종교적 신앙의 대상에 대한 이해를 필요로 한다. 칸트는 선의 개념을 통해 이러한 종교적 원리를 설명한다. 궁극적인 선은 칸트가 최고선(supremum bonum)이라고 부르는 선한 의지 혹은 선한 덕성이다. 그러나 칸트는 비록 덕성이 무조건적으로 선하지만 그것이 지고선(summum bonum)이라고 보지 않았다. 그것은 완전한 선이란 덕성과 행복, 즉 "도덕성과 정확히 비례하는 행복의 분배"까지 포함해야 하지만 덕성은 그렇지 않기 때문이다. 의지와 도덕법의 완전한 일치가 지고선이며, 이것은 행복의 정확한 비례까지 포함한다는 것이다.[16]

칸트에게 "도덕은 불가피하게 종교를 낳으며," 종교는 필연적으로 인간의 도덕적 신앙에 기초한다. 칸트에게 이 유신론적 도덕의 필요성은 하나의 의무(a duty)가 아니라 요청(a want)이다.

순수 이성과 실천 이성에 나타난 칸트의 신학은 계몽주의와의 연속성과 불연속성 두 가지 모두를 가지고 있다. 칸트가 루소나 레씽과 같이 이성 시대와 19세기 사이에 실존했던 위대한 변천적 인물 가운데 하나였다는 점에서 볼 때 형이상학적 증명에 대한 칸트의 비판은 18세기의 합리주의 신학과 단절하는 역사적 사건이었다. 다른 한편 도덕 신학으로서의 칸트의 신학의 개념은 계몽주의 시대의 종교의 개념을 확실히 지속하고 있는 것이다. 칸트에게 하나님을 예배하는 것은 곧 도덕법에 순종하는 것이며, 사람이 "도덕적인 삶의 방식을 떠나 스스로 하나님을 기쁘시게 할 수 있다고 믿는 것"은 "단지 종교적인 기만"에 지나지 않는다.

칸트의 사상 가운데 주목할 만한 또 한 가지 사실은 악에 대한 개념이다. 전통적인 관점에서 볼 때 기독교 인간론의 중심인 죄와 악의 실체는 칸트의 전

---

16   Kant, *The Critique of Practical Reason* (Raleigh, N.C.: Alex Catalogue, n.d.), 218.

체적 윤리론과 대치되었다. 칸트는 악의 실재를 거부하지 않았다. 그는 악의 존재를 인정했으며, 악을 경험 안에서 실재하는 명백한 요소라고 생각했다. 칸트는 계몽주의의 낙관적인 견해, 즉 인간이 천성적으로 어떤 악한 성향으로부터 자유하다는 견해와 인간이 전적으로 부패하다는 견해 모두를 거부했다. 왜냐하면 이 둘이 인간의 경험과 조화될 수 없다고 보았기 때문이다.

칸트가 볼 때, 인간은 분명히 선하다. 칸트에게 선에 대한 바른 인식은 악에 대한 인식의 근거가 된다. 인간이 상실해 버린 선한 상태를 고려하지 않고 인간에게 악한 성향이 전가되었다는 것은 이해될 수 없다. 또 악에 대한 성향을 인간의 유한성과 같은 자연적 약점 탓으로 돌릴 수 없는데, 그것은 악이 인간의 도덕적 책임을 파괴하기 때문이다. 칸트는 악한 행위의 보편적 동기를 '자기 사랑'(self-love, 自愛)에서 찾았다. 칸트가 자애를 악의 동기로 설명한 것은 일찍이 어거스틴이 하나님의 도성과 인간의 도성의 특징을 설명하면서 '자기 사랑'(amor sui)이야말로 인간의 도성의 특징이라고 지적한 것과 비슷하다. 그러나 어거스틴이 자기 사랑(amor sui)과 하나님 사랑(amor Dei)을 들어 대립적인 관계를 설명한 것에 반해 칸트는 자애와 도덕적 책임을 들어 대립적인 관계를 설명했다.

칸트에게 제기되는 문제는 인간 안에 악한 성향과 선한 성향이 존재한다면 이 악한 성향이 어떻게 선한 성향으로 전환되는가 하는 것이다. 즉 어떻게 도덕적 명령("the Ought")이 자유스럽게 악한 성향을 극복할 수 있는 능력("the Can")을 함축하는가 하는 것이다. 칸트는 이런 회복이 점진적인 개혁이 아니라 중생과 같은 근본적인 변화를 통하여 가능하다고 보았다. 그러나 그가 말하는 중생은 전통적인 기독교에서 말하는 의미의 중생이 아니다. 전통적인 개념으로는 인간이 전적으로 부패하였기 때문에 스스로의 능력에 의하여 이 혁명(중생)을 가져올 수 없겠지만, 칸트는 자신의 독특한 이론 즉 의무라는 관점에서 이 문제를 해결했다.

인간이 선험적으로 타고난 도덕적 의무가 선을 실천하도록 명하며, 그리고 우리가 할 수 없는 어떤 것도 의무는 명하지 않는다는 것이다.[17] 타락에도 불구하고 인간은 스스로 더 나은 사람이 될 수 있으며, 그 능력이 모든 인간 안에 존재한다는 것이다. 결국 도덕적인 각 개인은 스스로 자신을 만들어 갈 수 있으며, 도덕적 특성은 개인의 자유의지의 활동에 의하여 결정된다. 때문에 각 사람은 그 자신의 행위에 대해 책임을 져야 하는 것이다. 칸트는 은총과 자율을 대립적인 개념에서 보기보다는 합일적인 개념에서 이해하려고 함으로써 은총과 자율의 모순을 해결하는데 실패하고 말았다. 그에게 은총이란 도덕적 의무이며, 또 자율이란 도덕적 자율을 의미한다. 이 도덕적 의무는 선험적으로 타고난 것이며 이것이야 말로 인간의 가치 척도이다. 이런 개념 속에서 교회를 이해하여 교회를 '하나님이 최고의 율법 수여자가 되시는 윤리적 공동체'라고 정의했다. 따라서 교회는 도덕적 이성의 이상이 실현되는 장이어야 하고, 도덕적 이상과 조화될 때만이 가치가 있다.

기독교 사상사에 미친 칸트의 영향은 한 마디로 지대하다. 순수이성 비판은 현대 기독교 불가지론의 원조가 되었고, 종교적 "환상주의"와 "주관주의"는 종종 칸트가 "초월적 변증법"이라는 순수이성 비판 3장에서 사용한 하나님과 같은 개념들에게로 거슬러 올라간다. 종교적 실용주의는 하나님과 불사에 대한 칸트의 원리에서 또한 찾아볼 수 있다. 순수이성 비판에 나타난 선험적 범주들에 대한 칸트의 견해는 슐라이에르마허에게 영향을 미쳤으며 후에 종교적 선험을 찾는, 즉 과학과 윤리로부터 독립된 독특한 종교적 범주를 찾는 다른 사람들에게도 영향을 미쳤다. 다른 한편 주로 알브레히트 리츌과 그의 후계자로 대변되는, 일련의 중요한 신학자들은 칸트의 실천이성 비판에서 원리를 도출하여, 칸트의 지식과 도덕적 신앙의 분리에 기초하여 윤리적인 유신론을 세우려고 했다. 그러나 우리는 칸트에 의존하면서도 칸트의 합리주의적, 도덕적, 그리고 비역사적 종교 해석이 수용될 수 없다는 사실을 발견한 사상가들을 살펴보아야 할 것이다. 바로 이들이 낭만주의라고 알려진 문화 운동을 형성한 사상가들이다.

---

17   Immanuel Kant, *Religion Within the Limits of Reason Alone* (New York, 1960), 43.

제 IV 부
경건주의와 영미 각성운동

9장
경건주의 운동

10장
대각성운동과 미국기독교

11장
요한 웨슬리와 영국 감리교 운동

12장
사회개혁과 근대 선교운동

Ph. J. Spener. (Nach) J. G. Wagner.)
경건주의 운동의 선구자, 필립 야콥 슈페너(Phillipp J. Supener, 1635-1705)

제 9장

경건주의 운동

> 신앙은 과연 우리가 선행을 해야만 하는지를 결코 묻지 않는다. 묻기 전에 신앙은 이미 그것을 행하였고 언제나 그러한 행위 가운데 있다.
>
> 필립 야콥 슈페너(Philipp Jakob Spener), 1675

개신교 정통주의는 지나치게 번쇄주의와 교리적인 논쟁으로 흐르면서 생명력을 상실해 갔다. 이런 상황에서 정통주의에 대한 반동으로 일어난 운동이 경건주의이다.[1] 때문에, 경건주의를 심지어 "반정통주의 운동"(the antiorthodox movement)이라고도 부르기도 한다.[2] 종교개혁 이후에 개신교 정통주의 시대의 기독교는 교리 중심적인 신앙 형태로 급격히 변모해 객관적인 진리를 지나치게 강조한 나머지 그것을 개인적인 경험과 분리시키는 경향이 있었다. 그 결과 영적 갱신에 대한 필요성이 점점 증가했다.

루터파 경건주의자들은 정통주의로 말미암아 중단한 종교개혁을 다시 계속한다는 의미에서 경건주의 운동을 "제2의 종교개혁"이라고 불렀다. 정통주의가 순수한 교리와 성경의 영감설을 강조하고 지적인 경향을 띤 반면 경건주의는

---

1 Manschreck, *A History of Christianity II* (Grand Rapids: Baker Book House, 1962), 267.
2 Paul Tillich, *A History of Christian Thought* (New York: Harper & Row, 1968), 311.

루터가 말하는 "개인적인 신앙 경험"을 강조했다. 이 영적 갱신을 외쳤던 자들이 바로 경건주의자들이었으며, 이들은 1690년부터 1730년까지 독일교회 내에 크게 영향을 미쳤다.

역사상의 모든 기독교 운동이 그렇듯이 경건주의 운동 역시 바로 이해하기 위해서는 그것이 태동되게 된 배경, 유형, 지도자들, 특징과 가르침, 그리고 그 영향을 살펴보아야 할 것이다.

1. 경건주의 운동의 기원

경건주의를 둘러싼 두 가지 논의는 그 기원과 영향에 관한 것이다. 어떤 역사가들은 경건주의가 루터교회보다는 오히려 개혁주의에서 시작되었다고 말한다. 즉 경건주의가 테오도르 운데어아익(Theodor Undereyck, 1635-1693)의 조국 네덜란드와 슈페너가 청년 시절 방문하여 깊은 인상을 받았던 쟝 드 라바디(Jean de Labadie, 1610-1674)의 조국 스위스에서 독일로 전달되었다고 주장한다. 또, 루이스 베일리(Lewis Bayly, 1575-1631)의 경건의 실천(*Practice of Piety*, 1611)과 같은 영국 청교도 저서들의 영향도 간과할 수 없다는 것이다.

어떤 역사가들은 경건주의가 형식화된 국가 종교에 대한 반동일 뿐만 아니라, 독일을 황폐화시킨 30년 전쟁(1618-1648)의 공포에 대한 염세적 반응이라고 보았다. 또 다른 역사가들은 경건주의가 중세적 경건의 여러 특징들이 복고된 것이라고 말한다. 예를 들면, 예수님의 상처에 대한 특별한 애착 같은 것으로 이는 모라비안들이 시작하여 감리교도들에게로 전해졌다는 것이다.

한편 알브레히트 리츨이 그의 저서 경건주의의 역사(*Geschichte des Pietismus*, 1880-1886)에서 지적한 것처럼 경건주의는 당시에 현대적인 것으로부터의 후퇴, 즉 역행적인 운동으로 비쳐지기도 했다. 이와는 달리 경건주의를 감리교와 마찬가지로 다른 시기와 다른 장소에서 작용하는 몇 가지 서로 다른 힘들의 산물로 보려는 이들도 있다.

또한 경건주의가 1750년까지 절정을 이루다, 감리교도들과 모라비안들이 경건주의 정신을 계승했다는 점에서 경건주의와 계몽주의 운동의 관계는 흥미로운 문제로 등장하고 있다. 계몽주의 운동이 경건주의로부터 일어났는지 아니면 좀 더 가능성 있는 것으로서 계몽주의가 경건주의에 대한 반발로 일어났는지는 여전히 논란의 여지가 있다. 틸리히와 같이, 경건주의나 계몽주의 모두 주관주의적 요소가 내재되어 있다는 면에서 경건주의와 합리주의가 공통적인 한 요소를 지니고 있다고 보는 이들도 있다.

그러나 계몽주의나 경건주의 모두 상호간에 영향을 주고받은 것이 사실이지만, 계몽주의가 경건주의에 대한 결과로 발흥했다거나 경건주의가 계몽주의에 대한 반동으로 발흥했다고 이해하기보다는 경건주의 운동과 계몽주의 운동 모두를 개신교 정통주의 운동, 즉 경건주의 운동과 계몽주의 모두가 종교개혁 후 경직된 개신교 정통주의에 대한 반동으로 태동되었다고 이해하는 것이 바람직할 것이다.

경건주의 운동은 두 가지 방향 즉 개혁파와 루터파 안에서 거의 동시에 진행되었다. 후에 경건주의 운동이 루터파에서 강하게 진행된 것이 사실이지만, 청교도 운동의 영향으로 개혁파 안에서도 경건주의가 강하게 나타났다. 이런 면에서 경건주의 운동은 개혁파 경건주의와 루터파 경건주의로 대별하여 고찰해야 할 것이다.

2. 개혁파 경건주의

개혁파 경건주의 운동에 영향을 준 인물은 윌리엄 퍼킨스와 그의 제자이며 1610년 네덜란드로 망명한 윌리엄 에임스(William Ames, 1576-1633)를 들 수 있다. 또한 토마스 테일러(Thomas Taylor, 1576-1633)와 윌리엄 횟틀리(William Whately, 1583-1639) 같은 청교도 지도자들도 개혁파 경건주의에 상당한 영향을 미쳤던 인물들이다.

청교도에 뿌리를 둔 개혁파 경건주의는 네덜란드에서 시작하여 인접한 독일의 라인 강 하류 지방에 퍼졌고 얼마 후 개혁파 지역 전체에 확산되었다. 개혁파 경건주의가 어떤 뚜렷한 형태를 지니면서 발전한 것은 아니었다. 집단적인 성격을 지니기보다는 개별적이고 국부적인 면이 강했다. 개혁파 내에 경건주의 성격을 지닌 초기의 인물로는 청교도 운동의 영향을 받아 신학자가 된 윌리엄 틸링크(Willam Teellink, 1579-1629)를 들 수 있다. 그는 1612년 경건주의 운동의 중심지가 되었던 미델베르그의 목사가 되었다. 경건주의 형성에 미친 그의 가장 큰 공헌은 중생의 경험과 삶 속에서의 주님의 사랑의 실천을 강조하고 설교를 통하여 많은 감화를 끼쳤다는 점이다.

콕세이우스보다 먼저 선교에 종사하면서 복음을 증거하기도 한 틸링크는 삶의 현장에서의 경건의 실천(Praxis Pietatis)을 통해 당대인들에게 적지 않은 감화를 주었으나 후에 신비주의로 기울어졌다. 예수회의 신부로 있다가 1650년 칼빈주의자가 된 프랑스 출신의 쟝 드 라바디(Jean de Labadie, 1610-1674)는 1659년 제네바의 설교자가 되어 활동하다 7년 후에 미델베르그에 와서 목회를 했다. 그의 경건주의적 목회는 "교회 안의 교회"라는 비난을 받으면서 분리주의자로 낙인이 찍히고 말았다. 그러나 개혁파 경건주의 태동에 적지 않은 영향을 미쳤다.

개혁파 경건주의 운동에 중요한 역할을 한 또 다른 인물은 콕세이우스(Johannes Cocceius, 1603-1669)이다. 콕세이우스는 독일의 브레멘(Bremen)에서 태어나 1636년 이후부터 라이덴을 비롯한 네덜란드의 명문 대학에서 교수로 활동했다. 칼빈이 발전시킨 계약사상(신약과 구약을 하나님께서 인간과 더불어 맺으신 계약으로 보는 것 -기독교 강요 2권 9-10장)-을 근거로 계약 신학을 발전시켰다. 그는 다음과 같은 점에서 경건주의 태동에 일조했다. 첫째, 성경의 어느 한 부분만을 즐겨 읽어서는 안 되며, 성경 전체를 다 읽고 영의 양식으로 삼아야 한다고 주장했다는 점, 둘째, 구속사(Heilsgeschichte)나 "인간 교육" 등의 용어를 도입하여 사용하였다는 점, 셋째, 재림에 대한 기대와 신앙에서 선교에 대한 긴급성을 일깨웠다는 점이다.

이들 외에도 개혁파 내에서 경건주의 운동의 확산에 중요한 역할을 한 인물로는 운데어아익(Theodor Undereyck, 1635-1693), 네안더(Joachim Neander, 1650-1680), 그리고 게하르트 테르스팅겐(Gerhard Tersteengen, 1697-1769)을 들 수 있다. 운데어아익은 독일교회 안에서 집회(Konventikel)를 시작한 사람이며, 네안더는 계약 신학의 영향을 받아 언약의 노래(Bundeslieder)를 작사하여 많은 감화를 끼쳤다. 테르스팅겐은 네덜란드 출신으로 독일에서 상업에 종사하다 경건주의 집회에서 회심하고, 그리스도인이 된 후 집회 인도자가 되었으며, 수많은 찬송가를 작사했다. 가톨릭의 신비주의의 영향을 받아 감정을 강조하고 사랑으로 용서하시는 하나님을 의지하는 신앙보다 그리스도와의 연합을 더욱 강조했다.

이처럼 초기의 개혁파 경건주의 운동은 체계적인 움직임 속에서 진행되었다기보다는 개별적이고 단편적이며 국부적으로 진행되었다. 특별히 네덜란드는 개혁파 경건주의 운동의 중요한 중심지가 되었는데, 그것은 일찍이 도르트 회의에서 극단의 칼빈주의가 알미니우스 같은 신학자들의 반대를 받으면서 두 신학 체계를 추종하는 자들 사이에 융화적인 움직임이 일어났기 때문이다. 이것은 네덜란드의 개혁주의의 독특한 현상이다. 또 이것은 왜 경건주의 운동이 네덜란드의 개혁파 내에서 일찍이 발흥하였는가에 대한 부분적인 해답을 제공하기도 한다.

3. 루터파 경건주의

루터교 내의 경건주의는 17세기에 널리 읽혔던 신비주의적 신앙서적들로부터 직간접으로 영향을 받았다. 그러나 루터파의 경건주의 운동에 절대적인 영향을 미친 사람은 역시 종교개혁자 루터였다. 루터 다음으로 영향을 준 인물은 요한 아른트(Johann Arndt, 1555-1621)와 "중생"을 강조한 카스페르 슈벵

크펠드 폰 오찌그(Casper Shwenkfeld von Ossig, 1489-1561), 신비주의자로 알려진 안드레아스 오시안더(Andreas Osiander, 1498-1552), 발렌틴 비겔(Valentin Weigel, 1533-1588), 야콥 뵈메(Jakob Böhme, 1575-1624) 등이다. 그러나 루터파 경건주의 운동에 결정적인 영향을 미친 대표적 인물로는 슈페너, 프랑케 그리고 진젠도르프를 들 수 있다.

필립 야콥 슈페너

독일 경건주의 운동의 창시자로 널리 알려진 필립 야콥 슈페너(Philipp Jacob Spener, 1635-1705)는 독일 기독교인의 영적 생활이 저급한 수준으로 떨어지는 것을 몹시 안타깝게 생각했던 인물이었다.

필립 야콥 슈페너는 1635년에 알자스의 라폴츠바일러(Rappoltsweiler)에서 신앙심이 깊은 부모로부터 태어났다. 슈페너가 살았던 그 시대는 개신교 정통주의가 독일교회를 지배했던 시대였다. 객관적인 교리주의와 형식에 치우치면서 교회는 생명력을 상실해 가고 있었고, 교리와 삶이 이원론적으로 구분되었다. 이것을 안타깝게 생각했던 사람이 바로 슈페너였다.[3]

슈페너는 정통주의 신학이 지배하던 스트라스부르그 대학 신학과에서 단하우에르(Johann K. Dannhauer, 1603-1666)와 세바스티안 슈미트(Sebastian Schmidt, 1617-1696) 지도 아래 성경 신학을 수학하면서 그들에게서 학문적인 감화뿐만 아니라 신앙적인 감화를 받았다. 스트라그부르그 대학 시절, 그는 영적 무감각에 대해 반감을 갖고 스스로 진정한 기독교 경건의 근원을 재발견하려고 노력했다. 라바디(Jean de Labadie)의 설교, 요한 아른트(Johann Arndt)의 참된 기독교(*Wahres Christentum*), 청교도들의 신앙서적

---

[3] Richard L. Gawthrop, "For the Good of thy Neighbor: Pietism and the Making of Eighteenth-Century Prussia" (Ph.D. disser., Indiana University, 1984). Gawthrop는 경건주의자들은 사회 속에서의 도덕적 물질적 상태를 증진시키기 위해 세상에서의 신앙적 실천을 강조했음을 예리하게 논증하고 있다.

은 슈페너에게 적지 않은 영향을 미쳤다.

첫 임지 스트라스부르크에서 얼마 동안 목회를 한 슈페너는 다음 목회지였던 프랑크푸르트 암마인에서 자신의 경건주의 이상을 목회현장에서 실현하는데 성공했다. 그가 평신도들 가운데 깊은 영적 생활을 추구하려는 자들을 중심으로 경건자의 단체들(collegia pietatis)을 구성한 것도 암마인에서였다.

1675년에 슈페너가 발표한 경건한 열망(Pia Desideria)은 경건주의 운동의 선언서가 되었다. 이 책에서 슈페너는 개신교 갱신을 위한 다음과 같은 6가지 원리를 제창했다. 그가 제창한 첫 번째 원리는 평신도와 성직자 모두가 정기적인 성경 연구(특히 신약성경)를 해야 한다는 것이다. 두 번째 원리는 만인 제사장으로 모든 신자들이 제사장임을 알고 더 적극적으로 교회 생활에 참석해야 한다는 것인데, 이것은 경건자의 단체의 신앙의 기초가 되었다. 그가 제창한 세 번째 원리는 행위가 동반된 믿음이다. 진실한 믿음은 교의와 신조에 대한 지적인 동의가 아니라 사랑의 실천적인 행위, 즉 행위로 증명하는 믿음이어야 한다. 기독교는 지식을 통해서가 아니라 실천을 통해서 실증된다. 이와 같은 믿음과 행위의 관계가 경건주의 운동의 초석이 되었다.

슈페너가 제창한 네 번째 원리는 반 교권주의 사상이다. 슈페너의 계획은 루터교회와 개혁교회 간의 장벽을 무너뜨리고, 종교개혁 정착지의 지방주의를 꿰뚫으며, 무의미한 신학 논쟁에 종지부를 찍는 것이었다. 다섯 번째 원리는 성직의 완전 개혁과 성직자의 사명감 회복이다. 슈페너는 목사들이 자신들을 훈련시키고, 자신의 교구 내 젊은이들에게 교리문답을 교육시키기 위해 의무적으로 학교를 세울 것을 주창했다. 신학 교육이 현실적으로 개혁되어 신학과 실천이 자연스럽게 연결되어야 한다는 것이다.

마지막으로, 슈페너는 마음을 감동시키고, 회개케 하며, 신앙의 불을 붙이고, 신령한 예배로 인도하는 생명력 있는 설교를 재발견할 것을 주장했다. 설교가 목사 혼자의 독백이어서는 안 되고 듣는 자의 응답이 있는 대화여야 하고, 또 설교는 수사적인 설교가 아니라 신앙을 길러주는 설교라야 한다는 것이다. 이 여섯 가지 원리 위에 세워진 경건주의 운동은 슈페너가 살던 독일뿐만 아니라 다른 여러 나라에서도 교회의 개혁과 갱생 및 활력을 불어 넣어 주었다.

그러나 슈페너의 개혁운동이 그렇게 순탄하게 진행된 것은 아니다. 그의 개혁운동을 반대하는 이들이 교회에서 이탈하기도 했다. 1686년에 슈페너는 작센 지방 선제후의 목사로 임명되어 드레스덴으로[4] 옮겨갔으나 곧 지역 목회자들과 라이프치히 대학 및 비텐베르그 대학의 반대에 부딪혔다. 그는 1691년 베를린으로 초청을 받자 그곳으로 가 그의 남은 생애 동안 니콜라이 교회(Nicolaikirche)의 목사가 되었다. 다행히 그곳에서 슈페너는 자신의 개혁운동을 잘 이해하고 협조를 아끼지 않던 프러시아의 제 1왕 프리드리히 1세의 보호를 받을 수 있었다. 그는 정통주의자들로부터 여러 면에서 공격을 받았다. 1695년에는 비텐베르그 대학의 한 교수가 슈페너의 264개의 오류를 지적하며 신랄히 공격했다.

1698년 슈페너는 모든 논쟁을 중단하고 그의 서간집 4권을 출판했다. 1705년에 그가 죽을 때까지 경건주의는 뷔르템부르크(Wurtemburg)와 할레(Halle)에서 확고하게 뿌리를 내렸다. 할레에서는 아우구스트 프랑케(August Hermann Francke, 1663-1727)가 1694년에 새로 설립된 대학에서 신학교를 개설하였고, 1701년에 그의 저서 할레의 경건(*Pietas Hallensis*)을 출판했다. 경건주의는 베델스돌프(Berthelsdorf)에서도 확고히 정착되었는데 그 영향으로 슈페너의 대자(代子)인 진젠도르프는 헤른후트에 모라비아 공동체를 세웠다.

아우구스트 프랑케

슈페너 다음으로 경건주의 운동에 기여한 중요한 인물은 슈페너의 친구이며 추종자인 아우구스트 프랑케(August Hermann Francke, 1663-1727)이다. 법률가의 아들로 태어나 1689년 라이프치히 대학에서 말씀연구를 시작한

---

4 Manschreck, *A History of Christianity II*, 268.

프랑케는 여러 면에서 슈페너의 충실한 후계자였다. 프랑케는 1690년부터 성경을 가르치기 시작했는데 그를 지지하는 자들이 점점 증가하면서 영향력이 확대되었다. 1695년 경건주의자들에 의해 할레대학이 설립된 후 프랑케는 할레대학의 초빙을 받았다. 그는 그곳에서 경건주의에 기초한 교과과정을 세워 30년 동안 정열을 쏟았다. 그 결과 매년 그곳에서 배출된 200명의 할레대학 졸업생이 독일 교회 안에 경건주의 영향을 확대시키면서 할레대학은 경건주의운동의 요람이 되었다.[5]

프랑케가 할레대학의 교수가 되어 35년 동안 경건주의 운동에 헌신하면서, 경건주의 운동은 새로운 전기를 맞았다. 그것은 경건주의 운동이 할레대학을 중심으로 체계적으로 진행되었기 때문이다. 경건주의운동은 하나의 신학체계로 체계화되기 시작했다. 할레대학은 경건주의 교수들이 주도하면서 전통적인 신학에 변화가 찾아왔다. 성경해석이 단순화되기 시작하였고, 역사적·문자적·문법적(historical-literal-grammatical) 해석 방법이 문자적, 영적, 그리고 신비적 개념으로 바뀌었으며, 교의학의 연구가 점차적으로 축소되었다.

경건이 생활의 엄격한 도덕관으로 전환되면서 세상적인 쾌락, 오락, 댄싱, 카드놀이 등이 죄악으로 간주되기 시작했다. 급진적인 경건주의자들은 기성 교회에 대해 매우 회의적이었다. 프랑케는 구제와 고아원 운영을 통해 경건주의 운동을 확산시켰으며, 일생동안 2,507명의 어린이들을 도와주고 교육을 시켰다. 그를 따르는 수많은 사람들이 교사로 자청하여 175명이 교사가 되었다. 그는 이 모든 것을 기부금으로 운영했다. 많은 이들이 그를 조롱하기도 하였지만 그의 헌신과 노력은 많은 열매를 맺었고 수많은 사람을 감동시켰다. 요한 웨슬리와 조지 횟필드, 찰스 웨슬리도 그의 영향을 받았다. 특별히 요한 웨슬리는 할레의 고아원을 방문하고 깊은 감화를 받았다.

법률가의 아들로 출생한 프랑케는 킬대학과 라이프치히대학에서 공부하는 동안 교회사 교수이자 실천신학의 교수였던 크리스티안 코르톨트(Christian

---

5   Manschreck, *A History of Christianity II*, 268.

할레 공동체의 주역, 프랑케(Augustus Franke, 1663-1727)

Kortholt, 1632-1694)의 영향을 받았다. 그는 라이프치히 대학에서 히브리어 선생으로 있으면서 젊은 교수, 학생들과 함께 성경 연구를 추진했다. 그는 라이프치히 대학의 교수들이 메마른 강의를 떠나 경건의 집회를 가질 것과 철학, 교리 그리고 생명력 없는 설교를 버릴 것을 촉구했다.

1687년 여름 요한복음 20장 31절의 말씀을 갖고 설교하도록 부탁을 받고 준비하는 동안 그는 거듭남을 체험했다. 그는 이것을 루터의 로마서 서문을 사용하여 표현했다. 신앙은 우리 속에 일하시는 하나님의 역사이며, 그것은 우리를 변화시키고, 우리로 하여금 거듭나게 하며, 옛 아담을 죽게 한다. 신앙은 모든 면에서 전혀 다른 사람을 만드는데 그것은 그 안에 성령이 역사하시기 때문이라는 것이다.

프랑케는 라이프치히를 떠나 에르푸르트의 어거스틴 교회(Augustiner-kirche)의 목사가 되었다. 에르푸르트 대학에서 성경 신학과 요리문답을 강의하면서 라이프치히에서와 같은 결과가 일어났다. 에르푸르트 대학에서 강의한지 1년 반 만에 할레대학에서 신학 교수직을 제의하는 바람에 1691년 그곳을 떠나 할레로 향했다. 할레로 가는 도중에 슈페너의 집에서 7주간을 머물면서 그와 교제를 나누었다. 슈페너와 프랑케는 거의 동시대에 태어나 여러 면에서 비슷한 신앙을 체험했다.

프랑케가 할레대학에 부임하면서 경건주의 운동은 더욱 확산되었고, 점차 뿌리를 내리게 되었다. 프랑케가 할레대학을 통하여 경건주의 운동을 확산시킬 수 있었던 것은 여러 가지 요인이 함께 작용하였기 때문이다. 첫째, 할레대학이 처녀지와 같아서 열심 있는 젊은이들이 쉽게 경건주의자들이 되었고 이 때문에 할레대학은 경건주의 운동의 중심지가 될 수 있었다. 둘째, 프랑케는 젊고 새로운 것을 기획하기 좋아하는 성품을 가지고 있었으며 결단력도 있었다. 반대에 부딪혀도 그것을 극복할 수 있는 성숙한 성품을 소유하고 있었다. 셋째, 목회에서는 일반 가난한 사람들을 상대하는 한편, 교수로서는 학문적인 분야를 동시에 상대하게 됨으로써 영향력의 폭을 넓혔다. 그의 경건에 대한 열정과 실천적인 성향 때문에 그의 성경해석, 상담, 설교, 교육, 저술 활동, 조직 활동이 실천적인 면에서 하나의 조화를 이루고 있었다.

프랑케는 1694년 초에 고아원을 경영하기 시작했다. 1695년 초 4테일러(taler) 16그로쉔(Groschen)의 돈을 모금하여 책을 사고 학교를 시작하여 귀족의 자녀도 입학시켰다. 그해 여름 그는 어느 귀족으로부터 500테일러를, 그리고 친구로부터 500테일러를 기부받아 4년 후인 1698년에는 손색없는 학교로 발전시켰다. 1707년 런던에서 출판한 하나님의 섭리의 기적적인 발판(*The Footsteps of Divine Providence*)은 고아원 운영에 필요한 재정을 하나님께서 얼마나 놀랍게 응답하셨는가를 기술한 책이다. 마치 뮐러가 자신의 고아원 운영을 하나님의 응답으로 운영했다고 고백하듯이 말이다.[6] 프랑케가 세상을 떠날 즈음 2,234명의 아동 중 137명은 실제로 고아였다. 프랑케는 선교에도 열심이었다. 그의 선교의 열정은 그의 아들에게까지 이어져 아들 프랑케(Gotthilf August Francke, 1696-1769)는 1734년 조지아에서 쫓겨난 광부들을 위하여 일했다. 그는 할레의 고아원을 하나님 나라의 영적인 센터로 이해했다. 독일의 할레대학을 중심으로 한 경건주의 운동은 18세기 중엽 절정에 달했다.

프랑케의 신학은 단순하다. 그의 신학은 율법과 복음, 회개, 그리고 은혜가 중심 주제이다. 그에게 회개는 독특한 의미를 지닌다. 그리스도의 이름으로 살아야 한다는 의미에서 회개를 위한 투쟁이 있어야 한다는 것이다. 프랑케는 정통 루터란의 칭의 사상과 경건주의의 중생의 사상을 연결하려고 했다. 또 중생에로의 준비 과정으로서 율법의 역할을 강조했다. 거듭난 자는 계속 성장하여 완전한 성숙을 향해야 한다고 보았다. 프랑케는 그리스도와의 연합을 역설하여 그리스도인이 신의 성품에 참여해야 한다고 보았으나, 슈페너와는 달리 교육을 강조하였고 개개인의 변화를 통한 세계의 변화를 기대했다.

---

6   Manschreck, *A History of Christianity II*, 268.

고트프리드 아놀드

경건주의 운동에 공헌한 또 한 명의 중요한 지도자는 아놀드이다. 중등학교 교사의 아들로 태어나 1685년 비텐베르그대학에서 수학한 아놀드 (Gottfried Arnold, 1666-1714)는 처음부터 루터교의 정통주의 신학이 마음에 들지 않았다. 슈페너보다 훨씬 더 신랄하게 현실 교회와 신자들의 일상생활에 대하여 비판적이었던 아놀드는 모든 구조적인 조직들을 배격함으로써 신비적이고 영적인 노선을 취했다. 그러다 1701년 요한 게오르그 스프로겔(Johann Georg Sprogel)의 딸과 결혼하면서부터는 교회와 화합하려고 했다.

아놀드는 슈페너와 프랑케에 비하여 훨씬 더 극단적으로 기성 교회를 비판하였다. 심지어 "내적인 이해 없이 교회에 가고 성찬에 참여하는 것은 우상 숭배"라는 비판도 주저하지 않았다. 그는 사도행전 7장의 스데반의 "지극히 높으신 이가 손으로 지은 전에 계시지 않고"라는 말을 인용하여 기성 교회의 제도 자체를 부인했다.

아놀드는 기독교 진리에 대한 증거는 교의적인 원리나 이론적인 데 있는 것이 아니라 삶 속에서의 실천에 있다고 보았다. 교회를 거듭난 한 사람 한 사람이 모인 것으로 이해했던 아놀드는 기성 교회와 일체의 교제(Gemeinschaft)를 갖지 않았다. 그에게 가시적이고 조직적인 제도적 교회는 별 의미가 없었기 때문이다. 그의 교회관을 한마디로 압축한다면 "교회 없는 기독교, 교회에 반대하는 기독교, 개인적인 기독교"(Christentum ohne Kirche, Christentum gegen Kirche, Christentum als personliche)라고 할 수 있다. 제도적인 교회와 그 교회에 속한 직분자들이 내린 결정은 다 잘못되었으며, 그들은 오히려 순수한 신앙을 탄압했다는 것이다. 그 때문에 아놀드는 소위 이단(ketzer)을 새로운 눈으로 보고 이단에 대한 교회의 보고를 사람들로 하여금 일단 의심하도록 했다. 종교개혁자들이 가톨릭을 바벨이라고 하고 개신교를 가리켜 이 바벨에서의 해방이라고 한 반면에 아놀드는 둘 다 바벨이라고 했다.

요한 알브레히트 벵겔

경건주의의 또 다른 영향력 있는 지도자는 요한 알브레히트 벵겔(Johann Albrecht Bengel, 1687-1752)을 들 수 있다. 그의 최대의 업적은 근대적인 의미의 본문 비평을 제시하고 헬라어 신약성경을 발간한 것이다.

경건주의 신학자로 탁월한 위치를 차지하고 있던 벵겔은 슈투트가르트 근방의 빈네든의 목사의 아들로 태어나 6세 때 아버지를 여의고 수도원에서 살면서 경건주의와 접하게 되었다. 무서운 전염병 페스트와 프랑스 군의 침입으로 소년 시대를 침울하게 보냈던 벵겔은 요한 볼프강 자게르(Johann Wolfgang Jager, 1647-1720), 크리스토프 로히린(Christoph Reuchlin, 1660-1707)에게서 수학했다. 1713년부터는 예나, 할레, 하이델베르그 대학에 유학하면서 학문적인 수련을 쌓았다. 벵겔은 생애 대부분을 뎅켄도르프의 예비 신학교에서 튀빙겐 대학 입학을 준비시키는 교사로서 보냈다.

벵겔이 경건주의 운동에 특별히 기여한 것은 성경해석 분야이다. 벵겔의 성경해석 원리는 독특한 위치를 점하고 있는데, 요약하면, 성경은 하나님의 구속사로 연결되어 있으며, 성경은 그 자체가 내용에 대한 가장 큰 증거로서 모든 것을 저자이신 하나님께 돌려야 한다. 따라서 정통주의자들처럼 루터의 고백이나 교의로 성경의 독립성을 속박시키거나 제약시켜서는 안 된다는 것이다. 벵겔의 대표적인 저술로는 신약 서론, 묵시록 강해(*Erklarte Offenbarung*, 1740) 등이 있다.

그는 묵시 종말 사상에 대단한 관심을 지니고 있었으며, 지상의 첫 천 년간의 평화시대가 1836년에 시작될 것이라고 기대했다. 그의 종말신앙은 벵겔의 윤리의 기초를 이루고 있다. 루터란의 윤리 모토, "사랑 안에서 역사하는 믿음"은 벵겔의 윤리학에서 찾아볼 수 있다는 점에서 역시 벵겔의 신학의 골격은 루터란이었음을 발견한다. 루터에게서 찾아볼 수 있듯이 "사랑 안에서 역사하는 믿음"으로 대표되는 이 윤리의 기초는 예수 그리스도의 삶, 죽음, 그리고 부활의 신정론적인 특성이다. 이 윤리가 지향하는 것은 기독교인의 삶의 과정은 그리스도를 닮아가는 것으로 표현되는 것이 아니라 기독교 실존의 신비로서 가장 표현된다. 루터의 전통에 서있던 벵겔은 성부 하나님이 부활을 통해 신원하신 그리스도의 십자가의 사건의 패러다임에 뿌리를 둔 기독교 실존의 신학을 제시했다. 그 결과 그가 제창하는 기독교 실존의 신비관은 사랑과 소망 안에서 역사하는 믿음의 신비와 하나님의 신원의 신비 두 가지 모두를 포괄한다.[7]

니콜라스 진젠도르프와 형제단

경건주의 운동의 또 다른 지도자는 진젠도르프 백작으로 알려진 니콜라스 루드비히(Nicholaus Ludwig, count von Zinzendorf, 1700-1760)이다. 경건주의 운동이 하나의 교회 조직 형태로 정립된 것은 그에게 와서이다. 그는 급진적인 경건주의자들과는 달리 기성 교회를 적으로 보지 않았다. 그의 신학은 기독론 중심이다. 십자가에 대한 묵상을 통해 성취되는 그리스도와의 교제를 신학의 중심으로 삼았다.

1700년 5월 26일 드레스덴에서 태어난 진젠도르프는 어린 시절 부친을 잃었다. 일찍 남편을 잃은 진젠도르프의 어머니가 재혼하자 그는 외조모, 경건주의자 게르스도르프(Henriette Catherine von Gersdorf, 1648-1726) 남작부인 밑에서 양육 받았다. 프랑케처럼 고아원과 귀족들의 자녀들을 교육하는 초등학교도 설립했던 그의 외조모는 경건한 신자로서 경건주의 운동에 적극적으로 참여했다. 그녀의 좌우명은 "기도하고 믿고 조용히 기다려라, 하나님께서 손짓하실 때 십자가도 고된 일도 기피하지 말라"였다. 외할머니의 이런 경건주의적 삶을 통하여 진젠도르프는 신앙적 감화를 받았다. 비텐베르그의 기트리브 베르스도르프(Gittlieb Werhsdorf, 1668-1729)와 할레의 프랑케에게서 배운 진젠도르프는 비텐베르그의 루터교 정통주의와 할레대학의 경건주의를 조화시

---

[7] 다음 논문을 참고하라. Charles John Weborg, "The Eschatological Ethics of Johann Albrecht Bengel: Personal and Ecclesial Piety and the Literature of Edification in the Letters to the Seven Churches in Revelation 2 and 3" (Ph.D. disser., Northwestern University, 1983).

키려고 했다.

　1722년경 독일어를 쓰는 모라비안 사람들이 색소니 영내에 피난처를 찾고 있을 때 진젠도르프 백작은 자신의 헤른후트의 영지에서 이들이 마을을 설립하고 정착할 수 있도록 도와주었다.[8] 주님의 보호라는 뜻의 헤른후트는 곧 모라비안 형제단의 중심지가 되었다. 진젠도르프는 3년 후 헤른후트 형제단과 공적인 관계를 맺은 후 그곳에서 안수를 받고 감독이 되었다. 그가 그 교회의 영적 지도자가 된 것은 모라비안들이 루터란 교회 내에서 세계 어디든지 복음을 전할 준비가 된 그리스도를 위해 헌신한 열렬한 군사, 경건한 집단이 될 수 있다는 희망 때문이었다.

　보헤미아 형제단은 본래적인 출신지를 따라서 "모라비안"이라고 불리거나 혹은 헤른후트에 정착했다고 해서 헤른후트파라고도 불리게 되었다. 이들은 "아우구스부르크 신앙고백"을 자신들의 신앙 선언으로 받아들이면서 신학적인 이론 정립보다는, 헌신적이며 도덕적인 삶을 최우선적으로 고수했다. 이러한 신앙생활의 핵심은 십자가에서의 그리스도와 그가 당한 고난을 묵상하는 데 있었다.

　모라비안들은 신대륙은 물론 1732년부터 서인도, 그린란드, 기니아, 이집트, 남아프리카, 라브레이도르에 선교사를 파송해 18세기 어떤 개신교 교파보다도 뜨겁게 선교를 실천했다. 특히 1735년에는 진젠도르프 백작이 신대륙을 방문해 펜실베이니아 모라비안 정착촌에 베들레헴이라는 이름까지 붙여주었다. 이 집단은 날로 성장했다. 높은 건물을 짓고 생활과 경제 활동을 함께 하는 수도원적 공동체를 형성하였지만, 결국에는 좀 더 율법주의적인 할레의 경건주의자들과 충돌하고 말았다. 이런 대립 현상은 1727년에 프랑케가 죽고 난 후에 더욱 분명하여졌다.

　진젠도르프와 형제단은 감리교 창시자 요한 웨슬리에게 적지 않은 영향을

8　Manschreck, *A History of Christianity II*, 268.

주었다.[9] 구원의 확신이 없이 조지아 사바나에서 활동할 때 웨슬리에게 심각한 도전을 준 것도 모라비안 선교사 스팡겐베르그(August Gottlieb Spangenberg, 1704-1792)였고, 영국으로 돌아와서 영적 침체에 허덕이는 웨슬리에게 믿음의 필연성을 확신시켜 준 것도 모라비안 피터 뵐러(Peter Böhler, 1712-1775)였다.[10] 모라비아의 이상은 웨슬리 자신에게 뿐만 아니라 동시에 전체 감리교 전통에도 큰 영향을 미쳤다. 비록 웨슬리가 후에 모라비안 교도들과 분리하기는 했지만, 1741년 런던과 브리스톨을 중심으로 부흥운동을 일으켰을 때만 해도 웨슬리는 헤른후트파와 밀접한 보조를 취하고 있었다.

4. 경건주의의 특징과 가르침

경건주의자들은 초대교회의 신앙생활, 즉 완전을 향하는 초대교회의 생동성과 사랑과 능력을 사모하였으며 신비주의적인 영성을 강조했다. 대부분의 경건주의자들은 루터의 신앙과 신학을 이어받아 전통을 존중하고 위정 당국을 거슬리지 않는 방향에서 자신들의 신앙 운동을 교회 안의 운동으로 제한시키려고 했다.

계몽 사조를 반대하면서 전통과의 연속성을 추구한다는 면에서 경건주의 운동은 보수적이었고, 정통주의에 반대하면서 새로운 도약을 외쳤다는 점에서 경건주의는 혁명적이었다. 때문에 경건주의는 산상보훈을 표준으로 삼고 있었기 때문에[11] 처음부터 혁명적이면서 동시에 보수적일 수밖에 없었다. 실천적인 면을 강조하였던 이들은 "중생"(Wiedergeburt), "새로운 피조물," "새사람," "하나님의 자녀"와 같은 것을 강조했다.

경건주의자들은 몇 가지 특징을 가지고 있다. 그들의 일반적인 특징 가

9　Manschreck, *A History of Christianity II*, 269.
10　Manschreck, *A History of Christianity II*, 269.
11　Manschreck, *A History of Christianity II*, 269.

운데 하나는 개혁 운동을 통해 경건주의 운동을 전개하였다는 사실이다. 경건주의자들이 추진한 개혁 운동은, 살아있는 내적 종교성과 마음의 경건, 자신이 일하는 삶의 현장에서의 경건의 실천, 댄싱, 카드놀이, 극장 출입과 같은 세속 문화 거부, 비현세적이고 금욕적인 생활, 종말론적인 기대, 국가교회(Statkirchentum) 거부와 순수한 중생자들만의 집회(Konventikel) 등이다. 경건주의자들은 교리의 중요성을 외치면서도 생활이 없는 당대교회의 모습을 보면서 안타까워했다. 경건주의자들을 통해 점차 개신교 정통주의자들의 "죽은 전통"이 "살아 역사하는 열매 맺는 믿음"으로 변화되기 시작했다.

적어도 처음 운동을 전개할 때 경건주의 운동은 정통주의 신앙과 대립되는 운동은 아니었다. 경건주의자들이 정통주의자들의 생명 없는 신학 작업을 반기독교적 행위라고 반대한 것이 사실이지만 정통주의자들의 신학 자체까지 거부한 것은 아니다. 경건주의자들이 비판했던 것은 어디까지나 정통주의자들이 갖고 있던 교리와 삶의 이원론적 현상이었지 정통주의자들이 중요하게 생각했던 교리 자체는 아니었다. 오히려 경건주의자들은 정통주의 신앙이 기독교에 매우 중요하다는 사실을 잘 인식하고 있었다. 그러나 정통교리를 강조하면서도 삶이 뒷받침되지 않는 정통주의자들의 기독교를 진정한 기독교로 볼 수 있느냐고 반문했다.

경건주의자들은 지식을 육적인 지식과 영적인 지식으로 구분하고, 정통주의자들이 소유한 지식은 육적인 지식이며, 반면 자신들이 소유한 지식은 영적인 지식이라고 보았다. 육적인 지식은 중생하지 못한 자들도 소유할 수 있는 지식이지만, 영적인 지식은 중생하지 못한 사람이 소유할 수 없는 지식이라고 이해했다. 전자는 누구나 도달할 수 있는 생명력이 없는 죽은 지식인데 반해 후자는 거듭나지 못한 자들은 도달할 수 없는 살아 역사하는 참 지식이라고 믿었다.

또한 중생을 성화와 같은 의미로 이해한 경건주의자들은 중생을 죄의 용서로 보지 않고 인간의 내적 변혁으로 이해했다. 내적인 변혁이 믿음의 증거라는 것이다. 내적인 변혁이 없다면 진정한 그리스도인이라고 볼 수 없다. 경건주의자들은 믿음이 그리스도의 공로를 받아들이는 것이라고 이해했던 전통적인 개념을 거부하고, 믿음을 그리스도의 내주로 이해했다.

이들은 성화된 삶을 믿음에 대한 증거로 이해했다. 믿음은 살아있는 능력을 수반하며, 갱생의 체험이 곧 이 능력으로부터 나온다고 믿었다. 그리고 영적 갱생이 없다면 살아있는 믿음이 아니며, 칭의는 따라올 수 없다고 보았다. 결국, 경건주의에 따르면 칭의가 믿는 순간 얻어지는 것이 아니라 성화의 결과로 얻어지는 것이다.

경건주의 신앙의 또 하나의 특징은 천년왕국 사상의 복고이다. 요한 빌헬름 페테르센(Johann Wilhelm Petersen, 1649-1727)은 천년왕국론을 대표하는 신학자였다. 그는 계시록 20장의 천년왕국 사상을 "그리스도와 더불어 천년 동안 다스리게 될 미래의 왕국에 관한 예언의 말씀"으로 이해했다.

경건주의자들은 그리스도의 재림 일자에 관심을 가졌으며, 요한 하인리히 영스틸링(Johannes Heinrich Jungstilling, 1740-1817)은 그리스도의 재림일자를 1835년으로 예언하기도 했다. 농부 출신인 요한 마이클 한(Johann Michael Hahn, 1758-1819)은 하나님 나라가 곧 임한다는 주제의 설교를 했으며 많은 사람들이 그를 추종했다. 그 외에도 경건주의 신앙의 특징은 전통적인 철학적, 형이상학적 문제들을 배제하는 한편 신학을 객관적 실재인 성경에서 출발하지 않고 주관적인 사건, 개인적인 경험에서 출발했다.

5. 경건주의의 영향

경건주의 운동이 확산되고 있을 때, 죄의 두려움과 회개 경험의 필요성을 강조하는 뜨거운 종교(Herzens-religion)를 강조했던 경건주의 지지자들 때문에 경건주의자들이 "열광주의자들"로 기성교회에 비추어졌지만, 그렇게 무분별한 이들은 아니었다. 오히려 이들은 정통주의자들에게 결여된 그리스도를 사랑하는 방법을 발전시켰다. 특히 선교의 열정, 찬송가 발전, 그리고 선행의 실천은 이들이 후대에 미친 긍정적인 공헌들이다.

경건주의자들은 선교에 대한 열심이 대단했다. 1705년에는 할레-덴마크 선교회의 후원을 받아 처음으로 선교사 두 사람을 극동 지역에 파송했다. 나중에 헨리 뮬렌버그(Henry Muhlenberg, 1711-1787)는 북미 대륙의 교회를 재건하기 위해서 북미로 출발했다. 특히 세계의 비전을 경건주의에서 찾았던 모라비안들은 해외선교에 지대한 관심을 쏟았다. 종말 신앙이 선교열을 촉진시켰듯이, 경건주의자들이 갖고 있던 재림신앙과 천년왕국 사상이 선교열을 가속화시켜 선교의 붐이 일어났다.

경건주의 운동은 또한 찬송가 발전에도 적지 않은 공헌을 했다. 경건주의자들 가운데 명성을 날렸던 탁월한 설교자는 없었지만 널리 알려진 찬송가 작가들은 적지 않았다. 독일어로 되어 있든지 또는 영어로 번역되어 있든지 간에 파울 게르하르트(Paul Gerhardt, 1607-1676)와 요아킴 네안더(Joachim Neander, 1650-1680), 그리고 게르하르트 테르스테겐(Gerhard Tersteegen, 1697-1769)의 찬송가들은 교회의 가장 값진 유산 중의 하나가 되었다.

마지막으로, 경건주의자들의 선행에 대한 강조는 할레에 유명한 고아원을 설립하는 것과 적극적인 형태로 나타났다. 다른 소중한 단체들이 할레를 비롯하여 독일 내 여러 지역에 잇따라 설립되었다. 그것들은 실업자들을 위한 작업장, 미혼모들을 위한 보호소, 병원과 진료소, 그리고 귀머거리, 벙어리, 맹인, 정신병자들을 위한 수용소에 이르기까지 다양했다. 슈페너에게 있어서 사회사업과 영혼 구제는 상호 보완적인 것이었다.

경건주의는 나폴레옹 시대에 독일에서 부활되어 다른 나라로 흘러 들어가서 스코틀랜드의 홀데인 형제단과 스위스의 모노 형제단의 사역에 영감을 주었고, 또 러시아 황제 알렉산더 1세의 이상주의와 신성동맹(1816)에 자극을 주었다. 경건주의가 독일에서 부활한 후 활약했던 지도자들로는 바로네스 폰 크뤼데너(Baroness von Krudener, 1764-1824)와 네안더(Johann August Wilhelm Neander, 1789-1850)가 있다.

루터교도인 네안더는 개종한 유대인이었으며, 어린아이와 같은 순수한 신앙으로 동시대 사람들에게 깊은 감명을 주었다. 네안더의 제자로서 그의 따뜻하고 헌신적인 경건주의 정신을 물려받은 프리드리히 톨룩(Friedrich Tholuck, 1799-1877)을 통해 경건주의는 19세기 후반 독일에서 "구 루터교"의 두드러진 특징이 되었다. 그것은 교회가 복음 전도와 헌신과 자선을 베푸는 일에 최선을 다하도록 감화를 주었다. 그러나 경건주의는 에른스트 헹스텐베르그(Ernst Hengstenberg, 1802-1869)를 대표로 하는 "신 루터교"의 고백적 정통주의와 정치적 보수주의, 슈페너와 그의 계승자들을 공격한 알브레히트 리츨로 대표되는 급진적 합리주의와 제휴하지 않았다.

그럼에도 불구하고 경건주의는 독일과 스칸디나비아 제국에서 계속 번성하여 그곳의 복음 전도사업에 크게 기여했다. 노르웨이가 특히 경건주의 영향을 받았으나, 그곳에서는 슈페너와 위대한 대중 찬송가 작가인 한스 브론슨(Hans Bronson)의 시대로 되돌아갔다. 한편, 영국에서는 형제단과 고아원 설립으로 유명한 조지 뮐러, 침례교의 위대한 설교자 찰스 스펄전, 케직 사경회 운동, 그리고 구세군의 윌리엄 부스 등의 가르침에서 경건주의가 중요한 요소가 되었다.

미국에서는 경건주의의 영향이 좀 더 많은 변화를 일으키며 널리 확산되었다. 그것은 1730년대의 개혁교회 가운데, 특히 데오도레 프릴링하이즌(Theodore Frelinghuysen, 1691-1747)이라는 인물에 의해 존재했다. 경건주의는 조나단 에드워즈와 대각성운동에 영향을 주었고, 19세기의 성결과 부흥운동, 특히 찰스 피니의 사역에 강력한 힘이 되었다.

20세기에 이르러 경건주의는 오순절 부흥운동의 근간이 되었다. 최근의 신오순절과 하우스 교회 운동의 많은 특징들도 기본적으로는 경건주의에 뿌리를 두고 있음이 분명하다. 이런 의미에서 슈페너의 유산은 영구적이라고 할 수 있다.

6. 요약 및 정리

경건주의는 이론적인 지성주의를 배격하고 개인적인 경험의 산 신앙을 강조하였고 성경의 기본적인 교리를 강조하였으며 제도적인 국가교회에 속해 있는 것으로 만족하지 않고 슈페너의 표현대로 "진지하게 기독 신자가 되고자 하는 자" 또는 프랑케가 말한 바 "회개하는 자" 또는 진젠도르프가 말한 바 "주를 사랑하는 자들" 혹은 분리주의자들이 말한 바 "성령에 충만한 자"들이 교회 안에 따로 모여 모임을 가졌다는 점에서 근대교회의 영적 갱생운동이었다.

그러나 경건주의 운동이 긍정적인 평가만 받은 것은 아니다. 역사 속의 모든 운동처럼, 경건주의 운동 역시 일부 극단적인 추종자들로 말미암아 극단적인 성향으로 기울어지기도 했다. 초기 경건주의 지도자들이 기성 교회를 비판하고 배척하였기 때문에 경건주의가 모욕적인 용어로 사용되기도 했고, 경건주의자들은 광신자요 흥을 깨뜨리는 사람들이라는 비웃음을 당하기도 했다. 심지어 비텐베르그 대학 신학교수인 도이치만(Johann Deutschmann, 1625-1706)은 1695년에 이단 교리를 가르친다는 283개 항의 죄목으로 슈페너를 비난하기도 했다. 그 외에도 많은 사람들이 경건주의를 공격하여 경건주의 운동은 사실 이상으로 과도한 비판을 받기도 했다.

다른 한편으로는 경건주의가 처음 운동을 제창할 때의 의도와는 달리 지나친 형식주의로 치우침으로써 비판을 받았다. 처음 경건주의자들이 진정한 개혁운동을 제창했다는 면에서는 긍정적이었으나, 시간이 흐르면서 점차 경건의 능력보다는 경건의 모양을 중시하는 풍조가 생겼다는 점에서 부정적이었다. 원래 슈페너가 경건주의 운동을 제창할 때의 궁극적인 관심은 영적 갱신이었다.

그러나 본의 아니게 경건에 대한 지나친 강조로 말미암아 경건의 모양이 경건의 실천보다 더 중요하게 다루어졌고, 그 결과 "종교적 교만과 경건에 대한 자랑"이 경건주의 이면에 팽배해지기 시작했다. 말씀과 성령, 믿음과 칭의와의 전통적인 관계도 변화를 겪었다. 이 때문에 경건주의가 부정적으로 평가되기 시작했다. 생명 없는 형식에 대항하여 진정한 교회 갱신을 외쳤던 경건주의자들이 자신들이 최대의 적으로 생각했던 형식주의에 빠져 세인의 비판을 받았던 것이다.

신학적인 불균형과 교회관의 결함에도 불구하고, 경건주의가 경직된 개신교 정통주의와 계몽 사조의 합리주의와 관념론에 대항하여 성경의 진리와 실천을 강조해 영적 각성운동을 촉진시키고 실천적인 삶의 중요성을 확인시켜 주었다는 점에서 긍정적인 평가를 할 수 있을 것이다.

18세기 초부터 신대륙에서 발흥하기 시작한 제 1차 대각성운동은 폭넓은 의미에서 대륙의 경건주의와 무관하지 않다. 특히 1730년대 미국의 제 1차 대각성운동에서 중추적인 역할을 하였던 테오도르 프릴링하이즌, 조나단 에드워즈, 요한 웨슬리와 동시대 인물 조지 휫필드 등은 직간접으로 대륙의 경건주의의 영향을 받은 이들이다.

제10장

대각성운동과 미국 기독교

> 비록 은혜가 인간의 심령에 심어진 다음에는 점차적으로 다양하게 나타나기는 하지만, 회심은 인간의 마음을 변화시키며 죽은 영혼에 생명을 불어 넣으시는 위대하고 영광스러운 하나님의 역사이다.
>
> 조나단 에드워즈(Jonathan Edwards), 1740

17세기 후반부터 18세기 초반, 독일을 비롯한 유럽에서 경건주의 운동이 발흥해 영적 갱신운동이 진행되고 있는 동안 비록 시기적으로 뒤지긴 했지만 미국에서도 유사한 운동이 뉴잉글랜드를 중심으로 발흥했다. 1720년대 뉴잉글랜드에서 발흥한 소위 제 1차 대각성운동은 미국 독립혁명이 한창이던 1770년대까지 반세기 동안 계속되었다. 대각성운동은 신대륙의 기독교 역사에서 매우 의미심장한 사건이었다.[1] 신대륙의 각성운동이 대륙의 경건주의 운동의 여파로 발흥한 것이라고는 단언할 수 없으나 적어도 그 기원에 있어서 후자가 전자의 촉진제 역할을 했다는 사실을 부인할 수 없을 것이다.

마치 대륙의 경건주의 운동이 경직된 개신교 정통주의에 대한 반동으로 발흥했듯이 신대륙의 각성운동은 침체된 청교도 신앙에 대한 반응으로 태동된 것

---

1 Handy, *A History of Christianity in the United States and Canada*, 76, 76-115.

제1차 대각성운동의 주역, 조나단 에드워즈(Jonathan Edwards, 1703-1758)

이다. 이런 각성운동의 발흥에 대륙의 경건주의 운동이 자극제가 되었다는 것은 두말할 필요가 없다. 특히 대륙의 경건주의 분위기에서 교육을 받은 프릴링하이즌(Theodorus Jacobus Frelinghuysen, 1691-c.1747)이 1차 대각성운동의 포문을 열었다는 점에서 대륙의 경건주의와 신대륙의 각성운동은 밀접한 관계가 있다.

1. 1차 대각성운동, 조나단 에드워즈, 뉴잉글랜드 신학

1차 대각성운동의 전야

1720년대 후반부터 1770년까지는 대각성 시대였다. 1720년대 후반부터 일기 시작한 소위 1차 대각성운동은 여러 가지 요인이 복합적으로 작용하여 생성된 운동이었다. 18세기 초엽 미국의 종교적 상황은 요한 웨슬리와 조지 휫필드에 의해 영국에서 복음주의 각성운동이 태동되던 당시와 거의 유사했다. 약속의 땅으로 인도하신 하나님의 주권적인 은혜에 대한 감격이 시들어 가기 시작하면서 1650년대에 들어서 젊은이들 사이에 거역과 배교의 징후가 나타났고 점점 더 원죄에 대해 무감각해졌다. 개척 초기부터 청교도 전통에 서 있던 신대륙의 기독교가 17세기 말엽에 이르러 영적으로 침체되기 시작했고 심지어는 청교도의 옛 신앙이 더 이상 신대륙의 삶을 지배하지 않는 것처럼 보였다.

1675년 인디언들과 필립 왕의 전쟁(King Phillip's War, 1675-1678)이 발생해 뉴잉글랜드의 백인 인구 16분의 1이 목숨을 잃자 신대륙에 정착한 이주자들 가운데는 옛 신앙에서 떠났기 때문에 하나님이 벌하신 것이라고 생각하는 이들도 있었다. 1679년에 열린 개혁 대회에서는 청교도들의 죄악들을 기록한 긴 목록들을 만들고 자신들의 부도덕과 비신앙을 성토하기도 했다. 조나단 에드워즈(Jonathan Edwards, 1703-1758)의 외조부 솔로몬 스토다드(Solomon Stoddard, 1643-1729)는 매사추세츠 노댐프턴에서 목회하면서 청교도 신앙의 회복을 소리 높여 외쳤다.[2] 그 결과 뉴잉글랜드에 영적 각성을 통한 작은 열매들이 1679년, 1683년, 1692년, 1712년, 그리고 1718년에 걸쳐 나타났다. 이런 노력에도 불구하고 대부분의 이주민들은 옛 신앙을 떠나 이생의 쾌락을 자신들의 유일한 낙으로 삼았다. 1702년 코튼 마터의 아버지 인크리즈 마터가 "오 뉴잉글랜드여! 뉴잉글랜드여! 떨지어다, [네] 영광이 사라지고 있나니, [오] 영광이 점차 떠나가고 있도다"[3]라고 외쳤던 것은 우연이 아니다.

이런 영적 부재 현상은 중부와 남부 식민지에서 더욱 심했다. 이곳의 수많은 이주자들에게 신앙은 중요한 관심사가 되지 못했으며 심지어 영국국교도들은 자신들의 성직자에게 사례금을 지불하는 것까지도 주저했다. 이런 시대적 상황을 목도한 토마스 베이컨 목사는 "우리의 종교는, 그 일부가 듬성듬성 경작되고 있고 대부분이 야생 상태로 방치되어 있는, 시골 들녘과 흡사하다"[4]고 탄식했다. 확실히 17세기 말엽과 18세기 초엽의 미국 기독교는 종교의 쇠퇴기에 접어들고 있었다. 이러한 영적 상태는 알코올 탐닉, 폭력, 종교적 무관심이 사회를 갉아먹고 있었던 웨슬리 시대의 영국 상황과 유사했다.

1차 대각성운동의 주역들

다행히 이런 영적 침체 속에서 신대륙에 영적 각성을 일깨우려는 일련의 시도들이 나타났다. 대표적인 이들은 조지 휫필드와 조나단 에드워즈 같은 지도자들이었다. 신대륙을 7차례나 방문한 영국의 칼빈주의 부흥운동가 조지 휫필드는 미국 대각성운동의 영적 분위기를 조성하는데 지대한 공헌을 했다. 1740년 가을에 영국의 복음 전도자 조지 휫필드(George Whitefield, 1714-1770)

---

2   그리스도에 이르는 안내서, 회심에 관한 문서의 저자이기도 한 스토다드는 Jonathan Edward의 할아버지이기도 하다. 하버드 대학 출신으로 모교의 초대 도서관장을 지낸 Stoddard는 1670년부터 매사추세츠에서 목회를 했다. 그는 온건한(Half Way) 계약론을 옹호했다. 훌륭한 아버지는 훌륭한 자녀를 키운다는 것이 입증된다.

3   Hatch, Noll, Woodbridge, *Gospel in America* (Grand Rapids: Zondervan, 1979), 139.

4   Hatch, Noll, Woodbridge, *Gospel in America*, 139.

는 뉴잉글랜드 곳곳에 걸쳐 놀라운 전도 여행을 감당하였다(73일간, 800마일, 130회 설교).[5] 휫필드는 군중을 모을 수 있는 곳이면 어디에서나 설교하였으며, 그의 설교는 농부들로부터 하버드 대학생들에 이르기까지 다양한 계층의 사람들의 관심을 유발시켰다.

한 마디로 그는 놀라운 웅변가였다. 혹자는 휫필드가 단지 "메소포타미아"라는 단어 한 마디의 발음을 통해서도 청중의 눈물을 자아낼 수 있다고 농담할 정도였다. 벤자민 프랭클린(Benjamin Franklin, 1706-1790)도 복음 전도자 휫필드가 필라델피아에서 행한 설교를 듣고 감명을 받았는데, 특히 엄청난 군중에게까지 들릴 수 있을 정도로 멀리 목소리를 보낼 수 있는 휫필드의 음량에 놀랐다고 한다.

신학적으로 볼 때 조지 휫필드는 분명 구칼빈주의자였다. 휫필드에 따르면, 하나님만이 홀로 자신의 선하신 뜻대로 그리스도인들을 영적 침체 상태로부터 깨우신다. 하나님만이 홀로 죄인들을 인도하여 하나님을 믿도록 만드신다. 설교자는 단지 하나님의 손 안에 든 도구에 불과하다. 아무리 뛰어난 설교자라 해도 제 힘으로 청중을 각성시키지 못하며 성도들을 소생시키고 죄인들을 회개시키는 분은 하나님이시다. 이와 같은 휫필드의 사상이 미국 1차 대각성운동의 지도자 프릴링하이즌과 테넌트가(家)에게 적지 않은 영향을 미쳐 미국 대각성운동의 촉매 역할을 했다.

미국이 낳은 가장 위대한 신학자로 평가받고 있는 1차 대각성운동의 지도자 조나단 에드워즈는 혜성처럼 나타난 샛별이었다. 그는 지성, 열정, 언어, 사랑 등 기독교 지도자로서의 조건을 모두 갖춘 완벽한 인물이었다. 13세에 예일 대학을 입학할 때 이미 히브리어와 헬라어, 라틴어를 습득하고 있었다. 지성적이고 열정적이며, 종교적 열정, 의지의 자유, 하나님의 놀라운 일의 서술 등 뛰어난 작품을 저술할 만큼 뛰어난 문학적 재능의 소유자였다. 게다가 성품이 곧고

---

[5] 휫필드의 미국에서의 전도활동에 대해서는 Joseph Tracy, *The Great Awakening: A History of the Revival of Religion in the Time of Edwards & Whitefield* (Pennsylvania: The Banner of Truth Trust, 1976), 75-114를 참고하라.

친화력 있는 인물이었다. 시드니 알스트롬이 지적한 것처럼, 그는 여러모로 보나 분명 칼빈과 바르트 사이에 미국이 낳은 가장 위대한 신학자였다.

그는 침체에 빠진 미국의 영적 각성을 위해서 하나님께서 준비해 두신 인물이었다.[6] 1734년 12월 말 "하나님의 영이 엄청나게 임하셔서 우리 가운데 놀랍게 역사하기 시작했다. 그리고 한 사람 또 한 사람이, 그러다 대여섯 명이 완전히 구원의 회심을 하게 되었고, 그들 중 몇 사람은 매우 놀라운 방식으로 그것을 경험했다."[7] 그 후 1734년과 1735년에, 노댐프턴의 회중교회 목사였던 에드워즈는, 자신이 섬기는 교회와 인근 읍에서 대략 300명의 영혼이 새로 입교하는 것을 목도했다. 이렇게 해서 1734년 노댐프턴에서 시작된 대각성운동은 1742년까지 계속되었다.[8]

에드워즈에 의하면 두 번의 이상한 사건이 종교에 대한 새로운 관심을 창출하는데 도움을 주었다. 첫 번째 사건은 근방의 파스코묵에 사는 두 사람의 갑작스런 죽음이었다. 이 사건은 그 지역 사회 전체를 깜짝 놀라게 했고 이것이 계기가 되어 영적인 일들에 대한 관심이 점증했다. 두 번째 사건은 "읍 전체의 최고 사교가"로 알려진 한 여인의 극적 회심이었다. 에드워즈가 충분히 밝히지 않은 또 하나의 요인은 이신칭의에 대한 그 자신의 설교였다. 확실히 그의 설교도 대각성운동에 일익을 담당했다. 노댐프턴에서 일어나고 있던 상황에 사뭇 고무되어 에드워즈는 그 현상들을 상세하게 기록해 책으로 출간했다.

미국 1차 대각성운동을 담은 대표적 작품 하나님의 놀라운 역사에 대한 신실한 이야기(1737)는 이렇게 해서 세상에 탄생한 것이다. 이 책은 미국 역사상

---

6   Jonathan Edwards와 대각성운동에 대해서는 다음 서적을 참고하라: Jonathan Edwards, *The Great Awakening: A Faithful Narrative*, ed. C.C. Goen (New Haven: Yale University, 1972); Edwin S. Gaustad, *The Great Awakening in New England* (New York: Harper & Row, 1957); Alan E. Heimert, and Perry Miller, eds. *The Great Awakening: Documents Illustrating the Crisis and Its Consequences* (Indianapolis: Bobbs-Merrill, 1964); Perry Miller, *Jonathan Edwards* (New York: W. Sloane Associates, 1949); Ola Elizabeth Winslow, *Jonathan Edwards* (New York: Macmillan, 1940).

7   Tracy, *The Great Awakening*, 12.

8   Tracy, *The Great Awakening*, 12.

부흥에 관한 최초의 "입문서들" 가운데 하나였다. 이 책은 수많은 목사들에게, 자신의 교회에 부흥이 일어날 때 어떤 현상이 나타나는지에 대한 깨우침을 주었다. 요한 웨슬리(John Wesley, 1703-1791)는 영국 런던으로부터 옥스포드까지 도보 여행을 하는 동안 이 책을 읽은 후 그의 일기에 "확실히 이는 주께서 행하신 바요 우리의 눈에 기이한 것이다"라고 기록했다. 에드워즈는 그러한 각성이 언제 일어날 것인지에 대해서는 하나님만이 홀로 결정하신다고 단언했다. 인간이 기도하고 마음을 준비할 수는 있지만 "자비의 계절"이 오는 시기에 대해서는 하나님만이 홀로 주권적으로 결정하신다는 것이다. 따라서 에드워즈에 따르면 부흥운동은 하나님의 기적이었다.

드디어 에드워즈가 말하는 자비의 계절이 1720년 후반에 찾아왔다. 1720년대 무렵 북아메리카에서는 종교적 관심이 고조되는 듯한 표징이 나타났다. 대각성운동의 포문을 처음 연 사람은 유럽 경건주의 운동의 중심부에서 훈련받고 미국으로 건너와 뉴저지 래리턴 밸리에서 목회하던 네덜란드 개혁파 교회 목사 데오도르 프릴링하이즌이었다. 유럽의 경건주의자들이 그렇듯이 그 역시 형식적인 종교적 정통보다 마음의 자세가 더 중요하다고 믿었다. 그러나 프릴링하이즌은 지성에 호소했던 다른 지도자들과는 달리 지성과 감정 모두에 호소했다. 형식적인 신앙이 미국의 기독교인들에게 결코 이득이 될 수 없다고 확신한 그는 종교적인 형식에서 떠나 내용을 중시할 것을 촉구하였다.

이것이 새로운 영적 각성을 창출하고 영적 침체에 빠진 청교도 지도자들을 각성시키는 계기가 되었다. 드디어 개혁파 교회에, 경건한 일들과 기도회 및 하나님의 말씀 선포에 대한 새로운 관심이 나타나기 시작했다. "회개의 중요성과 새로운 영적 생활의 가시적인 증거"를 강조하는 이 네덜란드 목회자의 목회와 설교는 같은 노회의 젊은 목사인 길버트 테넌트(Gilbert Tennent, 1703-1764)에게 영향을 미쳤다.[9] 이것이 부흥운동의 시발이었다.

---

9   Tracy, *The Great Awakening*, 33. 길버트 테넌트는 프릴링하이즌을 통해 대륙의 경건주의 영향을 깊숙이 받았다. 다음 논문을 참고하라. Milton J. Coalter Jr., "The Life of Gilbert Tennent: A Case Study of Continental Pietism's Influence on the Firt Great Awakening in the Middle

이 부흥운동은 어느 한 교단에만 국한된 현상이 아니었다. 1차 대각성운동의 빗줄기가 시작된 후 곧 그 홍수가 식민지 전체를 휩쓸게 되었다. 역사가 에드윈 고스티드(Edwin Scott Gausted, 1923-2011)가 기록한대로 1741-1742년에 이 빗줄기에 "거의 모든 사람이 젖었던"것이다. 사회의 모든 계층이 이러한 흥분상태에 영향을 받았다. 각 개인들은 자신의 개인적인 죄를 생각하면서 엄청난 영혼의 고뇌를 맛보았다. 사람들은 자신도 "택자" 중 하나이기를 몹시 열망했다. "신앙"이라는 말은 이제 정통 교리에 대한 틀에 박힌 빈껍데기식 동의, 그 이상의 것을 의미했다. "신앙"은 그리스도를 향한 마음을 다한 헌신이 되었다. 이리하여 수세기 동안 지속되던 신대륙의 영적 혼수상태는 영적 갱신 앞에서 물러나고 말았다.

1734년부터 1742년까지 뉴잉글랜드를 중심으로 신대륙을 휩쓴 이 놀라운 영적 대각성운동의 결과, 뉴잉글랜드에는 수년 동안 2만 5천명에서 5만 명이 회심하였고, 20년 동안에 250개의 회중교회가 정식으로 조직되었으며, 상당한 분리주의 교회들이 설립되었다. 뿐만 아니라 뉴잉글랜드에 침례교회도 성장의 틀을 다지게 되었고, 장로교 목회자들도 1741년 신파와 구파의 분열 전 45명에서 100명 이상으로 급증했다.[10]

에드워즈와 뉴잉글랜드 신학

1차 대각성운동이 미국교회에 가져다 준 가장 두드러진 것은 미국형 칼빈주의가 형성되었다는 사실이다. 전통적인 청교도 선조들의 신앙을 계승하면서 구파와 신파의 신학적 입장을 하나로 통합한 새로운 칼빈주의가 형성되었다. 이것은 결코 전통적인 칼빈주의에서의 이탈이 아니었다. 그렇다고 전통적인 칼빈주의를 그대로 답습하려는 노력도 아니다. 전통적인 칼빈주의를 수정하지 않으

Colonies" (Ph.D. disser., Princeton University, 1982)
10 Tracy, *The Great Awakening*, 392.

면서 그것을 18세기 미국이라는 시대적 상황 속에서 새로운 형태로 발전시키려는 노력이었다. 바로 그것이 조나단 에드워즈 풍의 칼빈주의다. 에드워즈는 하나님의 절대주권[11]에 기초한 청교도들의 칼빈주의 유산에다 유럽의 개혁파 경건주의를 흡수하여 칼빈주의 부흥운동을 전개함으로써 칼빈주의와 부흥운동이 얼마든지 조화를 이룰 수 있음을 보여주었다.

에드워즈가 가장 우수한 현대 학문과 성경에 비추어 당대의 대각성운동을 연구하면서 미국의 칼빈주의는 새로운 시대를 열었다. 미국 교회사에서 에드워즈가 독보적인 위치를 차지한 것은 대각성운동을 직접 경험한 당사자로서 청교도들이 설파했던 전통적인 칼빈주의의 구원 교리를 재천명하였다는 사실과 당대 학문 조류에 대한 해박한 지식을 가지고 대각성운동을 신학적으로 정립했다는 사실에 있다.[12] 따라서 그는 여러 면에서 미국 교회사에 커다란 업적을 남긴 것이다.

에드워즈를 통해 미국 칼빈주의는 미국의 주체 세력으로 다시 복고되어 튼튼한 위치를 차지하게 되었다. "확고한 칼빈주의자"였던 에드워즈는 "기독교인의 삶을 가장 정당하게 이해할 수 있는 실마리가 하나님의 선택"이라고 믿었다.[13] 그는 칼빈주의 신학에 근거한 각성 운동을 통하여 "미국 부흥운동의 전형적인 특징"을 보여주었다.[14] 매사추세츠 주 노댐턴에 있는 교회 목사가 되었을 때부터 천연두 접종의 부작용으로 갑자기 세상을 떠날 때까지 그는 한편으로 대각성운동(1735-1737; 1740-1744)을 주도하였고, 다른 한편으로는 자연신론자들과 알미니안주의자들을 공격에 맞서 역사적인 칼빈주의를 수호했다.

에드워즈의 칼빈주의는 그가 성장하면서 읽었던 성경과 개혁주의 및 청교

11　Krister Sairsingh, "Jonathan Edwards and the Idea of Divine Glory: His Foundational Trinitarianism and Its Ecclesial Import" (Ph.D. disser., 1986)

12　Samuel Garrett, "Jonathan Edwards and the Great Awakening" in *American Christianity*, ed., Ronald C. White, Jr., Louis B. Weeks, & Garth M. Rosell (Grand Rapids: Eedmands, 1986), 19-29.

13　Gonzalez, *A History of Christain Thought*, 413.

14　Gonzalez, *A History of Christain Thought*, 415.

도 신학자들의 저서를 통해 형성되었다. 드디어 에드워즈는 칼빈주의가 가장 확실한 신학체계라고 확신하기에 이르렀다. 당시 대다수의 사람들에게 '칼빈주의자'라는 말이 '알미니안주의자'라는 말보다도 훨씬 더 "불명예스러운 말"이었지만, 에드워즈는 칼빈을 대단히 존중했다. 심지어 칼빈이 믿었고 가르쳤다는 이유 그 하나 때문에 자신이 오랫동안 지녀 왔던 교리를 완전히 포기하기도 했다.

에드워즈의 많은 실천서들에는 존 플라벨(John Flavel, c.1627-1691), 토머스 맨톤(Thomas Manton, 1620-1677), 존 오웬(John Owen, 1620-1677), 데오필러스 게일(Theophilus Gale, 1628-1678), 새뮤얼 루더포드(Samuel Rutherford, 1600-1661) 등으로부터 인용한 구절들이 풍부하다. 또, 조나단 에드워즈는 개혁주의 신학자 페트루스 반 마스트리히트(Petrus van Mastricht, 1630-1706)에 대해서 그의 저서들이 "내 견해로는 성경을 제외하고 세상의 어떤 책보다도 더 훌륭하다"고 했다.

에드워즈가 칼빈주의 신앙을 구체적으로 설파하기 시작한 것은 그의 외조부 솔로몬 스토다드(Solomon Stoddard, 1643-1729)가 담임하고 있는 교회에 오면서다. 칼빈주의 신앙에 근거한 확신에 찬 설교는 청중들을 사로잡았고 듣는 이들은 하나님의 절대주권을 거슬렀던 자신들의 죄된 삶을 하나 둘 씩 회개하기 시작했다. 죄인을 부르시고 구원하신 것이 하나님의 주권적인 사역이고 헤아릴 수 없는 하나님의 은혜라는 사실을 망각하고 있던 교인들은 비로소 은혜의 의미를 깨닫기 시작했다.

1735년부터 그가 맡고 있던 노댐프턴의 교회에 각성운동이 일어났고 곧 그 여파로 뉴잉글랜드 지방 교회들에까지 부흥운동이 널리 확산되었다. 에드워즈가 고백하듯이 그것은 "하나님의 역사"였다. 전적으로 부패한 인간이 구원을 받을 수 있는 유일한 길은 하나님의 은혜를 통해서만이며 그것은 전적으로 하나님께서 하시는 일이라고 믿었다. 그러나 하나님은 "인간이 의존함으로 영광 받으시는 하나님"이기 때문에 "진노하시는 하나님 손에 있는 죄인들"은 하나님의 은혜를 받기 위해서 즉시 그를 의지해야 한다는 것이다. 즉 인간의 구원뿐만 아니라 인간의 진노 역시 하나님의 수중에 있기 때문에 인간은 절대주권의 그분을 의지하는 가운데 하나님의 자비의 손길을 간구해야 한다. 이런 그의 칼빈주의 설교를 통해 교인들 가운데 영적 각성을 창출했다. 수많은 사람들이 자신들의 죄를 회개하는 각성 운동이 일어났다. 그가 남긴 놀라운 회심 이야기(1737), 하나님의 영의 사역의 두드러진 특징들(1741), 부흥운동 소고(1742), 신앙감정론(Religious Affections, 1746) 등은 이런 각성운동의 이야기를 토대로 한 것이다.

에드워즈는 전통적인 청교도들의 칼빈주의 신앙을 설파하는 한편, 알미니안주의자들과 자연신론주의자들의 합리주의 공격으로부터 교인들을 보호하기 위해 노력했다. 그는 알미니안주의와 자연신론 모두 전통적인 복음주의 신앙에서 멀어지게 만든다고 믿었다. 알미니안주의는 하나님의 은혜가 인간 의지의 자유로운 선택에 달려 있다고 외침으로써 은혜의 복음을 전도시켰고, 자연신론은 자연의 법칙이 고유한 힘 혹은 필연성을 지니고 있다고 함으로써 유사한 영향을 미치고 있었다. 자연신론에 의하면 하나님께서는 천체를 움직이면서 그림자 속으로 은신하신다.

에드워즈는 1750년 스톡브리지에 정착하여 그 변경 주둔지에 있는 인디언들 속에서 사역하면서 분주한 중에서도 시간을 내어 알미니안주의를 공격했다. 1758년 사후에 출판된 위대한 기독교 원죄론 변호(Original Sin)서 에드워즈는 아담의 죄가 후손에게 전가되었다고 주장한다. 에드워즈의 칼빈주의 인간론을 강하게 담고 있는 것이 1754년 출판된 의지의 자유이다. 그의 가장 유명한 저서, 의지의 자유(The Freedom of the Will, 1754)는 칼빈주의 인간론에 근거하여 하나님의 주권과 인간의 의지와의 관계를 피력한 작품이다. 여기서 에드워즈는 인간의 본성과 구원의 원천에 대한 전통적인 칼빈주의적 견해를 새롭고 강력한 언어로 상술했다. 이런 에드워즈의 하나님의 절대주권 사상은 그의 윤리관에도 반영되었다.[15]

---

15   에드워즈의 하나님의 주권사상과 그의 윤리관의 상관관계는 다음 논문에서 훌륭히 다루

에드워즈의 일관된 의지론을 요약하면 다음과 같다. 인간이 자유의지대로 자기가 원하는 것을 선택할 수 있다는 알미니안주의는 복음의 본질을 떠났다. 만일 알미니안주의자들이 말하는 것처럼, 인간들이 그들이 원하는 대로 그리스도를 택하거나 거절할 수 있는 형이상학적 능력을 정말로 지니고 있다면, 그들은 하나님과 거리를 두고 지낼 수도 있고, 하나님으로 하여금 그들의 마음이 내킬 때까지 기다리게 할 수도 있을 것이다. 그렇다면 인간의 회심에서 주체는 하나님이 아니라 인간이라는 결론이 나온다. 그러나 에드워즈는 죄인의 회심에서 그 회심을 향한 성령의 능력과 은혜의 작용이 직접적으로 역사한다고 믿었다. 따라서 구원과 회심의 주체는 인간이 아니라 주권적으로 역사하는 하나님이라는 것이다.

그의 철저한 칼빈주의 인간론은 인죄론에서도 여실히 찾아볼 수 있다. 에드워즈에 따르면 인간 속에 "의지"와 같은 어떤 실체는 존재하지 않는다. 오히려 인간은 환경이나 인간본성에서 나오는 자기 속에 존재하는 가장 강력한 동기에 따라, 무언가를 행하려고 "의도한다." 에드워즈의 가르침의 핵심은 좋은 나무가 나쁜 열매를 맺지 못하고 나쁜 나무가 좋은 열매를 맺지 못하듯이, 인간은 언제나 내부적 성품과 일치하는 방향으로 행동한다는 것이다. 따라서 하나님께서 친히 인간의 성품을 변화시키지 않는 한 인간은 결코 하나님을 기쁘게 하는 방향에서 행동하고 싶어 하지 않는다는 것이다.

하나님이 먼저 죄인을 변화시키지 않는 한 인간은 하나님을 사랑하고 그의 말씀에 순종할 수 없다는 것이다. "내가 이제 주장하려는 바 하나님 말씀의 관찰 결과는 이러하다. 어느 순간에도 전적인 하나님의 의지 외에 악한 인간들을 지옥에서 건져낼 만 한 것은 아무것도 없다. 내가 여기서 말하는 의지란, 그 어떤 것에 의해서도 제약을 받지 않는, 어떤 종류의 어려움에도 방해를 받지 않는, 오직 하나님 자신의 뜻 외에는 어떤 다른 것에 의해서도 방해를 받지 않는, 그의

고 있다. Stephen D. Crocco, "American Theocentric Ethics: A Study in the Legacy of Jonathan Edwards" (Ph.D. disser., Princeton University, 1986).

절대 주권적 의지, 그의 임의적인 의지, 즉 어떤 측면에서 매우 짧은 순간에 심지어 사악한 자의 보존에까지 개입하시는 의지를 의미한다."[16] 에드워즈에게 중생은 하나님의 주권적 선물이며, 그것이 회개와 회심의 토대이다. 따라서 에드워즈의 작품에는 청교도풍의 구 칼빈주의가 강하게 흐르고 있다.

이런 엄격한 칼빈주의 인간관 때문에 에드워즈의 인간론은 계몽주의의 인본주의 영향을 상당히 받은 영국의 존 테일러(John Taylor, 1694-1761)로부터 신랄한 비판을 받기도 했다. 1739년부터 1740년까지 저술한 성경적 원죄론, 자유롭고 솔직한 연구 제안(The Scripture Doctrine of Original Sin Proposed to Free and Candid Examination)이라는 작품에서 그가 에드워즈의 원죄론과 인간론을 예리하게 반박하자 에드워즈는 1758년에 저술한 기독교 원죄론 변호(Original Sin)에서 테일러의 비판에 대해 똑같은 강력한 어조로 일축했다. 영국은 전통적인 칼빈주의 인간관이 영향력을 상실하고 계몽주의의 영향을 받아 점점 더 낙관주의적인 인간관이 태동되었으며 앞서 언급한 테일러의 작품은 그 전형적인 실례였다. 이런 영향력을 신대륙에서 막는데 에드워즈는 결정적인 역할을 했던 것이다.[17]

에드워즈는 전통적인 청교도 신앙을 당대에 재진술하기를 원했다. 그는 기독교 원죄론 변호에서 아담이 범죄할 때 인류 전체가 아담 안에 있었으며, 결과적으로 모든 인류가 아담의 범죄적 성향을 공유하게 되었다고 역설했다. 1746년에 출판된 신앙감정론에서는 종교적 감정의 실존을 입증하는 것은 종교적 감정의 분량이나 강도가 아니라 종교적 감정들이 하나님을 사랑하고 그의 기쁨을 구하는 변화된 마음에서 비롯되느냐 그렇지 않느냐 하는 것이라고 설파했다. 에드워즈에 따르면 진정한 기독교적 감정은 강렬하고 풍부하다. 그리고 그

---

16 Paul Helm, "Jonathan Edwards: New England Theologian," in *Great Leaders of the Christian Leaders*, John Woodbridge ed. (Chicago: Moody, 1988), 285.

17 테일러와 에드워즈의 논쟁을 다룬 중요한 논문으로는 다음을 참고하라. Charles Samuel Problem II, "Johnathan Edwards and John Talor on Human Nature: A Study of the Encounter Between New England Puritanism and The Enlightenment(Original Sin, Determinism, Free Will, Problem Evil, Personal Identity" (Ph.D. Disser. The University of Texas at Dallas, 1985)

감정의 유효성을 측정할 수 있는 최종적 시금석은, 그것이 하나님에 의해 새로워진 마음에서 흘러나오느냐 그렇지 않느냐, 그리고 하나님에 대한 사랑의 섬김으로 귀착되느냐 그렇지 않느냐에 달려있다.

2. 에드워즈 이후의 뉴잉글랜드 신학

1758년 에드워즈가 세상을 떠난 후 미국의 청교도 신학은 크게 세 그룹으로 대별되어 진행되었다. 가장 두드러진 집단은 구 칼빈주의자들인데 이들은 변천하는 미국의 상황에 점차 자신들을 적응시키면서 뉴잉글랜드의 전통적인 교리와 정책을 소중히 간직하려는 자들이었다. 이들은 스스로 정통주의자들로 인식하고 있었으며, 미국의 기성의 수많은 질서들에 혼란을 초래하는 과도한 부흥운동에 동의하지 않았다.

그러나 이들은 마음의 할례 곧 중생이 기독교인의 삶의 본질이라는 청교도들의 유산을 결코 과소평가하지 않았으며, 성령께서 청교도 공동체에 특별한 은혜를 부여하시기 위해 강림하셨다는 희망도 포기하지 않았다. 18세기 말엽까지 예일 대학을 주도했던 것은 이들이며, 하버드 대학 역시 소수를 제외하고 상당히 전통적인 청교도 사상을 보존했다. 구 칼빈주의를 대변하는 인물로는 매사추세츠 찰스타운의 목회자 제디다이아 모스(Jedidiah Morse, 1761-1826), 하버드 대학 교수 데이빗 타폰(David Tappan, 1792-1803), 하버드 대학 학장 조셉 윌라드(Joseph Willard, 1781-1804), 예일 대학 총장 토마스 클랩(Thomas Clap, 1740-1766), 아이삭 스타일즈(Issac Stiles, 1697-1760)와 그의 아들 에즈라 스타일즈(Ezra Stiles, 1727-1795)가 있다.

두 번째 공동체는 구 칼빈주의자들보다는 더 자유주의적인 이들로 당시 서서히 발흥하고 있던 알미니안주의 신학을 대변하는 이들이었다. 보스턴의 제일교회 목회자 찰스 촌시(Charles Chauncy, 1592-1672)와 그보다 급진적인 조나단 메이휴(Jonathan Mayhew, 1720-1766)가 전형적인 인물이다. 이들은 전통적인 칼빈주의 신학에서 상당히 이탈했으며 후에 하버드 대학이 자유주의의 중심지가 되는데 있어서 하나의 가교 역할을 했다. 이들의 후계자들은 유니테리안 사상을 받아들여 유니테리안들이 되었으며, 그 결과 이들은 구 칼빈주의와 역사적으로 단절된 자유주의 개척자들이 되었다.

세 번째 집단은 "뉴디비니티"라고 알려진 신학집단으로 예일을 중심으로 형성된 새로운 신학사조다. 이 신학을 주창한 이들은 모두 예일 대학 출신들로 스승-학생관계, 혈통, 그리고 결혼관계로 결속된 것이 특징이다. 이들의 특징 가운데 하나는 형이상학에 대한 지나친 관심인데 이 때문에 구 칼빈주의자들이나 자유주의자들로부터 "형이상학 학파"라는 비판을 받았다. 이들은 에드워즈의 전통을 단순히 고수하는데 그치지 않고 그 이상의 방법론을 발전시키기를 원했다.

비록 이들이 자신들이 에드워즈의 진정한 후계자들로 인식하고 있었고 에드워즈를 자신들의 영웅으로 존경했지만 여러 가지 면에서 에드워즈의 전통에서 이탈하고 말았다. 그래서 예일대 교수 시드니 알스트롬은 그의 미국종교사에서 뉴디비니티 신학을 미국이 낳은 '가장 뛰어나고 가장 지속적인 토착 신학 전통'이라고 말한 바 있다.[18] 뉴디비니티를 비판하는 자들은 뉴디비니티야말로 청교도 신학을 인본주의적으로 왜곡시켰다고 말하지만, 뉴디비니티를 옹호하는 이들은 뉴디비니티가 에드워즈의 칼빈주의와 19세기의 미국 개신교를 연결하는 교량 역할을 했다고 예찬한다. 비판하든, 예찬하든 한 가지 분명한 사실은 뉴디비니티가 전통적인 칼빈주의에서 이탈했다는 사실이다. 대표적인 인물로 사무엘 홉킨스, 조셉 벨러미, 나다니엘 엠몬스, 조나단 에드워즈 2세를 들 수 있다.

1741년 예일 대학을 졸업한 사무엘 홉킨스(Samuel Hopkins, 1721-1803)는 졸업식 때 에드워즈의 설교, "하나님의 성령의 두드러진 특징들"을 듣

---

18   Sydney Ahlstrom, *A Religious History of American People* (New Haven: Yale University Press, 1972), 405.

고 감동을 받아 8개월 동안 에드워즈 밑에서 수업을 받았던 인물이다. 혁명기간 동안 로드아일랜드가 영국에 의해 점령되어 잠시 추방되는 아픔을 겪었지만, 홉킨스는 로드아일랜드의 뉴포트 제일교회 목회자로 사역하면서 광범위한 영향력을 미쳤다. 미국절제운동, 노예 반대운동, 선교운동은 그가 남긴 귀중한 유산들이다. 그가 남긴 가장 큰 업적은 두 권으로 된 조직신학(The System Of Doctrines, 1793)이다. 이 책에서 사무엘 홉킨스는 에드워즈의 윤리적 통찰을 일관된 체계로 발전시켰다. 그가 하나님과 피조물에 대한 사랑이 어떻게 우리 자신에 대한 사랑을 초월해 우리의 행동 지침이 되어야 하는가를 묘사할 때 사용한 표어는, "사욕 없는 자비"였다. 홉킨스의 가장 큰 특징은 소위 자범죄와 구별되는 원죄 사상을 제거하려고 했다는 사실이다.

홉킨스와 유사한 견해를 갖고 있던 뉴디비니티 인물이 조셉 벨러미(Joseph Ballamy, 1719-1790)였다. 1735년 예일을 졸업한 벨러미는 에드워즈 문하에서 직접 교육을 받은 또 하나의 전형적인 뉴디비니티 신학자였다. 홉킨스보다는 좀 더 정통적인 견해를 지니고 있었으나 하나님을 도덕적 통치자로 보는 벨러미의 견해는 에드워즈 전통과는 거리가 멀었다. 그의 가장 근본적인 사상은 이 세상에 지고선을 성취하시기 위한 필요한 수단으로 하나님께서 죄를 허용하셨다는 것이다. 인간이 아담의 원죄를 전가 받았기 때문에 죄인이 아니라 죄를 지었기 때문에 죄인이라는 것이다. 또 하나는 유기에 대한 새로운 정의인데 벨러미에 따르면 하나님의 벌이 거룩한 진노의 표현이 아니라 하나님의 법의 권위를 유지하시기 위한 중요한 수단이다.

이 중에서 가장 유명한 것은 구속에 대한 그의 해석인데 벨러미에 따르면 하나님께서는 그리스도의 죽음을 이제 더 이상 인간의 무한한 죄에 대한 "만족"으로 여기시지 않으며, 또 구속의 효과도 택자들에게만 제한시키지 않으셨다. 오히려 그리스도의 구속이 우주의 안녕을 성취하시기 위한 하나님의 사랑의 사역이라고 벨러미는 이해했다.[19] 여러 가지 면에서 전통적인 에드워즈 사상에서

---

19 Ahlstrom, *A Religious History of American People*, 405.

이탈한 벨러미는 조나단 에드워즈 2세, 티모시 드와이트, 나다니엘 테일러의 사상적 선조가 되었다.

에드워즈의 아들 에드워즈 2세(Jonathan Edwards, Jr. 1745-1801) 역시 뉴디비니티를 대변하는 인물이다. 앞에서 언급한 홉킨스나 벨러미보다는 신학적인 공헌이 적었지만 그가 고안한 "통치론"(govern mental theory)은 뉴디비니티 신학을 대변하는 사상 중의 하나로 자리 잡았다. 통치론은 그리스도의 속죄를 법적 통치에 대한 하나님의 관심의 증거로 이해한 네덜란드 개혁주의 신학자 그로티우스의 사상에 적지 않은 영향을 받았다. 그리고 인간의 무한한 죄는 도덕적 질서라는 맥락에서 속죄된 것으로 보아야 한다는 것이다.[20] 이런 에드워즈 2세의 사상은 전통적인 칼빈주의의 하나님 주권사상을 약화시키는 것으로 아버지 에드워즈의 청교도 전통에서 상당히 이탈한 것이다.

수많은 사람들이 에드워즈의 후계자들로 자처했지만 불행히도 에드워즈를 따르는 사람 가운데 적지 않은 이들이 여러 면에서 에드워즈의 칼빈주의에서 이탈하여 뉴디비니티(New Divinity)의 지지자들로 인식되기에 이르렀다. 허버트 슈나이더(Herbert W. Schnieder, 1892-1984)가 지적한 것처럼, 에드워즈의 후계자들은 에드워즈가 사용한 신학용어들을 사용하기는 했지만 그의 경건을 무시했던 것이다.[21]

후기 에드워즈 전통 전체에 대하여 가장 고려해야 할 시대적 환경은, 에드워즈 전통이 계몽주의와 신대륙의 정치적 관심사의 희생물이 되었으나, 에드워즈만은 청교도들에 근접하였기 때문에 유익을 얻었고 대각성운동으로부터 종교적인 지지를 받았다. 에드워즈는 어거스틴과 초대교부들에 이르기까지 광범위한 사상을 섭렵할 수 있었으나 그의 제자들은 새로운 사조와 열정이 지배하자 자신들의 과업을 수행하는데 어려움에 봉착했다. 1760년 이후 점점 더 미국을 사로잡은 것은 신학이 아니라 정치, 법률, 무역, 전쟁, 그리고 건국과 같은 이슈

---

20   Ahlstrom, *A Religious History of American People*, 409.
21   Herbert W. Schneider, *The Puritan Mind* (Ann Arbor: University of Michigan Press, 1958), 208.

였다. 그러므로 뉴디비니티 신학자들은 한편으로 광범위한 앵글로-유럽의 문명의 경계에 펼쳐진 어려운 목회지에서 사역하면서 다른 한편으로 거대한 변증학적 문제들을 해결해야만 했다.

그럼에도 불구하고 그들은 개혁주의 전통에 있는 어떤 이들이 창조적으로 수행할 수 없었던 것을 성공적으로 수행했다. 그들은 한편으로 극단적인 부흥주의와 다른 한편으로 합리주의라는 두 도전에 직면하여 교리적 전통을 유지하고 그것을 시대적 환경 속에 끊임없이 발전시켰다. 에드워즈만큼 당대의 진보적 신학 사조에 용기 있게 맞선 신학자도 드물 것이다. 그들의 작품을 인내를 가지고 읽는 사람은 이들 뉴디비니티 신학자들이 자신들의 과업을 대단히 놀랍게 수행했다는 사실을 부인할 수 없다. 그들의 작품들은 정치적인 소용돌이가 몰아치던 기간 동안에, 뉴잉글랜드 신앙전통을 신세기의 거센 풍랑 아래서 다시 한 번 전진시킬 수 있는 효과적인 닻의 역할을 했다. 그러나 이 은유는 너무 정적이다. 이들 사상가들이 키를 잡기는 했으나 거친 바다를 항해해야만 했다. 19세기말 그들이 영향을 미친 교회들은 이제 더 이상 16세기의 지성적 범주들에 제한되지 않았다.

뉴디비니티는 19세기까지 미국의 지배적 신학 지류를 형성했다. 시드니 알스트롬은 이 사람들이 결코 지역적인 탈선자들이 아니었다고 평했지만[22] 이들이 비록 칼빈주의를 포기한 것은 아니더라도 역사적 칼빈주의를 새로운 시대적 조류와 조화를 이룰 수 있도록 수정한 것은 분명했다. 당대의 칼빈주의 수정과 변천을 깊이 우려한 예일 대학 학장 에스라 스타일즈(Ezra Stiles, 1727-1795) 같은 조나단 에드워즈 추종자들은 뉴디비니티 지도자들이 전통적인 칼빈주의에서 떠났다고 개탄했다. 이런 전통적인 칼빈주의의 수정은 독립혁명과 2차 대각성운동으로 대변되는 낙관주의 시대를 지나면서 더욱 심화되었다.

---

22 Ahlstrom, *A Religious History of American People*, 414.

3. 대각성운동과 교세의 확장

초기 미국 장로교의 설립

미국 교회는 17세기 말엽과 18세기 초엽에 들어서면서 조금씩 틀을 형성해 나갔다. 그 중에서도 장로교는 교회 조직에서 선구적인 역할을 했다. 남부에 일찍이 장로교가 자리 잡기 시작했다. 최초의 미국 식민지, 버지니아에 정착한 사람들 중에 많은 사람들도 비록 영국국교회와 분리하지는 않았지만, 장로교에 동정적이었다. 1692년 버지니아에서 최초의 합법적인 장로교가 조직되었고, 장로교인들이 메릴랜드 서부와 케사피크만의 동부에 일찍이 정착했다. 또한 뉴잉글랜드로부터 온 청교도 목회자들이 메릴랜드와 델라웨어에서 장로교회를 설립했다.

뉴잉글랜드에는 처음부터 회중교회가 강했지만 장로교회도 개척 초기부터 설립되었다. 청교도 지도자인 코튼 마터(Cotton Mather, 1663-1728)에 따르면 1629년과 1649년 사이 21,000명의 청교도들이 뉴잉글랜드에 정착하였는데, 그 중에 4,000명 이상이 장로교 제도를 가진 정치를 채택했다. 그러나 이들 중 많은 사람이 회중교회와 협력하였는데, 회중교회가 지배적이었던 당시 상황으로는 자연스러운 현상이다. 특별히 코네티컷에 정착한 회중교인들은 장로교에 동정적이었다. 이들이 중부와 남부로 옮겨가면서 주로 장로교인들이 되었다.

중부 식민지는 초기부터 장로교가 강해 1649년부터 1685년까지 중부에 장로교회가 조직되기 시작했다. 프란시스 도우티(Francis Doughty, 1616-c.1670)와 리차드 덴톤(Richard Denton, 1601-1658)은 이 지역의 지도자들이었다. 도우티는 당시 뉴암스테르담인 뉴욕으로 옮겨가 그곳에서 5년 동안 목회를 하였고, 덴톤은 1683년과 1699년에 뉴욕에 장로교회를 설립했다. 1667년에서 1692년 사이 코네티컷과 롱아일랜드에서 온 청교도들이 뉴저지에 장로교회를 설립하기 시작했다. 1700년까지 뉴욕과 뉴저지에 약 10개에서 15

개의 독립 장로교회가 설립되었다. 이처럼 장로교가 급속히 성장한 중요한 요인은 1664년 네덜란드를 거쳐 미국에 온 이들 이주자들이 후에 장로교인이 되었고, 1685년 장로교 전통이 강한 스코틀랜드 언약자들이 스코틀랜드의 박해의 시기를 피해 뉴저지로 이주하여 왔기 때문이다. 하버드 대학 출신 에디디아 앤드류(Jedediah Andrew, 1674-1747)에 의해 1701년 필라델피아에 최초의 장로교가 설립되었다.

미국에서 최초의 장로교 노회가 설립된 것은 신대륙을 발견한 후 2세기가 흐른 1706년 필라델피아에서였다. 장로교 설립의 아버지 프란시스 매케미(Francis Makemie, 1658-1708)는 스코틀랜드에서 교육을 받은 아일랜드 출신이었다. 매케미는 여기 저기 떨어져 있는 가구들을 말을 타고 방문하면서 한데 모아 드디어 1683년에 메릴랜드의 리호보스(Rehoboth)와 스노우 힐에 장로교회를 설립했다. 당시의 장로교회는 오늘날처럼 노회나 총회를 중심으로 한 조직적인 교회가 아니라 여기저기 흩어져있는 독립교회였다. 매케미가 이것들을 한데 모아 1706년에 최초의 노회를 조직한 것이다. 이 최초의 노회설립은 두 가지 특징을 가지고 있었다. 첫째는 상이한 전통을 가진 뉴잉글랜드 청교도 출신과 스코틀랜드-아일랜드 장로교 전통에서 온 7명의 목회자들이 노회를 구성했다는 사실이고, 둘째는 노회 조직이 스코틀랜드에서처럼 "하향식"으로 조직된 것이 아니라 "상향식"으로 조직되었다는 점이다. 신학적으로 미국 장로교는 스위스, 스코틀랜드 전통을, 정치에서는 웨스트민스터 전통을 따랐다. 메릴랜드, 델라웨어, 그리고 필라델피아에도 새 노회가 조직되어 대회의 설립을 가속화시켰다.

1716년에 4개의 노회 즉, 롱아일랜드(뉴욕 뉴저지), 필라델피아, 뉴캐슬(델라웨어), 그리고 스노우 힐(메릴랜드) 노회가 참여하여 최초의 장로교 대회를 조직했다. 이 대회에는 첫 노회 조직 때와 마찬가지로 두 스코틀랜드-아일랜드 출신과 뉴잉글랜드 출신들로 구성되었다. 전자는 보수적이었고 후자는 보다 개방적인 입장을 갖고 있었기 때문에 장로교 대회가 웨스트민스터 신앙고백을 택하는 것을 달갑지 않게 생각했다. 그러나 대회는 목사 후보생들이 이 신앙고백을 준수할 것을 요구할 뿐만 아니라 교회의 중요한 교리로 채택했다.

1730년대 부흥운동이 발흥하자 장로교는 많은 목회자들이 요구되었는데, 펜실베이니아 네샤미니에서 목회하던 윌리엄 테넌트가 통나무 대학을 설립하여 지도자 공백을 메워 주었다. 윌리엄 테넌트는 1718년에 아일랜드로부터 그의 네 아들과 함께 필라델피아로 이주하여 왔다. 그들이 정착한 곳은 훗날 한국에 파송된 언더우드 가문이 미국에 이민 와서 정착한 뉴브룬스위크였다. 윌리엄 테넌트는 이곳에 후에 수많은 부흥운동의 지도자들을 배출한 통나무 대학을 설립했다. 조지 휫필드의 표현을 빌리면 이 학교는 "옛 선지 학교를 닮은 것처럼 보였다." 그곳에서 교육받은 졸업생이 18명이었으며, 그 중에 윌리엄 테넌트의 아들이 4명이나 되었다. 길버트 테넌트를 비롯한 통나무 대학 출신들은 미국의 1차 대각성운동에서 주도적인 역할을 했다. 통나무 대학은 프린스톤 대학의 전신인 뉴저지 대학 설립의 초석이 되기도 했다. 1746년 뉴저지 대학이 설립되었을 때 12명의 재단 이사 중에 4명이 통나무 대학과 연계성이 있었다.[23] 뉴저지 대학은 1756년에 프린스턴으로 옮겼고 1896년에 프린스턴 대학교로 개명했다.

1차 대각성운동은 교회의 삶에 적지 않은 영향을 미쳤다. 그 중에도 직접적으로 교회에 영향을 미친 것은 역시 교회의 성장과 분열이다.

장로교의 성장과 분열

1차 대각성운동이 일어나기 전까지만 해도 미국의 기독교 집단은 소수에 불과했다. 그러나 조지 휫필드, 프릴링하이즌, 길버트 테넌트, 조나단 에드워즈 및 그의 두 제자 조셉 벨러미(1719-1790)와 사무엘 홉킨스(1721-1803) 등

---

23   프린스톤 대학은 신파 장로교 지도자들에 의해 설립되었으나 스코틀랜드 출신 위더스푼이 학장으로 부임하면서 구파가 지배하는 대학이 되었다. 그러다 프린스톤 신학교 초대 교수였던 스코틀랜드 출신의 2차 대각성운동 지도자 아키발드 알렉산더가 프린스톤 신학교 교장으로 부임하면서 프린스톤 대학과 신학교는 구파가 주도적인 역할을 했다.

에 의해 미국개신교가 급성장했다. 그 대표적인 예가 뉴잉글랜드 교회이다. 부흥운동의 중심지인 뉴잉글랜드에는 30만의 인구가 있었는데 부흥운동이 한창 일던 1730년대 말 2년 동안에 약 25,000명에서 50,000명의 새 교인이 불어났다. "진노하는 하나님 수중에 있는 죄인들"이라는 에드워즈의 설교는 교인들을 회개의 도가니로 몰아넣었고, 대각성운동의 촉진제가 되었다. 대각성운동은 다시 선교 열정, 인류애, 교파간의 협력, 교육 기관의 설립을 촉진했다. 인디언 선교가 이때부터 본격화되었다.

대각성운동이 미친 또 하나의 영향은 교회의 분열이다. 대표적인 교단이 장로교다. 상이한 두 집단에 의해 형성된 장로교는 설립 초기부터 분열의 위험을 안고 있었다. 영국의 청교도 전통에서 온 스코틀랜드-아일랜드 계통은 강력한 칼빈주의 전통에 근거한 전통적인 보수주의를 표방하고 있었다. 또 하나의 구성원은 뉴잉글랜드 출신들인데, 이들은 경건주의-부흥운동의 특징을 더 많이 지니고 있었다. 따라서 미국 장로교 안에는 항상 스코틀랜드-아일랜드 전통과 경건주의 전통이 저변에 흐르고 있다. 부흥운동 문제를 두고 이들은 의견을 달리했다. 경건주의 계통은 부흥운동을 적극적으로 지지한 반면 스코틀랜드-아일랜드계는 부흥운동에 대해 매우 비판적이었다. 이 문제는 교단의 진로 문제와 연관이 있었기 때문에 부흥운동의 문제를 놓고 그것을 찬성하는 쪽과 반대하는 쪽으로 갈라지게 되었으며, 1741년 교단은 부흥운동을 찬성하는 신파(New Side)와 반대하는 구파(Old Side)로 분열되었다. 기존의 필라델피아 대회는 구파로, 새 대회는 신파로 알려졌다.

대각성운동의 장본인들(New Lights, New Sides) 가운데 일부는 현란하고 지나친 기교를 사용했다. 이 때문에 종종, 일종의 감정적 전염체로서의 대각성운동에 반대한 자들(Old Lights, Old Sides)이 날카로운 적개심을 일으켰다. 국교회 목사들을 특별히 화나게 만든 것은, 일부 신파 설교자들의 순회 설교였다. 그들의 메시지에는 종종 구파 설교자들에 대한 강력한 비난이 들어 있었다. 일부 신파 설교자들은 부흥운동을 반대하는 구파 출신들을 "죽은 회중에게 설교하는 죽은 사람들"로 묘사했고, 이에 격분한 구파 목사들은 신파 순회 설교자들을 단에 세우는 것을 금했다. 1738년에 새로 설립된 뉴브룬스위크 노회 소속 길버트 테넌트 목사는 부흥운동을 지지하는 신파 소속의 목사였다. 그가 1740년 펜실베이니아의 노팅함에서 동료 목회자들을 비판하는 "회심 받지 못한 목회의 위험"이라는 불꽃 튀기는 설교를 했다. 이 설교는 부흥운동을 반대하는 자들을 비판하는 설교로 당대의 목회자들에게 적지 않은 충격을 주었다. 분개한 구파 목회자들이 이 문제를 해결하기 위해 1741년 대회를 열어 길버트 테넌트를 정죄하고 그가 소속된 노회를 대회에서 추방하는 사건이 일어났다. 화가 난 뉴브룬스위크 노회는 1745년 이웃 노회들, 즉 뉴욕 노회와 뉴캐슬 노회를 부추겨 대회를 조직하였는데, 이것이 뉴욕 대회였다. 결국 부흥운동을 지지하는 신파의 뉴욕 대회와 부흥운동을 반대하는 구파의 필라델피아 대회가 대립하는 현상이 발생했다. 비록 1758년 구파와 신파가 다시 연합했지만 구파와 신파 사이의 갈등이 완전히 해소되지는 않았다.[24]

1741년 필라델피아 대회 때 분열한 후 신파 장로교회는 전도에 박차를 가하기 시작했다. 대표적인 것이 뉴브룬스위크 노회가 윌리엄 로빈슨에게 안수를 주어서 버지니아와 캐롤라이나 지역 선교사로 파송한 것이다. 이것은 스코틀랜드-아일랜드 출신 구학파가 지배하던 선교지역에 신파의 영향력을 확산시키기 위한 노력의 일환이었으나, 이것은 구파에 대한 정면 도전이었다. 1742년에서 그 다음해까지 피에드몬트(Piedmont) 지역을 중심으로 한 로빈슨의 순회 전도는 대단한 반응과 호응을 동시에 얻었으며 그 지역 장로교 선교에 신기원을 이루었다. 이런 적극적인 전도활동과 로빈슨의 순회목회에 대한 반응은 기대했던 것보다 상당히 긍정적이었다. 이에 자극을 받은 통나무 대학 출신 부흥운동가들, 사무엘 블레어(Samuel Blair, 1712-1751), 존 론(John Roan, c.1724-1775), 사무엘 핀리(Samuel Finley, 1715-1766), 길버트 테넌트와 윌리엄 테넌트가 남부에서의 신파 장로교 확장에 지대한 역할을 했다. 1741년 분열 당

24　John M. Mecklin, *The Story of American Dissent* (New York: Harcourt, Brace and Company, 1934), 239.

시 27명이던 구학파의 목회자수는 1758년 연합할 때에는 23명으로 줄어든 반면, 1745년 22명에 불과하던 신파 목회자들은 73명으로 불어나 구학파 목회자 수의 3배나 되었다.[25] 그럼에도 불구하고 남부에서의 장로교 성장은 침례교의 성장과 비교할 때 비교적 성장이 더딘 편이었다.

침례교와 감리교의 성장

1740년까지 침례교는 비교적 교세가 약했다. 그것은 침례교 선교가 조직적인 망을 가지고 진행되기보다는 산발적으로 진행되었기 때문이다. 게다가 토착적인 성격을 지니고 있는 경우도 많았다. 그러다 1차 대각성운동을 통해 18세기 중엽부터 침례교가 빠르게 성장했다. 이들은 에드워즈가 주장한 구원의 확신이 있어야 세례를 받을 수 있으며, 또 그래야 완전한 한 사람의 교인이라고 생각했다. 대각성운동 때 회심한 침례교도 슈발 스턴스(Shubal Stearns, 1706-1771)와 다니엘 마샬(Daniel Marshall, 1706-1784) 등은 1754년부터 버지니아와 노스캐롤라이나 등 남부 식민지에서 전도활동을 벌였다. 침례교도들은 영불 전쟁에서 영국이 승리한 후 애팔래치아 산맥 너머 서부 식민지에서도 전도하여 상당한 결실을 보았다.

미국에서의 침례교 중심지는 필라델피아 지역이었다. 필라델피아에서의 침례교의 성장과 영향력이 북부와 남부로 확대되기 시작했다. 침례교의 개척자 중에 한 사람인 엘리아스 키취(Elias Keach, 1665?-1699)는 1688년 페니펙에 영국, 웨일즈, 그리고 아일랜드에 온 침례교도들로 형성된 침례교회를 조직했다. 뉴저지 피스카타웨이(Piscataway)에도 토마스 킬링워드(Thomas Killingworth, 1634-1692)에 의해 침례교회가 조직되었다. 1691년까지 두 곳이 더 증가하여 침례교회는 4개로 불어났다. 이들 4개의 침례교회와 1703년 델라웨어에서 조직된 침례교회가 연합하여 1707년 필라델피아 침례교 연맹

---

25 Handy, *A History of Christianity in the United States and Canada*, 84.

(PBA)을 결성했다. 중부 식민지에 설립된 침례교회들이 주로 칼빈주의 침례교인데 반해 남부 식민지에 조직된 침례교회의 대부분은 영국에서 기원된 알미니안 전통을 따르는 알미니안 침례교회들이었다. 1755년까지 노스캐롤라이나 지역에만 16개의 침례교회가 설립되었다.

침례교와는 달리 미국이 독립을 쟁취할 때까지 식민지 내에서의 감리교의 영향력은 상당히 제한되어 있었는데, 그것은 감리교회가 독립적인 성격을 지니고 있기보다는 영국국교회 내에서 활동했기 때문이다. 미국 감리교회는 성장이 눈에 띄지는 않았으나 독립혁명 동안에 조직을 정비할 수 있었다. 감리교회가 미국에서 본격적인 성장을 할 수 있는 틀을 마련한 것은 프란시스 애즈베리와 드브렉스 자라트(Devereux Jarratt, 1733-1801)를 통해서이다.

4. 요약 및 정리

시드니 알스트롬이 지적한 것처럼 "1607-1760년의 혁명" 기간에 미국 개신교의 개혁주의 및 청교도의 요소보다 식민지 미국의 사상에 더 중요한 영향을 미친 것은 없었다.[26] 이 기간 동안 교회는 식민지 문화의 형성에 결정적인 역할을 했다. 하버드, 예일, 프린스톤을 비롯한 주요 대학들이 미국에 이주해 온 청교도들에 의해 종교적인 목적으로 설립되었다. 심지어 미국의 건축양식, 시, 철학, 음악, 그리고 역사도 미국의 청교도신앙과 떨어질 수 없는 밀접한 관련을 맺고 있었다.

이 시대에 미국의 식민지 생활에 영향을 미친 또 하나의 요소는 인구증가이다. 1713년 36만의 인구가 1760년 1백 60만으로 증가했고, 1776년에는 무려 3백만으로 급증했다. 이런 인구 증가에 결정적인 역할을 한 것이 대가족을 중심으로 한 신대륙의 농업정책이었다. 당시에 대가족제도는 일반적인 현상이

---

26 Ahlstrom, *A Religious History of American People*, 347.

었다. 대가족제도와 함께 조혼이 성행해 21세 정도의 미혼여성은 노처녀로 통했다. 당시는 자연적인 출생을 장려하는 시대였기 때문에 12명의 자녀를 가진 가정을 흔히 발견할 수 있었으며, 20명의 자녀를 가진 가정을 발견하는 것도 드문 일이 아니었다. 인구증가에 결정적인 역할을 한 또 하나의 요소는 이민자들의 유입이었다. 영국, 웨일즈, 북아일랜드, 스코틀랜드, 독일 등 여러 지역으로부터 수많은 이주자들이 신대륙으로 몰려들었다. 이런 유럽인들의 신대륙 유입은 유럽의 종교와 문화가 미국 내에 자연스럽게 소개되는 계기를 마련해 주었다.

그러나 청교도 신앙이나 인구증가 못지않게 이 시대의 미국 문화 형성에 결정적인 역할을 한 것은 1차 대각성운동이었다. 대각성운동은 미국의 정치 및 이념적 변천에 일조했다.[27] 대각성운동이 미국 문화에 미친 영향 중의 하나는 부흥운동을 통해 지명도가 있는 전국적인 인물들이 등장하여 미국의 종교를 하나로 연결해 주었다는 사실이다. 이것은 연방제도의 정착에 적지 않은 기여를 했다. 부흥운동의 지도자 조지 휫필드, 길버트 테넌트, 조나단 에드워즈 등은 출신 지역을 넘어 신대륙 전체에 널리 알려진 전형적인 인물들이다. 1차 대각성운동을 통해 이들은 전국의 종교를 하나로 묶어 주는 가교 역할을 했다. 종교적인 측면에서 하나로 연결된 것은 결국 직접적이든 간접적이든 미국의 독립과 정치에 적지 않은 영향을 미치게 되었다.

---

27 Ahlstrom, *A Religious History of American People*, 349.

제 11장

요한 웨슬리와 영국 감리교 운동

우리를 구원하는 하나님의 은혜나 사랑은 모든 사람 안에 그리고 모든 사람에게 자유롭게 주어진다

요한 웨슬리(John Wesley), 1740

차가운 정통주의에 대한 반동으로 발흥한 경건주의 운동이 유럽에서 영적 각성을 촉구하고, 신대륙에서는 대각성운동이 진행되고 있는 동안, 영국에서는 생명력 없는 영국국교회와 자연신론에 대한 반동으로 감리교 부흥운동이 태동했다. 역사적으로 살펴볼 때 영국의 부흥운동은 경직된 영국국교회주의와 전통적인 기독교를 위협하는 자연신론에 대한 반동으로 진젠도르프의 모라비안과 같은 대륙의 경건주의 운동의 영향을 받아 발흥한 운동이라고 볼 수 있다.[1] 이런 의미에서 영국의 부흥운동은 대륙의 경건주의 운동과 무관하지 않다. 독일 경건주의운동, 모라비안 형제단, 그리고 초기 감리교 운동 모두는 기성 교회 안에서

---

1   독일 경건주의, 모라비안 형제단, 그리고 초기 감리교 운동의 상관관계에 대해서는 다음 논문을 참고하라. Howard Albert Snyder, "Pietism, Moravianism, and Methodism as Renewal Movement: A Comparative and Thematic Study" (Ph.D. disser., 1983). 1730-1740년대의 미국의 제1차 대각성운동 외에도 1750년부터 1850년까지 여러 차례의 부흥운동이 일어났다. John Wesley(1703-1791)와 George Whitefield에 의해 일어난 감리교 운동과 Charles Finney가 주도한 미국의 2차 대각성운동, 그리고 General William Booth가 주창하였던 구세군 운동 등을 들 수 있다.

요한 웨슬리(John Wesley, 1703-1791)

일어난 영적 각성운동이었다.

당시 18세기 초반의 영국은 전환기였다. 18세기에 산업혁명이 발생하면서 영국은 세계를 주도할 경제 대국으로 급성장하는 한편 신대륙에서의 식민지 경쟁에서도 주도권을 장악했다. 반면 종교적, 영적으로는 상당히 침체에 빠져 있었다. 영국 기독교에 신선한 활력을 불어 넣어 주었던 칼빈주의 열정이 사라지고 급기야 "청교도는 죽었다"는 것이 당시의 일반적인 통념이었다. 영국국교회는 세속주의에 빠졌고 신자들의 관심은 스포츠, 정치, 오락이었다. 국교의 타락화·세속화 현상은 사회에 그대로 반영되어, 영국 사회는 가치 기준을 상실하고 윤리적 표준 없이 표류하는 비도덕적인 사회가 되었다.

이런 종교적, 윤리적 침체는 세 가지 방향에서 그 원인을 찾을 수 있다. 첫째는 청교도 신앙의 쇠퇴이며, 둘째는 자연신론의 발흥으로 인한 전통 기독교의 위협, 셋째는 산업혁명으로 인한 인간의 가치기준의 변천을 들 수 있다. 특히 산업혁명의 발흥으로 영국은 영적인 가치 기준을 중시하던 사회에서 문명의 이기와 풍요를 중시하는 물질주의 혹은 실용주의 사회로 변천했다. 그 결과 1688년 명예혁명 후 영국의 기독교는 급격히 영향력을 상실하고 도덕적인 수준이 저하되었다.

1. 요한 웨슬리의 사상 및 교육적 배경

바로 이런 시대에 18세기의 가장 위대한 전도자이자 개혁자이며 신학자였던 요한 웨슬리가 역사에 등장해 흔들리는 영국의 기독교에 활력을 불어넣어 주었다. 요한 화이트헤드(John Whitehead), 헨리 무어(Henry Moore), 룩크 타이어맨(Luke Tyerman)처럼 웨슬리의 위대함을 개신교 한 교파의 창시자라는 사실에서 찾든지, 알렉산더 낙스(Alexander Knox)처럼 어거스틴과 존 크리소스톰 같은 탁월한 신학자라는 사실에서 찾든지, 기독교회사에서 웨슬리가 차지하는 위치는 대단하다.

구태여 웨슬리를 개신교 정통주의와 경건주의라는 거대한 두 개의 개신교 운동의 어느 한쪽에 설정시키려 한다면 우리는 웨슬리가 복음전도와 신학을 상호 불가분리의 관계에 놓여 있다고 이해했다는 점에서 주저하지 않고 개신교 경건주의 전통에 그를 위치시킬 수 있을 것이다. 그러나 웨슬리는 전형적인 경건주의자가 아니었다는 사실도 기억해야 한다. 웨슬리는 신앙의 주관주의가 얼마든지 오용될 수 있는 여지가 있음을 잘 알고 있었고, 성경의 메시지를 떠난 주관주의 신앙이 잘못된 신비주의 신앙을 태동시킬 수 있다는 사실도 잘 알고 있었다.[2]

뿐만 아니라 탁월한 지성과 영국국교회의 품위 있는 배경 속에서 훈련받은 목회자였으면서도 비천하고 소외된 사람들을 위해 사역했다는 점에서 웨슬리는 민중을 위해 민중의 언어로 복음을 해설한 전형적인 인물로 기억되어야 할 것이다. 두 개의 상이한 조류가 물과 기름처럼 이원론적으로 존재하는 것이 아니라 하나의 조화를 이루며 존재하고 있다. 이런 이유 때문에 웨슬리는 한편으로 평이한 사람으로 평가받으면서도 다른 한편으로는 다른 어떤 인물들과도 구별되는 독특하고 범상한 인상을 남겼다. 그는 당대의 취향과 편견을 그대로 반영하면서도 당대인들이 생각하지 못한 앞선 사고를 가지고 있던 인물이었다. 때문에 웨슬리의 사상과 삶에는 신앙과 행위, 성경과 전통, 계시와 이성, 하나님의 주권과 인간의 자유, 보편구원과 조건선택, 기독교인의 자유와 정치질서, 용서의 확신과 타락의 위험, 그리고 원죄와 기독교 완전주의가 대립적인 구조로 나타나지 않고 조화와 통일을 이루고 있다. 여기에 웨슬리의 위대함이 있다.

이런 웨슬리의 모습은 그가 섭렵했던 사상들과 그가 활동했던 시대적인 배경 속에서 그 원인을 찾아야 할 것이다. 아마도 웨슬리의 삶과 사상을 집약한다면 복음주의 개신교 정신이라는 말로 집약할 수 있을 것이다. 웨슬리 안에는 전형적인 개신교주의가 영국의 국교회주의와 어우러져 있다는 것이다. 웨슬리는

---

2   박용규, "경험, 전통, 이성과 성경과의 관계에 대한 요한 웨슬리의 이해," 신학지남 제59권 3집 (1992년 가을): 71-98.

가정배경 속에서 실천적인 모델을, 옥스포드와 조지아 선교사 시절 섭렵한 영국국교회 신학자들의 작품들 속에서 전통적인 영국국교회 사상을, 성경과 교부들의 작품들을 통해 초대교회의 경건과 금욕주의 삶을, 그리고 제레미 테일러(Jeremy Taylor, 1613-1667), 토마스 아 켐피스(Thomas á Kempis, 1380-1471), 윌리엄 로(William Law, 1686-1761), 헨리 스쿠갈(Henry Scougal, 1650-1678) 같은 지도자들을 통해 그리스도인의 성화와 거룩을 접할 수 있었다.

특히 종교개혁과 청교도 운동 이후 퇴조하던 교부 연구가 17세기에 윌리엄 비버릿지(William Beveridge, 1637-1708), 로버트 넬슨(Robert Nelson, 1656-1715)과 같은 이들에 의해 복고되어 기독교 교리와 기독교 영성을 연계시키려는 움직임이 일어났는데 이것은 웨슬리에게 신선한 도전을 주었다. 웨슬리는 안디옥의 이그나티우스(Ignatius of Antioch, 35-c.107), 알렉산드리아의 클레멘트(Titus Flavius Clemens, 150-215), 이집트의 마카리우스(Macarius of Egypt, c.300-391), 시리아의 에프라엠(Ephraem Syrus, 306-373)와 같은 이들로부터 경건과 지혜를 터득했다. 게다가 당대의 에드워즈 스틸링플리트(Edward Stillingfleet, 1635-1699), 길버트 버넷(Gilbert Burnet, 1643-1715)과 같은 관용주의자들로부터 교회의 가치는 교회의 엄격하고 교리적인 순결성보다는 교회의 유효성에 의해 더 잘 측정할 수 있다는 사실을 배웠다.

웨슬리는 1703년 6월 17일 링컨셔 지방 엡워드에서 아버지 사무엘 웨슬리(Samuel Wesley, 1662-1735)와 어머니 수잔나 앤슬리(Susanna Annesly, 1669-1742) 사이에 19자녀 중 15번째로 태어났다. 요한 웨슬리는 아버지 사무엘로부터 영국국교회주의의 철저한 권위주의적 신앙, 어머니 수산나로부터 "예리한 감각과 깊은 경건," 그리고 영국의 청교도들로 "개혁 정신"을 물려받았다. 비국교 목회자였던 조부와 외조부로부터 목회적 자질을 물려받은 아버지 사무엘 웨슬리는 옥스포드 대학을 졸업하고 영국국교회 목회자로 링컨셔 지방 엡워드에서 사역하고 있었으며, 어머니 수잔나 앤슬리는 장로파 청교도 목회자 사무엘 앤슬리의 딸이었다. 특히 어머니 수잔나는 남편은 물론 자녀들에게 교회 문제나 신학적 논쟁에서 결정적인 조언을 해주는 교사며 안내자였다. 아버지 사무엘 웨슬리 안에 흐르고 있던 비국교도의 전통과 어머니 수잔나 앤슬리 안에는 흐르고 있던 청교도 복음주의 신앙이 영국국교회의 틀 속에서 요한 웨슬리 안에 통합된 것이다.

1714년 11살 되던 해 웨슬리는 버킹검 공작의 장학금으로 런던에 있는 차터하우스에 입학했다. 이곳에서 6년 동안 성공적인 교육을 마친 웨슬리는 1720년 당대의 석학 존 펠(John Fell, 1625-1686), 헨리 알드리취(Henry Aldrich, 1647-1710), 그리고 프란시스 애터베리(Francis Atterbury, 1663-1732)가 지도하던 옥스포드 크라이스트 처치 대학에 차터하우스의 추천생으로 입학했다. 탁월한 스승 밑에서 웨슬리는 당대 최고의 학문을 섭렵할 수 있었으며, 이것이 후대 웨슬리의 사역에 긍정적인 영향을 미치게 되었다.

1725년까지 그의 종교적인 관심은 별로 성숙한 것은 아니었다. 그해 웨슬리는 신앙과 개인적인 헌신을 다짐하는 한 회심사건을 경험했다. 이 변화는 테일러 감독, 토마스 아 켐피스, 그리고 윌리엄 로의 작품을 통해 도전을 받으면서 일어난 것이다.

> 내 나이 23살 되던 해인 1725년 나는 테일러 감독의 **거룩한 삶과 죽음의 규칙과 연습**이라는 작품을 접했다. 이 책의 몇몇 부분을 읽는 도중 특히 '순수한 의도'와 관련된 부분에서 깊은 감동을 받았다. 내 삶의 전부(단지 얼마가 아니라)를 하나님께 헌신하든지 아니면 내 자신 곧 결국 사탄에게 … 헌신하든지 하는 것이지 중도적인 입장이란 있을 수 없다는 사실을 확신하고 나는 즉시 하나님께 '나의 전 삶,' 내 '모든' 사상과 말 그리고 행동을 헌신하기로 다짐했다.[3]

---

3   John Wesley, *The Works of Rev. John Wesley XI* (London: Printed at the Conference-Office, 1809-1818), 366-367.

테일러의 작품을 읽고 받은 변화와 같은 사건이 그 다음해에도 계속되었다.

> 1726년에 나는 [토마스 아] 켐피스의 **기독교인의 유형**이라는 작품을 접했다. 내향적인 종교의 본질과 범위, 뜨거운 종교가 이제 그 이전보다 더 강한 빛으로 내게 와 닿았다. 하나님께 나의 전 삶을 드리는 것(이것을 하는 것과 이 이상도 가능하다고 생각함)도 그에게 내 '마음' 곧 '내 전 마음'을 드리지 않는다면 아무 유익이 없다는 사실을 알았다.⁴

웨슬리는 '사심 없는 순수한 애정이야말로 하나님의 보좌에 오를 수 있게 만드는 영혼의 나래'라는 토마스 아 켐피스의 사상에 적지 않은 영향을 받았다. 그리고 그의 종교적인 열정을 촉진시켜 주는 또 한 번의 사건이 일이 년 후에 발생했다. "1년 혹은 2년 후 [William] Law의 **기독교 완전주의**와 **중요한 소명** 두 작품을 접할 수 있었다. 이 두 작품은 결코 '미지근한 그리스도인'이 되어서는 안 된다는 사실을 내게 확신시켜주어 하나님의 은혜로 하나님께 혼과 몸과 성품을 다해 '완전히 헌신'하기로 다짐했다."⁵ 이들의 작품에 나타난 다양성에도 불구하고 이들 세 사람의 작품들이 보여주는 공통점은 기독교인의 삶은 경건 곧 마음과 뜻과 성품을 다해 하나님을 사랑하고 이웃을 내 몸과 같이 사랑하는 데 있다. 이 때 접하게 된 고전을 통한 신앙적 체험으로 성경과 신학보다 고전을 더 중시하게 되었다. 웨슬리는 방대하고 다양한 서적을 섭렵하였으며 이것이 그의 사상의 폭을 한층 넓혀 주었다.

그는 경건한 가정환경과 대학에서의 인격적 성숙, 경건한 친구들의 지도, 그리고 위 세 사람의 작품을 통한 진지한 종교적 열정의 추구를 통해 인생의 전환점을 맞았다. 웨슬리는 23살에 맞은 종교적 변화 이후 안수를 받고 영국국교

4　Wesley, *Works*, XI, 366-367.
5　Wesley, *Works*, XI, 366-367.

회의 목회자로서 입문했다.

2. 홀리클럽

이 시절의 요한 웨슬리를 이해하는 또 하나의 중요한 열쇠는 동생 찰스 웨슬리와의 관계이다. 요한 웨슬리와 찰스 웨슬리는 전도 사역과 감리교 운동의 동역자였다. 형 요한은 편지에서 자주 "나의 동생과 나"라는 표현을 통해 둘의 관계가 단순한 형제 관계가 아닌 동역자 관계임을 암시해 주고 있다. 둘은 상호 보완적이어서 즉흥적인 요한 웨슬리와 이지적인 찰스 웨슬리는 조화로운 동역자였다. 웨슬리 형제는 런던에서는 각각 다른 학교에 다녔지만 둘 다 옥스포드 대학에 진학했다. 요한 웨슬리는 크라이스트 처치 대학을 마치고 1726년 링컨 대학 특별 연구원 자격을 가지고 헬라어 강사로 임명되었으며, 그 해 동생 찰스가 옥스포드의 크라이스트 처치 대학에 입학했다. 두 사람 모두 홀리클럽의 일원이었다.

1726년부터 1729년까지 3년 동안 요한 웨슬리는 엡워드와 루트에서 아버지를 도와 목사보로 사역하다 1729년 11월 옥스포드로 돌아왔다. 형 요한이 옥스포드를 떠나 있던 1729년 봄 찰스는 친구 두 사람과 성경공부와 공동기도를 목적으로 홀리클럽을 결성했다. 이 모임은 병든 자와 가난한 자, 그리고 옥에 갇힌 자들을 돌보는 일과 함께 성경 연구, 기도, 자기반성을 위한 것이었다. 옥스포드로 돌아와 대학 강사 겸 연구원으로 활동하고 있던 요한 웨슬리가 홀리클럽에 참여하면서 자연히 이 모임의 지도자가 되었다.

초창기에 이들은 매주 수요일과 금요일에 금식하고 매주 성찬식을 갖는 등 기독교인의 규범을 정하고 공동체적인 성격을 띠고 규칙적인 훈련을 실천하고 있었다.[6] 엄격하고 규율적인 생활 때문에 학부 학생들로부터 홀리클럽, 신

---

6 Manschreck, *A History of Christianity II* (Grand Rapids: Baker Book House, 1962), 270.

찰스 웨슬리(Charles Wesley, 1707-1788)

앙개혁클럽, 성경벌레, 열광주의자들, 메쏘디스트, 그리고 적선자들(積善者, Supererogation Men)이라는 별명이 붙여졌다. 요한 웨슬리를 비롯한 홀리클럽 일원들은 메쏘디스트라는 이름을 좋아하지는 않았지만 이 이름이야말로 홀리클럽의 성격을 가장 잘 묘사하는 별명이었다. 이들은 처음부터 거창한 기독교 운동을 전개하려는 욕심이 없었고, 다만 기독교의 일반적인 원칙에 따라 살아가는 진정으로 훈련된 규율주의자들이 되기를 원했을 뿐이었다.

홀리클럽 회원들에게 가장 큰 영향을 미친 인물은 윌리엄 로(William Law, 1686-1761)였다. 특히 그의 두 작품 기독교인의 완전에 대한 실천론(*A Practical Treatise upon Christian Perfection*, 1726)과 경건하고 거룩한 삶에 대한 진지한 소명(*A Serious Call to a Devout and Holy Life*, 1728)에 많은 영향을 받았다. 특히 로에게 적지 않은 영향을 받은 웨슬리는 옥스포드에 있는 동안 케임브리지 연구원을 사임하고 저술에 전념하고 있던 비국교도주의자 윌리엄 로 가정을 매일 새벽 방문하여 그의 가르침을 들었다.

홀리클럽 회원들이 관심을 가지고 탐구하기 시작한 것은 초대교회 교부들 특히 그들의 금욕주의적 신앙생활이었다. 특히 웨슬리가 매력을 느낀 교부들은 이집트의 마카리우스와 시리아의 에프라엠이었다. 마침 같은 홀리클럽의 일원이자 교부연구의 전문가였던 존 클레이톤(John Clayton, 1709-1773)의 도움으로 웨슬리는 17세기 후반부터 복고되기 시작한 교부연구 붐을 타고 번역, 출간된 교부들의 원전을 접할 수 있었다.

초대교회 교부들의 경건과 금욕적인 삶 속에서 웨슬리는 가톨릭의 규범이라고 할 수 있는 것들을 발견했다. 그가 이들에게 매력을 느끼고 있었던 부분은 완전주의를 금생에서의 기독교인의 목표로 삼고 있었다는 점이다. 또한 완전주의 개념도 당시의 로마 가톨릭의 영성신학에서 말하는 정지된 완전주의와는 상당히 다른, 일종의 과정이었다. 웨슬리는 초대교회 교부들 특히 알렉산드리아의 클레멘트가 말한 "기독교 영지"(Christian Gnostic)가 이상적인 기독교인의 모델이라고 믿었다. 고대 동방의 절제된 사랑과 영국 국교의 학구적 사랑이 웨슬리의 지성에 융해되어 나타났다.

이런 동방의 금욕주의에 대한 매력 때문에 웨슬리는 한때 홀리클럽을 한적한 장소로 이전해 회원들이 절제 있고 금욕적인 훈련을 받을 수 있기를 원했다. 물론 이것은 현실적으로 불가능한 일이었다. 그즈음 가족들은 웨슬리가 아버지 사무엘을 이어 엡워드의 영국국교회 성직 사역을 감당하기를 권했다. 이것은 웨슬리에게나 가족에게나 편리한 일이었지만, 그는 그 사역이 오히려 금욕적인 훈련을 방해할 뿐만 아니라 그로 인해 자신이 아직도 중요하게 생각하는 홀리클럽의 일원들의 협력도 받을 수 없을 것이라고 판단하고 그 제의를 거절했다. 동방의 절제된 금욕주의에 매력을 느끼고 있던 웨슬리로서는 경직되고 틀에 박힌 제도적인 영국국교회의 성직이 진정한 기독교 정신과는 거리가 멀다고 느끼고 있었다.[7]

3. 조지아 선교

1735년 4월 25일 부친이 세상을 떠나고 3개월 후 조지아 식민지 재무담당이며 복음전도회의 후원자였던 존 버튼(John Burton)박사가 웨슬리에게 인디언들과 조지아 식민지 이주자들의 선교사역을 담당해 줄 것을 제의했다. 같은 해 9월 요한 웨슬리는 그 제의를 수락하였고 조지아 선교회에서도 이를 승인해 10월 21일 글래브센드(Gravesend)를 떠나 신대륙으로 향했다. 그가 복음전도회 교구목사로 정식으로 임명받은 것은 이듬해 1736년 1월이었다.

신대륙으로 향하는 배 시몬스에는 그의 동생 찰스 웨슬리, 벤자민 잉함(Benjamin Ingham, 1712-1772), 그리고 새로 영입된 찰스 델러모트(Charles Delamotte, c.1714-1786)가 함께 승선했으며, 아직 안수를 받지 않은 조지 휫필드는 후에 그들과 합류하기로 약속했다. 배 안에는 모라비안파 감독 데이비드 니취만(David Nitschmann, 1696-1772)이 이끄는 26명의 모

---

[7] Manschreck, *A History of Christianity II*, 270.

라비안 교도들이 동승하고 있었다. 웨슬리는 험한 풍랑 앞에서도 당황하지 않고 하나님을 찬양하는 모라비안 교도들의 담대한 신앙에 큰 도전을 받았다. 웨슬리는 조지아 식민지 사바나에 도착한 후에도 진젠도르프를 이어 모라비안 지도자가 된 아우구스트 고트리프 슈팡겐베르그(August Gottlieb Spangenberg, 1704-1792)를 비롯한 모라비안 지도자들과 계속 교제를 나누었다.⁸ 웨슬리 형제의 조지아 선교는 처음부터 실패의 소지를 지니고 있는 일종의 모험이었다. 제임스 에드워즈 오글도르페(James Edward Oglethorpe, 1696-1785) 장군의 비서로 활동하던 찰스 웨슬리, 교구를 담당하던 요한 웨슬리, 요한 웨슬리를 도와 사역하던 잉함과 델러모트 모두 경험이 미숙했다. 찰스의 서투른 비서직 수행, 융통성 없는 요한 웨슬리의 목회사역, 별로 도움이 되지 않는 잉함과 델러모트의 목회보조는 조지아 선교의 실패를 예견하기에 충분했다.

더구나 요한 웨슬리가 사바나 지방행정관의 18살 된 조카 소피에 홉키(Sophie Hopkey)와 사랑에 빠짐으로써 상황은 복잡하게 전개되었다. 그렇게 오랫동안 추구하던 금욕주의적 절제와 새로 발견한 사랑 사이에서 웨슬리가 방향을 잃고 번민한다는 사실이 한편으로는 앞뒤가 맞지 않는 일이기도 하지만 다른 한편으로는 그것이 나약한 우리의 모습이다. 소피에가 다른 구애자와 함께 가출하면서 그들의 사랑은 일단락되는 듯했다. 그러나 질투심에 불타던 웨슬리가 그녀의 성찬참여를 금지하자 소피에의 남편이 웨슬리를 명예훼손으로 고소하면서 상황이 더욱 복잡해졌다. 그에 대한 12번의 공판이 열렸고, 웨슬리는 기소되었다. 그 후 재판은 지지부진하게 계속되었고, 6개월간 번민하던 웨슬리는 "일그러진 혐오스럽고 몹시 화가 난 비극적인 어릿광대가 되어" 영국으로 도피해 버렸다.

조지아의 선교가 실패했으나 웨슬리는 소중한 경험을 했다. 그는 "브레이 박사 협회"로부터 서적 구입을 위한 상당한 기부금을 받아 그가 염원하던 대로 자신과 동료들을 위한 상당한 신학 서재를 갖출 수 있었다. 서재에는 17세기와

---

8   Manschreck, *A History of Christianity II*, 269.

18세기 영국국교회도들의 작품들, 약간의 비국교도들의 작품들, 그리고 몇 권의 대륙 개신교도들의 작품들이 포함한 60개 이상의 목록의 방대한 서적이 있었다. 그 중에서 가장 인상적인 작품은 초대 동방교회 성례교과서를 담은 비버릿지(William Beveridge, 1637-1708)의 팬덱태(*Pandectae*)라는 작품이었다. 그는 초대교회 예배의식의 연구를 하다 그것을 예배에 실제로 적용해 보았다. 이런 새로운 시도는 여러 사람을 당황하게 만들었고 그 때문에 거부 반응도 생겨났다. 프레데리카(Frederica)의 행정관 홀톤(William Horton, 1708-1749)은 웨슬리에게 이렇게 불평하였다:

> 사람들은 … '그들이' 개신교도들이라고 말한다. 그러나 당신의 경우 도대체 당신이 어떤 종교를 가지고 있는지 그들은 말하지 못한다. 그들은 예전에는 그런 종교를 결코 들은 적이 없다.[9]

도대체 어떤 영향을 받아 웨슬리가 이렇게 행동하는지 이해할 수 없었던 대법관 8명이 이와 같은 예전 혹은 교회 문제와 관련하여 웨슬리에게 유죄 판결을 내렸다. 웨슬리는 이런 시행착오를 거치면서 자기 신학을 하나둘씩 정립해 나갈 수 있었다.

조지아에서의 경험이 웨슬리에게 가져다준 또 하나의 긍정적인 측면은 모라비안과의 만남이었다. 모라비안 교도들은 말과 행동이 일치된 순수한 신앙을 평범한 삶의 현장 속에서 끊임없이 보여주었다. 그가 조지아에서 돌아오자마자 모라비안 교도들을 만나 계속 교제를 나누었던 것은 결코 우연이 아니다. 독일의 모라비안 공동체를 가능한 한 빠른 시일 내에 방문할 계획도 세우고 있었다.

---

9   John Wesley, *Journal I* (Chicago: Moody Press, 1974), 234.

4. 올더스게이트가 회심

1738년 2월 1일 요한 웨슬리는 신앙과 장래의 불확실이라는 두 가지 어두운 짐을 안고 영국으로 돌아왔다. 조지아로 떠날 때 환상적인 것으로 친구들에게 비추어졌던 조지아 선교가 이제는 실패의 경험으로 웨슬리에게 와닿은 것이다. 자연히 영국에서의 새 사역은 만족할 수도 없었고, 결실도 없었다. 웨슬리 형제는 조지아 선교 사업 이후 몇 사람의 모라비아 기독교인들과 계속 교제를 나누었다. 이것은 영국으로 돌아와서도 계속되었다. 모라비안 피터 뵐러(Peter Böhler, 1712-1775)는 웨슬리 형제가 체험적인 신앙을 소유할 수 있도록 도전을 주었다. 뵐러가 인도하는 경건모임에 출석하고 있던 찰스와 요한 웨슬리 형제가 드디어 놀라운 영적 체험을 경험했다.

성령 강림 주일인 그해 1738년 5월 21일 리틀 브리튼에 위치한 존 블레이의 집에서 동생 찰스 웨슬리는 루터의 갈라디아서 주해를 읽는 도중 구원의 확신을 체험하고 이렇게 간증했다. "나는 이제 하나님과 평화롭게 있는 나 자신을 찾았다. 그리고 사랑하시는 그리스도에 대한 소망으로 기뻐했다. 나는 내가 끊임없는 믿음의 도움으로 서 있는 것을 믿음의 눈으로 보았다." 이 사건이 있던 다음날 아침 그는 시편 107편을 묵상하고 나서 그 유명한 회개의 찬송을 작곡하였던 것이다.

3일 후 5월 24일 형 요한 웨슬리도 같은 경험을 했다. 그것은 런던 올더스게이트가의 작은 경건주의 모임에서 누군가가 루터의 로마서 강해 서문을 읽는 것을 듣고 있을 때였다. 그는 일지에 전형적인 어투로 그에게 무슨 일이 일어났는지를 이렇게 설명했다. "저녁에 나는 내키지 않는 마음으로 올더스게이트가 모임에 갔을 때 어떤 사람이 루터의 로마서 서문을 읽고 있었다. 저녁 약 8시 45분경 루터가 그리스도 안에 있는 믿음으로 말미암아 하나님께서 마음 속에 역사하실 때 나타나는 변화에 대해 설명하는 동안 나는 내 마음이 이상하게 뜨거워지는 것을 느꼈다. 내가 구원을 위해서 오직 그리스도만을 신뢰한다고 느꼈다. 그리고 그 분이 나의 죄를 사하여 주셨고 죄와 사망의 법에서 나를 구원하셨다는 확신이 왔다."¹⁰ 요한 웨슬리는 그가 이제 단순히 종의 믿음이 아니라 아들의 믿음을 가졌다는 확신이 들었다. 그는 즉시 주님께서 자신을 위해 하신 일을 증거하고 나서 그의 동생이 머물고 있는 집으로 달려가 "나는 믿는다!"고 기쁨에 넘치는 큰 소리로 알렸다. 1738년 그의 나이 35살 때 경험한 올더스게이트가 회심경험은 요한 웨슬리가 명목상의 신앙에서 체험적인 신앙으로 돌아서는 중요한 사건이었다. 이 사건은 웨슬리 형제의 생의 일대 전환점이 되었다. 합리론자인 렉키(W. E. H. Lecky, 1838-1903) 같은 이조차도 올더스게이트가 사건이 영국 역사에 신기원을 이루었다고 결론 내리는 것이 결코 과장이 아니라고 말한다.

1738년 여름 웨슬리는 모라비안의 본고장 독일의 헤른후트와 마리엔보른을 직접 방문해 그곳의 모라비안 공동체의 모습을 생생하게 목격할 수 있었다. 그것은 슈팡겐베르그와 뵐러를 통해 만난 경건의 실체와 능력을 시험하는 기회이기도 했다. 2주 동안 그곳에 머물면서 모라비안 공동체의 실제적인 삶의 모습을 피부로 느끼고 그들의 내면적인 신앙생활을 직접 관찰할 수 있었다.

독일의 모라비안 공동체를 통해 그가 발견한 인상은 긍정적인 면만 있던 것은 아니었다. 한편으로는 탁월한 많은 기독교 지도자들, 예를 들면 "기독교 신앙의 확신"을 해설하고 정의한 아르비드 그라빈(Arvid Gradin, 1704-1757) 같은 사람을 만날 수 있었고 또한 모라비안들이 자신의 공동체 안에서 실천하고 있는 따뜻한 사랑과 형제애, 체험적인 구원의 확신, 불신자들을 향한 선교열 등에 상당한 자극을 받은 것도 사실이다. 그러나 다른 한편으로는 그들 안에 내재된 자의의 표징들과 그들의 지도자 진젠도르프 백작이 개인적인 숭상 대상이 되고 있는 것을 발견하고는 실망했다.

그해 9월 독일에서 돌아온 웨슬리는 페터레인 협회의 회원에 가입해 교회에서 설교를 다시 시작했다. 그의 사역이 이전보다 만족스러운 것은 아니었다. 그러나 웨슬리는 한편으로는 복음의 내면적인 실체와 외향적인 힘을 점점 더 인

---

10   Albert C. Outler, ed. *John Wesley* (New York: Oxford University Press, 1980), 66.

식하고, 다른 한편으로는 조나단 에드워즈의 부흥운동에 관한 서적을 탐독하기 시작하면서 회심에 대한 신학적 입장을 정리할 수 있었다. 이즈음 미국에서는 1차 대각성운동이 발흥하여 상당한 열매를 거두고 있었다. 부흥운동의 지도자 조나단 에드워즈는 뉴잉글랜드 노댐프턴(North Hampton)의 섬기던 교회에서 발생한 각성운동을 소재로 하나님의 놀라운 회심의 이야기(1737)라는 책을 출간했다. 때문에 웨슬리는 미국에서 벌어지고 있는 1차 대각성운동에 적지 않은 관심을 가지고 있었고, 또한 미국 대각성운동이 웨슬리를 통해 영국 부흥운동에 적지 않은 영향을 미친 것도 사실이다.

그즈음 웨슬리에게는 모라비안의 정숙주의와 영국국교회의 신인협력설(synergism) 사이에 갈등이 이전보다 더 심하게 다가왔다. 특히 모라비안 교도들과의 갈등이 가시화되기 시작했다. 그는 회심 이전의 그는 성직을 가져서는 안 된다거나 기독교인의 완전한 성화가 인간의 노력에 의한 것이 아니라 은혜와 마찬가지로 전가되는 것이라는 모라비안 교도들의 주장에 동의할 수 없었다. 웨슬리가 볼 때 이것은 인간의 책임을 과소평가해 버리는 율법폐기주의와 마찬가지였다. 페터레인 협회 회원 중 많은 사람들이 웨슬리가 율법폐기주의라고 비판했던 모라비안의 입장에 동의하고 있었다. 모라비안과 웨슬리의 관계가 급격히 냉각되기 시작했다.

5. 감리교 부흥운동

11월 30일 조지 휫필드가 첫 미국 전도여행을 성공적으로 마치고 영국에 돌아온 후 그 여세를 몰아 그의 고향 글로스터 부근의 광산도시 브리스톨을 중심으로 옥외집회를 시작해 상당한 성공을 거두었다. 1739년 2월에 있었던 어느 집회에는 약 2만 명이 운집하기도 했다. 휫필드의 성공적인 전도여행에 감명을 받은 사람은 요한 웨슬리였다. 당시 웨슬리는 신학적인 갈등과 영국국교회의 비협조적인 태도로 전도의 결실을 별로 얻지 못하고 있었다. 휫필드로부터 함께

브리스톨에 와서 옥외집회를 인도하자는 제안을 받은 후 주저하던 요한 웨슬리는 그의 제안을 받아들여 1739년 4월 처음으로 옥외집회를 가졌다. 집회는 성공적이었다. 이 집회가 있기 전까지만 해도 불안정하던 그의 영적 상태가 급선회하기 시작했다.

이런 웨슬리의 영적 상태의 변화는 브리스톨의 성공이 있었기 때문이지만 그 즈음에 있었던 몇 가지 사건이 도움이 되었다. 오랫동안 교분이 있던 피터 뵐러로부터 웨슬리는 적지 않은 자극을 받았다. 뵐러는 "당신이 믿음이 있으면 믿음을 설교할 것이다"고 하면서 웨슬리에게 "믿음이 생길 때까지 믿음을 설교하라"고 권할 만큼 믿음의 중요성을 일깨워 주었다. 또한 올더스게이트가의 회심으로 웨슬리의 신앙이 '불확실한 신앙'(virtual faith)에서 '진짜 신앙'(real faith)으로, 희망하던 신앙에서 체험적인 신앙으로 바뀌었다. 게다가 순수한 말씀 증거를 통해서 가시적인 결실을 맺고 있는 에드워즈와 횟필드로부터 적지 않은 자극을 받았다. 웨슬리도 에드워즈나 횟필드와 마찬가지로 놀라운 결실을 맺기 시작했다. 다른 사람들이 믿음을 소유할 때까지 믿음을 설교하던 웨슬리가 이제는 그들의 신앙에 의해 자신의 신앙을 확증하는 현상이 벌어진 것이다. 그 후 반세기 동안 실패와 성공, 격동과 평화, 모욕과 명성이 어우러졌지만 웨슬리는 자신의 사역을 계속 감당할 수 있었다.

자신의 교구 내에서 충성스런 목회자로 활동하던 영국국교회 목회자들과는 달리 웨슬리 형제와 횟필드는 순회 설교자로서 끊임없이 여행할 필요가 있다는 사실을 알았다. 그리스도를 모든 사람들에게 전하고자 하는 뜨거운 열심으로 영국 전역을 종횡으로 여행했다. 또한, 교회들이 점차 웨슬리 형제의 출입을 막자 두 형제는 옥외로 다녔고, 들, 시장, 공원, 광산 등 회중이 모일 수 있는 곳이면 어디에서든지 설교를 했다. 위클리프(John Wycliffe, 1328-1384)와 그의 추종자였던 롤라드(Lollards) 시대 이후로 그러한 전략이 그토록 광범위하고 효과으로 전개된 적은 없었다.

감리교 부흥운동의 지도자로서 웨슬리의 사역이 본격적으로 시작되었다. 감리교 부흥운동은 10년을 주기로 첫 단계(1739-1749), 둘째 단계(1749-

1759), 그리고 셋째 단계(1759-1769)등 약 세 단계로 나눌 수 있다. 첫 단계는 가장 결정적인 단계였다. 이 기간 동안 웨슬리는 가장 적극적이고 대범한 옥외집회를 가지면서 복음을 증거하기 시작했다. 이 기간 동안 미국에서는 1차 대각성운동이 발흥하여 교회성장을 촉진시켰고 선교열을 가속화시켰으며 영국에서는 감리교 운동이 하나의 조직적인 틀을 가지고 발전하기 시작했다. 개심자들이 바르게 교육받지 못한다면 길가에 떨어진 씨앗이 되거나 단지 모래로 끈을 꼬는 식의 헛수고를 하고 말지도 모른다는 두려움 때문에 웨슬리는 후속적으로 사역할 수 없는 곳에서는 단 한번이라도 사역하지 않았다. 이렇게 해서 감리교 조직이 태동된 것이다. 탁월한 조직가였던 웨슬리의 조직력이 감리교 운동과 접목되면서 웨슬리의 영향력은 더 한층 확산되었다.

1739년 봄 브리스톨에서 최초의 감리교 협회가 조직되었고, 그 해 5월 21일 협회 소유의 예배당이 건축되었으며, 1740년 7월 23일 최초의 감리교 연회가 결성되었고, 그해 말에는 평신도 설교자들이 임명되어 감리교 운동이 활성화되었다. 감리교 조직은 더욱 구체적으로 세분화되어 1742년에는 회원 12명 단위로 속회가 조직되어 평신도 운동을 본격적으로 확산시켜 나갔다. 1744년부터는 합법적인 권한을 갖게 된 감리교 연례총회가 매년 개최되었다.

1746년 영국 전역을 일곱 개의 순회구역으로 나누고 각 순회구역에 자신을 도와 목회사역을 담당할 조력자들을 임명했다. 요한 웨슬레는 몇 사람의 영국국교회 목사들과 그가 임명한 대로 순회 교구에 배치된 조력자들로부터 지지를 받았다. 감리교 전도의 선구자들인 이 순회 전도자들은 지방 설교자로 보충되었고, 또 모두가 함께 감독이 부여한 순회 계획대로 예배를 책임졌다. 1770년까지 순회 구역은 50개로 늘어났으며 감리회에 속한 회원만도 29,000명으로 급성장했다. 이런 감리교의 급성장의 원동력은 감리교 조직에 있었으며 바로 이런 웨슬리의 감리교 조직이 당대의 명설교가 휫필드와 존 베릿지나 기타 인물들의 부흥운동과 차이가 있는 점이기도 하다.

감리교 부흥운동의 제 1기 동안은 웨슬리가 조직을 다지는 기간이기도 했지만 자신의 신학을 정립하는 기회이기도 했다. 웨슬리는 일련의 논쟁을 통해 자신의 신학을 좀 더 체계 있게 정립하여 나갔다. 신앙과 선행 문제로 인한 모라비안 교도들과의 논쟁, 감리교의 비형식과 열광주의로 인한 영국국교회와의 논쟁, 그리고 예정론 문제로 인한 칼빈주의자들과의 논쟁은 이 기간 동안에 있었던 대표적인 논쟁들이다. 이들 논쟁들을 통해 웨슬리는 신앙과 행위의 관계, 복음전도에 합당한 교회제도와 정치, 하나님의 의지와 인간의 의지를 조화시킬 수 있는 합리적인 예정론을 정립함으로써 감리교 운동의 신학적 초석을 놓을 수 있었다.

영국국교회 목회자들은 메쏘디스트들이 히스테리적이고 광신적인 설교자들이며 '오합지졸'이라는 공통적인 인상을 가지고 있었다. 이런 부정적인 판단은 웨슬리가 평신도 설교자들과 조력자들을 임명하기로 결정하면서 더욱 부추겨졌다. 웨슬리는 평신도 설교자들을 목회자들이라 부르는 것을 조심스럽게 피했고, 그들에게 어떤 형태의 성례도 시행할 수 있는 권한을 부여하지 않았다. 그들은 단지 자신의 목회 사역의 보조자이며, 그들의 사역에 대해서도 자신이 책임을 지겠다고 강조했지만 웨슬리에 대한 부정적인 인상은 쉽게 지워지지 않았다. 이런 상황에서도 웨슬리는 소수의 안수 받은 동료들과 몇몇의 평신도 설교자들과 함께 1744년에 연례대회를 열어 감리교 운동을 특징 지우는 정치와 교리를 채택했다.

18세기 중엽, 즉 감리교 운동이 제 2기(1749-1759)로 접어들 무렵까지 감리교 운동은 상당한 틀을 가지기 시작했다. 특히 제 2기 동안에 감리교 운동은 영국국교회와 결별하지 않고 국교회 내에 세력을 형성하면서 틀을 다져갔다. 감리교도들이 영국국교회 내의 교회제도나 영적 상태에 대해 비판적이었던 것이 사실이지만 국교회 내에서 폭넓은 지지 기반을 다질 수 있었다. 제도적인 영국국교회가 만들어 낸 불균형과 비효과적인 목회 사역의 결점들을 보완하기 위해 성령께서 들어 세우신 "특별한 사자"로 자신들의 목회사역을 인식하고 있었다. 또한 영국국교회 내에서 자신의 선교사역을 수행하여야 한다는 분명한 인식 때문에 웨슬리는 국교회와의 단절을 결코 고려하지 않았다.

감리교 부흥운동이 제 3기(1759-1769)로 접어들 무렵 감리교 운동은 조직과 체계 속에서 더욱 발전할 수 있었다. 이 기간에 두드러진 사실은 웨슬리의 완전성화 교리가 정립되기 시작하였다는 점이다. "마음과 삶의 성결"은 웨슬리가 처음부터 가지고 있던 중심 모토 가운데 하나였다. 웨슬리가 주창하고 가르치던 완전주의를 감리교도들도 인정하고 고백하는 경향이 눈에 띄기 시작했고 웨슬리는 확신 속에서 그 교리를 설파하기 시작했다. 웨슬리는 완전한 믿음을 하나님의 믿음의 선물 자체 안에 함의된 약속으로, 따라서 그리스도인들이 갖추어야 할 요구사항으로 이전보다 더 강하게 설파하기 시작했다.

"열광주의"에 대한 오해를 사전에 막기 위해 웨슬리는 영적 자부심과 자의에 반대하는 글 감리회의 훌륭한 스승들에게 드리는 조언과 지침(Cautions and Directions Given to the Greatest Professors in the Methodists Societies)을 출판했다. 또한 완전주의를 고정된 상태나 무죄 개념으로 이해하는 잘못된 견해를 반박하는 세 편의 설교들, 즉 "방황하는 사상들"(1760), "신자 안에 있는 죄에 대하여"(1763), 그리고 "신자의 회개"(1768)을 작성했다. 1766년에는 기독교 완전주의 평해(A plain account of Christian perfection)를 출간해 자신의 완전주의 개념과 성화개념을 피력했다.[11]

6. 조지 휫필드와 칼빈주의 감리교 운동

조지 휫필드와 그를 후원하던 헌팅던 백작부인 헌팅돈 셀리나(Selina, Countess of Huntingdon, 1709-1791)에 의해 태동된 칼빈주의 감리교 운동은 웨슬리의 감리교 운동보다 조직력과 열정에 있어서 약했다. 글로스터 지방 벨에서 여인숙 주인의 아들로 태어난 휫필드는 18세 때 옥스포드의 펨브로크 대학에 입학했다. 휫필드와 요한 웨슬리는 모두 성직 수여식에서 칼빈주의를 강

---

11   이 작품은 *A Plain Account of Christian Perfection as Believed and Taught by the Rev. Mr. John Wesley from the Year 1725 to the Year 1765*라는 긴 제목이 붙어있다.

조하는 영국국교회의 교리를 받아들인다고 서약했다. 휫필드는 회심 초부터 칼빈주의를 문제없이 받아들였으나 웨슬리는 인간의 책임을 강조하는 알미니안주의 쪽으로 기울었다. 그러다 둘 사이에 예정론 문제로 거리가 생긴 것은 조지 휫필드가 막 전도여행과 옥외 집회를 시작하고, 웨슬리가 올더스게이트가 회심을 체험하고 난 이듬해인 1739년부터이다.

일찍이 모라비안 교도들을 통해 인간의 책임의 중요성을 인식하고 있던 웨슬리는 기독교인의 삶을 예정론의 틀 속에서 이해하는 태도를 몹시 싫어했다. 그것은 예정론이 금생에서의 기독교인의 삶에서 인간의 책임과 의무를 등한시하여 나태한 신앙에 빠트릴 염려가 있다고 보았기 때문이다. 윌리엄 로를 따라 그리스도인에게 완전과 거룩에 대한 특별한 의무와 책임이 있다고 믿었던 웨슬리의 입장에서 보면 칼빈주의의 예정론은 금생에서의 거룩한 삶을 살아야 할 인간의 책임을 과소평가하고 성화의 노력을 등한히 하게 만드는 가르침이었다. 1740년 휫필드와 웨슬리는 예정론 문제로 논쟁을 벌이고 이듬해 둘은 결별한다.

그 후 웨슬리는 공개적으로 예정론을 반박하는 격렬한 설교를 했다. 휫필드는 웨슬리에게 편지해 예정론을 반박하는 설교를 출판하지 말 것을 간곡히 요청했다. 교리적인 문제로 둘 사이에 관계가 멀어져 하나님의 사역이 방해를 받아서는 안 된다고 생각했기 때문이다. 웨슬리를 여전히 막역한 친구로 여기고 있던 휫필드는 자신을 따르는 수천 명의 추종자들을 웨슬리에게 보내 자신이 미국에서 돌아올 때까지 이 일을 맡아줄 것을 요청했다. 그러나 휫필드가 미국으로 떠나자 웨슬리 형제의 예정론 비판이 더 강해졌고, 휫필드의 간곡한 요청에도 불구하고 그들은 반박하는 설교 출판을 강행했다. 그 후 웨슬리 형제는 어디를 가든지 예정론을 반박하는 설교를 했다. 이렇게 해서 감리교 운동이 분열되기 시작했다.

한편 미국에서의 휫필드의 사역은 대단한 반응을 일으키며 가는 곳마다 대성공을 거두었다. 그의 설교는 듣는 이의 마음을 감동시켜 근본적인 변혁을 일으켰다. 한번은 벤자민 프랭클린(Benjamin Franklin, 1706-1790)이 휫필드가 인도하는 집회에 참석했다. 프랭클린은 조지아에 고아원을 설립하려는 휫필드를 안 좋게 여겼기 때문에 고아원 설립 모금을 하던 휫필드에게 일전 한 푼 헌금하지 않으려고 다짐하던 차였다. 그러나 휫필드의 설교를 듣는 도중 마음이 점점 부드러워지기 시작해 동전을 내기로 결심했다. 그러다 또 다른 일격의 설득에 헌금 통에 은화를 넣기로 마음먹었고 마침내 헌금 통이 그의 앞으로 다가왔을 때에는 금화고 뭐고 간에 그의 주머니를 몽땅 털어넣고 말았다. 절대로 기부금을 내지 않겠다던 결심에 돈 한 푼 없이 집회에 참석했던 그의 한 친구도 근처에 앉았다가 주변 사람들에게 돈을 꾸려고 애쓰는 소리가 들렸다.

휫필드가 미국을 방문하던 그즈음에는 미국에 1차 대각성운동이 일어나 부흥의 열기가 신대륙 특히 뉴잉글랜드 지방을 뒤덮고 있을 때였다. 칼빈주의자 조나단 에드워즈, 윌리엄 테넌트, 길버트 테넌트, 데오도르 프릴링하이즌 등의 주도로 뉴잉글랜드를 중심으로 전개된 칼빈주의 부흥운동에 휫필드는 한 몫을 단단히 한 셈이다. 휫필드는 이런 칼빈주의자들과 적지 않은 영향을 주고받으면서 칼빈주의와 부흥운동이 얼마든지 조화될 수 있다는 에드워즈의 입장을 견지하고 있었다.

1741년 3월 영국으로 돌아오자마자 휫필드는 사역에 어려움을 겪었다. 신대륙으로 떠나면서 웨슬리에게 부탁했던 목회 사역에 차질이 생겼다. 휫필드가 없는 동안 그를 추종하던 옛 성도들이 이제는 휫필드를 적대하는 반대세력으로 돌변하였다. 그러나 그가 무어필즈와 케닝톤 캄먼에서 다시 설교하면서 회중이 모여들기 시작했다. 휫필드는 무어필즈에 목조 건물을 세워 교회당으로 사용했다. 새로 시작한 무어필즈의 목회사역은 놀라운 성공을 거두어 몇 년 후 훌륭한 벽돌 건물이 그 자리에 들어섰고 언제나 수용능력이 넘치도록 청중들이 모여들었다.

신대륙에서 큰 반응을 일으켰던 휫필드의 설교가 영국에서도 적지 않은 반향을 일으킨 것이다. 1741년 처음으로 칼빈주의의 본고장 스코틀랜드를 방문해서 가졌던 전도집회는 대성황을 이루었고, 평신도는 물론 목회자들도 휫필드의 설교에 대단한 감화와 감동을 받았다. 칼빈주의를 하나의 신학적 이론으로만 알고 있던 스코틀랜드 목회자들은 인간의 마음과 지성을 감동시키고 수많은 청중들을 회심시키는 성령의 대 역사가 일어나는 것을 목도하면서 힘과 용기와 확신을 얻었다. 집회는 스코틀랜드에서 웨일즈로 이어졌다. 그곳에서 11살 연상의 미망인과 결혼하여 가정적인 안정을 가진 휫필드는 부흥운동에 더욱 정열을 기울였다.

당시 웨일즈에서는 다른 지도자들에 의해 감리교와 유사한 운동이 진행되고 있었는데 1743년 휫필드는 그들의 요청에 의해 칼빈주의 감리회(the Calvinistic Methodist Association)를 결성했다. 18개월 후 1744년 요한 웨슬리가 감리교를 조직할 때 휫필드의 방식을 따랐다. 그러나 미국으로 전도여행을 다시 떠나면서 휫필드는 칼빈주의 감리교 운동에 적극 협력할 수 없었다.

영국으로 돌아온 휫필드는 칼빈주의 감리교의 지도자 역할을 그만두기로 결심했다. 여기에는 몇 가지 이유가 있었다. 첫째 이유는 대부분의 시간을 신대륙에서 보내는 그로서는 그 일을 감당한다는 것이 힘에 벅찼기 때문이다. 그러나 그보다 더 큰 이유는 칼빈주의 감리교의 지도자로 있는 한 또 다른 감리교 운동을 전개하는 웨슬리 형제로부터 지속적인 반대를 받을 것이라는 판단 때문이었다. 이보다도 더 근본적인 이유는 감리교 운동이 분열되어서는 안 된다는 휫필드의 생각 때문이었다. 휫필드를 추종하던 사람들이 그에게 칼빈주의 감리교의 지도자로 남아 웨슬리와 같은 영예를 누릴 것을 간청하자 그는 "휫필드의 이름은 소멸시키고 그리스도만을 영화롭게 하시오!"라면서 그것을 뿌리쳤다. 그 후 그는 그리스도의 종이 되어 남은 생을 그리스도를 위해서 뿐 아니라, "모든 사람의 종"이 되어 만인을 위해 보냈다.

휫필드를 따르는 많은 추종자들은 그가 칼빈주의 신앙에 입각한 자신의 조직을 더 이상 세워나가지 않고 있을 뿐만 아니라 웨슬리를 도와 감리교 운동을 전개하고 있다는 사실이 마음에 들지 않았다. 한번은 웨슬리에 대한 반감을 가지고 있던 추종자 가운데 한 사람이 휫필드에게 천국에 가면 웨슬리를 보게 될 것인지를 물었다. 그러자 그는 "물론이오, 그는 주님의 보좌에 아주 가까이 있고 우리는 멀리 떨어져있을 것이기 때문에 우리는 그를 볼 수도 없을 것이오"라고 대답했다.

비록 휫필드가 웨슬리와 같은 조직적인 감리교 운동을 포기하고 웨슬리에게 주도권을 넘겨주어 세인의 기억 속에 웨슬리만큼 폭넓게 기억되고 있지는 않지만, 뜨거운 복음주의 속에 용해된 그의 칼빈주의 사상과 실천정신은 그를 사랑하는 사람들 속에 소중하게 자리 잡고 있다. 다음과 같은 제임스 스트븐의 평은 실로 적절한 평이리라. "만일 전 인류를 포용하는 보편적인 박애 정신이 인간의 마음속에 불타올랐다면 그것은 바로 조지 휫필드의 마음속에서였을 것이다. 그는 편애함이 없이 무지한 자들과 궁핍한 자들과 가난한 자들을 위해 살았다. 그들을 위한 운동을 하면서 그는 고난을 두려워하지 않았고, 모욕이나 반대를 마다하지 않았다. 그러한 잘못들에 대해서 그는 모든 것을 견뎌내는 온유함과 거부할 수 없는 사랑의 무기로 맞섰다. 그의 자비의 샘은 마르지 않고 끊임없이 흘러내렸다."

휫필드의 칼빈주의적 인류애는 역사 속에 영원한 유산으로 남아있다. 칼빈주의 감리교 협회의 지도자를 사임한 후 휫필드는 자신을 후원하던 헌팅던 백작부인 셀리나와 개인적인 모임을 시작했다. 웨슬리의 권위주의적 리더십에 불만을 가지고 있었고 알미니안 신학보다는 칼빈주의 신학에 호감을 가지고 있던 셀리나는 자기 집에서 휫필드를 중심으로 정기적인 모임을 가졌다. '헌팅던 백작부인 문도'라 불린 이 모임은 1779년 영국국교회로부터 분리 독립했다.

7. 독립혁명과 미국 감리교 운동

웨슬리의 말년은 격동과 재난과 승리가 동시에 어우러진 파란만장한 기간이었다. 1770년에는 한편으로 웨슬리와 그의 제자들 사이에 논쟁이 벌어졌고, 다른 한편으로는 칼빈주의자들과 논쟁이 벌어져 감리교 운동이 심각한 위협을 받았다. 비록 알미니우스가 웨슬리 사상이나 감리교 운동의 실질적이고 결정적인 원천 가운데 하나가 아니었음에도 불구하고 예정론과 관련하여 칼빈주의로부터 전에 없는 공격을 받으면서 웨슬리는 알미니안주의자라는 낙인이 찍히게 되었다. 늘 그렇듯이 웨슬리는 상대방의 공격을 과감하게 도약의 계기로 삼았다. 알미니안주의자라는 비평도 감리교의 정체성으로 수용하여 1778년에는 알미니안 매거진(The Arminian Magazine)이라는 잡지를 출간했다.

칼빈주의와의 대립뿐만 아니라 신대륙에서 독립을 두고 전개되는 정치·종교적 갈등으로 웨슬리는 어려움에 직면했다. 비록 국가와 영국국교회에 충성스러운 인물이었지만 초기 웨슬리는 식민지인들의 자유와 정의에 대한 노력을 지원했다. 그러나 신대륙 식민지인들의 "자유"에 대한 요청이 "독립"에 대한 요구로 발전되자 웨슬리는 영국국교회의 전통에 따라 왕에게 충성하는 한편 신대륙의 독립을 반대하기에 이르렀다. 신대륙에서 독립운동이 전개되던 6년 동안 웨슬리는 약 13개의 소책자와 공개서신을 보냈다.[12] 이들 편지에서는 미국의 혁명가들이 찰스 1세를 살해하고 영국을 폐허의 직전으로 몰아넣은 17세기 무정부주의자들의 화신으로 묘사되었다. 자연히 이 기간 내에 미국의 감리교 운동은 위기를 맞을 뿐만 아니라 독립운동에 대해 긍정적이던 미국 내 감리교도들과의 견해차로 감리교 안에는 균열이 생겼다.

미국 독립혁명 직전에는 미국의 감리교도들과 웨슬리의 관계가 더욱 복잡해졌다. 웨슬리에게는 왕당파라는 낙인이 찍혀졌다. 이런 미묘한 관계는 결과적으로 신대륙의 감리교 운동에도 광범위한 영향을 미쳐 미국의 감리교도들이 본국의 감리교와 공식적인 관계를 청산하려는 움직임으로 발전했다. 미국의 독립으로 웨슬리가 미국의 감리교 운동을 통제하는 것이 어렵게 되었고 그만큼 그의 영향력도 감소했다. 그러나 영국 내의 감리회 지도자들의 권한은 상대적으로 강

---

12 *A Calm Address to Our American Colonies* (Bristol, 1775); *A Sermon Preached at St. Matthew's Bethnal-Green on Sunday, November 12, 1775 … for the Benefit of the Widows and Orphans of the Soldiers Who Lately Fell Near Boston in New England* (1775); *Some Observations on Liberty* (Edinburgh, 1776); *A Seasonable Address to the More Serious Part of the Inhabitants of Great Britain, Respecting the Unhappy Contest Between Us and Our American Brethren* …(Briston, 1776); *A Calm Address to the Inhabitants of England* (1777); *A Serious Address to the People of England with Regard to the State of the Nation* (1778); *An Account of the Conduct of the War in the Middle Colonies* (1780); *Reflections on the Rise and Progress of the American Rebellion* (1780), 9; *Journal VII*, 295.

프란시스 애즈베리(Francis Asbury, 1745-1816)

화되었다.

1784년에 있었던 미국인에 대한 웨슬리의 목사안수는 이런 시대적인 상황 속에서 이해되어야 할 것이다. 웨슬리는 감리교 운동이 신대륙에서 활성화되기 위해서는 신대륙의 사역자들을 안수시켜 감리교 지도자들로 세울 필요가 있다고 생각했다. 이것은 웨슬리의 목회관이 변했음을 반영한다. 당시 미국 내에서는 성례를 집행할 모교회가 없어 미국 감리교도들이 상당히 위축되어 있었다. 때문에 성례를 집행하는 권한을 부여하기 위해서도 미국인들의 안수는 불가피했다. 영국국교회가 미국인 감독들을 세우는데 상당히 인색하였기 때문에 이것은 웨슬리가 미국 내에서 자신의 영향력과 권위를 다시 회복하는 절호의 기회였다. 따라서 웨슬리의 미국인 안수는 이중적인 의미가 있었다.

이런 시대적인 상황 속에서 웨슬리는 미국의 감리교 사역을 위해 리차드 왓코트(Richard Whatcoat, 1736-1806)와 토마스 바시(Thomas Vasey, 1746-1826)를 평신도 설교자로 임명하고, 자신의 가장 가까운 협력자이자 영국국교회의 동료 장로였던 토마스 코우크(Thomas Coke, 1747-1814) 박사

11장 요한 웨슬리와 영국 감리교 운동 259

를 미국 감리교의 감리사로 파송했다. 토마스 코크의 감리사 임명은 웨슬리가 미국 독립혁명 전에 파송하고 전후 미국 감리교 지도자가 된 프란시스 애즈베리에게 자신의 계획을 전달하려는 분명한 뜻이 담겨 있었다. 웨슬리는 코우크와 애즈베리에게 자신을 대신해 신대륙의 감리교도들을 돌보도록 부탁할 계획이었다.

이 계획은 단지 부분적으로 성공했다. 애즈베리는 1784년 볼티모어에서 있었던 크리스마스 대회에서 미국 설교자들의 투표로 "감리사"에 선출되기까지 코우크를 통해 전달받은 웨슬리의 뜻을 받아들이기를 거부했다. 그 후 애즈베리와 코우크는 새롭고 자율적인 교단, 메쏘디스트 감독교회(The Methodist Episcopal Church)를 조직했다. 애즈베리는 감독직에 오른 후 웨슬리에게 이 사실을 알렸다. 분개한 웨슬리가 이를 책망했으나 애즈베리는 부드럽게 그것을 받아 넘겼다. 그 결과 미국 감리교와 본국 감리교의 관계는 더욱 소원해졌다.

지금까지의 미국 감리교도들은 주저하지 않고 웨슬리를 하나님 안에서 자신들의 원조로 여겼으나 이제 더 이상 그들의 실질적인 지도자로 간주하지 않았다.[13] 1786년에는 연회록에서 웨슬리의 이름을 슬그머니 빼버리고 그 이듬해 1787년에는 리차드 왓코트를 "감리사"로 선출하라는 웨슬리의 직접적인 지시마저 무시해 버렸다. 1789년 연회록에 웨슬리의 이름이 다시 나타나기는 하지만 그 때는 이미 웨슬리의 영적인 탁월성과 실천적인 권위 사이를 구분해 그의 위대함, 즉 그의 감리교 운동의 선구적 정신은 인정하면서도 미국 감리교 운동과의 실질적이고 직접적인 관계를 거부하던 시기였다.

웨슬리의 말년은 그렇게 많은 열매가 없었다. 1791년 3월 2일 런던에서 세상을 떠나기 한 달 전 전도여행을 계획했으나 그것은 끝내 실현되지 못했다. 일생동안 225,000마일을[14] 여행하면서 4만 번의 설교를 하고, 전 세계를 가슴에 품었던 웨슬리는 마무리 작업을 추종자들에게 남기고 영면한 것이다. 웨슬리

13　Wesley, *Journal VII*, 295.
14　혹은 250,000마일.

가 세상을 떠날 때 영국 감리교회는 130명의 선교사와 80,900명의 교인이 있었고, 미국에는 약 200명의 설교자와 60,000명의 교인이 있었다.[15]

웨슬리는 감리회를 처음 조직하고부터 세상을 떠날 때까지 메쏘디스트, 평신도, 그리고 설교자들의 유일한 지도자로서 역할을 감당했다. 따라서 웨슬리의 인격적 개성은 "감리교 평신도대회"를 구성하기 위해 택한 100여명의 사람들과의 합법적인 조직을 통해 영구화되었다. 이 대회는 웨슬리가 해온 것처럼 감리교회를 지도하고, 초기 감리교 운동의 "모범행동강령"(Model Deed)에 설정된 교리적 표준에 충실하면서 영국국교회 내에서 감리교 운동을 계속하도록 계획되었다.

역사 속에 두드러진 종교운동이 그렇듯이, 감리교 운동 역시 웨슬리에 대한 세인들의 존경이 지나쳐 그가 세상을 떠날 때까지도 비국교운동을 전개한 확고한 국교도였다는 사실을 잊고 결국 하나의 종파를 태동시키고 말았다.

8. 웨슬리의 사상 평가

웨슬리의 사역 방식과 사고방식을 충실히 이해하는 길 중에 하나는 그가 어떤 신학을 처음부터 체계화시켜 나가기보다 새로운 환경과 상황에 따라 자신의 입장을 맞추어 나가려고 했음을 파악하는 것이다. 부정적으로 표현하면 변신의 명수였고, 긍정적인 관점에서 보면 그만큼 시대와 상황을 이해하려는 융통성 있는 지도자는 없었다. 후대인들은 웨슬리를 원칙 없는 타율적인 지도자로 평가하기보다는 시대를 뛰어넘는 혜안과 지혜를 가진 보기 드문 지도자로 평가하는 것 같다.

이런 평가를 받는 부분적인 이유는 웨슬리가 타고난 논쟁가였다는 사실에 있다. 옥스포드 대학 시절과 그곳에서의 연구원 활동을 통해 웨슬리는 상황분

---

15 Manschreck, *A History of Christianity II*, 270.

석, 문제 해결에 남다른 능력을 키울 수 있었다. 그의 변증적인 글들이 항상 객관성을 지니거나 체계적으로 구성된 것은 아니었다. 적어도 웨슬리의 작품의 상당 부분은 읽기 따분한 글들이다. 그러나 그의 글들은 당대에 그 목적을 충실히 감당했으니, 비록 적들을 침묵시키거나 전도시키지는 못했지만 반대자들을 맹렬히 공격함으로써 감리교도들에게 사기를 북돋아 주었다.

웨슬리는 자신의 신학사상을 포괄적으로 해설하려는 충동을 결코 느끼지 않은 듯하다. 짧은 교리적 요약들이 그의 전 작품들에 흩어져 있으며, 이것은 그의 사상이 당시의 상황에 따라서 구성되어 있음을 말해주는 것이기도 하다. 웨슬리의 작품에는 상황에 따라 필요한 주제들이 등장하나 체계 있는 형태로 발전되지는 않았다. 신학화 작업에 있어서 그의 유일하고 충분한 동기는 일반적으로 교회, 특별하게는 감리회의 영적, 윤리적 관심을 강화시키는 데 있었다. 이 점에서 그의 신학은 일종의 실용적이고 변증적인 문제, 곧 자기 인식(self-awareness)과 자기 표현(self-expression)을 찾으려는 신앙문제였다. 웨슬리가 조직적인 신학 체계를 정립하지 않았기 때문에 후대인들이 그에게서 통일된 사상을 발견하는데 어려움을 겪어 온 것이 사실이다. 그러나 웨슬리는 기독교 진리에 대해 반지성적인 태도를 지니지 않았다.

웨슬리는 부흥운동을 통해 "구원, 믿음, 그리고 선행"이라는 자신의 복합적인 전제들을 구현하기를 원했다. 그는 복음주의 신앙과 기독교 윤리 사이의 본질적인 통일성을 분리시키려는 견해에 맞서 신앙과 행위의 상호 통일성을 주장했고, 이런 경향 때문에 신앙자체와 모든 신앙 개념화 사이를 구별하려고 했다. 웨슬리가 즐겨 사용하던 "로마 가톨릭 정신"이라는 말은 신앙의 문자화를 거부하고, 역동적인 믿음의 실체를 추구하려는 그의 실용주의적 정신에서 비롯되었다. 그러나 적지 않은 사람들은 "로마 가톨릭 정신"이라는 말을 기독교인의 삶에서 신학의 역할을 극소화시킨다는 의미로 이해했던 것 같다. 웨슬리의 사고 속에는 "순수한 교리"와 "진정한 신앙"이 별개의 것이 아니라 동일한 것이다. 믿음의 객관적인 자료들은 신학자들에게 생각할 수 있는 문제들을 제공할 뿐이며, 신학자의 사고의 결과(신학)가 신앙의 삶을 지원하는 한 그것은 중요한 의미와 타당성이 있다는 것이다. 웨슬리는 이성이 믿음의 자료도, 믿음의 전제도 창출하지 못하며, 믿음 역시 그 자체의 자증적 결론을 제공하지 못한다고 보았다.

개신교의 표어 "오직 믿음으로"(sola fide)와 "오직 성경으로"(sola Scriptura)는 웨슬리의 권위 이해에 있어서도 근본적인 가르침이다. 그러나 초기와 후기에 웨슬리는 솔루스(solus)라는 말을 "오직"(soley) 혹은 "배타적으로"(exclusively)보다는 "일차적으로"(primarily)라는 의미로 해석했다.[16] 따라서 믿음이 기독교인의 경험에서 일차적인 실체이지 그 전체를 의미하는 것은 아니었다.

웨슬리에게 있어서 기독교인의 삶의 목표는 성결 곧 완전한 믿음이다. 완전한 믿음이란 사랑 안에서 하나님과 이웃에게 자기 자신을 온전히 헌신한다는 것을 의미한다. 이것은 또한 자신의 전 삶을 하나님께 드린다는 헌신의 동기에 의해서 발로되는 육체적인 훈련과정과 노력을 포함한다. 이 완전한 믿음이 추구하는 바는 하나님의 형상(imago Dei)의 회복이다. 거룩함에 대한 우리의 열망은 칭의 자체처럼 참으로 믿음에 의한 것이며, 죄인을 의롭게 하는 믿음은 사랑으로 역사하는 믿음 안에서 열매를 맺는다는 것이다.

웨슬리는 기독교인의 삶의 바른 기대가 성령 안에서의 사랑과 희락과 평안이라는 사실을 결코 의심해 본 적이 없었다. 웨슬리는 믿음만이 하나님 안에서 용서와 화목의 근거라고 믿었다. 칭의 문제에 있어서도 웨슬리와 칼빈 사이에는 근본적인 차이가 없었다.[17] 그러나 웨슬리는 믿음의 의란 그리스도인의 삶에서 실제적인 의를 촉진시키기 위해 하나님께서 계획하신 것이라고 믿었다. 기독교인의 인간적 책임을 믿음의 교리가 약화시켜서는 안 된다는 생각을 가지고 있었던 것이다. 이 때문에 웨슬리는 하나님의 주권적인 은총을 강조하기보다는 인간의 책임과 의무를 중시하는 인물로 묘사되기도 했다.

---

16   John Wesley, *The Letters of Rev. John Wesley IV* (London: Epworth Press [1931]), 175.
17   Wesley, *Letters IV*. 175.

그에게 하나님의 은총이란 단순히 그 자체로서 완성된 성질의 것이 아니라 그리스도인의 성결 곧 완전한 성화를 위해서 하나님께서 주시는 것이었다. 인간은 하나님께서 온전하신 것처럼 끊임없이 성장해야 할 책임과 의무가 있다는 것이다. 인간의 책임에 대한 강조 때문에 웨슬리는 횟필드나 모라비안 교도들과 단절하고 만다. 모라비안들은 인간의 성화가 하나님의 선물이라고 이해하는 루터의 전가의 교리를 받아들였으나 웨슬리는 인간의 성화가 단순히 하나님의 선물이라면 인간의 책임을 무시하는 결과를 낳을 뿐만 아니라 그런 입장은 율법폐기주의와 다를 바 없다고 보았다. 웨슬리가 예정론을 두고 횟필드와 격론을 벌였던 이유도 바로 이런 배경에서였다.

신학자로서 웨슬리의 주된 관심은 기독교 신학과 기독교인의 삶을 총체적으로 연결하려고 노력했다는 사실에서 찾을 수 있다. 이런 노력은 성경적인 모델, 즉 사도행전에 나오는 초대교회의 이상을 당대에 수정하지 않고 적용해야 한다는 확신에서 비롯되었다. 어떤 의미에서 웨슬리는 룩 키퍼(Luke L. Keefer Jr.)가 그의 박사학위 논문에서 지적한 것처럼 초대기독교의 제자였던 것이다.[18] 초대교회 이상에 대한 웨슬리의 관심은 두 가지 배경에서 비롯되었다. 하나는 웨슬리의 삶에 처음 영향을 준 후 오랫동안 그 영향력이 지속되었던 영국국교회이고, 다른 하나는 경건주의와 청교도주의의 영향이다. 특별히 후자의 영향은 웨슬리의 전 생애를 지배할 만큼 강했다. 경건주의가 웨슬리의 구원론에 지대한 영향을 미쳤다면, 청교도주의는 1739년 노방전도자가 된 후 그의 교회관 형성에 중요한 역할을 했다.

웨슬리 신학에서 가장 두드러진 요소는 기독교인의 완전에 대한 견해이다. 그에게 "완전한 사랑"이란 하나님에 대한 사랑이 현실 속에서 구체적으로 나타나는 것이다. 믿음이 사랑으로 역사하듯이 사랑은 선행으로 역사하며 마찬가지로 선행은 믿음과 사랑으로 역사해야 한다는 것이다. 수단과 목적의 이런 복잡

---

18 Cf. Luke L. Keefer Jr., "John Wesley: Disciple of Early Christianity" (Ph.D. disser., Temple University, 1982).

한 유형이 삶의 과정 자체 속에서 나타나야 하며 따라서 삶의 완성을 위해 일종의 일시적인 간극이 요구된다는 것이다.[19]

역사적으로 알미니안주의자들은 인간의 책임을 강조하는 경향이 있었고 이런 의미에서 웨슬리 역시 알미니안 전통 속에서 인간의 구원과 성화를 이해했다. 웨슬리가 그리스도인의 성장과 훈련에 필요한 구원의 믿음과 성화 사이를 간격을 두고 구별하여 강조한 것은 바로 구원과 성화를 구분하고, 성화 사역에서의 인간의 책임을 상당부분 인정하는 것으로 받아들였기 때문이다. 웨슬리에 대한 오해는 칼빈주의자들만이 갖고 있었던 것이 아니고 심지어 19세기 미국 감리교도들 가운데도 완전이라는 말을 칭의와 구별되는 은혜의 상태로서 "제 2 축복"(the second blessing) 혹은 "완전한 성화"(entire sanctification)로 해석하는 경향이 지배적일 만큼 만연되었다. 이들은 웨슬리의 성화 개념이 오류 없는 완전한 상태의 성화 개념이 아닌 하나의 점진적인 과정으로서 이해되었다는 사실을 간과해왔다.

따라서 웨슬리는 인간의 상태를 절대적이라고 보지 않았다. 하나의 과정인 모든 인간의 경험은 완전한 완성이 아니라 일시적인 것이다. 웨슬리는 인간이 완전한 죄 없는 상태에 이를 수 있다는 생각을 하지 않았다. 인간은 죄를 지을 수밖에 없는 존재라는 사실을 인정하고 있었다. 다만 그가 강조하고 싶었던 것은 은혜가 경험될 수 있고 경험되어야 한다는 일념이었다.

웨슬리의 견해에 따르면 그리스도인의 삶은 은총, 즉 선행은총(prevenient grace), 구원의 은혜, 성결의 은혜, 성례의 은총의 힘에 의해 강화된다. 은혜는 항상 법적인 용서 그 이상의 무엇에 의해 해석되어야 한다. 은혜는 오히려 실제적인 영향, 즉 인간의 삶 안에 보편적으로 역사하는 하나님의 사랑과 활동 속에

---

[19] 그의 완전주의 사상은 완전을 영어의 "perfect," 라틴어 "perfectio"로 이해하는 사람들에 의해 오해되어 왔다. 라틴어 "perfectus"는 "흠이 없음"(faultless) 혹은 "오류없음"이라는 의미다. 어떤 인간도 이런 의미에서 완전하다는 것은 중세의 아퀴나스에 의해 부정되었고 개혁주의 영역에서도 부인되었다. 특히 개혁주의자들은 웨슬리가 "완전성화"를 강조하는 것이 성화 교리에 "행위-의"(works-righteousness)를 다시 소개하는 것이라며 이를 부정적인 의미로 받아들였던 것이 사실이다.

서 경험된다. 은혜는 우주적인 하나님의 자비의 역사이지만 일방적인 것이 아니라 인간의 반응을 요구한다. 따라서 은혜는 인간이 거부할 수 있는 성질의 것이며 하나님과 인간의 협력이 요청되는 성질의 것이다.

이런 웨슬리의 은총론을 집약한다면 은혜가 불가항력적인 것도, 하나님의 일방적인 집행에 의한 것도 아니며 인간과 하나님의 상호협력이 요청된다는 것이다. 따라서 성화 과정에 인간은 적지 않은 책임이 있다. 이것은 영국국교회나 칼빈주의 신학에서 발견될 수 없는 알미니안주의와 웨슬리 전통에서만 독특하게 발견되는 은총론이다.

9. 요약 및 정리

지금까지의 고찰을 통해 우리는 다음과 같은 몇 가지 중요한 사실을 고찰할 수 있을 것이다. 첫째, 웨슬리를 이해하는 가장 중요한 열쇠는 그의 사상을 형성한 역사적 상황과 배경 속에서 이해하는 것이다. 둘째, 웨슬리의 생애는 일관된 사상 속에서 전개된 것이 아니라 뚜렷한 발전 단계를 지니고 있다는 것이다. 그의 성장 배경, 젊은 시절 접한 테일러, 토마스 아 켐피스, 로 등의 작품들을 통한 경건의 도전, 조지아 선교와 모라비안들과의 만남, 올더스게이트가의 회심, 영국 모라비안 공동체 방문, 칼빈주의 감리교도 휫필드와의 갈등, 감리교 부흥운동과 감리교 조직, 영국 감리교협회와 미국 감리교 운동의 성격과 견해차, 이 모든 것은 당시 웨슬리의 사상에 적지 않은 영향을 미친 중요한 사건들이다. 웨슬리의 사상이 항상 통일성이 있었던 것은 아니다. 그는 변천과 변화를 거치면서 자신의 신학을 형성해 나갔다. 따라서 우리는 웨슬리의 사상을 당시의 시대적 상황 속에서 이해하고 조명해야 할 것이다.

셋째는 웨슬리의 사상의 핵심은 교리와 삶이 이원론적으로 존재해서는 안 되며 둘은 절대적인 불가분의 관계를 가지고 있다는 사실이다. 따라서 신학은 신앙 속에서 체험되어야 하며, 그것을 통해 신학으로서 가치를 지니게 된다. 기독교는 체험의 종교라는 전형적인 감리교 모토가 감리교 창시자 웨슬리의 생애 속에서 일관되게 흐르고 있다. 이런 경험론적인 신앙 이해는 당시의 시대적 상황과 결코 무관하지 않다. 기독교 신앙이 형이상학적으로나 학문적으로만 존재하는 것도 아니며 인간의 실존 속에서 경험론적으로 존재할 수 있다는 사실을 보여주었다.

그러나 문제는 그런 경험론적인 신앙이해가 주관주의적 신앙을 태동시키기 쉽고 종교의 권위를 성경과 같은 계시에 두기보다는 인간의 주관적인 경험에 위치시킨 나머지 슐라이에르마허(Friedrich Daniel Ernst Schleiermacher, 1768-1834) 같은 현대신학자들에게 찾아볼 수 있는 낭만주의 신학이나 종교적 권위를 신비적인 경험에 위치시키는 중세 신비주의와 같은 부정적인 모습으로 흐르기 쉽다는 점이다.[20] 또한 하나님의 은총을 단순히 하나님의 주권적인 은혜의 사역 속에서 이해하기보다는 인간의 책임과 의무 속에서 이해한 나머지 전통적인 은총론을 평가절하하기 쉽다는 점이다.

---

20 체험신앙에 기초한 웨슬리의 신학은 19세기를 거치면서 제 2의 축복을 두드러진 성령 체험으로 강조하는 4중복음의 성결운동으로 발전했고, 이 운동에서 방언을 동반한 성령세례를 강조하는 오순절운동이 태동되었다.

제 12장

사회개혁과 근대 선교운동

> 우리 주 예수 그리스도께서는 승천하시기 얼마 전 그의 제자들에게 너희는 가서 모든 족속을 가르치라 또는 다른 복음서 기자가 표현한 대로 너희는 전 세계로 가서 모든 족속에게 복음을 전하라고 명령하셨다. 이 명령은 할 수 있는 대로 복음이 확장되어야 하며, 지구의 모든 나라로 흩어져 모든 족속에게 복음을 전하라는 책임을 맡겨 주신 것이다.
>
> 윌리엄 케리(William Carey), 1792

20세기로 막 접어들 무렵 프랑스인 엘리 할레비(Élie Halévy, 1870-1937)는 나폴레옹 전쟁 당시의 영국 사회, 사상, 그리고 제도 등에 대한 포괄적인 해석을 제시했다. 그는 1815년의 영국인 역사라는 책에서 18세기 영국 사회의 안정성과 지속성을 프랑스의 혁명으로 인한 불안정함과 대비하면서 영국은 18세기 중엽 복음주의자들의 부흥으로 말미암아 사회 전반에 걸쳐 프랑스혁명과 같은 사회 혼란을 방지할 수 있었다고 결론짓는다.[1] 미국의 훌륭한 복음주의 역사가 티모시 스미스(Timothy L. Smith, 1924-1997)도 영적 부흥과 사회 개혁: 남북전쟁 직전의 미국 개신교를 중심으로라는 책에서 유사한 견해를

---

1   Élie Halévy, *A History on the English People in 1815* (Harmondsworth, Middlesex: Penguin Books, 1937), 112-113.

근대선교의 선구자, 윌리엄 케리 (William Carey, 1761-1834)

피력하였다. 이 책에서 스미스는 19세기 미국 부흥운동이 미국 사회를 얼마나 강하게 변혁시켰는가를 매우 설득력 있게 제시했다. "이 초기에 전통적이며 복음주의적인 사회개혁이 도시의 조직화된 악을 대항하는 힘으로, 그리고 가난한 사람들에게는 자비의 손길로 나타났다."[2]

영국 감리교 운동이 영국 사회 전반에 상당히 폭넓은 영향을 미쳤다는 엘리 할레비의 주장은 상당히 설득력이 있다. 웨슬리가 실천한 궁핍한 자들에 대한 사랑이 영국 노동자 계급의 전체적인 국면이 바뀔 때까지 급속하게 전파되고 확대되어 나갔다. 물론 여기에는 감리교 부흥운동에 영향을 받은 영향력 있는

---

2   Timothy L. Smith, *Revivalism and Social Reform: American Protestantism on the Eve of the Civil War* (New York: Harper & Row, Torch, 1965), 148-171. 미국 복음주의자들과 사회의 관계에 대해서는 Hatch, Noll, Woodbridge, *The Gospel in Amrica* (Grand Rapids: Zondervan, 1979), 225-247을 참고하라.

정치인들도 한 몫을 단단히 했다. 앞에서 살펴보았듯이 18세기 초엽 유럽의 경건주의 운동이 찬송가 발전, 선교 운동을 촉진시켰듯이 18세기 미국의 대각성 운동과 영국의 부흥운동도 유사한 공헌을 했다. 그러나 18세기 부흥운동 특히 영국의 감리교 운동은 경건주의보다 더 광범위하게 정치, 사회, 경제, 문화 전반에 기독교 이상을 확대하는데 성공했다고 할 수 있다. 찬송가 발전, 노예제도 폐지와 감옥제도 개선을 포함한 사회개혁, 그리고 근대 선교운동은 부흥운동이 남긴 두드러진 유산일 것이다.

1. 찬송가 발전

영국 감리교 부흥운동이 남긴 가장 큰 유산 가운데 하나는 찬송가 발전이다. 그중에서도 아이삭 왓츠와 찰스 웨슬리는 주도적인 역할을 했다. 동생 찰스 웨슬리는 형 요한 웨슬리의 그림자 이상의 존재였다. 그는 복음 전도자로서, 상담자로서, 그리고 영혼을 맡은 목자로서 그 자신의 독특한 목회 사역을 수행했다. 그러나 찰스 웨슬리(Charles Wesley, 1707-1788)가 주로 기억되는 것은 기독교 찬송가의 작사가이다. 우드(Skevington Wood)가 지적한 것처럼 찰스는 복음주의자로 회심한 이후 50년 동안 몇 줄의 시구도 기록하지 않은 날이 단 하루도 없었다.[3]

그의 마지막 찬송가는 그가 너무나 약해져서 펜을 들 수조차 없었던 임종시에 타인이 받아 적은 것이었다. 그는 아이삭 왓츠(Isaac Watts, 1674-1748)와 함께 찬송가 작사의 주요 개척자였다. 18세기 부흥운동 때까지 회중 찬송은 성경의 딱딱한 운율에 제한되었으나 찰스는 그의 탁월한 재능을 통하여 성경의 주제를 마음의 언어로 해석했다. "비바람이 칠 때와," "하나님의 크신 사

---

3 John D. Woodbridge, ed. *Great Leaders of the Christian Church*, 인물로 본 기독교회사 II, 박용규 역 (서울: 도서출판 횃불, 1993), 185.

랑," "오, 위로부터 오시는 주여," "천사 찬송하기를," "예수 부활했으니" 등과 그 외에 많은 찬송가들은 지금도 전 세계 모든 교회의 기독교인들이 부르고 있다. 이 찬송가 작가는 "나의 나그네 된 집에서 주의 율례가 나의 노래가 되었나이다"(시 119:54)라고 기뻐할 수가 있었다. 찰스와 그의 형 존이 전국을 다니며 설교하였던 구원의 교리들이 찬양의 소리로 말하여지게 된 것은 찰스 웨슬리의 공헌이었다.

2. 사회개혁

역사가들은 요한 웨슬리를 그의 당대에 주요 사회 개혁자의 한 사람으로 부르기를 주저하지 않았다. 젠틀맨즈 매거진(*Gentleman's Magazine*)이 그의 사망을 보도했을 때, 특집 기사는 "하류층 사람들에 대한 한량없는 선행"으로 가득 찼다. 그 사망 기사에는 다음과 같은 설명이 계속되었다. "그와 동생 찰스의 노력들은 도덕과 종교의 고상한 의미를 가장 낮은 계층의 민중에게 전달했다. 무지한 자들은 교육받았고, 불쌍한 사람들은 구제 받았으며, 무뢰한 자들은 개심했다."

구제와 선행

요한 웨슬리는 감리교 예배 시에 가난한 사람들을 위해 정기적으로 헌금했다. 그는 실업자들에게 관심을 갖고 그들의 취업을 위한 계획을 세웠다. 그는 사업을 시작하고자 하는 사람들을 돕기 위한 기금을 출범시켰다. "스트레인저 동우회"는 가난한 사람들을 구제하기 위해 고안되었다.

웨슬리는 기독교인들이 매일의 삶 속에서 선행과 자비와 구제를 계속 실행해야 한다고 강조했다. 심지어 "가난한 자의 돈을 빼앗는 것은 우리 자신을 위한 독약을 구입하는 것이나 다름없다"고 강조했다. 웨슬리에게 재물의 소유는 개인의 목적을 달성하기 위한 도구가 아니라 사회의 선한 목적을 실현하기 위한 것이었다. 이런 목적 외에 다른 목적으로 재물을 소유하는 것은 하나님으로부터 도적질하는 것이며 주인의 재물을 횡령하는 것이고 그들 영혼을 타락케 하며, 공동체의 권리를 침해하는 반윤리적인 행위라고 못 박았다. 이런 웨슬리의 사상은 "그러므로 만약 다른 사람들의 선을 위해 재물을 사용하지 않는다면 그것은 너 자신을 해치는 것에 불과하다"는 표현으로 집약할 수 있을 것이다.[4]

웨슬리가 추구했던 것은 구제를 위한 단순한 구제가 아니라 복음의 실천이라는 성경적 정신이었다. 웨슬리에 따르면 "그리스도의 복음은 단순히 종교의 영역에만 머무는 것이 아니고 사회를 포용하며, 개인의 경건만 아니라 사회의 거룩함까지 포함해야 한다."[5] 이런 웨슬리의 사회관은 사회를 하나의 유기체로 인식했던 청교도 정신에서 영향을 받은 것이다.

노예제도 개혁

요한 웨슬리가 가난만을 유일한 사회악으로 대항했던 것은 아니다. 후에 윌리엄 윌버포스에게 보낸 편지, 노예제도론(*Thoughts Upon Slavery*, 1774)에서 웨슬리는 노예 제도가 "종교와 영국과 인간사의 수치인 저주받을 악행"이라고 항거했다. 웨슬리의 경고는 당대에 만연된 노예무역과 노예제도에 대한 노골적인 공격이었다. 당시의 영국인들은 전 유럽인들과 마찬가지로 노예무역이 애처롭기는 하지만 경제적으로 필요하다고 생각하고 있었으며, 심지어 노예무역에 종사하는 이들마저도 노예무역이 명예스러운 일이라고 믿었다. 비록 소수의 사람들이지만 노예무역과 노예제도에 의문과 회의를 제기하는 사람들이 있었다. 프랑스 태생의 퀘이커교도인 앤터니 베니제트(Anthony Benezet, 1713-1784)가 필라델피아 주에서 지금까지의 노예무역에 대한 통념을 깨뜨리는 소

---

[4] Warner J. Wellman, *The Wesleyan Movement in the Industrial Revolution* (New York: Russell, 1967), 208.

[5] Wellman, *The Wesleyan Movement in the Industrial Revolution*, 211.

책자를 발간했고, 영국인 제임스 램지(James Ramsay, 1733-1789)가 노예무역을 반대하고 나섰으며, 영국의 퀘이커교도들이 노예제도 폐지 여론을 조성하는 운동을 전개했다.

그러나 근대 노역무역과 노예제도 폐지에 영국 의회 하원의원 윌리엄 윌버포스(William Wilberforce, 1759-1833)만큼 결정적인 역할을 한 사람은 없을 것이다. 1780년 영국 하원의원에 당선된 그는 무엇보다도 노예제도 폐지에 온 정열을 기울였다. 1787년 그의 일기에는 이렇게 쓰여 있었다: "하나님께서 내 앞에 두 가지 목표를 두셨다. 그것은 노예무역 폐지와 관습개선이다." 그로부터 20년 후 1807년 2월 23일 자신의 정열과 시간을 소모하며 투쟁해온 노예무역 폐지가 열렬한 지지를 받으며 267표의 찬성으로 하원에서 통과되었다. 그해 영국의 영향으로 미국도 노예무역을 폐지하는 법안을 통과시킴으로써 노예무역의 선두주자 영국과 미국은 오랫동안 더렵혀진 자신들의 불명예를 씻을 수 있었다.

노예무역 폐지에 성공한 윌버포스는 영국인의 삶, 사회, 그리고 정치 속에서 도덕성을 향상시키는데 자신의 남은 생애를 쏟아 부었다. 그는 금권정치를 뿌리뽑기 위해 남다른 정열과 노력을 기울였고, 혼탁한 상거래를 바로잡기 위해 혼신의 노력을 다했다. 현대에 깨끗한 정치제도로 널리 알려진 영국의 정치제도는 이 시대에 정착된 것이다. 뿐만 아니라 감옥제도의 개혁과 죄수들의 처우개선을 위해 일하는 엘리자베스 프라이, 제레미 벤덤, 사무엘 로밀리, 가난한 사람들을 돌보던 토마스 버나드 경과 롬포드 백작, 그리고 학교개혁을 위해 노력한 해너 모어 같은 선구자들을 도와 사회개혁을 추진하는 일에 최선을 다했다.

감옥제도 개혁

웨슬리의 부흥운동이 노예제도 폐지운동은 물론 폭넓은 사회개혁으로 이어져 수많은 병원이 설립되고 고아원이 설립되었으며 산업화 과정에서 소외된 수많은 빈민들을 구제하기 위한 모자원과 자선단체들이 설립되었다. 그와 함께 감옥개혁도 정치가 존 하워드(John Howard, 1726-1790)와 여성개혁가 엘리자베스 프라이(Elizabeth Fry, 1780-1845)의 노력으로 추진되었다. 존 하워드는 프랑스에서 해적 죄로 수감되어 옥고를 치르다 풀려나와 교도소 개혁을 위해 열성적으로 노력했다. 교도소 실태(*The state of the prisons in England and Wales*, 1777)라는 책을 저술하는 한편 의회에서 죄수들의 처우 개선을 위해 정치적인 수완을 다해 노력한 결과 상당한 결실을 맺을 수 있었다. 그의 영향은 전 유럽에 확산되었다.

하워드를 이어 영국 감옥제도의 개혁에 헌신한 인물은 프라이이다. 프라이는 퀘이커 목사로서 널리 여행하는 한편 자신의 노예제도 개혁론을 유럽 전역에 확산시켜 감옥제도, 특히 여성 죄수들의 처우를 개선하는데 지대한 공헌을 했다. 그녀가 처음으로 교도소에 관심을 갖기 시작한 것은 1813년이었다. 엘리자베스 프라이는 여성 죄수들의 자녀들에게 줄 옷가지를 가지고 그녀가 살고 있던 런던 집 근방의 악명 높은 감옥 뉴게이트를 방문했다. 프라이는 적지 않은 충격을 받았다. 당시의 감옥 실태는 말이 아니었다: "그 당시 영국 교도소의 상태는 소름이 끼칠 지경이었다. 교도소들은 지방별로 관리되었고, 무능한 간수들은 자주 잘 사는 죄수들에게 호의를 베풀면서 빈약한 수입을 보충했다. 교도소 건설이 인구 증가율을 따라가지 못했기 때문에 수용인원이 지나치게 많았다. 죄수들은 보통 나태하고 방탕하며, 큰소리로 욕하고 폭력을 휘두르며, 불결한 상태에서 생활하고 있었다. 아직 공판을 받지 않은 사람들(자주 무죄로 판명되었다)과 상습범을 분리시키지도 않았다. 여성들은 남성들보다 더 나은 것이 없었고, 때때로 뉴케이트에서처럼 감옥에 어린이들을 데리고 있었다."[6]

1816년 크리스마스부터 프라이는 여성 죄수들을 정기적으로 방문하여 그들을 지도하는 일에 참여했다. 죄수들을 작은 반으로 편성하고 그들을 지도할 반장을 임명하는 한편 기독교적인 영향력을 확대해 나갔다. 보모가 교도소에 상주하면서 여죄수들의 자녀들을 양육하는 등 일련의 새로운 제도에 감동을 받은

---

6 Woodbridge, ed. 인물로 본 기독교회사 II, 219.

죄수들의 공동체는 성난 폭도들의 집단에서 규율적인 공동체로 바뀌었다. 런던 지방단체가 프라이의 감옥제도 개혁에 협력하기 시작했고 상주하는 보모들의 비용을 부담했다. 프랑스와 나폴레옹 전쟁을 치룬 후 경제적·사회적 혼란 속에서 공공질서 문제로 고민하던 정부에서는 엘리자베스 프라이에게 찬사를 아끼지 않았다. 프라이의 영향으로 다른 지역 교도소에도 유사한 운동이 일어났다. 각 지역의 감옥에도 여죄수들의 처우 개선을 위한 여성위원회들이 조직되었고, 1821년 이들이 연합하여 '영국 여성죄수 개혁 촉진회'를 발족했다. 1818년 프라이는 스코틀랜드를 여행하면서 지방 교도소를 관찰하여 문제점을 개선하는 결실을 맺었다. 그녀는 기독교 여성 자선사업가의 모본으로 남아 있다. 프라이는 범죄자들의 인도적 처우를 주장한 회중교도 하워드, 교도소 문 앞에서 출감자들에게 도움을 준 침례교도 마이어와 함께 감옥제도 개혁과 죄수들의 인권보호에 앞장섰던 영국이 낳은 훌륭한 기독교 사회개혁 운동가였다.

3. 근대 선교운동

근대 선교운동은 18세기 말엽 영국에서 감리교 부흥운동과 미국 1차대각성운동의 영향으로 시작되었다. 17세기 말 존 엘리어트(John Eliot, 1604-1690)가 북아메리카의 앨공킨 인디언들에게 효과적으로 복음을 증거했고, 덴마크-할레 선교회 소속 독일 경건주의자들, 특히 바돌로매우스 찌겐발크(Bartholomaeus Ziegenbalg, 1682-1719), 크리스티안 슈바르츠(Christian Fredrich Schwarz, 1682-1760) 같은 이들이 선교의 결실을 거두었다. 진젠도르프 백작의 지도를 받은 기술공들과 상인들이 해외에 복음을 증거한 것도 사실이지만 근대선교는 영국이 파송한 윌리엄 케리(William Carey, 1761-1834)에 의하여 시작되었다.

윌리엄 케리와 인도선교

1792년에 케리에 의해 "침례교 선교회"가 조직된 후 여러 개의 선교회가 조직되었다. 1795년에는 초교파 "런던선교회"가 조직되었으며 1796년에는 "스코틀랜드 선교회"와 "글래스고우 선교회"가, 1799년에는 "영국국교회 선교회"(Church Missionary Society)가 결성되었다.

윌리엄 케리는 근대 선교운동을 조직적으로 개시하는 동기를 마련했다. 그리하여 영국의 노댐프턴주에 있는 침례교 목사들 가운데 해외선교에 대한 관심이 고조되고 있었다. 이들은 뉴잉글랜드의 노댐프턴에서 있었던 미국의 1차 대각성운동과 조나단 에드워즈의 저술과 열정에 상당한 영향을 받았다. 그중 12명의 목회자들이 칼빈주의 침례교 선교단체를 조직하여 해외선교를 계획했다. 후에 '근대선교의 아버지'라 불리는 윌리엄 케리는 그들 중에 한 사람으로 사람들에게 해외선교를 촉구하고 있었다. 당시 해외선교는 누구도 생각하지 못했던 특별한 사역이어서 그런 꿈을 꾼다는 것 자체가 의외적인 일이었다.

존 라일랜드(John Ryland, 1753-1825)라는 목사가 케리에게 "젊은이 자리에 좀 앉게나. 자네는 열심주의자이네. 하나님께서 이교도들을 회개시키고자 한다면 자네나 나의 도움이 없이도 능히 그렇게 하실 것일세"라고 핀잔을 준 것은 당시의 통념을 반영하는 것이었다. 그러나 해외선교에 대한 열정을 억제할 수 없었던 케리는 주변의 비난과 핀잔에도 굴하지 않고 끊임없이 해외선교를 위해 준비하고 노력했다. 새로 설립된 칼빈주의 침례교 단체에서 케리를 선교사로 파송함으로써 "하나님으로부터 위대한 일들을 기대하라. 그리고 하나님을 위하여 위대한 일들을 시도하라"라는 케리의 좌우명이 구체화되기 시작했다. 1793년 의료선교사 존 토마스 가족과 함께 케리는 격렬한 태풍을 뚫고 5개월 동안 항해한 끝에 마침내 인도에 도착했다. 처음에는 선교를 반대하던 네 번째 아이를 임신한 그의 아내와 세 자녀가 동승했다. 1793년에 인도 캘커타에 도착한 후 1834년까지 41년 간을 인도에서 선교했다.

처음에 그의 인도 선교는 순탄하지 않았다. 케리는 말라리아가 만연하고 주택, 식량공급, 주거환경이 열악한 캘커타 외곽에서 생활했다. 선교지에 도착해 5살 난 아들 피터가 이질로 세상을 떠났고 그의 아내는 문화적 충격과 열악한 선교지의 환경으로 인해 정신착란을 일으켰다. 게다가 동인도회사가 그의 선교를 방해했다. 언어 연구, 순회설교, 염색공장 근무 등을 하면서 7년간을 선교지에서 보냈으나 단 한명의 개종자도 얻을 수 없었다. 그러나 낙담하지 않고 꾸준하게 언어를 습득하는 한편 신약의 상당 부분을 벵골어로 번역하는데 성공했다.

동인도회사가 선교활동을 반대하는 바람에 케리는 캘커타를 떠나 그곳에서 23km 떨어진 세람포르에서 선교거점을 마련하고 성경번역을 계속했다. 동인도회사가 그의 인도 선교를 방해하던 캘커타와는 달리 이곳에 주재하는 네덜란드 관리들은 케리의 선교사역을 후원했다. 1년이 못되어 2명의 원주민이 개종했고 1803년에는 25명이 세례를 받았다. 선교사로 부임하기 전에 이미 상당 수준의 히브리어, 헬라어, 라틴어 실력을 갖출 정도로 어학에 천부적인 소질을 타고난 케리는 원주민 언어를 습득하는 한편 그들의 언어로 성경을 번역하는 작업을 계속 추진했다. 지금도 마찬가지지만, 인도는 수많은 독립된 언어들이 통용되고 있는 부족 사회로 구성되어 있어 영어가 공용어로 정착되기 전까지 선교사역은 많은 부담을 안고 있었다.

선교를 시작한지 25년이 지난 후에도 세례 받은 개종자가 700명을 넘어서지 못했지만 성경번역은 상당한 진전이 있었다. 선교사역에서의 성경번역에 대한 강조는 다음 세기의 선교방식을 결정할 만큼 현대선교정책에 지대한 영향을 미쳤다. 케리는 벵골어, 산스크리트어, 오리아어, 힌디어, 아삼어, 마라티어 등 6개 언어로 성경을 완역하고 무려 30여개의 인도 방언으로 신약성경의 일부를 번역 출판하여 20만권을 배포했다. 또한 그는 캘커타에 설립된 포트 윌리엄 대학(Fort-William College)에서 동양 언어를 가르치면서 자신의 재능을 폭넓게 활용하여 선교의 효과를 얻었다. 케리가 성경번역에 정열을 쏟은 것은 선교가 토착화의 방법 속에서 진행되어야 한다는 그의 확신 때문이었다.

케리는 성경을 번역하여 원주민들이 성경을 접할 수 있다면 자생적 선교가 가능하고 그들에 의해 원주민 선교의 길이 열린다는 확신을 가지고 있었다. 그의 예측은 정확히 들어맞았다. 첫 번째 원주민 개종자 크리쉬나 팔(Krishna Pal, 1764-1822)이 캘커타와 아삼에서 효과적인 복음 전도자가 되어 선교를 확장시켜 나갔다. 당대 영국인들이 제국주의 사고를 갖고 있고 그 틀 속에서 선교를 이해했던 것에 비한다면 선교지 인들이 스스로 복음을 전해야 한다는 케리의 토착화 선교방법은 위험부담이 많은 상당히 급진적인 착상이었다. 그러나 케리는 인도문화를 깊이 이해하는 한편 인도의 경전과 문학을 꾸준히 연구하고 번역하면서 자신의 선교 이상을 선교현장에 구현하려고 끊임없이 노력했다.

세람포르 3인과 인도 선교

윌리엄 케리는 성공적인 팀 사역자였다. 케리가 인도선교의 문을 연 뒤 세람포르 3인이라 불린 조슈아 마쉬맨(Joshua Marshman, 1794-1877)과 윌리엄 워드(William Ward, 1769-1823) 선교사가 세람포르에 도착했다. 이들이 정착한 곳은 선교의 자유가 보장된 덴마크령 식민지 세람포르였다. 언어적 재능이 탁월한 윌리엄 케리가 44개 언어로 성경을 번역하거나 출간하여 성경번역에 주력했고, 교육전문가 마쉬맨이 1819년 세람포르대학을 설립하여 카스트 제도를 초월한 남녀 평등교육을 실시했으며, 인쇄공 출신 워드가 세람포르에 인쇄소를 설립하여 성경과 기독교 서적을 대량으로 인쇄해 널리 보급했다. 각자의 전문성을 존중하고 긴밀한 협력을 통한 선교 방식은 이후 많은 선교 단체의 모범이 되었다. 전도와 함께 교육, 출판, 사회 개혁을 아우르는 총체적인 선교, 현지 언어와 문화를 존중하는 이들의 토착적인 선교 방식은 인도 선교만 아니라 근대 선교의 역사에서 중요한 모범이 되었다.

이들 외에도 케임브리지 출신 헨리 마틴(Henry Martyn, 1781-1812) 선교사가 인도에 입국했다. 그는 케임브리지를 수석으로 졸업할 만큼 탁월한 두뇌를 가진데다 복음에 대한 열정이 대단했다. 1806년 25살 때, 마틴은 인도에 도착하여 케리의 사역을 후원했다. 어학에도 뛰어난 재능을 지니고 있던 마틴은 성경을 힌두어와 페르시아어로 번역하기도 했으나 6년 후 열악한 환경과 건강악화로 세상을 떠났다. 그가 인도 현지인들의 도움을 받아 완성한 우르두어(힌두스타니어) 신약성경은 인도 무슬림들에게 복음을 전하는 데 중요한 초석이 되었다. 그 외에도 페르시아어 신약성경, 이란 내 유대인들이 사용하는 페르시아어로 번역한 주데오-페르시아어(*Judaeo-Persic*) 신약성경, 페르시아어 시편, 그리고 우르두어 공동기도서(*Book of Common Prayer*)는 그가 남긴 중요한 결실이다.

미국의 대각성운동과 해외선교운동

미국 제1차 대각성운동(1734-1736, 1740-1742)은 인디언 선교를 촉발시키는 중요한 요인이었다. 존 엘리엇(John Eliot)이 인디언 선교를 선구적으로 착수하였지만 인디언들 가운데 본격적인 복음전도와 영적각성이 일어난 것은 1740년대에 와서였다. 특별히 데이빗 브레이너드(David Brainerd)와 조나단 에드워즈는 인디언 선교의 중요한 공헌자들이었다.

1743-1746년 사이에 데이빗 브레이너드가 인디언 선교에 헌신하면서 인디언들 가운데 강력한 영적각성운동이 일어나 많은 인디언들이 주님께로 돌아왔다. 하지만 건강을 잃고 1747년 11월 세상을 떠났다. 1차 대각성운동의 주역 조나단 에드워즈가 1750년 24년 동안 목회하던 노댐프턴을 떠나 매사추세츠 스톡브릿지에 정착해 그곳 주민들을 대상으로 목회하면서 인디언 선교를 착수했다.

그러다 미국에서 국내외 근대선교운동이 활발하게 일기 시작한 것은 2차 대각성운동 기간이었다. 그 대표적인 인물들이 아도니람 저드슨(Adoniram Judson, 1788-1850)과 그의 동료 선교사들이다. 새뮤얼 노트(Samuel Nott)과 그의 아내 록사나(Roxana Peck Nott), 새뮤얼 뉴얼(Samuel Newell)과 그의 아내 해리엇(Harriet Atwood Newell), 고든 홀(Gordon Hall), 그리고 루터 라이스(Luther Rice)은 저드슨 부부와 함께 두 척의 배에 나누어 타고 인도로 향했다. 저드슨과 뉴얼 부부는 '캐러밴호'에, 나머지 선교사들은 '하모니호'에 승선했다. 이들은 모두 부흥운동을 통해 깊은 회심을 경험하고 1810년 '건초더미 기도회'를 가지며 해외 선교의 비전을 공유했다. 이들의 열정에 의해 해외 선교를 위한 미국해외선교부(ABCFM)가 설립되었고, 이들 모두 이 선교단체가 파송한 첫 번째 선교사들이었다.

이들은 모두가 인도 선교를 목적으로 삼고 미국을 출발했지만 영국 동인도회사가 선교를 방해하는 바람에 사역지를 옮겨야 했다. 뉴얼은 인도에서 사역 중 아내 해리엇이 세상을 떠나는 바람에 다른 지역으로 사역을 옮겼다. 회중교회 소속이었던 저드슨은 항해 중 침례교 교리를 확신하게 되어 소속을 침례교로 옮기고, 미국침례교 선교연맹(the American Baptist Missionary Union)의 후원을 받으며 버마 선교를 담당했다. 1824-1826년은 영국이 버마와 전쟁을 벌이던 시기였기 때문에 저드슨의 버마 선교는 상당한 난관이 뒤따랐다. 난관 속에서도 저드슨은 신구약 전체를 버마어로 번역했고 영어-버마어, 버마어-영어 사전을 편찬했다. 버마 선교 사역을 착수한지 10년이 지난 1824년에야 첫 개종자를 얻었다. 이후 그는 버마 여러 곳에 교회를 설립했다. 계속되는 투옥과 고문과 굶주림 속에서 그가 살아남을 수 있었던 것은 하나의 기적이었다. 홀과 노튼은 뭄바이에 정착하여 선교의 기틀을 마련했으며, 루터 라이스는 저드슨처럼 침례교로 전향한 후 건강 문제로 미국에 돌아와, 미국 침례교 선교회 설립하며 저드슨 부부를 후원했다.

저드슨을 비롯한 그의 동료들은 미국 최초의 선교사들로 미국교회가 해외선교에 눈을 뜨고 적극적으로 해외선교를 착수하도록 해외 선교 붐을 미국 안에 조성하는데 결정적인 역할을 감당했다. 극심한 박해, 가족들의 죽음과 고난 속에서도 선교를 멈추지 않으며, 윌리엄 케리에 이어 근대선교의 훌륭한 모델로 자리 잡았다.

모펫과 리빙스톤의 아프리카 선교

아시아에 이어 아프리카 선교가 근세에 시작되었다. 아프리카 선교의 개척자는 로버트 모펫(Robert Moffat, 1795-1883)과 데이빗 리빙스톤(David Livingston, 1813-1873)이다. 장인과 사위 사이였던 이들은 아프리카 선교에 일생을 헌신했다. 모펫은 윌리엄 케리의 벵갈 선교의 결과로 조직된 런던선교회 소속 선교사로 1817년에 남아프리카에 파송되어 네덜란드인 켐프(John van der Kemp, 1747-1811)가 개척한 길을 따라 아프리카 선교의 개척에 나섰다. 모펫은 50여 년간 남아프리카 비츠와나족(Tswana)을 대상으로 사역하며 쿠루만(Kuruman) 선교 기지를 건설했다. 모펫은 한곳에 정착하여 복음 전도, 교육, 성경 번역에 집중했다. 특히 그는 쿠루만 기지에서 학교를 세우고, 복음을 체계적으로 가르쳤으며, 비츠와나족 언어로 성경을 번역하는 데 힘썼다.

아프리카 내륙 탐험으로 널리 알려진 데이빗 리빙스턴은 1841년 남아프리카에 도착해 모펫이 개척한 지역을 넘어 아프리카 내륙 탐험에 나섰다. 모펫이 남부 선교의 전진 기지 역할을 한 쿠루만 선교기지 건설을 통해 한 지역에 정착해 선교사역을 집중했다면 리빙스턴은 '복음, 상업, 문명'(Christianity, Commerce, and Civilization)이라는 기치를 내걸고 아프리카 내륙을 탐험하며 복음이 전해지지 않은 미개척지를 찾아다녔다. 그는 탐험과 의료활동을 통해 아프리카 현지인들로부터 깊은 신뢰를 얻었고, 아프리카 내륙의 참혹한 노예무역의 실상을 폭로했다. 모펫이 정착형 선교의 모범을 보였다면 리빙스톤은 탐험과 선교를 결합한 새로운 선교 모델을 후대 선교사들에게 큰 도전과 영감을 주었다.

리빙스톤은 아프리카 선교의 개척자로 아프리카 대륙을 빅토리아 폭포를 발견하고 아프리카 대륙을 동서로 횡단하는 잠베지 강과 나일 강을 탐험한 것으로 널리 알려진 인물이다. 그의 가장 큰 공헌은 자신의 탐험을 통해 아프리카 선교와 개방을 촉진시키는 장을 마련했다는 사실이다.

모리슨과 테일러의 중국 선교

중국에도 19세기에 선교가 시작되었다. 가장 중요한 개척자는 로버트 모리슨(Robert Morrison, 1782-1834)이었다. 1807년 중국에 도착한 모리슨은 27년간의 중국 선교 기간 동안 중국어 성경 번역, 중국어 사전 편찬, 최초의 중국인 개신교도 양성, 그리고 윌리엄 밀른(William Milne)과 함께 말라카에 앵글로-차이니즈 칼리지(Anglo-Chinese College)를 설립했다. 이곳은 이후 중국과 동남아시아에서 활동할 후배 선교사들을 양성하는 중요한 기지가 되었다.

모리슨의 뒤를 이어 윌리엄 번즈(William Chalmers Burns, 1815-1868)가 중국에서 22년(1846-1868) 동안 중국 선교 사역을 감당했다. 그는 한곳에 정착하지 않고 기도 가운데 성령의 권능을 의지하면서 중국 곳곳을 누비며 복음을 전하는 순회 전도자의 삶을 살았다. 중국어 여러 방언에 능통한 번즈는 직접 여러 찬송가를 중국어로 번역했고, 존 번연의 천로역정(*Pilgrim's Progress*)을 중국어로 번역하여 중국인들에게 기독교 문학을 소개했다. 그는 한정된 지역에 머물지 않고 홍콩, 광둥, 샤먼, 만주 등 중국의 여러 지역을 다니며 새로운 선교지를 개척했다. 번즈는 중국인 복장을 하고 현지 문화에 동화하는 선교 방식을 선구적으로 채택했다. 이런 실천적 선교방식과 삶은 후배 선교사들이 중국에 정착하고 사역할 수 있는 중요한 선교 발판이 되었다.

이와 같은 선교의 토대 위에 '중국 선교의 아버지'라 불리는 허드슨 테일러(Hudson Taylor, 1832-1905)가 광활한 중국대륙에 발을 디뎠다. 그는 번즈를 만나 함께 사역하면서 번즈의 헌신과 경건한 삶, 특히 그의 깊은 영적, 실천적, 그리고 현지 문화에 동화하는 선교 방식에 깊은 감명을 받았다. 이것은 테일러가 중국 내지 선교회(China Inland Mission)를 설립하는 데 중요한 영감을 주었다.

19세기 후반에는 미국의 남장로교와 북장로교를 비롯한 장로교 선교회와 다른 선교회가 잇달아 중국 선교를 시작하여 중국이 공산화되던 1949년까지 중국 선교는 해외선교의 요람 중 하나가 되었다.

제 V 부
혁명시대의 기독교

13장
프랑스 혁명과 유럽의 혁명

14장
옥스포드 운동과 새로운 변혁

15장
혁명시대의 미국 기독교

프랑스 혁명의 모습(1789)

제 13장

프랑스 혁명과 유럽의 혁명

> 자유(Liberty)란 어느 누구도 해하지 않는다면 무엇이나 할 수 있는 자유(freedom)를 말한다. 따라서 각 사람의 자연권의 행사는 사회의 다른 일원에서 똑같은 권한을 즐길 수 있도록 보증하는 것 외에는 전혀 제한이 없다. 그리고 이 제한도 단지 법에 의해 결정될 수 있을 뿐이다.
>
> 프랑스 인권 및 시민권선언, 1789

18세기의 마지막 25년은 혁명의 기운이 유럽 사회를 감싸고 있었다. 1776년 미국은 영국으로부터의 독립을 선언하였고, 약 10년 후인 1789년에 프랑스에도 혁명이 일어나 군주 정치를 종결시켰다. 양대 혁명은 착취하는 구제도를 필사적으로 거부하고 새로운 질서를 희구한 데서 비롯된 19세기를 예고하는 예언자적인 사건이었다. 혁명은 인간 가치의 합리적 이해에 기초했고 모든 인간이 자유, 평등, 우애를 누릴 수 있다는 사상에 기여했다.[1] 유럽의 혁명은 사회, 정치, 경제 제도를 완전히 변형시켜 새로운 질서를 구축시켰다. 이런 혁명의 배후에는 이성과 자율의 시대가 자리 잡고 있었다.

---

1 Clyde L. Manschreck, ed. *A History of Christianity: Readings in the History of the Church II* (Grand Rapids: Baker Book House, 1962), 315.

프랑스 혁명은 유럽에 놀라운 충격을 가져다주었다.[2] 프랑스 혁명은 "고삐 풀린 이성주의의 실상"을 그대로 반영하는 것이었다. 그들은 인간의 실체를 직시하기 위해 이성보다는 오히려 감정을 신뢰했다. "낭만주의가 프랑스 대혁명에 동기 유발을 한 보이지 않는 힘이었을 뿐만 아니라 계속 투쟁하게 했던 힘이기도 했다." 초기 낭만주의의 대표자 루소는 "과학적 관점에서의 인간 성취"가 "인간의 발전"을 가져오는 데는 한계가 있음을 지적했다. 이것은 1749년 이후에 출판된 루소의 저술들에 나타난다.

1762년에 루소는 에밀(Emile)이라는 저서에서 "계시와 권위"가 인간의 행위를 악하게 만들었다고 주장한다. "1762년에 발간된 사회 계약론에서 그는 인간이 근본적인 자연의 상태에서 동등하다고 주장하였으며 소위 문명은 인간을 불평등하게 하고 악하게 만든다고 했다. 그는 인간의 보편적인 의지, 최대한의 자유, 파괴되지 않은 자연의 원래 상태로의 회귀를 주장했다. 루소의 정치이론과 시민종교는 혁명주의자들에게 강한 영향을 주었고 자연에 대한 그의 강조와 인간의 감정적 측면은 루소가 낭만주의자들에게 존경받기에 충분한 것이었다."[3]

수세기 동안 억눌린 구체제에 대한 민중의 울분은 구체제의 상징인 감옥을 향해 폭발했다. 1789년 7월 14일 분노한 프랑스의 농부들이 바스티유라고 불리는 파리의 감옥을 공격했다. 당시의 정권과 의회는 모두 부패하여 민중의 지지를 상실하고 있었다. 프랑스 의회는 1614년 이후 의회의 업무를 토의하기 위해 모인 적이 없었다.

---

[2] 프랑스 혁명과 그 영향에 대해서는 H. Daniel-Rops, *The Church in An Age of Revolution 1789-1870* (London: J. M. Dent & Sons LTD, 1965), 1-58를 참고하라.

[3] Manschreck, ed. *A History of Christianity II*, 451. 프랑스 혁명에 미친 루소의 영향은 그야말로 지대하다. 루소에게 영향을 받은 프랑스 혁명의 증인 윌리엄 워즈워스(William Wordsworth, 1770-1850)는 인간 사회 속에서는 "혼란과 속임"을 보았지만 자연에서는 "하나님"을 보았다고 외쳤다. 월터 스콧경(1771-1832)은 당시에 만연하던 합리주의적 기법에서 탈피하여 낭만주의의 화려함을 사용하여 대중소설의 일대변혁을 가져왔다. 독일에서 낭만주의는 괴테(Johann Wolfgang von Goethe, 1749-1832)와 쉴러(Johann Christof Friedrich von Schiller, 1759-1805)의 작품을 통하여 꽃 피었다. 낭만주의가 신학에 유입된 것은 Friedrich Schleiermacher(1768-1834)를 통해서이다.

1. 프랑스 혁명

모든 중대한 사건들과 같이 프랑스 대혁명도 발생, 과정, 결과가 복잡했다. 왜 프랑스 혁명이 발생하였는가에 대해서는 통일성이 없지만, 몇 가지 접근은 가능하다. 첫째는 당시의 철학 사상이 프랑스 혁명을 간접 지원하였다는 주장이다.[4] 당대의 거성들인 볼테르(Voltaire, 1694-1778), 드니 디드로(Denis Diderot, 1713-1784), 쟝 자크 루소(Jean-Jacques Rousseau, 1712-1778) 등의 사상은 프랑스의 혁명을 간접적으로 고취시켰다. 이들은 구제도가 더 이상 희망을 줄 수 없다고 확신했다. 이 시대의 상징 볼테르는 사후 13년 뒤인 1791년에 프랑스의 영웅이 되어 장례식이 다시 성대히 치러졌다. 루소는 사회 계약론을 통해 "사회가 각 개인들을 보호하고 될 수 있는 대로 많은 자유를 허용해야 한다"는 입장을 피력했다.[5] 뿐만 아니라 인간 가치에 대한 합리적인 이해, 14세기에 발흥한 파두아의 마르실리오(Marsiglio of Padua, 1270-1342), 윌리엄 오캄(William of Ockham, 1285-1347)의 사상, 즉 권력은 민중으로부터 오며 대표자인 통치자가 권력을 남용한다면 통치자로부터 권력을 빼앗을 수 있다는 새로운 사고가 이 혁명의 시대에 팽배해 있었다.

이런 여러 가지 요인들이 프랑스 혁명의 중요한 배경들이었지만, 프랑스 혁명의 직접적인 원인 중의 하나는 당시의 부패한 권력층과 귀족층들에 대한 피탈 층의 항거였다. 귀족들은 교회와 군대 그리고 정부의 요직 대부분을 차지하고 있으면서 경제의 대부분을 장악하고 세금을 포탈하였으며 민중을 착취의 대상으로 삼았다. 경제적인 문제도 무시 못할 요인이었다. 1789년에 프랑스의 부채는 2차 대전 후의 미국의 부채와 비슷했다. 국민들의 비참한 경제문제를 해결하기 위하여 루이 16세는 거의 200년 동안 열지 않던 삼부회의(은행가, 상

---

[4] Timothy Costant Weckesser는 계몽주의 진보주의 사상이 프랑스 혁명의 동기가 아니라 오히려 갱생(regeneration)혹은 복고(restoration) 개념이 프랑스 혁명의 일차적인 동기라고 주장하기도 한다. "The French Revolution and the Idea of Progress" (Ph.D. disser., New School for Social Research, 1980)

[5] Manschreck, *A History of Christianity II*, 316.

공인, 기술 전문직)를 1789년 6월에 소집했다. 이들은 귀족적인 왕실과 정부를 대표하는 관료들과 성직자들을 몰아내고 자신들이 그 자리를 대신하려고 했다. 8월 "인권 및 시민권 선언"을 결의하여 "정부의 타락과 생활의 비참에 대한 가장 큰 원인으로 인간 권리에 대한 무지, 거부, 경멸"을 지적했다. 또한 만민의 평등, 언론 출판의 자유, 비례 세금제, 공직자의 책임, 재산권 등을 주장했다. 혁명 세력은 11월 2일 프랑스 재산의 20%에 해당하는 교회 재산을 압류하였고, 이듬해 1790년 7월 12일에는 성직자 법을 제정하여 교회를 국가에 완전히 종속시켰다. 또한 지방 자치제를 재조직하고 새로운 행정 구역을 편성하고, 주교들의 수를 139명에서 83명으로 축소했다.[6] 곧이어 프랑스에서는 교회의 내정 간섭을 배제하려는 일련의 운동이 일어나 성직자들은 교황보다 프랑스 헌법에 충성할 것을 강요받았고, 왕당파와 교황파들은 반혁명 세력과 동일시되었다.

1795년 나폴레옹이 정권을 잡을 때까지 프랑스는 걷잡을 수 없는 혁명시대를 맞았다. 초기 혁명을 주도한 쟈코뱅당(Jacobins)은 민중을 위한 자유와 정의를 요구하는 한편 "동맹군"으로 불린 농민군을 모아 1792년 파리로 행진했다. 혁명에 반대하는 성직자들과 귀족들은 가차 없이 처형되었다. 1792년 "무자비한 공포 정치를 수행한" 국민 의회는 왕 루이 16세를 폐위시키고 이듬해 1793년 1월 21일 그를 단두대에서 처형했다. 이들은 종교적인 문제에도 계속 개입하여 1793년 11월 10일에는 노틀담 대성당을 장악하기에 이르렀다. 뿐만 아니라 많은 사람들을 학대하고, 강탈 체포했으며, 약 40,000명의 사람들이 프랑스를 떠나야 했다.[7] 국민 의회에 반감을 가진 2,000명에 대한 1792년 9월 대학살은 프랑스 역사에서 가장 극악한 혁명 행위로 남게 되었다.

공포 정치는 여기에서 끝나지 않았다. 국민 의회는 프랑스를 무종교의 상태로 몰고 나갔다. 1794년 3월 7일 국민의회가 위대한 존재에 대한 숭배를 공식화하면서 신주가 자연상에 부어졌고, 정치적인 영웅들이 성자들을 대신했다.

---

6 Manschreck, *A History of Christianity II*, 317.
7 Manschreck, *A History of Christianity II*, 318.

가톨릭 성직자의 급료가 중단되었고 사제들은 공립학교에서 가르칠 수 없게 되었다. 주일과 성자의 날들을 없애고 로베스피에르(Maximilien Robespierre, 1758-1794)는 악과 어리석음의 모형을 불태우고 지혜의 신상을 높이면서 5월 7일에는 절대자에 대한 예배조례를 통과시키고, 6월 8일에 위대한 존재에 대한 이성의 축제를 기념했다.

아이러니컬하게도, 혁명가들은 이 기간 동안에 "이성의 예배"를 촉진시켰다. 그들은 이성의 예배를 애국주의와 동일시했고, 기독교를 적대시했다. 이성의 여신이 노틀담 대성당을 비롯한 200여개의 이상의 마을 교회에 등장했다.[8] 그러나 "이성의 숭배"는 주변국들에게 긍정적인 인상을 주지 못했으며, 7월 28일에 로베스피에르는 단두대의 이슬로 사라졌다. 이틀 후 그를 지지하던 60명의 파리 코뮌(Commune of Paris)도 30분도 못되어 모두 처형되었다. 1799년까지 집권 정부 하에서 소요는 적게 일어났으나 이성의 숭배는 극에 달했다. 그러나 프랑스는 외부적인 적들의 압력에 눌려 있었고, 이것을 틈타 1799년에 나폴레옹 보나파르트는 쿠데타에 성공했다.

2. 나폴레옹 통치 하의 교회

탁월한 정치가이며 민족주의자였던 나폴레옹 보나파르트(Napoleon Bonaparte, 1769-1821)가 정권을 잡으면서 프랑스 혁명은 새로운 국면을 맞았다. 그는 국가의 권한을 대폭 강화하고, 1801년에 교황 피우스 7세(Pius VII, 1740-1823)와 새로운 종교 협약을 맺었다. 나폴레옹은 프랑스 교회를 안정시켰고 성직자들의 급료를 지급하였으며, 예배의 자유를 보장했다. 그러나 왕실에 대한 맹세와 새로운 주교의 임명권은 포기하지 않았다. 비록 교황이 주교를 임명하지만 국가는 임명을 거부할 수 있게 되었다. 나폴레옹이 황제로 있

8　Manschreck, *A History of Christianity II*, 318.

는 동안 교황은 힘없는 존재였다. 피우스 7세가 나폴레옹의 종복이 될 것을 거부하자 나폴레옹은 1808년에 바티칸 교황청을 점령하여 교황청을 폐쇄하고 교황을 파리 근교의 감옥에 투옥시켰다. 교황은 5년 동안 감옥에서 고달픈 생활을 하다 1814년 바티칸에 돌아올 수 있었다. 교황이 돌아오자 신앙과 실천면에서 교황의 최고 권위를 주장하는 "교황권 지상주의"(Ultramontanism)가 발흥하기 시작했다. 교황 지상주의를 지지하는 이들은 교황에 절대 충성했다. 때문에 프랑스에서는 교황권 제한주의자들과 교황 지상주의자들과의 싸움이 한 세기 동안 지속되었다.

3. 나폴레옹 이후의 유럽

나폴레옹 이후 교황 지상주의는 드 메스트르(Xavier de Maistre, 1763-1852)와 드 보날드(Louis de Bonald, 1754-1840) 그리고 라메네(Félicité de La Mennais, 1782-1854)가 주도했다. 라메네는 "교황 없이 어떤 교회도 존재할 수 없고, 교회 없이 기독교가 존재할 수 없으며, 기독교 없이는 어떤 종교와 사회도 존재할 수 없다"고 주장했다. 1830년 그는 왕의 신적인 권리를 거부하였고 대중의 주권을 옹호하는 라브니르(L'Avenir) 신문을 창간하여 국가로부터의 교회의 자유를 증진하기 위해 노력했다. 그해 부르봉 왕조가 전복되었을 때 프랑스에서는 혁명이 다시 일어났다.

그 후 다시 1848년 혁명이 발생했다. 1848년 2월 파리의 거리에서 바리케이드들이 무너졌고 임시 정부가 공화정을 선포했다. 국왕 루이 필립(Louis Philippe I, 1773-1850)은 잉글랜드로 도망했다. 그해 대통령 선거가 실시돼 나폴레옹의 조카 루이 나폴레옹(Charles Louis Napoléon Bonaparte, 1808-1873)이 대통령이 되어 입법부를 해산하고 자신을 황제로 선언했다. 이리하여 제 2공화정은 돌연히 종말을 고하고 말았다.

혁명은 프랑스에만 국한되지 않았다. 1848년 유럽은 혁명의 집산지였다. 1848년에 유럽에 불어닥친 폭력 혁명들, 마르크스와 엥겔스의 공산당 선언(*Communist Manifesto*) 출간, 루이 나폴레옹의 쿠데타와 프랑스의 제 2제정 성립, 그리고 피우스 9세(Pius IX, 1792-1878)를 무시한 세속 정부의 이탈리아 통합 노력은 대표적인 것들이다. 결국 1848년에 일어난 혁명으로 피우스 9세는 바티칸에서 추방되었다.

1848년에 일어난 혁명은 독일로 파급되었다. 많은 민중들의 기대를 모으며 왕위에 올랐던 프러시아의 프리드리히 빌헬름 4세(Friedrich Wilhelm IV, 1795-1861)가 "사회 정치적 개혁"을 추진하지 않자 1848년 3월 베를린에서 시가전이 발생했다. 왕은 곧 "입헌 정치"를 국민들에게 약속하지 않을 수 없었다. 1848년 12월 프랑크푸르트 국민 의회가 독일 국민 기본법을 제정하고 비국교도들에게 양심의 자유를 제공했다. 1817년 루터파와 개혁파 사이의 연합을 거부하였던 구 루터파들에게도 양심의 자유가 허락되었다.

1860년대 비스마르크(Otto von Bismarck, 1815-1898)는 독일 통일의 불가피성을 역설했다. 그는 1866년에 오스트리아와의 전투에서 그리고 4년 후에는 프랑스와의 전투에서 대대적인 승리를 했다. 전쟁은 비스마르크를 영웅으로 만들어 독일의 영원한 우상이 되었다. 민족주의를 모체로 한 국가 지상주의를 핵심 정책으로 삼았던 그는 모든 문화 영역에서의 국가 우위를 확보하기 위해 "문화 투쟁" 정책을 수립했다. 1872년에 국가는 종교계 학교들과 성직자들의 훈련 기관을 장악하고 자유분방한 성직자 양성을 억제하기 위해 역사, 철학, 문학 분야의 국가고시를 치르도록 했다. 국가는 각종 종교 단체들을 통제하였고 "감독제도, 교회 재산, 출판 언론" 등을 정부의 통제 하에 두었다. 특별히 정권에 위협적인 존재들인 "사회주의 계열의 신문들과 지도자들"을 탄압했다. 그러나 한편으로는 민중의 지지를 얻기 위해 "질병, 사고, 노후 대책" 등 사회 보장 제도를 실시했다.

혁명은 이탈리아에서도 발생했다. 이탈리아의 혁명은 교회와 관련되어 발생했다. 정치적 지지를 얻지 못한 교황은 영적인 권위를 강조하기 시작했다. 1845년 피우스 9세는 동정녀가 수태 순간부터 원죄에서 전적으로 벗어났다는 교리를 선포했다. 이것은 마리아 숭배를 강화시키는 원동력이 되었을 뿐 아니라 교황 자신의 입지를 한층 강화시켰다. 10년 후 피우스 9세는 오류 목록표(Syllabus of Errors)를 모든 주교들에게 보냈다. 이것은 1864년에 공포되었는데 "교황 우월론에 반대하는 80개의 합리주의적 유행과 사상"들을 오류로 분류하고 이것들을 공격하는 내용이었다. 이것은 이단들과 교회에 위협적인 사상 즉, 정치적 자유주의와 민주주의적 사상과 신학적 합리주의 그리고 반성직자주의에 대한 반동이었다. 또한 "범신론, 자연주의, 절대적 합리주의, 현대적 합리주의, 무관심주의, 관용주의, 사회주의, 공산주의, 비밀 단체들, 성경 연구 단체들, 성직자 자유당원 모임, 현대적 자유주의" 등이 포함되었다.

교황은 다시 1869년에 제 1차 바티칸 공의회를 개최하여 자신의 입지를 강화시켰다. 이것은 트렌트 종교 회의(1545-1563) 이후 처음 개최되는 에큐메니칼 종교 회의였다. 장소는 성베드로 성당이었다. 660명의 대표자들과 50,000명의 방청객이 참가한 성대한 회의였다. 이탈리아 주교 276명과 유럽에서 온 265명의 주교가 참석했다. 대표자들 대부분은 교황권 우위론 쪽으로 기우는 경향이었으며, 후속의 법규들도 교황의 통치를 확고하게 규정했다. 공의회의 위원회들은 전적으로 교황권 우위론자로 구성되었기 때문에 교황의 무오류성 교리에 반대하는 사람이 한 사람도 없었다. 공의회의 모든 조치들은 투표로 결정하기 전에 교황의 승인을 받아야만 했으며 모든 의사 진행에 침묵이 강요되었다. 일단의 고위성직자들이 이러한 규정에 항의했으나 교황은 아무 것도 용인하지 않았다. 교황 피우스 9세는 그 공의회의 완벽한 주인이었다. 여기서 그는 "전통, 내가 전통이니라"고 선포했다.

각본대로 교황권 지상주의자들이 승리했다. 1869년 1월 13일 어렵게 치러진 투표에서 451명이 무오설에 찬성했고, 88명이 반대, 62명이 유보의 입장을 취했다. 5일 후인 18일 최종 투표일에는 엄청난 비와 천둥 번개가 작열했다. 이것은 교황에게 유리한 조건으로 작용했다. 1,000명의 유권자 중에서 535명이 투표에 참여하여 533대 2라는 압도적인 표차로 교황 무오설이 통과되었다. 여기서 말하는 교황 무오설은 교황이 악과 도덕에 대해 권위로써 말할 때 오류가 없다는 것이다. 교황은 그가 명령적으로 말할 때 즉 "모든 기독교인들의 목자와 교사의 직임을 수행할 때," "보편적인 교회와 축복된 베드로 안에서" 그에게 약속된 신적인 도움에 의해 신께서 의도하신 무오성을 갖는다는 것이다. 교회사가 될링거(Johann Joseph I. Döllinger, 1799-1890)와 다른 한 사람을 제외하곤 참석자 전원이 찬성했다. 교황 우위론이 성공하였지만 상당한 대가를 치러야 했다. 피우스 9세의 시체가 공동묘지로 옮겨졌을 때 성난 혁명 세력들은 그 시체를 티베르 강에 내던졌다.

1865년 프랑스는 자국 내에서의 **오류 목록표**의 출판을 금지시켰다. 그 후 프랑스는 걷잡을 수 없이 세속화되어 갔다. 나폴레옹 3세는 프랑스를 위협하는 프러시아를 대항하기 위하여 1870년에 교황청에서 군대를 철수시켰다. 프랑스는 교회 관계를 서서히 청산하기 위해 1901년에는 모든 종교 기관의 법적 지위를 규정하는 종교법을 제정하여 모든 종교단체를 국가에 등록시키고 비등록 단체의 회원에게는 가르치는 것을 금지시켰다. 1905년에는 종교법을 도입하여 정교 분리를 결정했다.

결론적으로, 18세기 말부터 적어도 19세기 초엽까지는 혁명이 교회와 국가 그리고 사회와 민족을 지배하는 시대였다. 18세기의 인간 내면의 혁명은 인간의 생존권과 기본 권리를 주장하는 외면의 정치적 혁명과 산업혁명으로 이어졌던 것이다. 19세기의 민족주의는 이런 시대 조류와 무관하지 않다. 미국의 독립혁명과 프랑스 혁명은 민족주의를 알리는 신호탄이었다.

제 14장

옥스포드 운동과 새로운 변혁

> 현금의 모든 개신교 종파는 우리와 일치한다고 말하나 교회적인 문제에 있어 성경을 유일한 표준으로 삼는다는 면에서 로마 가톨릭과 다르다. 사실 그들은 신앙의 문제에 있어서 서로 다를 뿐 아니라 우리와도 다르다. 그러나 이러한 차이점에도 불구하고 그들은 하나같이 기록된 하나님의 말씀을 절대적이고 유일한 요소로 받아들인다.
>
> 존 헨리 뉴먼(John Henry Newman), 1837

프랑스를 비롯한 유럽 대륙에 혁명이 일어나고 있는 동안 영국에서도 그와 성격을 달리하지만 유사한 운동이 영국 기독교를 휩쓸고 있었다. 19세기 초엽 영국에서 발흥한 옥스포드 운동은 이성과 자율의 시대에 찾아 볼 수 있는 또 하나의 전형적인 변혁운동이었다. 감리교 운동이 개신교 정신에 바탕을 두고 있었다면 옥스포드 운동은 가톨릭 정신에 바탕을 두었다.[1]

---

1 Daniel-Rops, *The Church in An Age of Revolution 1789-1870* (London, J.M. Dent; New York: Dutton [1965]), 430-438.

존 헨리 뉴먼(John Henry Newman, 1801-1890)

1. 옥스포드 운동의 역사적 배경

옥스포드 운동(1833-1845)은 이성의 시대에 대한 반동으로 옥스포드를 중심으로 영국 고교회에서 일어난, 낭만주의로 알려진 영적. 문화적 운동이다. 이 운동의 목적은 17세기의 고교회 사상을 회복하는 것이었다. 이들은 한편으로는 당시의 교회 생활의 퇴보를, 다른 한편으로는 자유주의 신학이 교인들에게 상당히 부정적인 영향을 주고 있음을 감지하고 있던 이들이었다. 낭만주의와 관련이 있던 로이드(C. Lloyd)와 다른 이들의 작품은 고대와 중세 기독교에 새로운 관심을 가져다주었다. 더욱 직접적인 원인은 많은 영국국교도들은 가톨릭 노예해방 헌장(Catholic Emancipation Act, 1829)이 로마 가톨릭으로 전향시키는 원동력이 될지도 모른다는 두려움을 갖고 있었다는 사실이다. 존 케블(John Keble, 1792-1866)은 1833년 7월 14일에 옥스포드 대학의 학생들에게 "국제 배도"라는 설교를 하였는데, 이것이 보통 옥스포드 대학 운동의 출발로 간주된다. 수년 후 헨리 뉴먼(Henry Newman, 1801-1890)은 "나는 그날을 1833년의 종교 운동의 출발로 생각하여 왔고 지켜 왔다"고 회고하고 있다.[2]

이 운동의 주된 목적은 영국국교회가 하나님의 거룩한 제도임을 변호하고 사도직 계승 교리를 신앙률(信仰律)로 변호하는 것이다. 이런 목적들은 흔히 1833년 뉴먼에 의하여 시작된 유명한 시대를 향한 소책자(Tracts for the Times)를 통하여 실현되었다. 이 운동의 초기 지도자들로 알려진 케블, 뉴먼, 그리고 푸시(Edward B. Pusey, 1800-1882)는 프라우드(Richard H. Froude, 1803-1836), 처치(Richard W. Church, 1815-1890), 윌버포스(Robert I. Wilberforce, 1802-1857), 마리오트(Charles Marriott, 1811-1858) 그리고 윌리엄스(Isaac Williams, 1802-1865) 같은 많은 영향력 있는 이들의 지지를 얻었다.

---

2   James E. Livingston, *Modern Christian Thought* (New York: Macmillan, 1971), 117.

1835년까지 이 운동은 대단한 세력을 확보하여 다음 수년 동안 많은 영향을 미쳤다. 1836년에 프라우드가 죽자 2년 후에는 그의 서신들과 논문들이 뉴먼과 케블에 의하여 출판되었다. 트랙 90은 60,000부가 팔렸으며 뉴먼의 설교집과 그가 편집한 브리티쉬 크리틱(*British Critic*)도 널리 읽혀졌다.

　　1840년부터 1845년까지 옥스포드 운동은 제 2단계로 접어들었다. 이 운동은 가톨릭 쪽으로 기울기 시작하였고 의심과 분열이 잇따라 오면서 분열과 침체의 국면을 맞았다. 그렇게 된 요인에는 몇 가지가 있었다. 그 첫째 원인은 옥스포드 운동의 지도자들이 일련의 심한 공격을 받았다는 점이다. 1838년 8월 옥스포드의 감독은 로마 가톨릭의 관습을 따르는 옥스포드 운동의 지도자들을 소책자주의자들(Tractarians)이라고 신랄하게 비난했다.

　　또한 대학의 자유파와 감독들이 이들을 공격했다. 초기 공격자들로는 아놀드(Thomas Arnold, 1795-1842), 홧틀리(Richard Whately, 1787-1863) 그리고 햄든(Renn D. Hampden, 1793-1868)이 있다. 뉴먼은 1841년에 유명한 트랙 90(*Tract 90*)을 출판하여 영국국교회의 39조항들에 반대하여 그들의 입장이 앵글로-가톨릭적(Anglo-Catholic)임을 천명했다. 이 때문에 감독들로부터 심한 비판을 받았다. 영국국교회 감독들이 이 트랙의 출판을 금지하려고 하자 뉴먼은 영국 국교와 결별한 후 1843년에 아예 국교 목사직을 사임하고, 2년 후 로마 가톨릭으로 개종했다. 많은 추종자들이 그의 뒤를 따랐으며 더러는 뉴질랜드로 이민 갔다. 워드(William G. Ward, 1812-1882)의 저서 기독교회의 이상(*The Ideal of a Christian Church Considered in Comparison with Existing Practice*, 1844)이 1845년에 옥스포드 회의에서 비판을 받은 후에 워드와 페이버(Frederick W. Faber, 1814-1863), 그리고 같은 영역에 있는 이들도 로마 가톨릭으로 전향했다. 그러나 대부분의 옥스포드 운동지지자들은 영국 국교 내에 머물면서 계속하여 운동을 전개했다.

　　뉴먼을 이은 옥스포드 대학의 교수 푸시(E. B. Pusey, 1800-1882)는 성례론에서 감독의 사도직 계승과 성찬의 제사적 성격을 말했다. 그러나 로마 가톨릭의 오류, 즉 성상 숭배, 마리아 숭배, 수도사제도, 화체설, 제사장적 직능,

정화, 7가지의 성례, 교황의 수장권을 거절했다.

옥스포드 운동은 제 3단계로 접어들면서 의식에 변천이 있었다. 대표적인 것이 이 운동이 앵글로-가톨릭화되면서 개신교적인 요소들을 많이 상실했다는 점이다. 예를 들면 새로 첨가된 향, 성수, 고해성사 등이 그것이다. 이것들은 복음주의 운동을 비롯한 외부 단체로부터는 물론 자체 내에서도 강한 비판이 제기되었다.

옥스포드 운동은 전 영국국교를 사로잡지 못했지만 귀족층과 노동자층에 파고드는 데 성공했다. 이들은 희생정신을 발휘하여 병원, 고아원, 선교 및 교육기관을 설립하였으며 런던의 빈민 지역에 주일학교를 비롯하여 시민도서관, 서민금고를 세웠다. 이러한 사회적인 활동으로 인하여 교회와 노동 운동이 유럽 대륙에서와는 달리 영국에서는 친근한 것으로 부각되었던 것이다. 앵글로-가톨릭 운동은 복고풍의 교회 건축 양식, 오르간을 사용하는 음악, 미술에 영향을 미쳤다. 처음 개신교에서 출발한 영국국교회가 오늘날 개신교에서 상당히 멀어진 요소들을 담고 있는 것은 바로 이런 시대적 배경에서 그 원인을 찾아볼 수 있다.

제임스 리빙스톤이 지적한 것처럼 "옥스포드 운동은 가톨릭 경건의 복고이며 따라서 그 지도자들은 스스로를 고대 신앙과 관습의 회복자들로 간주했다."[3] 그들은 혁신자들이 되는 것도 귀족 종교를 만드는 것도 동시에 거부했다. 옥스포드 운동은 교부들의 신앙을 현대에 부활하려고 하였으나 단순히 복사하기보다는 당시의 시대적 감각 속에서 재발견하려고 노력했다.

2. 옥스포드 운동의 이상

옥스포드 운동을 좀 더 잘 이해하기 위해서는 케블, 뉴먼, 푸시, 아이삭 윌리엄스와 같은 이들의 사상을 좀 더 연구할 필요가 있다. 옥스포드 운동의 지도

---

3   Livingston, *Modern Christian Thought*, 123.

자들의 작품은 낭만주의 시대의 모습을 반영하고 있다. 그것은 이성의 시대에 대한 일종의 반동이라고 볼 수 있다. "초자연적 신비에 대한 진정한 감정," "인간성 보존," "자기 부정의 순종"은 옥스포드 운동의 지도자들을 이해할 수 있는 중요한 특징들이다. 특별히 "초자연과 불가시적인 하늘의 천사들과 영의 세계"의 실재에 대한 확신은 이들의 일관된 모습이다. 이것은 특별히 뉴먼과 푸시에게서 두드러지게 나타난다. 뉴먼은 "불가시적인 세계"라는 설교에서 이렇게 말한다:

> 비록 만물이 만개함으로 그것[지구]이 가장 친근하여 그 안에 감추어진 것들을 가장 감동적으로 보여준다고 하더라도 아직 그것으로는 충분하지 않다. 우리는 우리가 보는 것보다 더 많은 것들이 그 안에 감추어져 있다는 사실을 안다. 성도들과 천사들의 세계, 영광스러운 세계, 하나님의 궁정, 여호와의 산, 하늘의 예루살렘, 하나님과 그리스도의 보좌, 이 경이로운 모든 것들이 우리가 보는 것 그 속에 감추어져 있다. … 우리는 우리가 보는 것이 하나님과 그리스도 그리고 그의 성도들과 천사들로부터 우리를 감추어 버리는 장막 (a screen)이라는 사실을 안다. 그리고 우리는 우리가 보지 못하는 것을 갈망하기 때문에 우리가 보는 모든 것의 소멸을 위해 간절히 열망하고 기도한다.[4]

이들에게 우리의 감각 경험과 우리의 사상은 단지 영적 진리들의 미약한 표현들이다. 그러나 그리스도인은 이들 가시적인 영역 이상을 넘어설 수 있다. 왜냐하면 그는 이 세상의 초월성을 이해하기 때문이다. 합리적으로 설명될 수 없는 영역의 것을 인정하고 있다. 이성적으로 설명될 수 없는 성육신과 삼위일체는 신앙의 최고의 신비이며, 하나님이 인간이 되셨다거나 말씀이 육신이 되셔서 여성에게서 잉태되셨다는 것은 인간의 언어로는 설명할 수 없는 커다란 신비

---

[4] *Parachial Sermons* (London, 1839), vol. iv. no.13, p.239. Livingston, *Modern Christian Thought*, 124에서 재인용.

라는 것이다.

옥스포드 운동은 교회의 권위의 위치를 고대의 전통과 교회의 공동의 가르침 속에서 찾았다. 그들이 교회의 전통을 고대에서 찾았던 부분적인 이유는 진보적 개인주의에 대항할 필요성을 절감했기 때문이다. "오직 성경으로"라는 표어는 이제 "성경과 전통"으로 수정되었다. 이들에게 사도직 계승은 중요한 주제였다. 교회의 권위를 높이기 위해서 고대의 단일한 교회, 특별히 교부들의 전통은 상당히 중요했다. 물론 교부들에 대한 존중이 옥스포드 운동의 지도자들에게만 국한된 현상은 아니었고 구 고교회파와 로마 가톨릭 안에서도 일어났던 운동이지만, 옥스포드 운동의 지도자들에게서 두드러지게 찾아볼 수 있다. 모든 옥스포드 운동의 지도자들은 전통을 성경을 해석하는 하나의 표준이라고 보았는데 그것은 교회의 전통이 개인에게 성경을 적절히 읽도록 길을 제시한다고 믿었기 때문이다.

그들에게 권위에 대한 이해와 신앙관과는 상호 밀접한 관련이 있었다. 이 둘은 하나님의 계시에 대한 인식, 즉 진리가 은혜의 선물이지만 도덕적인 순종을 요구한다는 사실을 저변에 담고 있다. 그럼에도 불구하고 그들의 작품에 강한 형이상학적 회의주의가 깊이 담겨져 있어 이성이 절대적인 것은 아니라 해도 중요한 역할을 한다. 그들에게 이성은 단지 증명 혹은 입증을 의미한다. 이해 혹은 육체의 지성을 의미하는 이성은 인간의 삶에 중요한 역할을 하지만 유일한 안내자나 법칙은 아니다. 특별히 이성은 합리주의자들이 고수하는 바 신앙의 뿌리나 마지막 보루는 아니라는 점이다. 뉴먼에 따르면 종교적인 신앙과 진리가 이따금씩 이성에 의하여 정당화 될 수 있지만, 이성은 결코 신앙을 생산하지는 못한다. 종교적인 지식은 "의에 주리고 굶주린 자"가 의롭다함을 받은 후 도덕적인 순종을 통해 얻는 것이다. 신앙은 본질적으로 도덕적인 원리이다. 푸시는 다음과 같이 말한다:

> 성경은 우리에게 진리에 도달할 수 있는 오직 한 가지 법칙, 한 가지 테스트,

한 길을 제시한다. 우리가 하나님의 명령을 지키느냐 지키지 않느냐 혹은 우리가 이 세상을 따르느냐 않느냐 아니면 우리의 마음을 새롭게 함으로 변화를 받아 그의 형상을 본받느냐 않느냐이다.[5]

오늘날 우리는 신앙의 확신으로부터 이성적인 증거들을 구분하여 주는 것이 실존적인 요소라고 이해한다. 옥스포드 운동의 지도자들은 이것을 도덕의식이라고 이해했다. 삶 속에서 그를 따르느냐 않느냐 하는 것은 우리의 실존 속에서 결정되어야 할 문제라는 것이다. 거기에는 선택의 여지가 없다. 그리스도인이라면 의당 그리스도인다운 삶을 살아야 하며 자신의 신앙에 대한 책임을 져야 한다는 것이다.

옥스포드 운동의 지도자들은 신앙이 성화로 연결되어야 한다고 믿었다. 때문에 이들은 루터나 종교개혁자들이 선포한 "의"는 단순히 "선포된 의"이며 이것은 거룩한 삶 혹은 성화의 삶과 구분이 되는 것으로 이해했다. 칭의에 대한 강조는 훌륭한 것이지만 이것이 인간의 행위를 무시하거나 과소평가하기 쉽기 때문에 자칫 잘못하면 율법 폐기주의로 빠져 종교 생활을 위협한다고 보았다. 때문에 이들에게 "칭의와 성화"는 떨어질 수 없는 불가분리의 관계를 갖고 있다. 이것은 옥스포드 운동의 지도자들의 최고의 걸작으로 꼽히는 뉴먼의 칭의에 대한 강의(Lectures on justification, 1838)에 잘 반영되어 있다. 뉴먼이 보았을 때 개신교의 오직 믿음으로 말미암는 의나 가톨릭의 순종으로 말미암는 의는 모두 결점을 지니고 있었다.

뉴먼의 견해에 따르면 그리스도인에게는 의의 양면성이 요구된다. 그에게 있어서 "의란 선포된 의일 뿐만 아니라 영혼에 초자연적인 은혜의 특성을 나누어 주는 실제적 의다. 따라서 의는 그리스도인 안에 거하시는 신의 실제적 내주다."[6] 그러므로 그에게 구원은 우리의 죄가 용서함을 받은 것뿐만 아니라 거룩

---

5 Livingston, *Modern Christian Thought*, 132.
6 Livingston, *Modern Christian Thought*, 135.

한 삶을 사는 것으로 이루어진다. 의는 순종의 행위를 동반하며 만일 순종의 행위를 동반하지 않을 경우에는 의인이라고 할 수 없다. 진실된 신앙은 하나님이 우리 안에 거하시는 삶으로 표출되어야 한다. 하나님이 우리의 삶에 거하신다면 우리의 삶은 순종과 행위가 동반된 그런 삶을 살지 않을 수 없다.

자연히 그들의 성례관도 전통적인 가톨릭의 성례관을 넘어섰다. 그들의 성례관은 푸시의 "성경적 세례관"에 잘 반영되어 있다. 이들은 유아 세례를 인정하였는데 그것은 부모의 신앙이나 어린아이의 신앙에 근거하여서가 아니라 어린아이들이 교회의 신앙에 의하여 하나님의 은혜를 받는다고 보았다. 또한 그들은 성찬을 광야의 삶을 살고 있는 이들이 영혼을 지탱하고 세상에 물들지 않게 해주는 영적인 음식으로 보았다. 때문에 이들은 성찬식을 "하늘의 만찬," "영의 양식"이라고 불렀다. 그리고 성찬을 받지 않는 것을 "영혼의 기아나 죽음"과 동일시했다. 우리가 여기서 분명히 발견할 수 있는 것은 그들의 성만찬 견해가 로마 가톨릭의 화체설과 쯔빙글리의 상징적-기념설 모두를 배격한다는 점이다. 즉 성례는 성화의 삶을 살아가는데 필수적인 은혜의 수단이라는 것이다.

우리는 옥스포드 운동에서 그들의 권위관, 신앙관, 성화관, 성례관 모두가 상호 연관성을 갖고 있다는 사실을 발견할 수 있다. 그럼에도 불구하고 그들이 결코 조직적인 신학 체계를 세워 절대화하려는 조직신학자들은 아니었다는 사실도 발견한다. 그들이 강조하고자 하는 것은 그리스도인의 삶이다. 신앙과 삶은 불가분리의 관계를 맺고 있다는 것이 그들의 핵심이다. 1830년대에 시작하여 1845년까지 진행된 옥스포드 운동은 말기에 접어들 무렵에 이미 영국 교회의 영역을 넘어 지대한 영향을 미치고 있었다.

옥스포드 운동이 얼마나 지속적인 영향을 미쳤는지에 대해서는 역사가들이 일치하지 않고 있다. 이런 불일치에도 불구하고 그들의 영향은 오늘날에도 상당히 찾아 볼 수 있다. 도덕적 판단에 근거한 그들의 신앙관은 현대 종교철학 운동에 적지 않은 영향을 미쳤다. 이들의 영향은 성서연구 분야에서도 찾아 볼 수 있다. 해석학 이론과 성경의 권위의 발달에서 전통의 역할을 과소평가할 신학자는 아무도 없을 것이다. 그들이 나누어지지 않은 하나의 교회를 형성한 초대교회에서 자신들의 정체성을 발견하려고 한 것은 근대 교회관에 참신한 도전을 주었다. 이런 의미에서 현대 에큐메니칼 운동의 태동은 결코 옥스포드 운동과 무관하지 않다고 본다.

마지막으로 그들의 영향이 그렇게 오래 지속되지 않았다고 보는 견해가 옳다면 그것은 자신들의 사상을 당대의 시대적 조류인 과학과 근대 역사의식과 조화시키려고 하는 노력이 다른 종교 운동에 비하여 상대적으로 결여되었다는 점에서 그 원인을 찾아야 할 것이다.

3. 새로운 교파 운동

옥스포드 운동이 영국기독교를 휩쓸던 거의 동시대에 영국에서는 새로운 교파운동이 일어났다. 1828년에 영국은 비국교도들에게 종교의 자유를 허용했다. 그 후 새로운 교파들이 생겨나기 시작했다. 스코틀랜드의 부흥사 어빙(E. Irving, 1792-1834)과 그를 따르는 이들이 사도적 가톨릭교회(apostolic-catholic)를 설립했다. 또 하나의 교단은 앵글리칸 목사 존 다비(John N. Darby, 1800-1882)를 따르는 이들이 중심이 된 플리머스 형제단 또는 다비주의자들이다. 이들은 교회의 조직이나 기구를 전적으로 부정하고 예수 그리스도의 재림을 바라는 형제들끼리 모였다. 또한 구세군이 "군대의 조직을 따라 교회를 조직하고 전도와 구제를 통하여 대도시에서 활동"하기 위하여 감리교 설교가 윌리엄 부스(William Booth, 1829-1912)의 노력으로 조직되었다.

이와 함께 영국에는 "자연과학과 역사과학"에 기독교를 조화시키려는 운동이 일어났다. 이들은 개신교적 바탕에서 자유주의와 과학과 문화생활을 겸비한 이성적인 기독교를 지향했다. 대표적인 인물은 독일 철학과 성경비평에 영향을 받은 시인 콜리지(Samuel T. Coleridge, 1772-1834), 교육가 토마스 아놀드(Thomas Arnold, 1795-1842)와 작가 찰스 킹슬리(Charles Kingsley, 1819-1875) 등이다. 이들은 자유주의자로 알려졌다.

또한 복음주의 운동이 발흥한 것도 이 즈음이었다. 복음주의는 성경의 완전영감과 칭의론을 비롯한 전통적인 기독교 신앙을 견지하면서 동시에 사회적 책임, 연합운동과 복음전도를 중시하는 신앙운동이다. 영국에서의 복음주의 운동은 웨슬리와 휫필드의 복음주의 부흥운동과 윌버포스의 사회개혁운동 그리고 1846년 영국 런던에서 결성된 '복음주의 연맹'(the Evangelical Alliance, E.A.)이 중요한 배경을 형성했다. 베빙톤은 영국복음주의 특징을 성서주의, 회심주의, 행동주의, 십자가중심주의로 집약한 바 있다.

영국에서의 복음주의 운동은 영국국교회를 넘어 새로운 교단형성과 신앙운동을 촉발시켰다. 19세기 영국에서의 복음주의는 영국국교회 내의 복음주의와 "저교회파"(Low Church Party)를 모두 포괄하는 표현이다. 스코틀랜드에서는 감리교 운동이 순회설교 제도와는 반대가 되는 개교회의 자율을 말하는 회중교회적 교회관에 부딪혀 진전을 보지 못했다. 그 결과 복음주의 부흥운동이 일어나 회중교회적인 독립 교회가 형성되었다. 대표적인 지도자는 제임스 알렉산더 홀데인(James Alexander Haldane, 1768-1851)과 로버 홀데이브(Robert Haldabe, 1764-1842)이다. 기독교 사회주의자인 토마스 찰머스(Thomas Charlmers, 1780-1847)는 스코틀랜드 국교회에서 탈퇴하여 1843년 스코틀랜드 자유교회(Free Church of Scotland)를 설립했다. 그 영향으로 런던에서는 1846년에 "복음주의 연맹"이 조직되었다. 거기에는 기성 교회에 싫증을 느낀 많은 "각성한 기독신자"들이 합류했다.

제 15장

혁명시대의 미국 기독교

> 당신의 이성은 이제 이 주제(종교)를 탐구할 수 있을 만큼 충분히 성숙했다. 먼저 의사의 고귀함과 통일성을 위해 모든 편견을 벗어 던져라. 그리고 종교 말고 다른 주제를 즐겨라.
>
> 토마스 제퍼슨(Thomas Jefferson), 1787

낭만주의로 대표되는 '후계몽주의'의 영향으로 프랑스에서 프랑스 혁명이 영국에서는 옥스포드 운동이 진행되고 있는 동안 신대륙에서는 독립혁명이 진행되고 있었다. 확실히 18세기 후반부터 미국 기독교는 새로운 시대를 맞이했다.[1] 그 중에서도 독립혁명, 유럽 계몽주의의 유입, 2차 대각성운동, 감리교와 침례교의 발흥, 전통적인 칼빈주의 신학의 변천 등은 대표적인 실례들이다. 1775년부터 1783년까지 진행된 미국의 독립전쟁은 자유를 위한 거대한 민주주의 혁명이었다. 미국의 독립혁명은 영국의 청교도 혁명(1640-1660), 프랑스 혁명(1789)과 더불어 근대교회사에서 상당히 중요한 위치를 차지하는데 그 이유는 미국인들의 삶, 특히 기독교에 지대한 영향을 미쳤기 때문이다.[2]

1　Robert T. Handy, *A History of the Churches in the United and Canada* (New York: Oxford University Press, 1977), 136-161.

2　혹자는 미국 독립혁명을 영국 혁명, 프랑스 혁명, 그리고 러시아 혁명(1917)과 함께 근세와 현대의 4대 혁명이라고 칭하기도 한다. 김광채, 근세·현대교회사 (서울: 기독교문서선교회, 1992), 241.

1. 독립혁명과 낙관주의

종교의 자유와 정교분리

혁명 전야 신대륙에서 발흥한 몇 가지 사조 가운데 두드러진 것은 종교의 자유 문제이다. 신대륙에서 종교의 자유는 로드아일랜드와 메릴랜드에서 시행되었다. 그러나 17세기 후반에 접어들면서 캐롤라이나, 조지아, 뉴욕, 뉴저지, 델라웨어, 펜실베이니아에로 확대되었다.[3] 신대륙에 정착한 사람들의 문화적 다양성과 그들이 신봉하는 종교의 다양성 때문에 개척시대 초부터 주정부가 종교적인 문제에 대해 관용할 필요가 있었다. 또한 미국의 거의 모든 주에서 팽배하고 있던 자유정신은 종교의 자유를 촉진시켰다. 종교적인 관용 경향이 가속화된 것은 버지니아의 권리장전과 독립선언을 통해서이다. 1776년 7월 4일 필라델피아 독립관에서 발표된 독립선언서의 표어는 생명, 자유, 그리고 행복의 추구였다. 자유와 평등은 미국 독립선언서의 핵심 가치였다.

> 우리는 다음과 같은 사실을 자명한 진리로 받아들인다. 즉 모든 사람은 평등하게 창조되었고, 창조주는 몇 개의 양도할 수 없는 권리를 부여했으며, 그 권리 중에는 생명과 자유와 행복의 추구가 있다. 이 권리를 확보하기 위하여 인류는 정부를 조직했으며, 이 정부의 정당한 권력은 백성의 동의로부터 유래하고 있는 것이다. 또 어떤 형태의 정부이든 이러한 목적을 파괴할 때에는 언제든지 정부를 개혁하거나 폐지하여 백성의 안전과 행복을 가장 효과적으로 가져올 수 있는, 그러한 원칙에 기초를 두고 그러한 형태로 기구를 갖춘 새로운 정부를 조직하는 것은 백성의 권리이다.[4]

---

3 Sydney Ahlstrom, *A Religious History of American People* (New Haven: Yale University Press, 1972), 379.

4 "The United States Declaration of Independence," https://en.wikisource.org/wiki/United_States_Declaration_of_Independence 〈2022년 7월 19일 접속〉

1776년 6월에 제정된 버지니아 주 권리장전 16조에는 종교의 자유에 대해 다음과 같이 명시되어 있다. "창조주가 주신 종교의 의무와 이것을 수행하는 방법은 힘이나 폭력에 의하지 아니하고 다만 이성과 신념에 의하여 실현될 수 있다. 그러므로 모든 사람은 양심의 지시에 따라 자유롭게 종교생활을 할 평등한 권리를 가지며, 사람들은 서로를 위해 기독교의 관용과 사랑과 자비를 실천할 의무가 있다."[5]

이런 종교의 자유에 대한 규정은 1785년의 버지니아 주 종교자유헌장에도 나타난다. 이 헌장은 누구라도 강요나 강압에 의해 자기가 원하지 않는 종교를 가져서는 안 되며 또 종교적인 문제 때문에 고난이나 고통을 받아서도 안 된다고 규정했다. 누구나 자신의 종교를 개진할 수 있으며, 그 문제로 인해 자신의 권리가 침해를 받아서는 안 된다는 것이다. 독립혁명을 지나면서 미국에서 실질적인 종교의 자유가 허용된 셈이다.

그와 함께 그때까지 미국에서 진행되어 오던 정교일치가 사라지고 정교분리 사상이 구체적으로 규정되기 시작했다. 1787년에 제정된 미국 연방헌법이 1791년에 수정될 때 종교자유에 대한 규정과 함께 정교분리 원칙이 삽입되었다. "연방의회는 국가종교를 만들기 위한, 혹은 자유로운 종교행위를 금지하는 어떠한 법률도 제정해서는 안 된다"는 정교분리 원칙을 확정함으로 말미암아 지금까지 미국 기독교를 지배하여 오던 정교일치 원칙이 깨어지게 되었다.[6] 이것은 두 가지를 염두에 둔 것이다. 하나는 종교의 자유를 보장하여 각 교파 간의 갈등을 해소하자는 것이고, 또 하나는 어떤 주가 종교문제에 개입하여 어느 한 종파를 강요하는 것을 막기 위한 것이다. 정도의 차이는 있지만 로드아일랜드와 펜실베이니아를 제외한 거의 모든 주에서 주정부는 오랫동안 종교적인 문제에 개입하고 있었다.

정교분리에 영향을 미친 이들로는 당대의 타세계의 정치철학과 정부의 역

---

5   김광채, 근세·현대교회사, 243.
6   Anson Phelps Stokes and Leo Pfeffer, *Church and State in the United States* (New York: Harer & Roa, Publishers, 1964), 36.

사에 대해 해박한 지식을 갖고 있던 제퍼슨, 메디슨, 메이슨 같은 이들이다. 이들은 양심의 자유에 대한 자유주의적인 관점을 갖고 있었고, 이것은 인간 천부 인권론에 근거하고 있다. 정교분리를 가져오는데 미친 그들의 공헌은 버지니아에만 국한된 것은 아니었다.[7]

종교적 낙관주의

확실히 이 시대의 미국은 전환기였다. 종교적인 관용으로 어떤 한 신학을 이데올로기화하는 현상도 점차 사라지기 시작했다. 오랫동안 청교도들이 소중히 간직해 오던 구칼빈주의가 변천되기 시작한 것이다. 전통적인 칼빈주의 사상은 17세기 말엽의 미국의 상황과 조화를 이루기에는 장애가 많았다. 칼빈주의의 전적부패 교리는 개인의 본유적 능력과도 상치되며, 무조건적 선택이나 불가항력적 은총교리는 "모든 인간이 평등하게 창조되었고, 창조주에게서 양도할 수 없는 일정한 권리들을 부여받았다"는 독립선언서의 사상과 상치되는 것처럼 보였다.

칼빈주의 여러 사상은 하나님의 책임만큼이나 인간의 책임과 권리를 강조하는 당대의 낙관주의적 시대 조류와 어울리지 않았다. 미국 독립이 선포되던 18세기 말엽부터 19세기 초엽까지 30여 년 동안 미국에서 전통적인 칼빈주의의 통일성이 깨어지기 시작한 것은 우연이 아니다. 얼마 전까지만 해도 미국 기독교인의 절대 다수가 칼빈주의자들이었으나 18세기 말엽에 들어서면서 다수가 알미니안주의적 성향을 띠고 있었다. 영국의 지배에서 완전히 벗어나 독립적인 교단으로서 급성장하기 시작한 감리교는 전통적인 칼빈주의의 수정을 가속

7　Stokes and Pfeffer, *Church and State in the United States*, 39-63. 이들 외에도 정교분리에 영향을 미친 인물로는 벤자민 프랭클린(Benjamin Franklin, 1706-1790), 존 위더스푼(John Witherspoon, 1723-1794), 아이삭 백커스(Issac Backus, 1724-1806), 조지 워싱턴(George Washington, 1732-1799), 패트릭 헨리(Patrick Henry, 1736-1799), 사무엘 리버모아(Samuel Livermore, 1732-1803), 토마스 페인(Thomas Paine, 1737-1809), 존 캐롤, 찰스 피크니(Charles Pinckney, 1757-1824), 존 리랜드(John Leland, 1754-1841) 등을 들 수 있다.

화시켰다.

또 하나 두드러진 현상은 정교분리를 천명했으면서도 민족주의가 발흥하여 서서히 미국 기독교를 세속화시키기 시작했다는 사실이다. 물론 청교도들도 신대륙을 하나님이 허락하신 자유의 나라로 생각했으나, 혁명시대의 인물들은 더 나아가 국가가 교회의 문제를 주도해야 된다고 생각했다. 콘스탄틴 대제를 통해 정교가 밀착되면서 기독교를 세속화시켰던 4세기 초엽의 현상이 조금씩 미국 기독교에도 등장하기 시작한 것이다. 이전에 교회가 했던 하나님의 일들을 이제는 국가가 대리자로서 그 일들을 담당해야 한다고 믿었다. 따라서 신앙이 미국인의 삶을 지배하던 경향이 점점 약화되고 미국인의 삶과 문화가 신앙을 규정하는 경향이 나타났다.

1800년 무렵 복음주의 신학이 사상적으로 미국의 문화에 주는 영향은 점차 줄어든 반면 미국의 문화가 신학에 미치는 영향은 점차 늘어나고 있었다. 18세기 중엽까지만 해도 조나단 에드워즈를 비롯 기독교 지도자들이 미국 사회를 이끌어 갔으나 1800년 무렵에는 정치가들과 정부 지도자들이 이 기능을 수행하고 있었다. 게다가 신학은 더 이상 "학문의 여왕"이 아니라 여러 학문 가운데 하나에 불과했다. 그 결과 교회의 신학과 삶의 관계에 변화가 발생했다. 1800년 이전까지는 교회의 신학이 교회의 삶을 주관하는 경향이 있었으나 1800년 이후에는 삶이 지성을 지배하기 시작했다.

유니테리안주의와 자유주의의 발흥

독립혁명기에 미국에서 발흥한 유니테리안주의는 이 시대에 두드러진 특징 중의 하나이다.[8] 독립혁명과 함께 태동된 낙관주의적 사조는 미국의 종교적 삶에도 지대한 영향을 미쳐 정통신학에서 떠난 새로운 사조를 과감하게 수용하

---

8 Handy, *A History of the Churches in the United and Canada*, 197-204. 그는 유니테리안주의가 Old Calvinism에 대한 반동으로 발흥했다고 말한다.

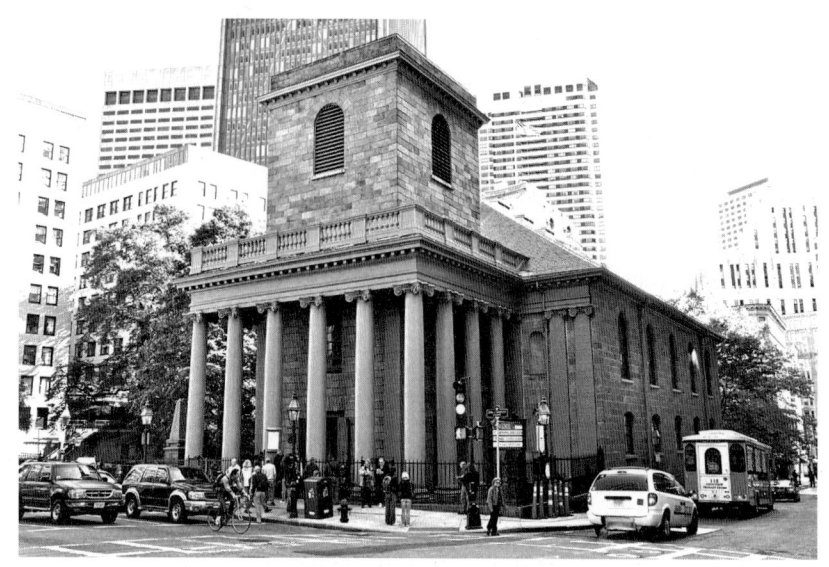
미국의 첫 유니테리안 교회, 킹스 채플(King's Chapel)

는 자유주의자들과 자유주의 교회들을 태동시켰다. 대표적인 인물이 하버드 대학을 졸업한 제임스 프리먼(James Freeman, 1759-1835)이다. 그는 뉴잉글랜드에서 가장 오래된 영국국교회 킹스 채플(King's Chapel)의 목회자로 초청을 받은 후 영국국교회가 고수해 오던 기도서(the Book of Common Prayer)를 수정하는 등 전통적인 영국국교회의 신앙을 그대로 답습하려고 하지 않았다. 코네티컷의 시베리(Samuel Seabury, 1729-1796) 감독과 뉴욕의 프로부스트(Samuel Provoost, 1742-1815) 감독은 프리만의 킹스 채플을 영국국교회로 인정하기를 거부했다.

 프리만은 1787년 유니테리안 교회 목사로 안수를 받고 자신이 속한 교회를 아예 유니테리안 교회로 만들어 버렸다. 이리하여 뉴잉글랜드에서 가장 먼저 설립된 이 영국국교회(King's Chapel)가 미국에 설립된 최초의 유니테리안 교회가 된 셈이다.[9] 또한 이것은 하버드 대학과 그 대학 출신들이 미국에서 유니테

---

9 Francis William Pitt Greenwood, *History of King's Chapel in Boston* (Boston, 1863), 139.

리안 지도자들이 될 것이라는 징표이기도 했다.¹⁰ 비록 1776년과 1787년 사이에 이런 현상이 일반적인 것은 아니지만, 킹스 채플은 미국 내에서 발흥하고 있던 영국국교회의 관용주의(latitudinarianism)를 대변하는 전형적인 상징이었다.

이와 함께 자유주의 사조가 미국에서 유니테리안주의를 등에 업고 표면적으로 발흥하기 시작했다. 이들은 부흥운동에 대해 상당히 부정적이었다. 부흥운동에 대해 부정적인 경향은 구파 출신들도 마찬가지이지만 이들이 구파와 본질적으로 다른 것은 복음의 본질을 왜곡하고 회심의 필요성을 거부하였다는 사실에 있다. 또한 그들은 전통적인 설교 스타일을 완전히 수정했다. 찰스 촌시(Charles Chauncy, 1705-1787)는 이런 경향을 대변하는 전형적인 인물이다. 설교 내용에 있어서도 회심과 인간의 죄성을 강조했던 전통적인 설교와는 달리 인간의 도덕적 의무를 강조하는 윤리적 설교로 변해 갔다. 유럽의 계몽주의 시대에 일련의 자유주의 신학자들이 등장하여 기독교를 도덕적인 종교로 전락시켰던 것과 똑같은 경향이 촌시와 같은 이들을 통해 미국에서도 등장한 것이다.

이 시대에 발흥한 자유주의는 칼빈주의와 대립적인 알미니안주의를 표방하고 나섰다. 이들의 특징은 하나님, 인간, 신-인 관계에 대한 전통적인 개혁주의 혹은 웨스트민스터 신앙고백의 입장을 공격하였으며, 인간과 하나님의 관계에 있어서 하나님을 우주의 건축자와 통치자로 강조하던 개혁주의 견해를 떠나 하나님의 부성(fatherhood)을 강조하는 경향으로 바뀌었다. 이들은 영국의 철학자 존 로크(John Locke, 1632-1704)가 주장한 것처럼 인간이 자유로운 존재라는 사실을 강조한다. 또한 인간은 자신의 구원을 위해 노력할 수 있다고 함으로써 전통적인 청교도주의 전통을 약화시키고 인간의 역할을 지나치게 강조하는 경향이 있었다.

자연히 전통적인 삼위일체 견해가 약화되고 새로운 사상이 미국에서 태동되기 시작했다. 대표적인 것이 유니테리안주의다. 유니테리안이라는 이름이 시

---

10   Ahlstrom, *A Religious History of American People*, 388.

사하듯이 유니테리안주의는 신성의 단일성을 주장한다. 이것은 성부, 성자, 성령의 위격을 무시하고 한 하나님이 성부와 성자와 성령의 모습으로 달리 나타나셨을 뿐, 삼위가 근본적으로 동일한 한 하나님이라고 주장한 초대교회 양태론적 단일신론주의자들보다는 오히려 성자의 완전한 신성과 완전한 인성을 평가절하시킨 아리안주의에 가까웠다.

아리안주의자들은 그리스도가 뛰어난 인물이고 선재하신 분이지만 성부와 동질은 아니라고 믿었다. 이들 가운데는 제임스 프리먼처럼 예수가 단지 특별한 신적 선교사명을 부여받은 하나의 인간에 불과하다는 소시니안주의 혹은 인본주의 견해를 가진 자들도 있었지만, 대부분의 유니테리안 교도들은 그리스도를 아리안적으로 이해했다.[11] 자연히 이들은 인간의 구원이해에서도 칼빈주의의 제한속죄를 거부하고 만인구원을 주장했다.[12]

산발적인 유니테리안 운동이 조직적인 운동으로 전개되기 시작한 것은 1820년대이다. 보스턴의 유니테리안 목회자들이 유니테리안 협회를 조직했고, 1820년에 채닝이 매사추세츠의 유니테리안 목회자들을 중심으로 베리 스트리트 대회를 조직했다. 채닝이 유니테리안 조직에 적지 않은 공헌을 했지만 그래도 유니테리안 조직형성에 가장 크게 공헌한 인물은 1825년 미국 유니테리안 협회가 결성되는데 결정적인 역할을 한 앤드류 노튼(Andrew Norton, 1786-1853)이다.

하버드 대학은 본질적으로나 의식적으로 유니테리안 센터였다. 하버드대학 신학부가 기독교를 표방하기는 했지만 교수들이나 대부분의 학생들이 유니테리안 사상을 받아들였다. 19세기 초 하버드 대학의 전임교수 3명 모두가 유니테리안주의자들이었으며, 유니테리안주의는 이들을 통해 학생들에게, 학생들을 통해 평신도들에게 뿌리 깊이 확산되었다. 유니테리안들이 하버드 대학을 지배하는 경향은 그 후에도 계속되어 1861년 남북전쟁을 전후할 즈음에는 하

---

11   William Ellery Channing, *Remarks on the Rev. Dr. Worcester's Letter to Mr. Channing on the "Review of American Uniterianism" in a Late Pannoplist* (Boston, 1815), 38-39.

12   Ahlstrom, *A Religious History of American People*, 392.

버드 대학교 학장과 교수 대부분이 유니테리안이었으며 교과과정 역시 유니테리안 사상을 직접적으로 반영했다. 수사학 교수 존 퀸시 아담스(John Quincy Adams, 1767-1848)와 에드워즈 타이렐 채닝(Edward Tyrell Channing, 1790-1856), 철학교수 프란시스 보웬(Francis Bowen, 1811-1890), 현대어 교수 조지 티크노르(George Ticknor, 1812-1894), 롱펠로우(Henry Wadsworth Longfellow, 1807-1882), 로웰(Charles Lowell, 1782-1861), 그리고 탁월한 의학교수 올리버 홈스(Oliver Wendell Holmes, 1809-1894) 등이 모두 유니테리안이었다.[13]

18세기 초엽 미국에서 유니테리안주의가 전국적인 현상으로 발흥하게 된 데는 문화적인 요인도 크게 작용했다. 교리적인 문제에는 관심이 없었고 오히려 종교적인 자유와 관용에 더 매력을 느끼고 있던 상류층의 지성인들에게 유니테리안은 호소력이 있었다. 혁명기 지성인들은 청교도 정통주의와 엄격한 교리적 삶의 제약에 대해 가장 반동적인 사람들이었다. 그들은 엄격한 청교도 사상 특히 칼빈주의의 신본주의적 사상을 전투적으로 거부했다. 유니테리안들이 자신들의 교리적 전통으로 삼은 것은 칼빈주의와 대립되는 알미니안 전통이었다. 게다가 당시 유럽에서 영향을 미치고 있던 계몽주의의 낙관주의와 어울려 유니테리안주의는 반교리주의적인 경향으로 흐르기 시작했다. 점점 더 전통적인 삼위일체 사상이 포기되고 성령을 신적 감화로, 예수 그리스도를 하나님이 아닌 참 선생으로, 그리스도의 신성에 대해서는 전통적인 아리안 견해를 따라 유사본질로 이해했다.[14]

독립혁명을 전후해 계몽주의 철학, 자연신학, 세속 사조가 미국 대륙에 유입되기 시작했다. 유럽인들에 의해 형성된 미국 사회는 유럽과 독립하여 별도의 자체 문화를 형성할 수 없었다. 유럽의 시대적 상황은 미국에 적지 않은 영향을 미쳤다.[15] 유럽에서 진행되었던 계몽주의 사조가 미국에도 서서히 영향을

---

13 Ahlstrom, *A Religious History of American People*, 398.
14 Ahlstrom, *A Religious History of American People*, 402.
15 Ahlstrom, *A Religious History of American People*, 350-359.

미치면서 미국풍 계몽주의가 형성되었다. 계몽주의 사조는 주로 정치적인 문제에 영향을 미쳐 일반인들의 정치의식에 변화를 가져다주었다. 토마스 제퍼슨 (Thomas Jefferson, 1743-1826)은 의심할 바 없이 가장 중요한 합리주의자였다. 그는 미국사에서 중요한 위치를 차지하고 있는데, 그 이유는 그의 종교철학과 정치이론이 다양한 미국의 문화와 정치를 하나로 묶어 주었기 때문이다. 사울 파도버가 제퍼슨을 가리켜 "미국 민주주의의 사도바울"[16]이라고 평했던 것도 이런 이유 때문이다. 파리조약과 미국의 독립전쟁으로 야기된 새로운 정치적인 환경은 교회에 새로운 반응을 요구했다. 결국 교회는 재편성되어야 했고 중요한 변화에 자신들을 조정해야 했다.

2. 전환기의 교회들

반세기의 갈등을 종식시켰던 1763년 파리조약은 영국과 미국 식민지 문화에 중대한 요소로 작용했다. 퀘벡과 플로리다가 영국 수중에 넘어갔고 북미에서의 프랑스의 영향력은 급격히 줄어들기 시작했다. 북미에서 전권을 장악한 영국은 정치적인 면에서도 계속 영향력을 행사하려고 했다. 그 결과 18세기 중엽에 들어서면서 영국과 북미 식민지 사이에는 전운이 감돌기 시작했다. 1760년부터 1775년까지 독립을 쟁취하려는 움직임이 식민지 내에서 활발하게 진행되었다. 이와 함께 영국과 신대륙 사이에는 미묘한 긴장관계가 계속되었다. 1775년부터 1783년까지 북미는 한마디로 격동기였다.

전환기의 교회들에게 독립문제는 최대의 주제였다. 미국 독립운동을 두고 교파들은 서로 상이한 견해를 갖고 있었다. 회중교회, 장로교회, 루터교회는 독립을 적극 찬성한 반면 영국국교회와 감리교는 독립을 반대했다. 감리교가 독립

---

16 Saul K. Padover, ed., *Thomas Jefferson on Democracy* (New York: New American Library, 1967), 1.

을 반대한 이유는 하나님에 의해 임명된 통치자에게 순종하는 것이 성경적이라는 사실과 감리교의 창시자 요한 웨슬리가 미국에 보낸 "아메리카에 보내는 조용한 편지"의 영향 때문이었다. 한편 영국국교회가 독립을 반대한 것은 왕에게 순종하고 충성하는 것이 거룩하다는 이유에서였다. 정치와 교회가 연합되었던 당시 영국의 상황에서 보면 당연한 견해였다.

이와는 달리 회중교회, 장로교회, 침례교회는 독립을 지지했다. 그 이유는 첫째, 사회계약론의 입장에서 영국은 하나님과의 계약을 어겼으므로 계약을 어기는 정부에게는 순종할 이유가 없다는 것이고, 둘째, 종교적 자유는 오직 정치적인 자유가 확보되는 곳에서만 가능하다는 이유 때문이었다. 독립을 찬성한 셋째 이유는 영국국교회가 신대륙에 국교로 확립되어 이로 인해 박해가 다시 발생할까봐 두려워하였기 때문이다. 마지막 이유는 독립이 되지 않을 경우 영국국교가 식민지에서 국교로 확정될 것이고 그러면 자연히 다른 교단이 위축을 당할 것이기 때문이었다.

독립은 미국교회에 적지 않은 영향을 미쳤다. 독립을 찬성하는 교단의 목사들은 독립과 혁명을 정당화하기 위해 사회 계약론을 인용했다. 1775년 5월 17일에 장로교는 이 문제를 논하기 위해 뉴욕-필라델피아 대회를 개최했다. 1776년 10월 버지니아의 하노버노회는 독립 선언서를 인준했다. 많은 장로교인들이 독립을 지지했다. 가장 잘 알려진 지도자는 뉴저지 대학의 학장이자 독립 선언서에 서명한 서명자 중의 한 사람인 존 위더스푼(John Witherspoon, 1723-1794)이다.

독립을 옹호했던 종교집단들은 성장의 틀을 자연스럽게 만들어 갔으나 독립을 반대했던 종교집단 특히 영국국교회는 독립 이후 심각한 타격을 받았다. 예를 들면 버지니아 주의 영국국교회 목회자 3분의 2가 그 교구를 떠났으며, 전쟁 말엽에 뉴저지 주에 5명, 매사추세츠 주에 4명, 뉴햄프셔 주에 1명 등 소수의 목회자만 남았다. 로드아일랜드나 메인에는 아예 한명도 없었다. 독립전쟁 전 영국국교회 세력이 강했던 버지니아, 매사추세츠, 메릴랜드에서는 전쟁을 전후해 7만 명의 국교도들이 그곳을 떠났다.

혁명기간 동안에 어려움을 당하기는 감리교도 마찬가지였다. 1772년 이래 미국 목회자들을 지도한 프란시스 애즈베리(Francis Asbury, 1745 -1816)를 제외한 웨슬리파 영국인 설교자들 모두가 본국으로 돌아갔다. 심지어 애즈베리도 활동에 상당한 제약을 받아 독립혁명 후 2년여 동안 거의 망명생활과 다름없는 생활을 했다. 거의 모든 목회자들이 영국으로 돌아가 미국 내에는 없었기 때문에 독립전쟁 동안에 감리교회는 자치적으로 교회를 운영해야 했다.

감리교와 마찬가지로 회중교회도 혁명시대에 영향을 받았다. 회중교회는 애국주의의 물결을 타고 혁명정신을 고취시키는데 적지 않은 공헌을 했으며 미국의 독립을 위한 제도적이고 이론적인 근거를 제공했다. 알미니안 계열이든지 혹은 칼빈주의 계열이든지 모든 회중교회 지도자들은 미국의 독립을 지지하고, 그런 테두리 안에서 혁명시대에 자신들의 정체성을 발견했다. 예를 들면 보스턴의 조나단 메이후(Jonathan Mayhew, 1720 - 1766)는 알미니안 쪽의 대변자였고 뉴포트의 사무엘 홉킨스(Samuel Hopkins, 1721-1803)는 "일관된 칼빈주의"를 대변하는 인물이었으나 모두 미국 독립 문제에 대해서는 한 목소리를 발했다.[17]

3. 2차 대각성운동

2차 대각성 전야

18세기 후반 미국의 최대 이슈는 종교가 아니라 혁명이었다. 종교적인 문제에 있어서는 침체를 달리고 있었다. 1740년대 이후 50년간 교회의 성장은 상당히 둔화되었고 위대한 목회자들도 배출되지 못했다. 신앙을 찾아 신대륙에 온 청교도들에 의해 설립된 새 예루살렘에 1800년의 미국 기독교인의 숫자는

---

17   Ahlstrom, *A Religious History of American People*, 374.

미국 전체인구의 10분의 1도 채 되지 않았다.[18] 1798년 요셉 라트로프(Joseph Lathrop)는 당시 사회가 얼마나 청교도 전통에서 떠나고 있었는가를 이렇게 설명했다:

> 이들 미국의 주에서 수년 동안 그리고 더욱 구체적으로는 최근의 독립혁명 이후부터 눈에 띄게 불신의 경향이 시작되었고, 불경건과 부도덕이 가시적인 수준으로 성장하고 있다. 가족의 신앙은 오용되고 있고, 옛날의 엄격한 안식일 준수는 상당히 느슨하여졌으며, 교회와 가정에서의 예배는 경멸당한다고 까지는 말할 수 없지만 무시되고 있다. … 전반적인 불화협의 상태에서 불신에 반대하는 철통같던 장벽들이 붕괴되고, 그리고 붕괴의 진도는 열려 있는 대로를 달리는 것과 같이 급속하게 진전되고 있다.[19]

술집, 주점, 안식일 모독, 어린이 학대, 그리고 폭동과 방종이 신대륙을 휩쓸고 있었다. 정통주의에서의 탈피를 외치는 자들이 1825년에 자유 출판협회를 결성했고, 6년 후 보스턴에서는 최초의 자유사상가 협회가, 4년 후인 1835년에는 전국적인 망을 가진 미국 도덕 및 철학협회가 탄생했다. 데이빗 웰스가 지적한 것처럼, "불신앙의 유령이 자신을 조직화하고, 사회주의를 지지하기 위하여 경제적인 무질서를 이용하고, 공동체를 조성하고" 파괴적인 이상들을 실현하기 위해 발악했던 것이다.[20] 이런 반정통주의와 불신앙에 대항하여 반세기 전의 부흥운동의 영광을 다시 회복하려는 일련의 움직임이 일어났다. 드디어 일부 지도자들이 염원하던 성령의 계절이 신대륙에 다시 찾아온 것이다.

---

18 Handy, *A History of the Churches in the United and Canada*, 162.
19 Joseph Lathrop, *A Sermon on the Dangers of the Times, from infidelity and immorality: and Especially from a Lately Discovered Conspiracy Against Religion and Government, Delivered at West Springfield and afterward at Springfield* (Springfield, 1798), 12. 재인용, David Wells, ed. *Reformed Theology in America* (Grand Rapids: Eerdmans, 1985), 38.
20 David Wells, ed. *Reformed Theology in America* (Grand Rapids: Eerdmans, 1985), 39.

대각성운동의 태동

1790년대에 시작된 제 2차 대각성운동은 그로부터 50년 전에 일어났던 대부흥운동보다, 복음주의 신학 형성에 한층 더 많은 영향을 주었다. 1796년 장로교 목사 제임스 맥그리디(James McGready, 1763-1817)를 통해 켄터키의 로간 지방에서 처음 시작된 2차 대각성운동은 19세기 초에 이르러 여러 주로 확산되었다. 1801년 켄터키의 부르봉 지방에서 열린 케인릿지 부흥회에는 약 2만 5000여명이 참석했다.

켄터키와 테네시에서 선풍을 일으킨 캠프 집회와, 그보다 조용했으나 그에 못지않게 강력하였던 뉴잉글랜드에서의 영적 부흥은, 외면적인 여러 모습에서 상이했다. 장로교의 맥그리디 같은 순회 전도자들은 중남부에서 보다 감정적인 부흥회를 주도하고 있던 반면 뉴잉글랜드에서는 예일대의 학장 티모시 드와이트(Timothy Dwight, 1752-1817)가 그 지역의 대학들과 그 지역에 정착한 목회자들로부터 큰 힘을 끌어내면서 부흥운동을 주도하고 있었다. 드와이트 아래서 교육받은 이들 중 가장 유명한 신학도였던, 나다니엘 윌리엄 테일러(Nathaniel William Taylor, 1786-1858)의 노력은 북동부의 부흥운동에 이론적 토대를 제공했다는 점에서 특별히 중요하다.

서부에서의 각성운동은 장로교 목사 제임스 맥그리디에 의해 시작되었다. 1797년 켄터키 로건 지방의 능력 있고 담대한 복음설교가 맥그리디는 교구민들과 "하나님의 백성이 소성되고 위로 받도록 그리고 우리의 자녀들과 일반 죄인들이 회심할 수 있도록, 하나님의 영을 부어 달라고" 하나님께 간구할 것을 약속했다. "로건 카운티의 죄인들과 전 세계 죄인들의 회심을 위해, 1년간 매월 셋째 토요일을 기도와 금식의 날"로 지키기로 서약하는 한편 "매주 토요일 저녁 일몰시부터 1시간 반 동안 그리고 매주 주일 아침 일출시부터 1시간 반 동안 주의 일을 부흥시켜 달라고 하나님께 탄원을 올리기로 약속"했다. 맥그리디와 동역자들의 기도는 얼마 안 되어 응답되어 1800년 켄터키에서 "산발적인 몇 번의 구원의 홍수"가 쏟아지기 시작했다. 이 각성 운동은 1797년부터 1805년까지 계속되었다.

18세기 초 바튼 스토운(Barton Warren Stone, 1772-1844)은 맥그리디와 켄터키에서 캠프 집회를 개최했다. 거친 개척지 주민 수천 명이 여러 날 동안 함께 야영하면서 복음을 듣고 성도의 교제를 나누었다. 이것은 마치 사경회를 통한 초대 한국교회 부흥운동과 상당히 유사했다. 특별히 1801년 8월, 케인릿지에서 열린 집회에는 1만 명으로부터 2만 5천명에 이르는 사람들이 참여했다. 이것은 "오순절 이후 하나님의 성령이 가장 크게 쏟아 부어진" 사건이었다.

목회자들은 집회장 여기저기에 흩어져 동시다발적으로 설교하였으며 참석자들은 이리저리 돌아다니며 자기가 원하는 설교자(흑인과 백인)를 선택해 설교를 들을 수 있었다. 제임스 핀리라는 설교자가 보고한 것처럼, 나이아가라 폭포수 같은 굉음이 일어나고 허다한 무리가 "마치 1천 발의 총탄이 빗발치듯, 일순간에 쓰러졌으며 그 뒤를 바로 이어 일어난 부르짖음과 외침이 하늘을 찢는 듯했다." 이렇게 시작된 "하늘의 불"이 테네시, 오하이오, 조지아, 남부 캐롤라이나로 확산되었으며 마침내 이 불은 동부 해안을 따라 일어난 부흥의 불길과 쌍벽을 이루게 되었다.

동부에서의 각성운동은 서부보다 약간 일찍 일어났다. 1787년, 현재 햄프든 시드니 대학과 워싱턴 앤드 리(Washington and Lee) 대학으로 알려진, 버지니아의 조그마한 두 장로교 대학에서 각성운동이 발발했다. 이것이 동부 해안의 2차 대각성운동에서 일어난 최초의 표징이었다. 2차 대각성운동, 특히 동부에서의 2차 대각성운동은 1차 대각성운동과는 달리 테넌트, 휫필드, 그리고 데이븐포트와 같이 순회전도자에 의해 촉진되었다기보다는 담임목회자들에 의해 진행되었다.

그러나 2차 대각성운동에서도 두드러지게 두각을 나타낸 지도자들이 있었는데 그 대표적인 인물들이 티모시 드와이트, 나다니엘 테일러(Nathaniel Taylor, 1786-1857), 베넷 타일러(Bennet Tyler, 1783-1858), 리먼 비처(Lyman Beecher, 1775-1863)였다.

티모시 드와이트(Timothy Dwight, 1752-1817)

2차 대각성운동의 지도자들

1795년 예일대 학장에 취임한, 에드워즈의 손자 티모시 드와이트는 종교적 "불신앙"이 성행하던 예일 대학에 각성운동의 불을 지폈다. 그 결과 1802년 전체 예일 대학 225명 학생 가운데 75명이 회심했다. 그 후 50년 간, 일련의 각성 운동이 주기적으로 일어나 동부의 대학들을 소생시켰다. 대학에서의 이 부흥운동들은 19세기에 복음주의의 급격한 발전을 주도할 수 있는 유능한 인적 자원을 공급해 주었다. 새로 개심한 동부 대학의 졸업생들이 종종 서부로 가서, 열심은 있으나 교육 수준이 낮았던 서부의 교회들에서 목회했다.

드와이트를 이해하는데 있어서 중요한 사실은 그가 정통 청교도주의와 칼빈주의 수정판인 소위 복음주의 개신교 사이에 과도기적 인물이라는 사실이다. 에드워즈 풍의 칼빈주의가 소중히 간직되기는 했지만, 칼빈주의가 좀 더 경험론적이며 인본주의적으로 수정되어 갔다.[21] 드와이트는 영국 계몽주의의 영향을 받아 합리주의, 자연주의, 그리고 실용주의에 상당히 긍정적이었으며, 이런 측면들이 그의 신학형성에 적지 않게 반영되었다. 다시 말해 드와이트는 에드워즈 풍의 전통적인 청교도주의를 창조적이고 효과적인 방식으로 당대에 조정했으나, 이성과 계시, 자연과 은총, 율법과 복음 등 몇 가지 면에서 그의 신학은 에드워즈 전통에서 심각하게 이탈했던 것이다.

드와이트 못지않게 미국 2차 대각성운동에 영향을 미친 인물은 나다니엘 테일러이다. 드와이트의 원고 교정 담당자로 그의 문하에서 학문적인 수련을 쌓은 테일러는 뉴헤븐 제일교회에서 10여년(1811-1822)동안 성공적으로 목회했다. 그러나 테일러가 영향력을 미치기 시작한 것은 1822년에 설립된 예일 대학 신학부에 교수로 임명받으면서이다. 그는 얼마 후 소위 테일러리즘이라는 말이 생겨날 만큼 독특한 신학을 개척했다. 그의 신학은 근본적으로 개혁주의 전통에서 떠나지 않았으나 전통적인 에드워즈 신학을 신흥 알미니안 신학과 융합시켜 뉴디비니티라는 새로운 신학을 형성했다.

테일러의 근본적인 주장은 인간이 결코 부패한 것이 아니며, 다만 자신의 죄성에 의해서 죄를 지을 수 있는 존재라는 것이다. 따라서 죄란 죄성에 있는 것이며, 단지 그런 죄성이 보편적이라는 의미에서 인간이 죄인이라는 것이지 아담의 원죄를 전가 받았기 때문에 죄인이라는 것은 아니다. 자유롭고 도덕적이며 창조적인 피조물인 인간은 적어도 수동적이거나 결정론적인 자연계의 일부가

---

21 Annabelle Sassaman Wenzke, "Timothy Dwight: The Enlightened Puritan" (Ph.D. disser., Pennsylvania State University, 1983)

아니라는 것이다. 인간에게 구원의 가능성은 항상 주어졌으며 그것은 어느 누구에게도 제한되어 있는 것이 아니다. 그리고 모든 인간은 자신에게 그런 구원의 선택기회가 주어졌다는 것을 인식함으로써 그리스도를 좀 더 쉽게 영접할 수 있다는 것이다. 이런 경향은, 전적으로 부패한 인간은 하나님 앞에 완전히 무능력한 존재라는 선대 에드워즈의 사상과는 상당한 차이가 있었다.

테일러는 의식적으로 부흥신학을 정립하였는데, 그가 제창한 부흥신학은 잭슨풍 민주주의와 낙관적인 세계관 속에 칼빈주의 신학을 융합한 것이다. 테일러의 이런 견해는 수많은 사람들로부터 비판을 받았으며 특히 대표적인 인물이 베넷 타일러이다. 테일러와 타일러의 논쟁은 "타일러 대 테일러 논쟁"으로 알려질 정도로 미국 개신교사에서 중요한 의의를 지니고 있다. 코네티컷 출신 타일러는 예일에서 교육 받았으며, 1822년부터 1828년까지는 다트머스 대학 학장을 지냈고 1828년에는 코네티컷 이스트 윈저에 위치한 코네티컷 신학교(하트포트신학교 전신) 총장이 되었다.

타일러가 테일러의 저서(*Concio ad Clerum*)를 반대하는 서신을 보내 테일러와 논쟁을 시작한 것은 1829년 코네티컷으로 테일러를 방문했을 때였다. 곧 논쟁이 열렸다. 이런 상황에서 테일러에 반대하는 자들이 1833년 동부 윈저에 코네티컷 신학교를[22] 세워 타일러를 학장으로 초빙했다. 새 신학교에 부임한 타일러는 이곳에 있는 동안 에드워즈의 신실한 후계자로서 본래의 에드워즈의 사상을 그대로 보수하는 것을 사명으로 여겼다.[23]

미국 2차 대각성운동의 지도자 아쉘 네틀톤(Asahel Nettleton, 1783-1844)은 코네티컷 신학교의 첫 교수였다. 그는 1834년부터 세상을 떠날 때까지 새로 설립된 신학교에서 강의를 통해 적지 않은 부흥운동의 견인차 역할을 했다.[24] 1801년에 회심한 네틀톤은 일생을 선교사로 헌신하기로 결심했으나 건

---

22   원래 명칭은 Theological Institute of Connecticut이며 이것은 후에 하트포트 신학교(Hartford Theological Semianry)로 바뀌었다.
23   Ahlstrom, *A Religious History of American People*, 420.
24   Ahlstrom, *A Religious History of American People*, 421.

강 때문에 자신의 계획을 수정해야만 했다. 그러다 우연한 기회에 자신의 설교가 엄청난 반응을 가져오는 것을 목격하고 부흥운동의 지도자가 되기로 결심했다. 동부와 서부 코네티컷에서 그의 설교는 상당히 좋은 반응을 얻었다.

네틀톤이 타일러 진영에 매력을 느낀 2차 대각성운동의 지도자였다면, 리먼 비처는 테일러리즘 확산에 사명감을 가지고 있던 지도자였다. 1797년 예일을 졸업한 비처는 에즈라 스타일즈 문하에서 2년을 그리고 드와이트 문하에서 2년을 수학했다. 그 후에도 신학을 공부하기 위해 1년을 더 예일에서 보냈다. 그가 회심한 것은 드와이트를 통해서이다. 1789년 동부 햄프톤에 있는 한 장로교회에 부임하여 목회하는 동안 비처는 부흥운동가와 도덕 개혁가로 세인에게 널리 알려졌다. 그러다 1810년 코네티컷 리치필드에 있는 제일교회에 초빙을 받아 그곳에서 대각성운동의 견인차 역할을 했다. 그 후 보스턴에 있는 하노버가 회중교회에서 6년(1826-1832)동안 성공적인 목회를 하다 장로교 신학교인 레인 신학교의 교장으로 초빙을 받았다.

2차 대각성운동의 지도자와 보스턴 유니테리안을 반대한 운동의 지도자로 이미 두각을 나타내고 있던 비처가 신시내티에 세워진 장로교 레인 신학교에 부임한 것은 1832년이었다. 또한 비처의 신학적 입장이 비판을 받기 시작한 것도 이즈음이었다. 이곳에 부임한 비처가 엄격한 칼빈주의를 뉴잉글랜드 신학으로 변형시켰다는 소문이 나돌면서 그는 보수주의자들로부터 자유주의자라는 의심을 받기 시작했다. 비처를 비판한 대표적인 인물은 조수아 윌슨이었다. 윌슨은 비처의 신학적 입장이 웨스트민스터 신앙고백과 다르다는 사실에 근거하여 이단이며, 그가 참된 복음주의 기독교를 대변한다고 주장한다는 사실에 근거하여 불손한 자이며, 성경과 웨스트민스터 신앙고백에 동의한다고 주장한다는 사실에 근거하여 위선자라고 비판했다.[25]

이러한 비판에도 불구하고, 그리고 그가 소속된 노회와 지역이 보수주의자들이 지배하는 지역임에도 불구하고 비처는 노회와 대회에서 상당한 영향력을

25　Ahlstrom, *A Religious History of American People*, 459.

리먼 비처(Lyman Beecher, 1775-1863)

행사하고 있었다. 이것은 상당한 의미가 있는 것이었다. 1세기 이상이나 구파가 지배하고 있던 이 지역에 뉴잉글랜드 신학의 영향력이 확산되었기 때문이다. 허드슨 강 상류 새 지역에 뉴잉글랜드 신학이 정착된 것은 비처의 노력이 있었기 때문이다.

앞에서 언급한 여러 지도자들이 18세기 말부터 발흥하기 시작한 부흥운동의 견인차 역할을 한 인물들이었지만 2차 대각성운동에 결정적인 영향을 미친 인물은 역시 찰스 피니였다.

4. 2차 대각성운동, 찰스 피니, 칼빈주의 수정

19세기 중엽, 부흥운동에 대한 사람들의 인식에, 찰스 그랜디슨 피니(Charles Grandison Finney, 1792-1875) 만큼 많은 영향을 끼친 인물도 아마 없을 것이다. 1821년 회심한 후 변호사의 길을 포기하고 복음 전도자가 된 피니는 칼빈주의 신학에 혁명을 가져왔다.

피니가 칼빈주의에 가져다 준 혁명은 간단하다. 피니에 따르면 죄란 자발적인 행위여서 이론적으로 피할 수 있는 것이므로 인간의 노력으로 완전한 성화 혹은 성결이 가능하다. 이것은 전통적인 칼빈주의는 물론 심지어 테일러의 사상에서도 떠난 것이다.

그는 웨스트민스터 신앙고백을 떠난 칼빈주의자, 칼빈의 신학을 떠난 칼빈주의자, 웨슬리 전통을 따르는 칼빈주의자라는 평가를 받았다. 피니를 통해 칼빈주의는 더 한층 변천과 변화를 맞았고 미국 내에 다양한 신학조류가 등장했다. 미국 장로교 안에 있는 이와 같은 칼빈주의의 다양성은 장로교가 해결해야 할 교단적인 차원의 문제였다.

성장배경과 회심

미국이 낳은 가장 위대한 신학자 에드워즈 못지않게 미국 근대기독교 사상사에 영향을 미친 피니는 1792년 8월 29일 코네티컷 주 리치필드 카운티 워런에서 태어났다. 그는 농사짓는 평범한 농부였던 아버지 실베스터 피니(Sylvester Finney)와 어머니 레베카 라이스 피니(Rebecca Rice Finney)의 일곱 번째 아이로 태어났다. 피니의 부모는 코네티컷 주에 점점 땅이 부족해지고 땅값이 비싸지자 피니가 두 살 되던 1794년 뉴욕으로 이주했다. 뉴욕 오네이다 지방의 하노버에서 공립학교를 다닌 후 클링턴에 있는 해밀턴 오네이다 중학교에서 공부했다.

예일 대학으로 진학하려던 자신의 계획을 포기하고 뉴저지에서 2년 동안

찰스 피니(Charles Finney, 1792-1875)

교사 생활을 했다. 1818년 어머니의 병환으로 뉴욕에 돌아온 피니는 뉴욕 애덤스의 벤자민 라이트 판사의 법률사무소에 사제로 들어가 법률 공부를 시작했다. 곧 피니는 상당한 법률 지식을 습득할 수 있었고, 애덤스 지방 치안 판사법원에서 소송을 다룰 만큼 전문적인 식견을 쌓을 수 있었다. 그의 생의 전환점은 피니가 변호사의 꿈을 갖고 법률사무소 사제로 들어간 지 3년 만에 일어났다. 1821년 10월 10일 예수 그리스도를 구주로 영접한 피니는 "유망한 변호사 경력을 버리고 자신이 '주 예수 그리스도로부터 그의 소송을 변호하도록 변호 계약을 받았다'고 주장하면서 장로교 목사가 되고자 노력했다."[26] 2년 후 1823년 6월 25일 세인트 로렌스 노회의 배려로 피니는 자신이 다니던 교회 담임목사인 프린스턴 신학교 출신 조지 게일(George Washington Gale, 1789-1861) 문하에서 신학수업을 시작했다. 6개월 후인 그해 12월 30일 강도사 자격을 얻었고, 다시 6개월 후 1824년 7월 1일 장로교 목사로 안수를 받았다. 그리고 1824년 봄부터 서부지역여선교회의 후원을 받으며 뉴욕 주 북부 지역 정착민을 상대로 선교 사역을 시작했다.

비록 전통적인 칼빈주의 방식과는 어긋나지만, 뛰어난 부흥사적 기질을 타고 난 피니의 설교는 상당한 호소력이 있었다. 한 역사가는 그의 첫 사역의 열매를 이렇게 기술하고 있다: "그의 설교에 제퍼슨 지방과 세인트 로렌스 지방 전역의 작은 마을들, 에번즈 밀즈, 앤트워프, 브라운빌, 구버너 등지에서 일련의 부흥운동들이 일어났다. 1825년까지 그의 사역은 웨스턴, 트로이, 유티카, 로움, 오번으로 퍼져나갔다. … 피니는 '은혜 받는 자리'(anxious seat)와 같은 '새로운 수단'을 사용했다. 또한 집회가 연장되고 여성들에게 공중 기도를 허용하는 것 등은 피니에게 전국적인 명성을 가져다주었다."

칼빈주의 수정

시드니 알스트롬이 "어떤 기준으로 보더라도 미국 역사상 굉장히 중요한 사람"이라고 진술했던 찰스 피니는 칼빈주의와 알미니안주의를 연결한 "교량적 인물"이었다. 그는 스스로 그의 회고록에 한 손으로는 "극단적 칼빈주의(hyper-Calvinism)에 대항"하고, 다른 한 손으로는 "저(低) 알미니안주의(low Arminianism)에 대항"한다고 썼다. 그러나 그의 신학은 칼빈주의보다는 알미

---

26   피니는 자신의 회고록에서 기성의 신학교에서 신학교육을 받을 수 없기 때문에 신학교 입학을 거절했다고 기록했지만 그는 앤도버, 프린스턴, 어번신학교에 지원했다가 모두 거절당했다. 박용규, 세계부흥운동사 (서울: 생명의말씀사, 2014), 436을 참고하라.

니안 전통에 더 가까웠다. 피니는 감리교도가 아니었으나 미국 개혁주의 유산을 감리교 신학, 특히 완전주의와 조화시키려 했다. 도시에서 부흥운동을 처음 시작한 인물도, 부흥운동에 새로운 방법을 처음 도입한 인물도 찰스 피니였다. 그는 장로교의 신학파에 속한 다수의 사람들에게 영향을 미쳤던 나다니엘 테일러의 사상들을 자유로이 흡수했다. 특별히 피니는 인간의 내면에 그리스도를 선택하고 기독교적 삶을 영위하기로 결단할 수 있는 능력이 있다는 웨슬리의 자유의지론에 마음이 끌렸다.

피니는 회고록에서 한 젊은 회심자로서 자기가 각성 운동에 관한 칼빈주의적 또는 "에드워즈식 모델"에 곤란을 겪었던 일을 회상하고 있다. 그는, 하나님께서 죄인들을 구원하고 "성도들"을 소성시킬 시간과 방법을 선택하시도록 그리스도인들이 기다릴 필요가 있다는 에드워즈의 견해에 동의하지 않았다. 1835년의 부흥에 관한 강의에서 피니는 에드워즈 전통에서 떠난 새로운 접근법을 제시한다. 예를 들면, 하나님께서 자연계에 법칙을 세운 것처럼 영적인 세계에도 법칙을 세우셨다는 것이다. 만일 우리가 부흥에 관한 하나님의 규칙에 순종한다면 우리는 분명 부흥을 경험하게 될 것이라고 주장했다. 에드워즈는 부흥운동이 기적이라고 보았으나, 피니의 견해에 따르면 부흥은 결코 기적이 아니다. 피니는, 인간이 죄를 지으며 살기로 작정할 수 있듯이 마찬가지로 자신의 삶을 그리스도께 헌신하기로 작정할 수도 있다고 보았다. "내 이름으로 일컫는 내 백성이 그 악한 길에서 떠나 스스로 겸비하고 기도하여 내 얼굴을 구하면 내가 하늘에서 듣고 그 죄를 사하고 그 땅을 고칠지라"는 말씀처럼, 확실한 단계만 밟으면 부흥은 진전될 수 있다고 믿었다.

설교자의 임무는 개개인이 바른 선택을 하고 죄의 삶으로부터 제자의 삶으로 돌아서도록 권면하는 것이라고 보았다. 성령은 분명 죄인들로 하여금 그리스도의 진리를 깨닫게 하시지만 궁극적으로는 개개인 스스로가 죄를 버리고 주님을 따르기로 결심하지 않으면 안 된다는 것이다. 회심은 어느 때라도 일어날 수 있다는 것이 피니의 견해였다. 피니는 에드워즈와 달리 회심이 하나님의 선택교리나 "자비의 계절"에 의존되는 것은 아니라고 보았다. 피니의 신학은 곧 일부 칼빈주의적 교단들을 포함한 여러 교단의 그리스도인들로부터 큰 인기를 끌었다. 전문적인 순회 부흥사들이 피니가 제창한 바 "새 방법들"을 잘 따르기만 하면 대부분의 마을에서 부흥을 일으킬 수 있다는 피니식 부흥운동 방법을 받아들였다.

피니는 장로교를 떠난 뒤 1830년대 중반에 뉴욕시에 있는 독립교회, 브로드웨이 테버너클의 목사가 되었다. 뉴욕에 있는 동안 피니는, "가일층 높고 보다 견실한 기독교적 삶의 형태는, 우리가 도달할 수 있는 것이며, 이것은 모든 그리스도인들의 특권"이라는 결론을 내렸다. 그 직후 피니는 웨슬리의 기독교 완전주의 평해를 읽고 "완전한 성화"에 대한 소신을 확립했다. 이 가르침은, 피니가 뉴욕시를 떠난 후 부임한 오하이오에 있는 오벌린 대학의 트레이드마크가 되었다. 이 대학의 교수들이 "성결," "기독교 완전주의," "성령 세례" 등에 대해 가르치고 글을 쓰기 시작하면서, 현재까지도 복음주의 계통에서 널리 사용하고 있는 기독교적 삶에 관한 몇몇 용어가 바로 이 오벌린에서 생성되었다. 오벌린 대학의 초대 학장이었던 장로교인 아사 메이헌(Asa Mahan, 1799-1889)은 이 기독교적 삶의 신학에 대한 관심을 확산시키는데 많은 공헌을 했다.

신학적으로 살펴보건대, 칭의에 대한 피니의 견해는 개혁주의 신학의 알미니안주의적 해석이라고 할 수 있고, 성화에 대한 그의 입장은 웨슬리의 신학적 유산의 미국식 변형이었다고 할 수 있다. 그리고 이 양자(칭의와 성화)에 대한 그의 관심은 그로 하여금 1820-1870년 기간의 복음주의 신학 주류에서, 가장 돋보이는 상징적 인물이 되게 했다. 확실히 하나님의 주권에 대한 전통적인 개혁주의적 견해가 알미니안주의의 방향으로 수정된 것이다. 웨슬리의 추종자들은 "만인 은총론"을 성공적으로 설파했다. 나다니엘 테일러는 구원을 신학적으로 묘사할 때, 그의 개혁주의 선배들보다 인간의 자연적 능력을 더욱 강조했다. 그리고 피니의 부흥운동에서 쓰인 "새로운 수단"은 회심의 실제 형태를, 18세기 대각성운동의 전통적 칼빈주의적 모델에서 떠나게 만들었다. 그럼에도 모든 복음주의자들은 아들이신 주 예수 그리스도를 통해 완전한 사랑 가운데서 계시된 하나님의 은혜를 자신들의 신학의 초석으로 삼았다.

전통적인 에드워즈 신학을 수정한 것은 비단 찰스 피니만이 아니었다. 2차 대각성운동의 거의 모든 지도자들이 전통적인 칼빈주의에서 떠났다. 변경 지방의 부흥운동이든 동부에서의 보다 조직적인 부흥운동이든 2차 대각성운동은 이 점에서 공통점을 지니고 있었다. 양쪽 지역 모두에서 18세기에 주도권을 잡고 있던 칼빈주의가 보다 알미니안적인 복음에 밀려나고 있었다. 1740년 조나단 에드워즈는 성령의 특별 사역을 떠나서는 인류의 원죄로 인해 구원을 향한 움직임이 전혀 불가능하다고 선포했던 반면 나다니엘 테일러와 변경 지방의 부흥사들은 사람들에게 선천적인 힘을 발휘해 그리스도를 향해 결단하라고 촉구했다. 각도를 달리해보면, 이전의 신학은 하나님의 주권을 확립시키기 위해 여러 가지 인간의 무능력을 강조했었다. 그러나 이제 점차로 퍼져 나가고 있던 19세기의 신학은, 하나님께서 단지 제한된 수의 택자에게만 아니라 모든 사람에게도 사랑으로 능력들을 내려주셨음을 강조하였던 것이다.

에드워즈와 휫필드의 시대 이래 부흥은 하나님께서 주권적으로 역사할 때 영혼을 수확하는 가장 좋은 방법이라고 인식되어 왔었다. 그러나 19세기 초, 부흥사들은 사람이 그리스도를 붙들 때 즉시로 회개의 실체를 획득할 수 있다고 설교했다. 에드워즈와 휫필드라면, 자신들의 메시지에 반응을 보이는 사람들에게 하나님께서 진정으로 그들의 심령 속에서 은혜의 역사(役事)를 일으키셨는지 삶을 살펴보라고 촉구했을 것이다. 그러나 19세기의 부흥사들은 사람이 하나님께서 주신 천부적 수용력을 발휘하는 순간 바로 거룩한 하나님의 가족원이 된다고 확언하는 경향이 강했다.

미국사의 여타 시대처럼 이 시기에도 복음주의 신학은 선대 사상의 단순한 계승과 수정의 차원을 넘어 새로운 사상을 형성하고 있었다. 19세기 초 복음주의 신학은 해외로부터, 즉 요한 웨슬리의 감리교부터 강력한 자극을 받고 알미니안 방향으로 수정되고 있었다.

5. 2차 대각성운동의 영향과 결과

2차 대각성운동은 미국교회에 지대한 영향을 미쳤다. 앞서 언급한 것처럼 미국의 전통적인 칼빈주의가 알미니안주의 쪽으로 수정되었으며, 이와 함께 자유주의가 발흥하기 시작했다. 대표적인 것이 예일을 중심으로 한 뉴디비니티와 유니테리안 사상이다. 2차 대각성운동이 가져다 준 것은 이들 외에도 교회의 성장, 교회의 분열, 국내 및 해외선교, 그리고 이단의 발흥이다.

2차 대각성운동, 성장, 분열

감리교회 성장

2차 대각성운동을 통해 각 교회들이 급성장했다. 다시 반복될 수 없을 것이라고 여겼던 부흥운동이 또 한 번 미국에서 발흥하여 교회에 생명력을 더해주었다. 대단한 성장기를 맞은 교단은 감리교와 침례교였다. 반면 장로교는 두 교단과 비교할 때 그리 많은 성장을 이룩하지 못했다. 처음으로 감리교와 침례교의 교세가 2차 대각성운동을 거치면서 장로교를 앞지르기 시작했다. 특별히 감리교는 이 동안에 급속히 성장해 미국에서 가장 큰 교단이 되었다.

감리교가 미국에서 그렇게 급성장하기 시작한 것은 미국 독립 이후였다. 1776년 미국이 독립하기 이전에 감리교는 교파를 형성하지 않고 영국국교회에 그대로 머물러 있어서 큰 발전이 없었다. 그러다 독립혁명 후 1777년과 1778년에 미국 감리교인들에 대한 안수 건의안이 상정되었고, 1779년 남부감리교 대회에서는 애즈베리와 북 감리회의 반대에도 불구하고 안수를 줄 위원회가 구성되었다. 웨슬리는 리차드 왓코트와 토마스 배시를 미국에 파송하여 감리교도들을 돌보도록 했다. 수년 후 웨슬리, 토마스 코우크 그리고 제임스 크리톤 등 영국국교회 목사들이었던 이들이 위 두 사람에게 안수를 주었다.

1784년에 미국 감리교회를 조직하기 위해 그 유명한 "크리스마스 대회"

가 열렸다. 애즈베리의 헌신적인 노력으로 60명의 설교자들이 이 대회에 참석했다. 여러 면에서 애즈베리는 미 감리교 형성과 발전에 가장 큰 공헌을 한 인물이었다. 알스트롬이 지적한 것처럼, 그의 노력으로 미국에는 칼빈주의 청교도운동이 주도해온 미국 기독교에 복음주의적 알미니안주의가 뿌리내리게 되었다.[27] 애즈베리를 통해 조직을 강화한 감리교는 혁명 후와 2차 대각성운동 기간에 많은 성장을 이룩했다. 윌리엄 버크(William Burke)와 제임스 맥그리디의 동료 존 매기(John Magee)는 2차 대각성운동 때 감리교 성장을 가져온 대표적인 감리교 부흥사들이었다. 이들을 통해 감리교는 교세를 확장할 수 있었다.

19세기 초엽 미국 전체 감리교도는 백인 2,622명, 유색인 179명에 불과했으나, 10여년이 지난 1812년 미국의 감리교인은 백인 29,093명, 유색인 1,648명이라는 엄청난 숫자로 불어났다. 순회설교자들도 9명에서 69명으로 늘어났다. 감리교는 1820년에는 침례교를 앞질러 미국에서 세 번째로 큰 교파가 되었고, 감리교가 조직된 지 약 반세기가 지난 1840년대에 접어들면서는 168,525명의 교인과 3,988명의 순회설교자를 가진 가장 큰 교단으로 부상했다. 그러나 불행히도 1844년 남 감리교와 북감리교로 분열되는 아픔을 겪어야 했다.

감리교가 신비에 가까울 정도로 이렇게 급성장할 수 있었던 것은 자립전도정책, 원활한 목회자 수급, 이민족 이주자들의 포용정책 때문이었다. 감리교는 처음부터 평신도 설교자나 전도자에 의존하는 선교정책을 택했다. 감리교는 순회설교자 제도를 가지고 있어 수많은 감리교도들이 직접적으로 선교현장에 뛰어들어 복음을 적극적으로 전할 수 있었다. 게다가 감리교는 엄격한 신학교육을 내세웠던 장로교와는 달리 목회자들의 자격을 제한하지 않았다. 이 시대의 감리교 목회자를 대변하는 피터 카트라이트(Peter Cartwright, 1785-1872)에 따르면 장로교와 다른 칼빈주의 개신교 교단들이 자격을 갖춘 교육받은 사람들을 목회자로 사용했으나 감리교는 일반적으로 이런 생각에 반대했다. 장로교가 소

---

27   Handy, *A History of the Churches in the United and Canada*, 372.

감리교 순회선교사

수 정예훈련을 시킨 것에 반해 감리교는 열심 있는 평신도 가운데서 순회설교자를 선발했고, 이들 가운데 능력이 입증된 설교자들을 안수해 감리교 목회자로 삼아 세상에 불을 지폈던 것이다.[28] 뿐만 아니라 감리교는 여러 나라에서 온 이민자들을 과감하게 포용하는 정책을 썼는데, 이것이 또 하나의 성장 요인이었다. 감리교 신학도 감리교 성장의 요인 가운데 하나였다.

알미니안주의는 인간의 본질에 대해 낙관적인 견해를 가지고 있었기 때문에 부흥운동과 자연스럽게 어울렸다. 개인의 종교적 경험에 대한 강조, 기독교인의 행동에 대한 엄격한 규율, 그리고 교리적 단순성은 웨슬리가 처음부터 가지고 있었던 사고였으며, 이것이 감리교를 성장시키는 가장 큰 요인이었다. 감리교 교리는 웨슬리의 이념에 따라 1) 하나님의 은혜는 모든 사람들에게 주어졌다는 사실, 2) 인간은 그것을 받아들이거나 거부할 자유가 있다는 사실, 그리고 3) 성령의 도움으로 의롭다함을 받은 사람은 "완전함"에 이를 수 있다는 세 가지 원칙에 초점이 맞추어졌다.

이런 원칙에 따라 감리교는 교인들의 입교 조건으로 중생의 경험을 요구했다. 기독교인의 행동에 대한 규율도 청교도적이었으나, 단지 청교도와 차이가 있었다면 입교조건으로 금주와 노예소유금지를 포함시킨 것이 달랐다.

침례교회 성장

감리교 못지않게 2차 대각성운동 기간에 급성장한 교단은 침례교다. 혁명시대에 침례교는 분리주의 침례교도의 성장으로 교세가 확장되었다. 뉴잉글랜드에는 칼빈주의 침례교도들이 세력을 연합하여 숫적으로 구 알미니안주의 침례교를 거의 압도했다. 1740년까지 뉴잉글랜드에는 단지 25개의 침례교가 있었고, 로드아일랜드와 매사추세츠에 각각 11개씩, 그리고 코네티컷에 3개의 침례교가 있을 뿐이었다. 그 후 반세기가 지나는 동안 침례교 교세는 급성장하여

---

28   Charles Wallia, ed., *Autobiography of Peter Cartwright*, 64.

1790년까지 로드아일랜드에 38개, 매사추세츠에 92개, 코네티컷에 55개, 메인에 15개, 뉴햄프셔에 32개, 버몬트에 34개 등 전체 266개가 되었다. 1740년에는 전체 침례교회의 반수만이 칼빈주의 신학을 따르고 있었으나 1790년에는 대다수의 침례교회가 이 신학을 고수했다.[29]

2차 대각성운동을 거치면서 침례교는 엄청난 교세를 확장할 수 있었다. 2차 대각성운동 후 침례교는 교인 수에서 회중교회, 감독교회, 장로교회를 능가하여 미국에서 제 2의 개신 교단이 되었다. 이들의 유리한 입장은 청교도 전통을 전적으로 부정하지 않으면서 감리교 부흥신학을 수용하였다는데 있다. 처음부터 칼빈주의 침례교도들과 알미니안 침례교도들에 의해 조직된 미국 침례교는 1801년 켄터키의 분리주의 침례교도들과 다른 침례교도들이 연합하면서 알미니안과 칼빈주의 견해를 융합하는 방향에서 다음과 같이 합의를 보았다:

> 엘콘(Elkhorn)과 남 켄터키 침례교회 위원회는 다음과 같은 계획안에 근거한 연합에 합의한다. 첫째, 신구약 성경은 정확무오한 하나님의 말씀이며 신앙과 행위의 유일한 법칙이다. 둘째, 참 한분 하나님이 계시니 곧 성부, 성자, 그리고 성령이시다. 셋째, 본래 우리는 타락하여 부패한 피조물이다. 넷째, 구원, 중생, 성화, 그리고 칭의는 예수 그리스도의 삶, 죽음, 부활, 그리고 승천으로 말미암는다. 다섯째, 성도들은 은혜로 말미암아 영광에 이르도록 보존 받는다. 여섯째, 신자의 침례는 성찬을 받는데 필수적이다. 일곱째, 의인의 구원과 악인의 징벌은 영원하다. 여덟째, 서로 격려하며 우애하고, 하나님의 자녀의 행복을 탐구하고, 오직 하나님의 영광을 위해 매진하는 것은 우리의 의무이다. 아홉째, 그리스도께서 만인을 위해 죽으셨다는 설교는 엄격한 개혁주의 가르침, 즉 제한 속죄에서 떠난 것이지만 이 때문에 성도의 교제가 방해를 받아서는 안 된다. 열 번째, 모든 사람은 자신들에게 가장 좋다고 생각

29　Ahlstrom, *A Religious History of American People*, 375.

되는 침례교회와 교회정치를 견지할 수 있다. 열한 번째, 연합된 교회 사이에 자유로운 교류와 교통을 계속 유지 할 수 있다.[30]

위 교리들은 근본적으로 칼빈주의 신학에 근거한 것이지만 그리스도의 십자가 속죄와 관련하여서는 '제한속죄'가 복음전파에 지장을 초래해서는 안된다는 입장이었다. 인간의 전적 부패, 성도의 견인, 예수 그리스도의 대속과 구원의 유일성을 분명하게 명시하면서도 제한속죄가 복음전파와 성도의 교제를 방해해서는 안된다고 보았다. 칼빈주의 침례교와 알미니안 침례교를 복음적으로 조화시키려고 한 것이다.

침례교는 오랫동안 군소 교단으로 존재해왔으나 대각성운동을 거치면서 남부 특히 버지니아에서 급성장했다. 1790년에 켄터키 전체 인구 73,677명 가운데 침례교도는 단지 3,105명에 불과했고, 교회도 고작 42개였으며, 그곳에서 사역하는 40여명의 교역자 중 안수 받은 목회자는 단지 9명뿐이었다. 그러나 10여년이 지난 1803년에 켄터키의 침례교인수는 10,380명으로 급성장했다. 따라서 침례교세는 1812년을 기준으로 할 때 켄터키를 포함해 172,972명의 교인, 2,164교회, 1,605명의 목회자로 급성장했다. 침례교가 가장 급성장한 지역은 켄터키주로 1790년 고작 42개에 불과했던 교회 수가 1820년에는 491개로 10배 이상 신장했으며, 교인수도 31,689명으로 급증했다. 이렇게 침례교가 급성장한 것은 침례교가 영성과 개인적인 회심을 강조하고,[31] 감리교처럼 소명만 확인되면 정규교육 없이도 열심 있는 평신도들을 목회자로 받아들였다는 사실에 있다.

---

30 William W. Sweet, *Religion on the American Frontier: The Baptists, 1783-1830* (New York: H. Holt & Co., 1931), 23-24.

31 Cf. Samuel S. Hill, Jr., *Southern Churches in Crisis* (New York: Holt, Rinehart, and Winston, 1967), chap. 5.

장로교의 성장

감리교나 침례교보다는 성장률이 낮았지만 장로교도 2차 대각성운동 동안 상당한 성장을 이룩했다. 장로교는 부흥운동 기간 동안 교세 확장과 함께 노회, 대회, 총회로 대변되는 교단조직을 확고히 다질 수 있었다. 1789년 뉴욕 및 뉴저지, 필라델피아, 버지니아, 그리고 캐롤라이나 등 4개의 장로교대회와 16개 노회가 모여 총회를 결성하고 장로교 정치조례, 예배모범, 웨스트민스터 신앙고백을 채택했다.[32] 장로교 총회에는 420교회, 177명의 목회자와 11명의 강도사가 참여했다. 비록 총회가 채택한 장로교 정치와 신조가 다양한 전통을 포괄하기 위해 폭을 넓혔지만, 위더스푼을 통한 스코틀랜드-아일랜드계의 영향력 증대로 구 칼빈주의 장로교 신앙이 장로교 신조에 강하게 반영되었다.[33] 장로교회는 공식적인 이름으로 "PCUSA"(The Presbyterian Church in the United States of America)를 채택했다.[34] 총회 조직 후 장로교회는 정치적 안정과 경제적 안정으로 교세를 상당히 확장할 수 있었다. 특별히 켄터키, 테네시 등 남부와 서부에서 성장이 두드러졌다. 18세기 말부터 2차 대각성운동의 영향으로 미국 장로교회는 1789년 16개 노회에서 1800년 26개 노회로 늘어났다.

2차 대각성운동 후 나타난 두드러진 현상 중에 하나는 장로교회와 회중교회의 연합의 움직임이다. 장로교가 독립된 총회를 조직함으로써 한때 멀어지는 듯 했던 교단의 연합 노력이 선교지에 있던 양교단 선교사들의 적극적인 노력으로 상당히 가시화되어 갔다. 드디어 양교단의 화합의 움직임은 1801년 통합안을 만드는 데까지 발전했다. 이런 통합안이 성사되기까지 노력을 아끼지 않았던 인물이 조나단 에드워즈 2세였다. '장로-회중교 약정'(presbygational

---

32 Handy, *A History of the Churches in the United and Canada*, 152.
33 Ahlstrom, *A Religious History of American People*, 374.
34 PCUSA가 한국에서는 북장로교회로 더 잘 알려졌으며, 남장로교회(PUCS)와 더불어 한국 선교에 상당한 공헌을 했다. 한국에 처음 파송된 대표적인 북장로교 선교사로는 알렌과 언더우드를 들 수 있으며, 남장로교 선교사로서는 레이놀즈를 들 수 있다.

arrangement)이라 알려진 이 통합안은 회중교회와 장로교회가 서로 상대방 교단의 목회자들과 교회정치를 인정하기로 동의한다는 내용을 담고 있다.[35]

이 통합안에 따르면 어떤 선교지에 있는 회중교회와 장로교회 교인들이 하나의 교회를 설립하여 회중교회나 장로교회 목사 중 교파를 가리지 않고 한 목회자를 모실 수 있도록 되어 있다. 만약 절대다수의 교인들이 장로교회를 원한다면 그 교회 목회자가 회중교회 소속이라고 해도 장로교회 정치를 택할 수 있었다. 정반대의 경우도 마찬가지다. 교회가 교단을 선택하는 경우도 마찬가지다. 만약 교인들이 장로교 노회를 원한다면 장로교회에, 회중교회를 원한다면 회중교회에 소속할 수 있었다. 만약 교인들과 목사가 이 문제에 동의하지 않고 불협화음이 생긴다면 교회 목사가 소속된 노회나 회중교회협회에 이 문제를 위임하여 처리하게 하고, 그래도 타협점을 찾을 수 없을 경우에는 각 교단의 대표자들로 구성된 처리 위원회에서 이 문제를 다루도록 했다. 윌리스톤 워커가 지적한 것처럼, "이 동의안은 상당히 신뢰할만하며 양교단에 완전히 공평하게 기안되었다."[36] 그러나 이것은 회중교회에 더 유리할 것이라는 예측을 뒤엎고 오히려 장로교회 확장에 더 유리하게 작용하는 결과를 가져왔다. 그것은 회중교회를 택하는 교회보다는 장로교회를 택하는 수가 상대적으로 많았기 때문이다.

신학적으로는 반대 현상이 벌어졌다. 뉴잉글랜드 신학의 옹호자들이 전도에 적극적이었으며 이런 이들이 통합안에 적극적으로 참여했다. 예일 대학과 앤도버 신학교 출신 상당수가 선교사로 진출하여 선교사역에서 영향을 미치는 한편 자원단체들, 무엇보다도 미국 내지선교회(1826)의 발흥은 서부에서의 뉴잉글랜드 신학의 영향을 확산시켰다. 이것은 예일의 나다니엘 테일러의 뉴디비니티 신학을 선교지에 확대시켜주는 계기가 되었다. 2차 대각성운동 후 미국 장로교회 내의 신학적 변천은 비처와 피니에 의해서 더욱 촉진되었다.

---

35 George M. Marsden, *The Evangelical and the New School Presbyterian Experience* (New Haven: Yale University Press, 1970), 11.

36 Williston Walker, *A History of Congregational Churches in the United States*, ACHS Vol. 3 (New York, 1894), 318.

회중교회와의 통합안이라는 희망적인 결과에도 불구하고 2차 대각성운동 이후의 장로교회는 여러 가지 문제점을 안고 있었다. 대표적인 것이 목회자 부족, 신학, 정치, 선교방법의 차이점이다. 1802년 총회의 기구로 설립된 선교운영위원회는 1816년 선교부로 바뀌기까지 약 311명의 순회 목회자들을 2개월 단기전도여행 계획 하에 파송했으나 운영과 관리의 부실로 결과는 실망적이었다. 반면 감리교, 침례교, 제자교회는 남부와 옛 북서부에서 대단한 결실을 얻고 있었다. 이들의 성장에 비해 장로교의 성장은 상대적으로 적었다. 그렇지만 2차 대각성운동 이후 장로교도 많이 성장했다. 19세기 초 약 500개 교회, 13,470명의 세례교인이 1820년에는 1,299개 교회 72,096명의 세례교인, 그리고 1837년에는 2,865개 교회, 세례교인 226,557명으로 불어났다. 특별히 서부 뉴욕과 오하이오 주에서는 장로교가 눈에 띠게 성장하였는데, 그것은 바로 이 지역들이 통합안이 가장 잘 시행된 지역이었기 때문이다.

장로교가 비록 타 교단에 비해 성장이 느리긴 했지만, 2차 대각성운동 동안의 성장으로 장로교회는 많은 목회자를 필요로 했고, 총회도 교회를 인도할 목회자를 총회적인 차원에서 육성할 필요성을 느꼈다. 1809년 총회는 목회자를 배출할 신학교의 필요성을 느끼고 노회에 의견을 물었다. 총회는 (1) 중앙에 강력한 하나의 신학교를 설립하느냐, (2) 북부에 하나, 남부에 하나, 두 신학교를 설립하느냐, (3) 각 노회에 하나의 학교를 설립하느냐 등 세 가지 의견을 놓고 노회에 헌의했다. 세 가지 의견 중에서 총회 산하 대부분의 노회는 첫 번째 안을 지지했다. 이 결정에 따라 총회는 1812년 아키발드 알렉산더 박사와 사무엘 밀러 박사 등 두 명의 교수와 3명의 학생으로 뉴저지에 프린스톤 신학교를 설립했다. 나중에 찰스 핫지 박사가 교수로 영입되어 교수진이 한층 보강되었다. 프린스톤 신학교가 설립된 후 잇따라 여러 장로교 신학교가 설립되었다. 대표적인 신학교로는 1818년의 어번 신학교, 1823년의 유니온 신학교(버지니아), 1827년의 웨스턴 신학교, 1828년의 컬럼비아 신학교, 1829년의 레인 신학교, 1830년의 맥코믹 신학교, 1836년의 유니온 신학교(뉴욕)가 있다.

1837년과 1861년 장로교의 교단 분열과 함께 이들 신학교들도 분열되어 프린스톤 신학교, 웨스턴 신학교, 맥코믹 신학교는 북장로교(PCUSA)의 구학파에, 레인 신학교, 뉴욕의 유니온 신학교, 어번 신학교는 북장로교 신학파에, 그리고 콜롬비아 신학교와 버지니아의 유니온 신학교는 남장로교(PCUS)에 소속되었다.[37] 이들 신학교는 장로교의 목회자들을 배출하는 목회자 양성 이상의 역할을 했다. 비록 교세에 있어서 감리교나 침례교에 뒤졌지만 장로교회는 신학적 정립을 통해 신대륙의 기독교를 한층 성숙한 단계로 도약시켰다.

최초의 교수로 임명된 아키발드 알렉산더(Archibald Alexander, 1772-1851)는 2차 대각성운동의 지도자로서 신학과 경건의 조화를 신학교육의 이념으로 삼았다. 여러 가지 면에서 알렉산더는 프린스톤 신학에 지대한 영향을 미친 인물이다. 미국 장로교 신학, 특히 구 프린스톤 신학은 그에게 적지 않은 빚을 졌다. 스코틀랜드-아일랜드 정통 칼빈주의 출신인 알렉산더는 청교도인 에드워즈의 전통이나 예일의 뉴디비니티 전통이나 스코틀랜드 철학 전통에서 자신의 신학적 정체성을 발견하지 않고, 제네바의 정통주의 변호자인 17세기의 프랑수아 튜레틴(Francis Turretin, 1623-1687)의 신학에서 정체성을 발견했다. 프랑수아 튜레틴은 정통칼빈주의를 그의 신학적 정체성으로 삼고 성경의 영감론이나 엄격한 예정론을 수정하려는 당대의 조류에 용기 있게 맞섰던 인물이다. 알렉산더의 후계자 찰스 핫지가 1873년에 출간된 조직신학이 프린스톤 신학교에서 조직신학 교재로 사용되기 전까지 튜레틴의 신학강요가 교재로 사용되었다.[38] 이 책은 스위스 신앙고백과 웨스트민스터 신앙고백에 근거한 것으로 전형적인 구 칼빈주의 신학을 대변하는 작품이다. 이 작품은 국내에서 목회하거나 해외에서 사역하는 모든 프린스톤 출신 사역자들에게 적지 않은 영향을 미쳤다. 구 칼빈주의를 재확인한 프린스톤 신학교의 설립과 교육, 그리고 위더스푼을 중심으로 한 스코틀랜드-아일랜드 출신들의 총회 주도는 신학파와 구학파의 대립을 촉진시키고 말았다.

---

37 남장로교(PCUS)는 후에 루이빌 신학교(1901)와 어스틴 신학교(1902)를 설립했다.
38 프랑수아 튜레틴의 신학강요(*Institutio Theologiae Elencticae*)는 1679년에서 1785년 사이에 제네바에서 발간되었고, 에딘버러에서 1874-1884년에 재판되었다.

혁명시대의 미국 퀘이커 운동

1800년까지만 해도 고난과 내향화를 통한 완전한 신앙을 모토로 하며 독특한 형태의 종교집단을 형성하던 미국 퀘이커교가 1800년부터 1860년 사이에 유니테리안 운동, 만인구원, 그리고 부흥운동과 같은 사회변화와 종교운동으로 퀘이커 운동의 이상은 흐트러지기 시작했다.[39] 1820년과 1850년 사이 미국 퀘이커 운동은 현대사회에 조정하려는 진보적인 집단, 전통적인 방식을 고수하는 타협하지 않는 퀘이커 집단, 그리고 당시의 부흥운동의 영향을 받아 스스로를 복음주의자들이라고 생각하는 집단 등 세 그룹으로 분열되었다. 1855년과 1875년 사이 전체 3분의 2를 형성하고 있는 세 번째 집단에 해당하는 소위 거니파 동우회(Gurneyite Friends)는 퀘이커 전통과 당대의 부흥운동을 조화시키려고 했다.

그들은 퀘이커 운동의 기본골격과 예배방식을 침해하지 않는 범위에서 퀘이커 운동을 싸고 있는 많은 시대착오적인 것들을 과감하게 제거하기 위해 야심적인 프로그램을 계획했다. 하지만 1870년대에 초교파적인 성결운동에 적지 않은 영향을 입었던 일련의 급진적인 젊은 퀘이커 목회자들에 의해 밀려나고 말았다. 성결운동은 퀘이커 운동에 적지 않은 변화를 가져다주었다. 성결운동을 지지하는 퀘이커 동우회가 생겨났고 이들은 부흥운동의 기교, 복음송, 즉흥적인 종교회심을 목적으로 한 기교적인 설교 스타일, 기성교회와 같은 목회, 그리고 전통적인 퀘이커 가르침과 상치하는 전천년주의를 교단에 소개했다. 이처럼 퀘이커 운동은 혁명시대에 엄청난 변화를 경험했던 것이다.

---

[39] 혁명시대의 퀘이커 운동과 그들의 변천에 관해서는 다음 논문을 참고하라. Thomas D, Hamm, "The Transformation of American Quakerism, 1800-1910" (Ph.D. disser., Indiana University, 1985).

2차 대각성운동과 교회의 분열

2차 대각성운동 후 여러 교단이 분열했다. 장로교 역시 1837년에 신학파와 구학파로 분열되었다. 분열을 촉진시킨 첫 번째 요인은 통합안에 대한 견해 차이다. 회중교회 소속 선교사들과 장로교 선교사들이 불필요한 경쟁을 피하기 위해 만들어진 통합안을 놓고 신학파와 구학파는 견해를 달리했다. 실천적이고, 회중교회 배경을 갖고 있던 신파는 통합안을 찬성한 반면 좀 더 보수적이며 스코틀랜드-아일랜드 배경을 지닌 구파는 통합안을 반대했다. 교파적인 성격이 강했던 구학파는 신학파가 중심이 되어 주도하던 미국교육협회나 미국 내지선교회와 같은 초교파적인 단체보다는 교단 기관들을 중심으로 활동하기를 원했다. 그러나 구학파 장로교인들이 회중교회와의 연합을 반대했던 가장 큰 이유는 신학적인 문제 때문이었다. 구학파는 독립혁명 이후 특히 2차 대각성운동 이후 신학파가 알미니안주의를 칼빈주의와 융합시켜 전통적인 칼빈주의에서 떠난 것을 경계해 왔다.

두 번째 분열원인은 노예 폐지 문제이다. 1830년대부터 1861년까지 미국 장로교는 국가의 중심 문제인 노예문제로 실존적인 고민을 해야만 했다. 1830년부터 급진적인 민주개혁을 부르짖었던 앤드류 잭슨이 대통령으로 당선되면서 미국은 새로운 시대를 맞았다. 곧 미국 장로교회는 1830년부터 1862년까지 노예 문제를 놓고 노예 제도의 폐지를 찬성하는 쪽과 반대하는 쪽으로 양분되었다. 노예 폐지론의 중심지는 오하이오와 뉴욕이었고, 노예제도를 지지하는 쪽은 주로 기득권을 가지고 있는 남부였다. 노예 폐지론을 적극적으로 주장하고 나선 찰스 피니의 영향으로 뉴욕은 노예 폐지운동의 중심이 되었다. 구학파보다는 신학파가 노예폐지운동에 더 적극적이었다. 이런 논쟁의 와중에 1818년 총회는 한 족속이 다른 한 족속을 노예화하는 것이 하나님의 법과 일치하지 않는다는 노예 반대 결의안을 채택하였던 것이다. 이 결정은 남부 장로교의 반발을 야기했고, 그 결과 교회의 일치가 위협받기 시작했다.

1837년 "통합안"과 "노예 문제"로 총회는 신학파와 구학파로 분열했다. 갈라진 신학파 총회 안에 또 다른 분열의 조짐이 있었다. 1853년과 1855년 신학파 총회에 노예문제가 상정되자 1857년에 총회는 노예 소유를 찬성하는 남부 쪽과 이를 반대하는 북부 쪽으로 다시 분열되었다. 노예 문제를 반대하는 남부 신학파가 총회에서 이탈하여 소위 미 장로교 남부 연합대회("The United Synod of the Presbyterian Church in the United States of America")를 결성함으로써 이제 장로교는 한 개의 구학파와 두 개의 신학파로 분열되고 말았다. 남북전쟁이 발발하던 1861년 구학파 장로교도 남부와 북부로 분열되었다. 그 후 남부의 구학파와 남부의 신학파가 연합하여 남장로교(PCUS)를 조직하고, 북부 구학파를 중심으로 한 북장로교(PCUSA)도 북부 신학파와 1870년에 연합했다. 소위 북장로교회라 불리는 북부장로교회(PCUSA)와 남장로교회(PCUS)라 불리는 남부장로교회는 1983년 역사적인 연합을 달성할 때까지 독립된 길을 걸어왔다. 북장로교(北部)와는 달리 남장로교(南部)는 정치적인 문제를 이슈로 삼는 것을 반대했다. 민족주의 색깔이 강한 남장로교는 PCCS(Presbyterian Church in the Confederate States)에서 PCUS(Presbyterian Church in the United Sates)라는 이름으로 개칭했다. 1861년 남북전쟁이 발발하자 수많은 남부 목회자들이 자원하여 전쟁터로 나가 남부의 이권을 위해 피를 흘렸다. 이것이 하나님의 뜻이라고 확신하였기 때문이다. 시민전쟁으로 역사에 알려진 남북전쟁은 1865년에 끝이 났다. 남북전쟁이 남과 북의 분열이라는 엄청난 결과를 가져왔지만, 노예제도를 공식적으로 폐지시키는 결정적 전기가 되었다. 1863년 노예 해방이 선포되었고 1865년과 1866년에 각각 13차 14차 헌법을 수정하여 노예의 권리를 신장시키고 생존권을 보장했다.[40]

---

40 미국 장로교회는 1706년 최초의 노회가 결성된 후 여러 차례 분열과 합동의 과정을 겪었다. 1741년에 부흥운동 문제로 교회가 구파와 신파로 분열되었다가 1758년 연합했고, 1837년에 통합안과 노예제로 구학파와 신학파가 분열했다. 신학파가 다시 노예 문제로 남북이 갈라졌고, 1861년에는 구학파도 같은 문제로 남과 북으로 분열되었다. 1857년에 남부의 구학파와 신학파가 연합했고, 1870년에는 북부의 구학파와 신학파가 연합해 두 개의 교단으로 나뉘어졌던 미장로교회는 북장로교회(PCUSA)와 남장로교회(PCUS)가 1983년 합동함으로써 하나가 되었다.

노예 문제로 1844년에 감리교 감독 교회(Methodist Episcopal Chruch)에서도 남부가 분열되어 남감리교회(Methodist Episcopal Chruch, South)를 조직해 두 감리교회가 연합하던 1939년까지 계속되었다. 1845년에 침례교도 미침례교 연맹(American Baptists Missionary Union)과 남침례교(Southern Baptist Convention)로 분열되어 아직까지 독립된 길을 걷고 있다.

선교와 개혁

2차 대각성운동에서 두드러진 특징 가운데 또 한 가지는 부흥운동이 국내 및 해외선교와 도덕개혁이나 금주와 같은 사회개혁적인 방향으로 진행되었다는 점이다.[41] 일련의 단체들이 형성되거나 조직되어 부흥운동을 선교와 삶의 현장 속에서 확산시켜 나갔다. 각 선교회들이 조직되어 선교를 촉진하였고, 교육회들이 결성되어 교육의 질을 한층 높여주었으며 도덕개혁을 통해 사회개혁이 추진되었다.

북미의 불신자들을 복음화하기 위해 1798년에 코네티컷 선교회가 결성되었으며 협회의 사역을 보급하고 재정적인 것을 확보하기 위해 코네티컷 이반젤리칼 매거진이 창간되었다. 곧이어 유사한 선교회와 잡지들이 계속해서 생겨나기 시작했다. 회중교-장로교 통합안이 1801년에 결성된 후 이런 현상은 더욱 두드러졌다. 미국 내지선교회가 서부와 남부의 오지에서 복음을 증거하는 이들에게 종교서적을 보급하는 등 서부의 복음화를 위해서 적극적으로 노력했다. 그 결과 "성경 발송, 신앙서적 보급, 주일학교 조직, 교회 설립" 등이 서부에서도 놀라울 정도로 촉진되었다.

그와 함께 1812년부터 해외선교도 진행되었다. 미국성서공회가 1816년에 조직되었고, 1825년에는 미국신앙서적 보급회가 조직되었다. 미국성서공회는 4년도 되지 않아 거의 10만권의 성경을 보급했다. 1814년에는 뉴잉글랜드

---

41   Handy, *A History of the Churches in the United and Canada*, 176-185.

신앙서적 보급회가 출현하였고, 9년 후에는 미국신앙서적 보급회로 명칭이 변경되었다. 그 때까지 777,000권의 책자를 인쇄 보급했다. 그러다 1825년에 전국적인 조직망의 미국신앙서적 보급회가 결성된 것이다. 이와 함께 교육에 대한 관심도 높아져 갔다.

1826년에는 미국교육협회가 결성되었다. 교육에 대한 관심과 더불어 주일학교에 대한 관심도 점차 증가했다. 주일학교 교육의 중요성이 인식되면서 주일학교 운동이 일어나 1824년에 미국주일학교 연맹이 결성되기에 이르렀다. 이것은 미국의 2차 대각성운동의 촉진제 역할을 했다. 도덕적인 개혁과 더불어 촉진된 것이 절제운동이다. 1826년에 미국절제촉진회가 보스턴에서 결성되었다. 1829년까지 절제회는 172개의 지회를 개설하였으며 1836년에 미국절제연맹이 조직되어 전국적인 운동으로 확산되었다. 그 후 20년 동안 미국에서는 사회운동이 전국적인 현상으로 발전하여 수많은 개혁의 결실들이 맺혀가기 시작했다. 이런 절제운동은 사회개혁의 중요한 원동력으로 성장해 부흥운동과 사회개혁을 조화 있게 추진하는 계기가 되었으며, 자연히 구제를 기독교인의 정상적인 삶의 일부분으로 정착시켜 신앙과 삶의 괴리 현상을 방지하는 효과를 가져왔다.

2차 대각성운동과 이단의 발흥

2차 대각성운동이 가져다 준 또 하나의 영향은 이단의 발흥이다. 시드니 알스트롬이 명명한 "이단의 전성시대"가 2차 대각성운동 후 미국에서 시작되었던 것이다. 대각성운동은 교회와 사회 그리고 국가에 새로운 변천을 가져다주었으나, 대각성운동 후 안식교, 만인구원, 그리고 스웨덴보르그, 몰몬교 등 다양한 이단 사상이 신대륙에 등장했다.

안식교의 창시자 윌리엄 밀러(William Miller, 1782-1849)는 기독교로 회심하기 전 제퍼슨 사상을 추종하던 자연신론주의자였다.[42] 그러다 회심 후 칼

---

42 Jan Karel van Baaleu, *The Chaos of Cults* (Grand Rapids: Eedmans, 1949), 169-189. 또한

빈주의 침례교인이 되었다. 밀러는 다니엘서에 나타난 예언을 2년여 동안 열심히 연구했다. 1818년 밀러는 다니엘서에 있는 70이레에 근거하여 25년 후인 1843년에 그리스도가 재림하실 것이라는 결론을 내렸다. 처음에 주저하던 밀러는 재림 날짜를 담대히 외치기 시작했다. 곧 그를 따르는 무리들이 생겼다. 버몬트, 뉴햄프셔와 뉴욕에서의 성공적인 부흥회 인도로 밀러의 명성은 더해갔고 그와 함께 추종자들이 더욱 늘어났다.

밀러는 1833년 침례교 목사로 안수를 받고 1835년 자신의 재림론 강의를 출판했다. 밀러가 전국적인 명성을 얻기 시작한 것은 조수아 하임스(Joshua Vaughan Himes, 1805-1895)의 전폭적인 협력을 얻으면서 부터이다. 1839년 밀러의 예언을 받아들인 하임스는 밀러의 추종자가 되어 밀레니얼 하프라는 정기 간행물을 출판하기 시작했다. 또한 1840년과 1843년 사이에는 전국적인 조직망을 결성해 밀러의 사상을 확산시켰다. 그러나 밀러가 예언했던 재림 날짜에 그리스도가 재림하지 않자 그의 영향력은 급격히 줄어들었고 자체에 내분이 생기기 시작했다. 밀러가 세상을 떠나던 1849년 그를 추종하는 이들이 아직도 5만 명이나 있었다.[43]

밀러의 추종자였던 포틀랜드의 엘렌 화이트(Ellen G. White, 1827-1915)가 밀러를 뒤이어 안식교를 이끌었다. 어린 그녀가 안식교를 이끌 수 있었던 것은 그녀의 환상 덕분이었다. 죽기 전까지 그녀는 무려 2,000개의 환상을 보았다. 1846년 안식교 장로 제임스 화이트와 결혼한 엘렌은 안식교 안에서 활동범위를 넓힐 수 있었다. 1855년 미시간의 배틀 크리크에 본부를 세운 후 화이트를 추종하는 이들은 "제 칠일 안식교"(Seven-Day Adventists)라는 명칭을 갖고 본격적인 교세확장에 나섰다.[44] 1903년 화이트는 본부를 워싱턴 주 근

Anthony A. Hoekema, *The Four Major Cults* (Grand Rapids: Eerdman, 1970), 89-169를 참고하라.

43   Gary Land, ed. *Adventism in America: A History* (Grand Rapids: Eedmans, 1986), 34.

44   화이트의 특징은 건강에 대해 특별히 강조한 점이다. 미국에서 널리 알려진 켈로그(Kellogg) 시리얼은 화이트 양의 협력자 John H. Kellogg 박사에 의해 시작된 것이다. 배틀 크리크는 곧 시리얼 생산의 중심지가 되었다.

처 타코마 팍으로 옮긴 후 선교에 박차를 가해 1915년 그녀가 죽던 해에는 안식교가 세계적인 조직망을 갖게 되었다.

2차 대각성운동 후 태동된 또 하나의 이단 만인구원파교회(the Universalist church)는 존 머레이(John Murray, 1741-1815)에 의해 설립되었다. 그가 만인구원론 사상을 받아들인 것은 영국 감리교도 제임스 렐리(James Relly, 1722-1778)를 통해서다. 렐리는 모든 사람에게 하나님의 선행 은총이 주어졌다는 웨슬리의 사상을 택자뿐만 아니라 전 인류가 그리스도의 희생을 통해 구속을 받는다는 의미로 확대 해석했다. 영국 감리교회에서 추방당한 렐리는 1770년 미국으로 건너가 1779년 매사추세츠 글라우세스터에 최초의 미국 만인구원파교회를 설립했다.

1920년대와 1930년대 한국에 영향을 미쳤던 스웨덴보르그도 이 시대에 역사에 등장했다. 스웨덴보르그주의는 스웨덴 사람 임마누엘 스웨덴보르그(Emanuel Swedenborg, 1688-1772)에게서 기원한다. 탁월한 스웨덴 신학자이자 감독이던 예스페르 스웨드베르그의 아들로 태어난 스웨덴보르그는 대학을 마치고 세계를 여행하면서 견문을 넓혔고, 지질학, 해부학, 물리학, 천문학 등 여러 분야에 걸친 광범위한 저술을 출간했다. 그가 종교분야에 결정적인 영향을 미치기 시작한 것은 57세에 하나님에 대한 예배와 사랑이라는 책을 출판하면서부터이다. 하나님으로부터 성경의 영적 의미를 사람들에게 설명하라는 계시(환상)를 받고 착수하여 나온 것이 8권의 창세기와 출애굽기 주석이다. 그가 세상을 떠날 때까지 30권이 더 출간되었다.

그는 세계를 세 단계 즉, 광물질 식물 혹은 동물의 자연세계, 영적 세계, 그리고 하늘의 세계로 나누고 성경 전체를 이 세 단계에 맞추어 해석한다. 스웨덴보르그를 따르는 뉴처치회(New Church Society)가 1787년 런던에서 조직되었다. 미국에 파송되어 스웨덴보르그 사상을 전파한 스웨덴보르그 사도는 스웨덴보르그의 천국과 지옥을 읽고 스웨덴보르그 파로 회심했던 영국인 제임스 글렌이다. 필라델피아, 볼티모어, 보스턴, 뉴욕 등에 조그만 집단이 형성되다 1817년 최초의 스웨덴보르그 대회가 필라델피아에서 조직되었다. 대회를 조직

몰몬교 창시자 조셉 스미스(Joseph Smith)

할 때 9개 주에서 17개 뉴처치회, 360명의 회원이 있었다.

　19세기 초 미국에서 발흥한 이단 중에서 빼 놓을 수 없는 또 하나의 이단은 조셉 스미스(Joseph Smith, 1805-1844)에 의해 창설된 몰몬교다. 이단과 신흥종교 이해에서 어빙 헥함과 칼라 포위가 "새로운 신화에 기초한 신흥종교"[45]라고 부른 몰몬교는 물질의 영원성, 물질의 독자성, 유한한 신성, 개인의 노력과 강한 중앙집권적 권위와 균형을 강조하는 교회 등 낙관적인 세계관과 물질관을 그 특징으로 삼았다.[46] 조셉 스미스는 10살 때 뉴잉글랜드에서 당시 부흥운

45　Irving Hexham & Karla Poewe, *Understanding Cults and New Religions* (Grand Rapids: Eerdmans, 1986), 55.
46　Handy, *A History of the Churches in the United and Canada*, 225-226.

동이 활발하게 진행되던 뉴욕 상부에 위치한 소위 "부흥운동 중심지"(burned-over district)로 이사했다. 그곳의 부흥운동의 열기가 그의 영적 굶주림을 채워 주었고, 그 부흥운동의 타세적인 신앙관과 종말론적 성향이 어린 스미스의 종교관 형성에 지대한 영향을 미쳤다. 1830년 그의 나이 25살 때, 그는 한 천사가 건네주었다 후에 가져가 버렸다는 황금판을 번역한 책 몰몬경을 출판했다. 곧 1830년 교회를 설립하고 새로운 사실을 알리기 시작했다. 수년 후 그는 자신이 설립한 교회를 몰몬교(The Church of Jesus Christ of Latter-day Saints)로 고쳤다. 최초의 모임에서 스미스는 계시의 시대는 종결되었으며, 새로 전개되는 새 운동에서 그가 예언자, 신도, 장로로 불리도록 계시되었다고 선언했다.[47] 비록 교회라는 명칭을 사용하고, 또 기독교와 유사한 용어들을 차용하고 있지만, 마치 초대교회 영지주의자들의 경우와 마찬가지로 몰몬교의 가르침, 예배, 신앙예식, 구원, 신관, 내세관은 전통적인 기독교와는 근본적으로 차이가 있었다.[48]

6. 요약 및 정리

독립혁명 후 미국은 확실히 전환기를 맞았다. 정치적인 독립과 함께 낙관주의 세계관과 인생관이 어울려 전통적인 청교도의 하나님 주권 신앙이 쇠퇴하고 하나님 안에서의 인간의 역동성을 긍정하는 잭슨 풍의 신앙이 뿌리내리게 되었다. 이런 전환기의 변화를 촉진시켜 준 것이 2차 대각성운동이었다. 유럽의 계몽주의가 계시 중심의 기독교를 이성 중심의 기독교, 감정 중심의 낭만주의 기독교로 세속화시켰다면 미국의 독립혁명과 2차 대각성운동은 전통적인 칼빈주의풍 신앙관을 인간들이 문화변혁과 부흥운동의 주체라는 낙관적이고 인본주의적인 신앙관으로 세속화시켰다. 또한 부흥운동이 교회성장과 선교를 촉진시

---

47 좀 더 구체적인 몰몬교 운동에 대해서는 Anthony A. Hoekema, *The Four Major Cults* (Grand Rapids: Eerdman, 1970), 9-87을 참고하라.
48 Walter R. Martin, *The Rise of the Cults* (Grand Rapids: Zondervan, 1961), 46-56.

켰으나 교회의 분열, 이단의 발흥, 자유주의의 발흥이라는 부정적인 결과를 낳고 말았다.

독립혁명과 2차 대각성운동 이후 시작된, 세상의 문화적 변화와 과학적 발달에 친화하려는 자유주의 경향과 전통적인 종교적 유산을 계승하려는 보수주의 경향이 19세기 말부터 더욱 표면화되기 시작했다. 1861년에 발흥한 남북전쟁과 그 후에 가시화된 근본주의 대 현대주의 논쟁은 대표적인 실례들이다.

결 론

지금까지 1648년 베스트팔렌 조약 이후 유럽의 근대교회사와 개척시대부터의 미국 근대교회사를 조명하면서 몇 가지 사실을 발견할 수 있었다.

첫째, 종교적인 차이에 대한 관용을 공식적으로 선언한 베스트팔렌 조약으로부터 1789년의 프랑스 혁명에 이르기까지의 유럽의 근대교회사와 1766년의 미국 독립혁명시대부터 1861년의 남북전쟁에 이르기까지 미국의 근대교회사는 정도의 차이는 있지만 확실히 이성과 자율이 지배하는 시대였다. 유럽의 기독교가 자연과학의 발달로 인한 인간사고의 변천, 신률보다는 인간의 이성과 자율을 근간으로 하는 계몽주의와 자연신론의 등장으로 결국 프랑스 혁명이라는 혁명의 시대로 귀결되었듯이 미국의 기독교도 한편으로는 유럽의 영향으로, 다른 한편으로는 지나친 낙관주의 세계관의 등장으로 전통적인 청교도주의에서 떠난 새로운 사조 즉 자연신론, 유니테리안주의, 뉴디비니티, 칼빈주의의 수정, 독립혁명으로 특징되는 시대를 맞았다. 전통적인 교리를 거부하고 인간의 이성을 근간으로 하는 인본주의적 기독교를 설파했던 유럽의 소시니안주의나 계몽주의와 마찬가지로 미국의 유니테리안들도 삼위일체 교리를 거부하고 계시의존적인 기독교가 아닌 인간의 이성으로 이해할 수 있는 기독교, 자연과학과 일치하는 기독교를 모토로 삼았다.

둘째, 유럽의 근세사나 미국의 근세사 모두 이성과 자율로 특징되지만, 유럽의 기독교에 비해 미국의 기독교에는 복음주의 전통이 면면히 흐르고 있었다. 비록 경건주의가 유럽, 특히 독일에서 적지 않은 영향을 미쳤으나 유럽의 기독교는 정통주의 시대 이후 계몽주의 시대에 접어들면서 전통적인 계시 의존 신앙이 붕괴되고 자연신학이 지배하기 시작했다. 반면 영미 기독교는 한편으로는 이성과 자율이 지배하던 유럽의 영향을 반영하면서도 다른 한편으로는 유럽과 달리 청교도 전통에 기초한 복음주의 신앙이 저변에 흐르고 있었다. 약간의 세속주의적 경향이 신대륙의 청교도들의 신앙에 위협을 가하기는 했지만 그것은 그리 큰 문제가 되지 않았다. 17세기 말엽 미국 기독교가 낙관주의 사회상이나 인생관에 편승하면서 미국 내 청교도 전통은 조금씩 그 영향력을 상실했고 교회도 정체 상태에 놓이게 되었지만, 1차 대각성운동이 발생하여 칼빈주의 신앙이 복고되어 교회에 활력을 불어넣었다. 영국에서는 요한 웨슬리와 조지 휫필드에 의해 전통적인 청교도 신앙이 영국에서 복음주의 부흥운동 형태로 소생했다면 미국에서는 조나단 에드워즈를 통해 개척 시대의 청교도 신앙이 좀 더 칼빈주의적 부흥운동 형태로 복고되었던 것이다. 칼빈주의는 1차 대각성운동을 통해 미국 기독교의 주체세력임을 확인할 수 있었다. 1차 대각성운동의 지도자들과 당대 교인들은 신앙의 정체성을 일단 칼빈주의 체계 속에서 찾았다. 이 시대에 형성된 소위 에드워즈 풍 칼빈주의는 전통적인 칼빈주의 사상이 대각성운동과 얼마든지 조화를 이룰 수 있음을 보여주었다. 1차 대각성운동 지도자들은 인간의 구원이 전적으로 하나님의 선물이라고 확신했고, 심지어 대각성운동마저도 하나님의 선물이라고 보았다.

셋째, 독립전쟁으로 종교적인 문제보다는 정치적인 문제가 더 중요한 관심사로 떠오르면서 미국의 기독교는 전통적인 청교도 신앙에서 서서히 이탈하고 좀 더 인본주의적 방향으로 수정되었다. 18세기 말엽 2차 대각성운동이 교회에 다시 활력을 불어 넣었으나 결과는 그렇게 긍정적이지만은 않았다. 2차 대각성운동을 통해 전통적인 칼빈주의 사상이 좀 더 인본주의적인 방향으로 수정되었고, 그 결과 전통적인 칼빈주의 신앙이 쇠퇴하고 새로운 낙관주의적 인간관이 형성되었다. 그 전형적인 인물이 찰스 피니다. 1차 대각성운동의 지도자들이 각성운동과 인간의 회심이 하나님의 주권적인 역사라고 본 반면 2차 대각성운동의 지도자들은 구원이 하나님의 선물이지만, 그 선물은 개개인의 노력을 통해 얻을 수 있다고 믿었다. 따라서 전통적인 에드워즈식 칼빈주의가 찰스 피니식 칼빈주의, 즉 알미니안주의풍 칼빈주의(Arminianized Calvinism)로 수정되기 시작했다. 이름 자체가 대변해 주듯이 찰스 피니와 예일 대학의 나다니엘 테일러를 비롯한 뉴디비니티 신학은 전통적인 칼빈주의가 좀 더 알미니안주의 방향으로 수정되어 나타난 것이다. 이런 경향은 낙관주의 사조와 당시 발흥하기 시작한 감리교 운동과 상당히 연관을 가지고 있다.

계시의존 신앙이 자연신론이나 자연신학으로 대치되면서 유럽 기독교가 세속화 되었듯이 2차 대각성운동 후 미국의 기독교도 신율적인 신앙에서 좀 더 자율적인 신앙으로 변천되면서 세속화되기 시작한 것이다. 이런 의미에서 유럽이나 미국의 근대 기독교사는 이성과 자율의 시대였다.

따라서 19세기부터 전개되는 미국의 현대교회사는 전통적인 신앙을 보존하려는 복음주의자들과 현대사조와 친화하려는 현대주의자들과의 갈등과 대립의 역사로 진행된다. 이런 현상은 유럽에서도 마찬가지였다. 계몽주의 이후 계속된 구 자유주의 세력 앞에 더 이상 그것이 유럽의 희망일 수 없다고 판단한 일련의 지도자들은 종교개혁과 역사적 전통에 기초한 새로운 형태의 사조를 주창하기 시작했다. 어떤 의미에서 칼 바르트로 대변되는 신정통주의는 구 자유주의에 대한 혁명이었다. 유럽에서 기원된 이 바르트주의는 1930년대 미국의 기독교가 근본주의 대 현대주의 논쟁 이후 종교적 공백기를 맞던 그 시기에 미국에 상당한 영향을 미치기 시작했다. 이 종교적 공백기에, 현대주의에 식상한 미국의 자유주의자들에게 유럽에서 기원된 바르트주의는 미국의 기독교를 구할 수 있는 유일한 종교적 대안처럼 보였다. 그 후 적어도 30여 년 동안 신정통주의는 미국의 대 교단들과 신학교들을 장악하여 주도적인 신학사조로 떠올랐다.

한편 근본주의가 분리주의와 반지성주의로 흘러 미국의 풍부한 복음주의 유산을 간과하자 일련의 젊은 복음주의 신앙인들이 새로운 복음주의 운동을 전개하기 시작했다. 그 결과 1940년대부터 복음주의 운동이 등장했다. "전통적인 신앙을 이 시대에"라는 모토를 내걸고 등장한 복음주의자들은 곧 미국의 주도적인 세력이 되었다. 이런 일련의 격동의 시대 교회의 움직임을 현대교회사에서 다룰 것이다.

근대교회사 주요 사건 연표

일반역사	중요 종교적 사건	교황 및 황제
	1483 마틴 루터 출생	
	1484 츠빙글리 출생	
1492 콜럼버스 신대륙 발견		1492-1503 알렉산더 6세
		1493-1519 막시밀리안 1세
1498 바스코 다 가마 인도 발견		
		1503 피우스 3세
		1503-1513 줄리우스 2세
	1509 칼빈 출생	
		1513-1521 레오 10세
	1517 루터의 95개 조항	
1519 마젤란 세계일주		1519-1556 카를 5세
1519 코르테즈 멕시코 정복		
1520 스페인 신대륙 개척		
1521-1526 카를5세와 프랑수아 1세간의 전쟁		
1522 마젤란 세계일주		1522-1523 아드리안 6세
		1523-1524 클레멘트 7세
1524-1525 독일농민전쟁	1524 재세례파	
	1529 말부르그 신앙고백	
	1530 아우구스부르크 신앙고백	
	1531 쯔빙글리 사망	
	1534 헨리 8세 수장령	1534-1549 바울 3세

스페인, 프랑스, 기타 유럽	영국 및 스코틀랜드	문학 및 철학작품, 사상가
1474-1504 이사벨라		
1479-1516 페르디난트		
	1485-1509 헨리 7세	
	1488-1513 제임스 4세	
1498-1515 루이 11세		
	1509-1547 헨리 8세	1509 칼빈 출생
	1513-1542 제임스 5세	
1515-1547 프랑수아 1세		1515 에라스무스 신약
1519-1589 까뜨린 드 메디치		
1520-1568 슐레이만 1세		1520 루터의 3논문
		1524 에라스무스의 자유의지에 관하여
		1531 세르베투스 삼위일체의 오류에 대하여
1533-1584 오렌지 공 빌헬름		

근대교회사 주요 사건 연표   357

일반역사	중요 종교적 사건	교황 및 황제
	1535 잉글랜드, 로마와 결별	
	1536 영국국교회 36개 조항	
	1537 슈말칼트 동맹	
	1538 칼빈 제네바를 떠남	
	1540 예수회 공인	
	1541 칼빈 제네바 복귀	
	1545-1563 트렌트 공회	
	1546 루터 사망	
		1550-1555 쥴리우스 3세
	1555 아우그스부르그 종교 화의	1555 마르셀루스 1세
		1555-1559 바울 4세
	1556 이그나티우스 로욜라 사망	
		1558-1564 페르디난트 1세
	1559 갈리아 신앙고백	1559-1565 피우스 5세
	1561 메노 시몬스 죽음	
1562-1598 프랑스 위그노 전쟁		
	1563 영국국교회 39개 조항	
	1564 칼빈 죽음	1564-1576 막시밀리안 2세
	1565 괴제동맹	
	1566 네델란드의 반란	1566-1572 피우스 5세
	1572 성 바돌로매 축일 학살사건	1572-1585 그레고리 13세
	1576 겐트 화의	1576-1612 루돌프 2세
1584 버지니아 회사설립		
	1585 예수회 영국에서 축출됨	1585-1590 식스투스 5세

스페인, 프랑스, 기타 유럽	영국 및 스코틀랜드	문학 및 철학작품, 사상가
		1536 칼빈 기독교 강요
1547-1559 앙리 2세	1547-1553 에드워즈 6세	
	1553-1558 메리 튜더	1553 세르베투스 기독교의 회복
1556-1598 펠리페 2세	1558-1603 엘리자베스 1세	
		1559 기독교 강요 최종판
1560-1574 샤를 9세		
	1567-1625 제임스 6세	
	1572 존 낙스 죽음	
1574-1589 앙리 3세		
1584 침묵의 윌리엄		

일반역사	중요 종교적 사건	교황 및 황제
1588 스페인 무적함대 패배		
		1590 우르반 7세
		1590-1591 그레고리 14세
		1591 인노센트 9세
		1592 클레멘트 7세
		1592-1605 클레멘트 8세
1600 영국동인도회사 설립	1598 낭트칙령	
		1605 레오 1세
		1605-1621 바울 4세
	1608 독일 복음주의연맹	
	1609 독일 가톨릭 연맹	
		1612-1619 마티아스
1618-1648 30년 전쟁	1618-1619 도르트회의 및 신조	
		1619-1637 페르디난트 2세
1620 메이플라워 항해와 매사추세츠 건립		
		1621-1623 그레고리 15세
1623 뉴햄프셔 건립		1623-1644 우르반 8세
	1624-1642 리슐리외 집권	
	1627-1628 라로셸 포위	
1628 영국권리청원제출		
	1630-1642 청교도의 신대륙 이주	

스페인, 프랑스, 기타 유럽	영국 및 스코틀랜드	문학 및 철학작품, 사상가
	1587 메리 스튜어트 처형됨	
1589-1610 앙리 4세		
1598-1621 펠리페 3세		
	1603-1625 제임스 1세	
		1604-1690 존 엘리어트
		1608-1674 존 밀톤
1610-1643 루이 13세		
		1611 KJV(킹제임스) 흠정역 성경
1621-1665 펠리페 4세		
	1625-1649 찰스 1세	
1632 구스타프 아돌프		
1632-1654 크리스티나		

일반역사	중요 종교적 사건	교황 및 황제
1634 메릴랜드 건립		
1635 코네티컷 건립		
1636 로드아일랜드 건립		
	1638 앤 헛치슨 로드아일랜드 도착	
	1639 신대륙 최초의 침례교 설립	
	1640 장기의회	
	1642-1649 청교도 혁명	
	1643 팍스, 방랑시작	
1644 청, 중국통일		1644-1655 이노센트 10세
	1647 찰스 1세 포로	
	1648 베스트팔렌조약	
	1648 웨스트민스터신앙고백	
		1655-1667 알렉산더 8세
	1656 퀘이커 메사추세츠 박해	
		1658-1705 레오폴드 1세
	1665 5마일 법	
		1667-1669 클레멘트 9세
		1670-1676 클레멘트 10세
1675-1678 킹 필립스 전쟁		
		1676-1689 이노센트 11세
1680 인디언 반란		

스페인, 프랑스, 기타 유럽	영국 및 스코틀랜드	문학 및 철학작품, 사상가
		1637 데카르트 철학방법론
1643-1715 루이 14세		1643 팍스 방랑시작
	1647 토마스 후커 사망	
	1649 찰스 1세 처형	
	1652 존 카튼 사망	
	1653-1658 크롬웰 호민관	
	1660-1685 찰스 2세	
1665-1700 카를로스 2세		
		1667 밀턴 실락원
		1670 파스칼 팡세
		1675 슈페너의 경건한 열망
		1677 스피노자 사망
		1678 존 번연의 천로역정

근대교회사 주요 사건 연표

일반역사	중요 종교적 사건	교황 및 황제
1681 펜실베이니아 설립		
	1616-1683 존 오웬 사망	
	1685 낭트칙령 철회	
1688 명예혁명	1688 존 번연 죽음	
	1689 관용령	1689-1691 알렉산더 8세
	1691 조지 팍스 죽음	
	1698 프랑케 할레의 고아원 시작	
		1700-1721 클레멘트 11세
1702-1713 스페인 왕위 계승전쟁	1703 조나단 에드워즈, 요한 웨슬리 출생	
	1705 야곱 슈페너 죽음	1705-1711 조셉 1세
	1705 덴마크 할레선교단	
	1706 미국장로교 노회 조직	
		1711-1740 찰스 6세
	1712 아아로 평화조약	
	1714 아놀드 죽음	
	1716 미국장로교 대회 조직	
		1721-1724 이노센트 13세
	1722 헤른후트,모라비안	
		1724-1730 베네딕트 13세
	1727 프랑케의 죽음	
	1730-1745 미국 1차 대각성운동	1730-1740 클레멘트 12세
1733 조지아 건립		
	1738 웨슬리 올더스게이트 회심	
	1740 조지 휫필드 미국전도 여행	1740-1758 베네딕트 14세
	1740 미국 대각성운동	
	1741 장로교 분열	

스페인, 프랑스, 기타 유럽	영국 및 스코틀랜드	문학 및 철학작품, 사상가
1700-1746 펠리페 5세	1685-1688 제임스 2세	1687 뉴톤의 *Principia* 1690 존 로크의 에세이 1696 톨랜드 신비롭지 않은 기독교
1715-1774 루이 15세	1714-1727 조지 1세 1727-1760 조지 2세	1716 라이프니츠 죽음 1724-1804 임마누엘 칸트

근대교회사 주요 사건 연표 365

일반역사	중요 종교적 사건	교황 및 황제
	1743 감리교 협회	1742-1745 찰스 7세
		1745-1765 프란시스 1세
	1751-1765 프랑스 백과사전 35권 발간	
	1758 조나단 에드워즈 사망, 미장로교 연합 1759 예수회 포르투갈에서 축출 1760 진젤돌프 사망	1758-1769 클레멘트 13세
1765 와트 증기기관		1765-1790 조셉 2세
	1767 예수회 스페인과 영국에서 축출	
		1769-1774 클레멘트 14세
	1772 스웨덴보르그 죽음 1773 예수회 해산	
1775-1783 미국독립전쟁 1776 미국, 독립선언		1775-1799 피우스 6세
	1784 감리교 조직 1785-1872 피터 카트라이트 1787 프랑스 종교자유 1788 미 장로교 총회 조직 1788 찰스 웨슬리 사망	
		1788-1808 찰스 4세

스페인, 프랑스, 기타 유럽	영국 및 스코틀랜드	문학 및 철학작품, 사상가
		1743-1826 토마스 제퍼슨
1746-1759 페르디난트 6세		1748 아이삭 왓츠 사망
		1752 조셉 버틀러 사망
		1752 벵겔 사망
1754-1792 루이 16세		
	1759-1788 찰스 3세	
	1760-1782(?) 조지 3세	
		1761 윌리엄 로 사망
		1762 루소 에밀 및 사회계약론
		1776 흄 죽음
		1778 볼테르 사망
		1778 루소 사망
		1780 레싱 인간종족의 교육
		1781 칸트의 순수이성비판
		1788 칸트 실천이성비판

일반역사	중요 종교적 사건	교황 및 황제
1789 프랑스 혁명		
		1790-1792 레오폴드 2세
	1791 요한 웨슬레 사망	
	1792-1875 찰스 피니	1792-1806 프란시스 2세
	1793-1834 윌리엄 케리 인도선교	
	1795 런던 선교회	
	1798 네덜란드 선교회	
1799 나폴레옹 쿠데타		
		1800-1823 피우스 7세
1804 나폴레옹 황제 등극		
	1807 영국 노예무역 폐지	
1812-1814 영미전쟁		
	1814 예수회 재결성	
1815 워털루 전쟁		
	1816 미국성서 공회	
	1822-1889 알브리히트 릿츨	
		1823-1829 레오 7세
	1827-1899 엘렌 지 화이트	
		1829-1830 피우스 8세
1830 프랑스, 7월 혁명	1830 플리머스 형제단	
		1831-1846 그레고리 16세
	1833-1845 옥스포드 운동	
	1835 피니, 부흥설교	
	1837 드와이트 무디출생	
1840-1842 아편전쟁		
	1844 YMCA	

스페인, 프랑스, 기타 유럽	영국 및 스코틀랜드	문학 및 철학작품, 사상가
1792 루이 16세 처형		
1793-1795 루이 17세		1794 페인 이성의 연령
		1804 칸트 사망
		1809-1882 찰스 다윈
1814-1815-1824 루이18세		
1821 나폴레옹 사망		
1824-1830 샤를 5세		
1830-1848 루이 필립		

일반역사	중요 종교적 사건	교황 및 황제
	1846 복음주의연맹 조직	1846-1878 피우스 9세
1848년 프랑스 2월 혁명	1848-1854 기독교 사회주의 운동	
1861-1865 미 남북전쟁		
1863 링컨, 노예해방선언		
1868 일본 메이지유신		
1869 수에즈 운하 개통	1869 1차 바티칸 공회	
1871 독일 통일		
	1878 구세군	

참고문헌

영문 단행본

Adeney, W. F. *A Century of Progress in Religious Life and Thought*. London: J. Clarke & co., 1901.

Barth, Karl. *Protestant Thought: From Rousseau to Ritschl*. New York: Harper & Brothes Publishers, 1959.

Beardslee, John W., ed. *Reformed Dogmatics*. New York: Oxford University Press, 1965.

Becker, C. L. *The Heavenly City of the Eighteenth Century Philosophers*. New Haven: Yale University Press, 1932.

Bercouwer, G. C. *A Half Century of Theology*. Grand Rapids: Eerdmans Publishing Co., 1977.

_____. *Recent Developments in Roman Catholic Thought*. Grand Rapids: Eerdmans Publishing Co., 1958.

_____. *The Triumph of Grace in the Theology of Karl Barth*. Grand Rapids: W.B. Eerdmans Pub. Co., 1956.

Bestermann, Theodore. *Voltaire*. New York: Harcourt, 1969.

Betts, C. J. *Early Deism in france*. The Hague: Martinus Nijhoff Publishers, 1984.

Bloesch, Donald G. *The Christian Witness in a Secular Age: An Evaluation of Nine Contemporary Theologians*. Minneapolis: Augsburg Pub. House, 1968.

Briggs, Robin. *The Scientific Revolution of the Sevententh Century*. New York: Harper and Row, 1969.

Brilioth, Y. *The Anglican Revival: Studies in the Oxford Movement*. London; New York: Longmans, Green, 1925.

Bronowski, J. & Mazlish, B. *The Western Intellectual Tradition from Leonardo to Hegel*. Harmondsworth, England, 1970.

Broome, J. H. *Pascal*. London: Edward Arnold INC., 1965.

Brown, Dale W. *Understanding Peitism*. Grand rapids: W.B. Eerdmans Pub. Co., 1978.

Bury, J. B. *History of the Papacy in the 19th Century*. ed., R. H. Murray. New York: Schocken Books, 1964.

Busch, Eberhard. *Karl Barth: His Life from Letters and Autobiographical Texts*. Philadelphia:

Fortress Press, 1975.

Butler, B. C. *The Theology of Vatican II*. London: Darton, Longman and Todd, 1967.

Butterfield, H. *The Origins of Modern Science, 1300-1800*. New York: The Macmillan Company, 1957.

Calliet, Emile. *Pascal: The Emergence of Genius*. New York: Harper, 1961.

Cambridge Modern History. ed. A.W. Ward, et al. New York, 1902-1926. 13 vols.

Cannon, W. R. *The Theology of Hohn Wesley*. New York: Abingdon-Cokesbury Press, 1946.

Capaldi, Nicholas. *The Enlightment: The Proper Study of Mankind*. New York: G.P. Putnam & Sons,1968.

Carnell, Edward J. *The Case for Orthodox Theology*. Philadelphia: The Westminster Press, 1959.

Cassirer, Ernst. *The Philosophy of the Enlightenment*. Boston: Princeton University Press, 1955.

Chadwick, Owen. *The Secularization of the European Mind in the Nineteenthe Century*. Cambridge: Cambridge University Press, 1975.

_____. *The Victorian Church*. New York: Wipf and Stock, 1966-1970. 2 vols.

Church, William F. *The Influence of the Enlightenment on the French Revolution. Creative, Disastrous, Non-Existent?*. Lexington: Boston, Heath, 1974.

Cobb, John B. *Living Options in Protestant Theology: A Survey of Methods*. Philadelphia: Westminster Press 1962.

Cockshut, A. O. J. ed., *Religious Controversies of the 19th Century*. Lincoln: University of Nebraska Press, 1966.

Cragg, Gerald. *The Church & The Age of Reason, 1648-1789*. Baltimore: Penguin Books, 1970.

_____. *Reason and Authority in the Eighteenth Century*. Cambridge: Cambridge University Press, 1964.

_____. ed. *The Cambridge Platonist*. New York: Oxford University Press, 1968.

Dallimore, Arnold. *George Whitefield*. London, 1970 (v.1), Westchester, IL, 1979 (v.2)

Dampier, W. C. D. *A History of Science and Its Relations with Philosophy and Religion*. Cambridge: Cambridge University Press, 1948.

Darton, Robert. *The Business of Enlightment. A Publishing History of the Encyclopedie 1775-1800*. Cambridge, MA.: Belknap Press of Harvard University Press, 1979.

Davies, Horton. *Worship and Theology in England*. Princeton: Princeton University Press, 1961-1975. 5 vols.

Davies, Rupert. & Rupp, Gordon E., ed. *A History of the Methodist Church in Great Britian*. London: Epworth Press, 1965.

Dillenberger, John. & Welch, claude. *Protestant Christianity Interpreted Through Its development*. New York: Charles Scribner's Sons, 1954.

Dorner, Isaak A. *History of Protestant Theology Particularly in Germany*. Edinburgh: T. & T.

Clark, 1871. 2 vols.

Drummond, A. L. *German Protestantism since Luther*. London: Epworth Press, 1951.

Elliott-Binns, L. E. *The Development of English Theology in the Late Nineteenth Century*. London: Longmans, 1952.

Ferre, Nels. *Searchlights on Contemporary Theology*. New York: Harper & Row, 1961.

_____. *Swedish Contributions to Modern Theology*. New York: Harper & Row, 1967.

Firth, C. H. *Oliver Cromwell and the Rule of the Puritans*. New York: G. P. Putnam's Sons, 1900.

Gay, P. *The Enlightenment: An Interpretation*. New York: Vintage Books, 1966. 2 vols.

Glover, W. B. *Evangelical Nonconformists and Higher Criticism in tne Nineteenth Century*. London, 1954.

Greenslade, S. L., ed. *The Cambridge History of the Bible. vol. 3: The West from the reformation to the Present Day*. Cambridge: Cambridge University Press, 1963.

Groff, Warren F. & Miller, Donald E. *The Shaping of Modern Christian Thought*. Cleveland: World Pub. Co., 1968.

Guehenno, Jean. *Jean-Jacques Rousseau*. London: Routledge and Kegan Paul, 1966. 2 vols.

Gundry, Stanley N. & Johnson, Alan F., ed. *Tensions in Contemporary Theology*. Chicago: Moody Press, 1976.

Hales, E. E. Y. *The Catholic Church in the Modern World*. Garden City, New York: Hanover House, 1958.

Hall, A. R. *From Galileo to Newton, 1630-1720*. New York: Harper & Row, 1963.

Haller, William. *The Rise of Puritanism*. New York: Columbia university press, 1957.

Hampson, Norman. *The Enlightenment*. Harmondsworth; New York: Penguin, 1982.

Hazard, Paul. *The European Mind. 1680-1715*. New York: World Pub. Co., 1963.

_____. *European Thought in the Eighteenthe Century*. New Haven: Yale University Press, 1954.

Henry, C. F. H., ed. *Christian Faith and Modern Theology*. New York: Channel Press, 1964.

_____. *Contemporary Evangelical Thought*. Grand Rapids; MI: Baker Book House, 1968.

_____. *Fifty Years of Protestant Theology*. Boston: W. A. Wilde Co., 1950.

Heppe, Heinrich. *Reformed dogmatics*. ed. Ernst Bizer, London: George Allen & Unwin, 1950.

Hill, C. H. *Puritanism and Revolution*. London: Secker and Warburg, 1958.

Himmelfarb, Gertrude. *Darwin and the Darwinian Revolution*. New York: Norton, 1968.

Holborn, Hajo. *A History of Modern Germany 1648-1840*. New York: A. A. Knopf, 1959.

Hughes, Philip Edgcombe, ed. *Creative Minds in Contemporary Theology*. Grand Rapids: Eerdmans, 1966.

Kanppen, M. M. *Tudor Puritanism*. Chicago: University of Chicago Press, 1939.

Lack, David. *Evolutionary Theory and Christian Belief*. London: Methuen & Co., 1957.

Leonard, Emille. *Histoire Generale du Protestantisme*. Paris: Presses universitaires de France, 1961-1964.

Lichtenberger, F. A. *History of German Theology in the 19th Century*. Edinburgh: T.&T. Clark, 1889.

Lowith, Karl. *From Hegel to Nietzsche*. New York: Holt, Rinehart and Winston, 1964.

Lowrie, Walter. *A Short Life of Kierkegaard*. Princeton, NJ.: Princeton University Press 1942.

Macquarrie, John, ed. *Contemporary Religious Thinkers*. New York: Harper & Row, 1968.

_____. *Twentieth Century Religious Thought*. London: S. C. M. Press, 1971.

Marty, Martin E. & Peerman, Dean G., eds. *A Handbook of Christian Theologians*. Cleveland: The World Publishing Company, 1965.

Mason, Haydn. *Voltaire: A Biography*. Baltimore; Md.: Johns Hopkins University Press, 1981.

McGiffert, A. C. *Protestant Thought before Kant*. New York: Haper & Brothers, 1961.

McManners, J. *The French Revolution and the Church*. New York: Harper & Row, 1963.

McNeill, John T. *Modern Christian Movements*. Philadelphia: Westminster Press, 1954.

Merton, Robert K. *Science, Technllogy, and Society in Seventeenth Century England*. New York: H. Fertig, 1970.

Merz, J. T. *A History of European Thought in the 19th Century*. Edinburgh; London: W. Blackwood and sons, 1903-1914. 4 vols.

Miller, Joseph H. *The Disappearance of God: Five 19th Century Writers*. Cambridge, Massachusetts: The Belknap Press of Harvard University Press, 1963.

Mossner, E. Campbell. *Biship Butler and the Age of Reason*. New York: Macmillan Co., 1969.

The New Cambridge Modern History. Cambridge: Cambridge University Press, 1957-. 14 vols.

Niebuhr, H. Richard. *Schleiermacher on Christ and Religion*. New York: Charles Scribner's Sons, 1964.

Nielson, F. K. *The History of the Papacy in the 19th Century*. London: J. Murray, 1906. 2 vols.

Nunez, Emilio A. C. *Liberation Theology*. Chicago: Moody Press, 1985.

Orr, John. *English Deism: Its Roots and Fruits*. Grand Rapids, MI.: Eerdmans, 1934.

Outler, A. C. *John Wesley*. New York: Oxford University Press, 1964.

Palmer, R. R. *Catholics and Unbelievers in 18th Century France*. New York, Cooper Square Publishers, 1969.

Pelikan, Jaroslav. *From Luther to Kierkegaard*. St. Louis: Concordia Pub. House, 1963.

Pittener, W. Norman. *Reconceptions in Christian Thinking, 1817-1967*. New York: The Seabury Press, 1968.

Pocock, J. G. A. *These British Revolutions, 1641, 1688, 1776*. Princton, NJ.: Princeton University Press, 1980.

Popkin, Richard H. *The History of Skepticism*. Berkley: University of California Press, 1979.

Preus, H. A. & Smits, E., eds. *The Doctrine of Man in Classical Lutheran Theology*.

Minneapolis: Augsburg Publishing House, 1962.

Preus, Robert. *The inspiration of Scripture: A Study of the Theology of the Seventeenth Century Lutheran Dogmaticians*. Edinburgh: Oliver and Boyd, 1957.

Ramm, Bernard. *Handbook of Contemporary Theology*. Grand Rapids: Wm. B. Eerdmans Publishing Company, 1966.

Raphael, D. D., ed. *British Moralists 1650-1800*. Oxford: Clarendon Press, 1969. 2 vols.

Ratte, John. *Three Modernists: Alfred Loisy, George Tyrrell, and W.L.Sullivan*. New York: Sheed and Ward, 1967.

Reardon, Bernard M. G. *Religion in the Age of Romanticism*. Cambridge: Cambridge University Press, 1985.

_____, ed. *Religious Thought in the Nineteenth Century*. London; New York: Cambridge University Press, 1966.

Redwood, John. *Reason, Ridicule and Religion: The Age of Enlightenment in England, 1660-1750*. Cambridge; Mass.: Harvard University Press, 1976.

Richardson, Alan. *The Bible in an Age of Science*. Philadelphia: Westminster Press, 1961.

Rouse, R. & Neil, S., eds. *A History of the Ecumenical Movement: 1517-1948*. Philadelphia: Westminster Press, 1967-1970. 2 vols.

Rupp, E. G. *The English Protestant Tradition*. Cambridge: Cambridge University Press, 1949.

Rys, H. H., ed. *Seventeenth Century Science and the Arts*. Princeton, 1963.

Schilling, S. Paul. *Contemporary Continental Theologians*. Nashville: Abingdon Press, 1966.

Schmid, Heinrich. *The Doctrinal Theology of the Evangelical Lutheran Church*. Philadelphia: Lutheran publication society, 1899.

Shapiro, Barbara J. *Probability and Certainty in Seventeenth-Century England*. Princeton, NJ.: Princeton University Press, 1983.

Simpson, Alan. *Puritanism in Old and New England*. Chicago: University of Chicago Press, 1955.

Smart, J. D. *The divided Mind of Modern Theology*. Philadelphia: Westminster University Press, 1962.

Smith, Warren Sylvester. *The London Heretics, 1870-1914*. New York: Dodd, Mead & Company, 1968.

Stephen, Leslie. *History of English Thought in the 18th Century*. New York: Harbinger, Harcourt, Brace & World, 1962. 2 vols.

Stoeffler, F. Ernest. *The Rise of Evangelical Peitism*. Leiden: E. J. Brill, 1965.

Storr, V. F. *The Development of English Theology in the Nineteenth Century, 1800-1860*. London; New York: Longmans, Green and Co., 1913.

Tackett, Timothy. *Priest and Parish in Eighteenthe Century France*. Princeton, NJ.: Princeton University Press, 1977.

Trevelyan, G. M. *England under the Stuarts*. London: Methuen & Company, 1904.

Tuttle, Robert G. *John Wesley: His Life and Theology*. Grand Rapids: Zondervan Pub. House,

1978.

Van Til, C. *Christianity and Barthianism*. Philadelphia: Presbyterian & Reformed Pub Co., 1962.

Vilder, Alec R. *The Church in an Age of Revolution*. Harmondsworth, England: Penguin Books, 1961.

_____. *The Modernist Movement in the Roman Church*. Cambridge: Cambridge University Press, 1934.

Vorgrimler, H., ed. *Commentary on the Documents of Vatican II*. New York: Herder & Herder, 1967-. 5 vols.

Wearmouth, R. F. *Methodism and the Common People of the 18th Century*. London: Epworth Press, 1945.

Webb, C. C. J. *A Study of Religious Thought in England from 1850*. Oxford: Clarendon Press, 1933.

Welch, Claude. *Protestant Thought in the Nineteenth Century*. New Haven: Yale University Press, 1972-1985. 2 vols.

Wells, David. *Revolution in Rome*. Downers Grove: InterVarsity Press, 1972.

Westfall, Richard. *Science and Religion in Seventeenth-Century England*. Ann Arbor: University of Michigan Press, 1958.

White, A. D. *A History of the Warfare of Science with Theology in Christendom*. New York: D. Appleton & Company, 1896. 2 vols.

Whiteley, John H. *Wesley's England-A Survey of the XVIIIth Century Social and cultural Conditions*. London: Epworth Press, 1938.

Wightman, W. P. D. *The Growth of Scientific Ideas*. Westport, CT.: Oliver and Boyd, 1950.

Willey, Basil. *The Eighteenth Century Background*. New York: Chatto & Windus, 1950.

_____. *More Nineteenth Century Studies: A Group of Honest Doubters*. New York: Columbia University Press, 1956.

_____. *Nineteenth Century Studies: Coleridge to Matthew Arnold*. London: Chatto & Windus, 1949.

Wilshire, Bruce. *Romanticism and Evolution in the 19th Century*. New York: Putnam, 1968.

Wilson, Arthur M. *Diderot*. New York: Oxford University Press, 1972.

Wood, A. S. *The Burning Heart: John Wesley, Evangelist*. Grand Rapids; Michigan: Wm. B. Eerdmans, 1967.

_____. *The Inextinguishable Blaze*. Grand Rapids; Michigan: Wm. B. Eerdmans, 1960.

Wood, H. G. *Belief and Unbelief since 1850*. Cambridge: Cambridge University Press, 1955.

한글 단행본

김광채. 근세 · 현대교회사. 서울: 기독교문서선교회, 1990.

김영재. 기독교 교회사. 서울: 이레서원, 2000.

김의환. 기독교 교회사. 서울: 성공문화사, 1982.

오덕교. 언덕 위의 도시. 서울: 합동신학대학원출판부, 2004.

_____. 청교도와 교회개혁. 수원: 합동신학교출판부, 1995.

Latourette, K. S. *A History of Christianity in the World: From Persecution to Uncertainty*, New Jesrey: Prentice-Hall, INC., 1974. & 최은수 역. 세계교회사. 서울: 총신대학 출판부, 1991.

Livingston, J. C. 현대 기독교 사상사(下). 김귀탁 역. 서울: 도서출판 은성, 1993.

Bromiley, G. W. 역사신학. 서원모 역. 서울: 크리스챤다이제스트, 1999.

닐, 스티븐. 기독교선교사. 홍치모 · 오만규 역. 서울: 성광문화사, 1980, 1985

슈미트, 마르틴. 경건주의. 구영철 역. 성광문화사, 1992.

슈투플러, 에르네스트. 경건주의 초기역사. 송인설 · 이훈영 역. 서울: 도서출판솔로몬, 1993.

스코트, 윌리엄. 개신교 신학 사상사. 김쾌상 역. 서울: 기독교서회, 2000.

Marty, M. E. & Peerman, D. G. 기독교 신학자 핸드북. 신경수 역. 서울: 크리스챤다이제스트, 1993.

완드, J. W. G. 교회사 - 근세편. 서울: 대한기독교서회, 1981

웰스, 데이빗. 개혁주의 신학: 현대개혁주의 역사. 박용규 역. 서울: 한국기독교사연구소, 2017.

유스토, L. 곤잘레스. 근대 교회사, 서영일 역. 서울: 은성출판사, 1991.

_____. 기독교사상사, 이형기 역. 서울: 대한예수교장로회총회 출판부, 1990.

카이퍼, B. K. 世界基督敎會史. 김해연 역. 서울: 성광문화사, 1980.

Cairns, E. E. 세계교회사(상 · 하). 엄성옥 역. 서울: 은성출판사, 1995

Cragg, G. R. & Vidler, A. R. 근현대교회사. 송인설 역. 서울: 크리스챤다이제스트, 1999.

Tony, Lane. 복음주의 입장에서 본 기독교 사상사. 김응국 역. 서울: 도서출판나침반, 1991.

Placher, W. C. 기독교 신학사. 박경수 역. 서울: 크리스챤다이제스트, 2000.

Fitzmier, J. R. 미국 장로교회사. 한성진 역. 서울: 기독교문서선교회, 2004.

Hägglund, Bengt. 신학사. 박희석 역. 서울: 성광문화사, 1990.

Hudson, W. S. & Corrigan, John. 미국의 종교. 배덕만 역. 서울: 성광문화사, 2008.

색인

[1]

1차 대각성운동   19, 26, 27, 28, 91, 95,
    97, 209, 210, 211, 212, 213,
    214, 215, 217, 230, 233, 235,
    236, 251, 253, 257, 278, 320,
    352
1660 선언   76
1848년 혁명 290

[2]

2차 대각성운동   27, 227, 230, 236,
    305, 317, 318, 320, 321, 323,
    325, 330, 331, 332, 335, 337,
    338, 339, 340, 342, 344, 345,
    347, 350, 352, 353

[3]

30년 전쟁   22, 26, 27, 31, 44, 47, 48, 84,
    139, 158, 188
39개 조항   32, 52

[4]

4중복음   269

[5]

5마일 법   64

[7]

7년 전쟁   84
70이레   346

[9]

9월 대학살   288

[ㄱ]

가장 고상한 종교의 진리에 대한 연구   160
가톨릭 경건의 복고   298
가톨릭 노예해방 헌장   296
가톨릭에 대한 진술   118
가톨릭 정신   264, 294
가톨릭 제후연맹   46
갈라아 신앙고백   32, 38, 42
갈릴레오 갈릴레이(Galileo Galilei)   130

감독 없이는 왕도 없다   56
감리교 감독 교회   344
감리교 부흥운동   19, 236, 251, 252,
    253, 254, 268, 272, 277
감리교 평신도대회   263
감리회의 훌륭한 스승들에게 드리는 조언과
    지침   255
감상적 경건주의   138
감상적 자연신론   168
개신교 성공회   89
개신교 스콜라주의   110, 113
개신교, 안전한 구원의 길   151
개신교 정통주의   5, 19, 27, 28, 50, 98,
    107, 109, 110, 113, 124, 126,
    137, 138, 139, 140, 163, 187,
    189, 192, 204, 209, 210, 239
개신교 혼합주의   119
개연성   155, 171, 173, 175
개인의 종교적 경험   334
개인적 범죄   98
개인적인 기독교   199
개인주의 신앙   15
개혁주의 사상   98, 103
개혁파 경건주의   67, 68, 189, 190, 191,
    218
개혁파 정통주의   17, 28, 60, 109, 110,
    111, 112, 113, 120
거니, 조셉(Gurney, Joseph J.)   76
거니파 동우회   341
게르하르트, 요한(Gerhard, Johann)   117
게르하르트, 파울(Gerhardt, Paul)   206
게일, 데오필러스(Gale, Theophilus)   219
게일, 조지(Gale, George W.)   327
경건의 실천   139, 188, 190, 204,
    208
경건자의 단체들   193
경건주의   5, 19, 26, 27, 28, 66, 67, 68,
    74, 97, 103, 116, 120, 126,
    133, 138, 139, 158, 160, 161,
    164, 178, 185, 186, 187, 188,
    189, 190, 191, 192, 193, 194,
    195, 197, 198, 199, 200, 201,
    202, 203, 204, 205, 206, 207,
    208, 209, 210, 212, 216, 218,
    231, 236, 239, 249, 266, 272,
    277, 351
경건주의 운동   19, 26, 28, 66, 67, 68,
    126, 139, 158, 185, 186, 187,
    188, 189, 190, 191, 192, 193,
    194, 195, 197, 198, 199, 200,

    201, 203, 204, 205, 206, 208,
    210, 212, 216, 236, 272
경건주의 운동의 기원   66, 188
경건주의의 역사   188
경건하고 거룩한 삶에 대한 진지한 소명
    245
경건한 열망(Pia Desideria)   193
경직된 칼빈주의   116
경험의 범주   179
계몽주의   5, 19, 20, 25, 27, 28, 125, 126,
    127, 129, 136, 137, 138, 139,
    140, 141, 142, 143, 144, 145,
    146, 147, 148, 149, 150, 151,
    153, 155, 156, 158, 159, 162,
    163, 164, 165, 169, 182, 183,
    189, 222, 226, 287, 305, 311,
    313, 314, 321, 350, 351, 353
계시신학   158
계시와 권위   139, 286
계시의 실재   160
계약사상   99, 190
계약신학   98, 99
고가르텐, 프리드리히(Gogarten, Friedrich)
    14
고교회 사상   296
고독한 산보자의 꿈   166
고등관념   99
고등비평   20
고삐 풀린 이성주의   286
고스티드, 에드윈(Gausted, Edwin S.)   217
공산당 선언   291
과학혁명의 시대   24
관용의 서신들   149
관용주의   149, 151, 153, 240, 292, 311
괴체 동맹   42, 43
교도소 실태   276
교리 요약   118
교리적 단순성   334
교황권 제한주의자   290
교황권 지상주의   290, 292
교황 무오설   292
교황의 무오류성 교리   292
교황의 영향력 상실   22, 23
교황주의   37
교회 안의 교회   190
교회 없는 기독교   199
교회에 반대하는 기독교   199
교회의 권위   141, 300
교회의 분열   231, 331, 342, 350
교회의 일치   104, 118, 119, 343

색인   379

교회의 정치적 개입 72
구세군 207, 236, 303
구속사(Heilsgeschichte) 190, 200
구원의 서정 124
구 칼빈주의 222, 223, 224, 337, 341
구 칼빈주의 신학 341
구파(Old Side) 217, 230, 231, 232, 311, 324, 342, 344
구 프린스톤 신학 340
국가 만능주의 23
국가 지상주의 291
굿윈, 토마스(Goodwin, Thomas) 57
권징 지침서 55
그라빈, 아르비드(Gradin, Arvid) 250
그로티우스, 휴고(Grotius, Hugo) 150
그리발디, 마태오(Gribaldi, Matteo) 124
그리스도에 이르는 안내서, 회심에 관한 문서 213
그리스도의 내적 현시 76
그리스도의 외적 현시 76
그리스도인의 삶은 은총 267
극단적인 예정론 112
극단적 칼빈주의 18, 328
극도의 낙관주의 141
근대 민족국가 36
근대 사상의 근간 16
근대선교의 아버지 278
근대 진보론 148
근본주의 대 현대주의 논쟁 350, 353
근세(Neuzeit) 5, 13, 15, 17, 20, 24, 31, 129, 136, 281, 305, 306, 307, 351
글래스고우 선교회 278
기독교는 신비주의가 아니다 153
기독교 실존의 신학 201
기독교 영지 245
기독교 완전주의 239, 242, 255, 329
기독교 완전주의 평화 255, 329
기독교 원죄론 변호 220, 222
기독교의 합리성 135, 152
기독교인의 완전에 대한 실천론 245
기독교인의 유형 242
기독교 평화주의 76
기독교회의 이상 297
기독교 후시대 20, 25
기본, 에드워즈(Gibbon, Lord Edward) 155
기술이성 144
기적의 역사성 176
기적의 존재 176
기즈공 프랑수아(François de Guise) 39, 40
까뜨린 드 메디치(Catherine de Medicis) 39

[ㄴ]

나는 생각한다 고로 존재한다 150
나태한 신앙 72, 256
나폴레옹 1세(Napoleon I, Napoleon Bonaparte) 289
나폴레옹 3세(Napoleon III, Charles Louis Napoleon) 293
낙관적인 구원론 75
낙관주의 24, 139, 141, 142, 143, 145, 146, 147, 163, 222, 227, 306, 308, 310, 313, 349, 351, 352, 353
낙관주의적 사조 310
낙관주의적 이해 139
낙관주의적 인간관 352
낙관주의 철학 24
낙스, 존(Knox, John) 50
남감리교회 344
남침례교 344
낭만주의 25, 28, 133, 163, 164, 165, 167, 168, 184, 269, 286, 296, 299, 305, 350
낭만주의의 선조 165
낭만주의적 열정주의 168
낭트칙령 22, 31, 36, 41
내적인 말씀 122
내적인 속성 122
내적인 영적 실체 103
넘치는 은혜 64, 65
네덜란드 독립전쟁 42, 44
네안더, 요아킴(Neander, Joachim) 191, 206
네안더, 요한 어거스트(Neander, Johann A. W.) 206
네틀톤, 아쉘(Nettleton, Asahel) 323
넬슨, 로버트(Nelson, Robert) 240
노댐프턴 212, 215, 219, 251, 278
노예무역 104, 105, 274, 275
노예 반대 결의안 343
노예제도 272, 274, 275, 276, 342, 343
노예제도론 274
노예제도 폐지 272, 275
노예 폐지 문제 342
노튼, 앤드류(Norton, Andrew) 312
논쟁에 기초하지 않는 기독교 173
놀라운 회심 이야기 220
누, 엘리아스(Neau, Elias) 104
뉴 네덜란드 86, 87, 88
뉴디비니티 17, 224, 225, 226, 227, 322, 331, 339, 340, 351, 353
뉴디비니티 신학 17, 224, 225, 226, 227, 339, 353

뉴먼, 존 헨리(Newman, John H.) 294, 295
뉴스웨덴 88
뉴 스페인 86, 88
뉴욕 대회 232
뉴잉글랜드 69, 88, 89, 90, 91, 92, 95, 96, 98, 99, 100, 101, 102, 210, 212, 213, 214, 217, 219, 223, 227, 228, 229, 231, 251, 257, 278, 310, 311, 318, 323, 324, 325, 335, 339, 345, 349
뉴잉글랜드 내 그리스도 교회의 길 101
뉴잉글랜드 신학 99, 212, 217, 223, 323, 324, 325, 339
뉴처치회(New Church Society) 348
뉴케이트 276
뉴톤식 세계관 157
뉴톤, 아이삭(Newton, Isaac) 25, 69, 130, 137
뉴 프랑스 84, 85, 88
니올로기(Neologie) 159, 160, 161
니취만, 데이비드(Nitschmann, David) 246

[ㄷ]

다비, 존(Darby, John N.) 303
다비주의자 303
다윈, 찰스(Darwin, Charles R.) 20
단기의회 58
단자(monad) 133
단 하나의 실체(deus silve natata) 150
단하우에르, 요한 콘라드(Dannhauer, Johann K.) 119, 120, 192
달랑베르, 장 르 롱(d'Alembert, Jean le Rond) 157
담대히 알라(Sapere aude) 138
대속의 그리스도 101
대요리문답 59
대화(Ernst und Falk) 162
데카르트, 르네(Descartes, René) 131, 132, 150
덴톤, 리차드(Denton, Richard) 228
델러모트, 찰스(Delamotte, Charles) 246
도덕 신학 168, 182
도덕적 가치의 영역 181
도덕적 양심 169, 181, 182
도덕적 의무 183, 184, 311
도덕적인 공의 171
도덕적 자율 181, 184
도덕 훈련 상태 172
도르트 신조 60, 113
도르트 회의 31, 60, 112, 115, 191
도미니칸 교도 80
도우티, 프란시스(Doughty, Francis) 228

도이치만(Deutschmann, Johann)　208
독립파　54
독일 국민 기본법　291
독일의 개혁파 경건주의　67, 68
돈 후안(Don Juan)　43
돗웰, 헨리(Dodwell, Henry)　173
될링거(Döllinger, Johann Joseph Ignaz von)　293
듀즈베리, 윌리엄(Dewsbury, William)　73
드와이트, 티모시(Dwight, Timothy)　226, 318, 320, 321
디드로, 드니(Diderot, Denis)　287
딜타이, 빌헬름(Dilthy, Wilhelm)　15
떠는 사람들(Quakers)　73
드 라 살, 르네 로베르 카블리에(de la Salle, Rene Robert Cavalier)　85
뜨거운 종교(Herzens-religion)　205, 242

[ㄹ]

라너, 칼(Rahner, Karl)　14
라메네(La Mennais, Félicité de)　290
라 메트리(La Mettrie, Julien Offroy de)　157, 160
라바디, 장 드(Labadie, Jean de)　188, 190
라발-몽모렌시, 프랑수아 그자비에 드(Laval-Montmorency, Francois Xavier de)　85
라브니르 신문　290
라스 카사스, 바르톨로메 데(Las Casas, Bartolomé de)　80
라이마루스, 헤르만(Reimarus, Hermann S.)　160
라이프니츠, 고트프리드(Leibnitz, Gottfried W.)　133
라이프치히 대학　158, 194, 197
라일랜드, 존(Ryland, John)　278
라트로프, 요셉(Lathrop, Joseph)　317
램지, 제임스(Ramsay, James)　275
런던선교회　278, 281
레겐스부르그 제국회의　34
레싱, 고트홀드(Lessing, Gotthold E.)　160, 161
레오 10세(Pope Leo X)　37
레온, 알론소 데(Léon, Alonso de)　82
레인 신학교　323, 340
레크, 요한(Lecre, Johann)　151
렉키(Lecky, William Edward Hartpole)　250
렐리, 제임스(Relly, James)　347
로돈니에르, 르네 데(Laudonniére, René de)　79

로드 볼티모어(Leonard Calvert)　95
로드 허버트(Herbert, Edward., 1st Baron Herbert)　134, 152
로리, 월터(Raleigh, Walter)　88
로마 가톨릭의 오류　297
로마제국의 쇠퇴와 멸망사　155
로베스피에르(Robespierre, Maximilien de)　289
로셸(La Rochelle) 대회　112
로우드, 윌리엄(Laud, William)　57
로웰, 찰스(Lowell, Charles)　313
로, 윌리엄(Law, William)　154
로크, 존(Locke, John)　25, 69, 103, 134, 144, 145, 152, 153, 178, 311
로히린, 크리스토프(Reuchlin, Christoph)　200
론, 존(Roan, John)　232
롤스 채플에서 행한 15편의 설교　170
롤프, 존(Rolfe, John) 89
롬포드 백작　275
롱펠로우(Longfellow, Henry W.)　313
루더포드, 새뮤얼(Rutherford, Samuel) 219
루돌프 2세(Rudolf II)　45, 46
루소, 장 자크(Rousseau, Jean-Jacques) 147, 156, 165, 287
루이 12세(Louis XII)　37
루이 13세(Louis XIII)　56
루이 14세(Louis XIV)　22, 48
루이 16세(Louis XVI)　287, 288
루이 드 레끄장(Requesens, Luis de. y Zúñiga)　43
루이 필립프 1세(Louis Philippe I)　290
루터교 정통주의　201
루터란주의　17, 111
루터파 경건주의　187, 189, 191, 192
리보, 장 드(Ribaut, Jean de)　79
리빙스톤, 데이빗(Livingston, David)　281
리츨, 알브레히트(Ritschl, Albrecht)　188, 207

[ㅁ]

마가레뜨(Margaret of Parma)　40, 43
마가레트 펠(Margaret Fell)　74
마그날리아 크리스티 아메리카나　103
마그델부르그　35
마리아 숭배　292, 297
마리오트(Marriott, Charles)　296
마샬, 다니엘(Marshall, Daniel)　233
마세, 에몽드(Massé, Énemond)　85
마술에 걸린 세계　151
마쉬맨, 존(Marshman, John C.)　280
마스트리히트, 페트루스 반(Mastricht, Petrus

van)　219
마음과 삶의 성결　255
마우르츠(Maurice of Nassau)　115
마터, 인크리즈(Mather, Increase)　102, 213
마터, 코튼(Mather, Cotton)　102, 103, 104, 213, 228
마틴, 헨리(Martyn, Henry)　280
막시밀리안 1세(Maximilian I)　32, 46, 47
만성절(All Saints' Day)　147
만인구원　312, 341, 345, 347
만인구원파교회　347
만인 은총론　330
말씀 속에 있는 신앙　169
매기, 존(Magee, John)　332
매케미, 프란시스(Makemie, Francis)　229
맥그리디, 제임스(McGready, James)　318, 332
맥기퍼트(McGiffert, Arthur C.)　140
맥코믹 신학교　340
맨톤, 토머스(Manton, Thomas)　219
머레이, 존(Murray, John)　347
메가폴렌시스, 요하네스(Megapolensis, Johannes)　87
메리 1세(Mary I)　52, 53
메리 2세(Mary II)　68
메쏘디스트　245, 254, 262, 263
메쏘디스트 감독교회　262
메이플라워 약정　99
메이헌, 아사(Mahan, Asa)　329
메이후, 조나단(Mayhew, Jonathan)　223, 316
멘쩌(Mentzer, Balthasar)　121
멜랑히톤, 필립(Melanchthon, Philip)　117
명예혁명　96, 238
모노 형제단　206
모라비안 운동　19
모라비안 형제단　202, 236
모리슨, 로버트(Morrison, Robert)　280, 281
모리쯔(Maurits, Prince of Orange)　34, 35, 44
모범행동강령(Model Deed)　263
모순율　159
모스, 제디다이아(Morse, Jedidiah)　223
모펫, 로버트(Moffat, Robert) 280, 281
몬테시노스, 안토니오 드(Montesinos, Antonio de)　79
몰몬경　349
몰몬교　345, 348, 349
몽테뉴, 미셸(Montaigue, Michel de)　156
무오한 규범　121

무조건적 선택 308
문명인 147
문자적인 해석 121
문화 투쟁 14, 291
물리-신학적 증명 180
뮐러, 조지(Müller, George) 207
뮤새우스, 요하네스(Musaeus, Johannes) 119
뮬렌버그, 헨리(Muhlenberg, Henry M.) 97, 206
미국교육협회 342, 345
미국 내지선교회 339, 344
미국 도덕 및 철학협회 318
미국 독립선언 306
미국 독립운동 315
미국 독립혁명 210, 260, 262, 305, 351
미국성서공회 345
미국신앙서적 보급회 345
미국절제연맹 345
미국침례교 선교연맹 281
미국풍 계몽주의 314
미국형 칼빈주의 217
미드웨이, 윌터(Mildmay, Walter) 57
미 장로교 남부 연합대회 343
미침례교 연맹 344
미카엘리우스, 요나스(Michaelius, Jonas) 86, 87
믿음과 행위의 관계 193
밀러, 윌리엄(Miller, William) 346
밀레니얼 하프 346
밀톤의 재판관 149

[ㅂ]

바다의 괴제 43
바렌 부인 166
바르트주의 353
바르트, 칼(Barth, Karl) 14, 353
바시, 토마스(Vasey, Thomas) 261
바씨 대학살 사건 39
바울 3세(Pope Paulus III) 34, 35
바클레이, 로버트(Barclay, Robert) 75
박해에 대한 피의 교리 149
반교리주의적인 경향 313
반정통주의 운동 187
반 칼빈주의 운동 113
방법론 연구 131
배교적 기독교(apostate christianity) 76
배드먼씨의 생애와 죽음 65
백과사전과 149, 156, 157
백스터, 리차드(Baxter, Richard) 60, 63, 66
밴크로프트, 리차드(Bancroft, Richard)

버넷, 길버트(Burnet, Gilbert) 240
버드, 피에르(Biard, Pierre) 85
버로우, 에드워즈(Burrough, Edward) 73
버지니아 주 권리장전 307
버지니아 주 종교자유헌장 307
버지니아 회사 88
버크, 윌리엄(Burke, William) 332
버틀러, 조셉(Butler, Joseph) 154, 170
번연, 존(Bunyan, John) 63, 64, 65, 66
번즈, 윌리엄(Burns, William C.) 281
베니제트, 앤터니(Benezet, Anthony) 274
베르뎅 조약 41
베르밍글리, 피터 마터(Vermingli, Peter M.) 111
베르스도르프, 기트리브(Werhsdorf, Gittlieb) 201
베리 스트리트 대회 312
베스트팔렌 조약 21, 22, 23, 25, 26, 27, 31, 44, 48, 117, 351, 372
베이컨, 프란시스(Bacon, Francis) 130, 133, 139, 140, 145
베일리, 루이스(Bayly, Lewis) 188
베일, 피에르(Bayle, Pierre) 149, 150, 151, 156
베자, 데오도레(Beza, Theodore) 110, 111
베자의 천적 116
베츠타인, 요한 야콥(Wettstein, Johann J.) 151
베커, 발타자르(Bekker, Balthasar) 151
벡커, 칼(Becker, Carl L.) 143
벤덤, 제레미(Bentham, Jeremy) 275
벤슨, 거베이스(Benson, Gervase) 73
벨러미, 조셉(Ballamy, Joseph) 224, 225, 230
벨직 신앙고백 42
뱅겔, 요한(Bengel, Johann A.) 200
보날드, 루이스 드(Bonald, Louis de) 290
보니파치우스 103
보딘, 장(Bodin, Jean) 156
보른캄, 하인리히(Bornkamm, Heinrich) 13
보에티우스, 기스베르투스(Voetius, Gisbertus) 67, 68
보웬, 프란시스(Bowen, Francis) 313
보편구원론 75, 76
보편국가 36
보편이성 144
보헤미아 형제단 202
복음주의 개신교 239, 321
복음주의 연맹 304
복음주의 운동 26, 298, 304, 353, 376

복음주의적 알미니안주의 332
본성의 교통(communicatio naturarum) 123
본체론적 증명 180
볼로냐 조약 37
볼테르(Voltaire) 25, 137, 145, 147, 148, 156, 287
볼프의 단편집 162
볼프주의 159, 160, 178
볼프, 크리스티안(Wolff, Christian) 158, 159
뵐러, 피터(Böhler, Peter) 203, 249, 252
부르군디 공국 42
부르, 안느 뒤(Bourg, Anne Du) 38
부스, 윌리엄(Booth, William) 207, 303
부흥신학 322, 335
부흥에 관한 강의 328
부흥운동 19, 26, 28, 203, 207, 213, 216, 217, 218, 219, 220, 223, 230, 231, 232, 235, 236, 251, 252, 253, 254, 257, 258, 264, 268, 271, 272, 275, 277, 304, 311, 318, 319, 321, 323, 325, 327, 328, 329, 330, 331, 334, 337, 341, 342, 344, 345, 349, 350, 352
부흥운동 소고 220
북장로교(PCUSA) 281, 337, 340, 343, 344
분리주의 침례교도 335
분해적 순서(ordo resolutivus) 121
불가시적인 세계 299
불가항력적 은총교리 308
불링거, 하인리히(Bullinger, Heinrich) 99
뷔르템부르크 194
브라운 대학교 95
브라운, 로버트(Browne, Robert) 54
브라운주의자 54
브라헤, 타이코(Brahe, Tycho) 130
브론슨, 한스(Bronson, Hans) 207
브루스터, 윌리엄(Brewster, William) 90
브리스톨 203, 251, 252, 253
브리티쉬 크리틱 297
블레어, 사무엘(Blair, Samuel) 232
비겔, 발렌틴(Weigel, Valentin) 192
비버릿지(Beveridge, William) 240, 248
비스홉, 시몬(Bisschopm, Simon) 113
비스마르크(Bismarck, Otto von) 291
비즈카이노, 세바스티안(Vizcaíno, Sebastián) 82
비쳐, 리먼(Beecher, Lyman) 320, 323, 324

비텐베르그 대학　117, 194, 208
비판이성　144
빈 서판(tabula rasa)　178
빌헬름, 오렌지공(Wilhelm of Orange)
　　42, 43, 66
빛의 자녀들　73

[ㅅ]

사도적 가톨릭교회　303
사도적 계승 교리　296
사랑 안에서 역사하는 믿음　200
사무엘 로밀리　275
사보아 신부의 신앙고백　166
사비에르 드 메스트르(Xavier de Maistre)
　　290
사욕 없는 자비　225
사회 개량적 소망　148
사회 계약론　148, 166, 286, 287,
　　315
산 미구엘　79
산타페　81, 82
살렘교회　92
삶 속에서의 수도원적 이상　67
삼부회의　287
새로운 수단　327, 330
새 예루살렘　317
생득적 관념(innate ideas)　134
생제르맹 화약　40
샤또브리앙 칙령　38
샤를 9세(Charles IX)　39, 40
샤프테스버리 백작(Shaftesbury, Anthony
　　Ashley Cooper)　136
서구의 세속화의 역사　141
선포된 의　301
섭리의 보전 기능　123
섭리적 목적론(providential teleology)
　　157
성결　67, 70, 72, 73, 74, 207, 255,
　　265, 266, 267, 269, 325, 329,
　　341, 342
성결운동　269, 341, 342
성경과 전통　239, 300
성경과 콩코드 신조로부터의 신학적 주제들
　　에 대한 요약　117
성경번역　279, 280
성경 비평학　138
성경에 대한 영감　60
성경의 권위　24, 121, 126, 138,
　　302, 375
성경의 무오성　60
성경의 예증들　119
성경의 유효성　122
성경의 초역사(Urgeschichte)　160

성경의 충족성　121
성경적 세례관　302
성경적 원죄론, 자유롭고 솔직한 연구 제안
　　222
성경해석 원리　200
성도의 견인　115, 336
성령과 말씀과의 관계　122
성령 세례　329
성바돌로매 학살사건　40
성전　65
성화된 삶　205
세람포르 대학　280
세믈러, 요한(Semler, Johann S.)　160
세속주의자　177
세속화　15, 16, 19, 20, 21, 125, 141,
　　148, 149, 153, 238, 293, 309,
　　350, 353
세속화 시대　15, 19
세속화(Sakularisierung)의 과정　16
세인트 어거스틴　79, 80
셰퍼드, 토마스(Shepard, Thomas)　90
소년 소녀를 위한 책　65
소시누스, 리엘리우스(Socinus, Laelius)
　　125
소시누스, 파우스투스(Socinus, Faustus)
　　125
소시니안주의　19, 27, 119, 124, 125,
　　137, 312, 351
소책자주의자들(Tractarians)　297
속성의 교류(communicatio idiomatum)
　　123
속죄에 대한 만족설　125
수상록　156
수장령(Act of Supremacy)　52
순수이성 비판　164, 178, 184
순수한 의　241
순종의 본보기　125, 126
순종의 행위　302
순회설교자 제도　332
슈나이더, 허버트(Schnieder, Herbert W.)
　　226
슈말칼트 동맹　32, 34, 35
슈미트, 마틴(Schmidt, Martin)　16
슈미트, 세바스티안(Schmidt, Sebastian)
　　192
슈미트, 쿠르트(Schmidt, Kurt D.)　13
슈바르츠, 크리스티안(Schwarts, Christian
　　F.)　277
슈팡겐베르그, 아우구스트(Spangenberg,
　　August G.)　247
슈페너, 필립(Supener, Phillipp J.)　186,
　　187, 192
슐라이에르마허(Schleiermacher, Friedrich D.
　　E.)　184, 269

술레이만 1세(Suleiman I)　33
스미스, 조셉(Smith, Joseph)　348,
　　349
스미스, 존(Smith, John)　93, 94
스미스, 티모시(Smith, Timothy L.)　270
스웨덴보르그, 임마누엘(Swedenborg,
　　Emanuel)　347
스위스 신앙고백　341
스코틀랜드 교회　58
스코틀랜드 선교회　278
스코틀랜드 자유교회　304
스쿠갈, 헨리(Scougal, Henry)　240
스타일즈, 아이삭(Stiles, Issac)　223
스타일즈, 에스라(Stiles, Ezra)　227
스턴스, 슈발(Stearns, Shubal)　233
스토다드, 솔로몬(Stoddard, Solomon)
　　212, 219
스토운, 바튼(Stone, Barton W.)　319
스트레인저 동우회　273
스틸링플리트, 에드워즈(Stillingfleet,
　　Edward)　240
스팔딩, 요한 요아킴(Spalding, Johann J.)
　　160
스팡겐베르그(Spangenberg, August
　　Gottlieb)　203
스펄전, 찰스(Spurgeon, Charles Haddon)
　　207
스페인 계승 전쟁　84
스피노자, 바루크(Spinoza, Baruch)　133,
　　150
시대를 향한 소책자　296
시리아의 에프라엠(Ephraem Syrus)　240,
　　245
신 루터교　207
신성로마 황제 마티아스(Matthias)　46
신아리스토텔리안주의　120
신앙감정론　220, 222
신앙과 경험적 지식의 관계　177
신앙과 이성의 관계　177
신앙과 행위의 상호 통일성　264
신앙에 대한 책임　301
신앙의 열매　169
신약 서론, 묵시록 강해　200
신약에 관한 비평　151
신 인식　150
신인협력설(synergism)　251
신정통주의　353
신 칼빈주의　116
신 웨이커파에 대한 성육신 변호　65
신파(New Side)　217, 230, 231, 232,
　　233, 342, 344
신학강요　112, 340, 341
신학대전　102
신학의 정수　98

색인　383

신학의 주제 109, 118	알스트롬, 시드니(Ahlstrom, Sydney E.) 78, 215, 224, 227, 234, 328, 345	영불 전쟁 233
신학 주제에 관한 체계 119		영스틸링, 요한 하인리히(Jungstilling, Johannes H.) 205
실존적인 요소 301	알시프론 170	영의 양식 190, 302
실증주의 사고 176	앙리 2세(Henry II) 35, 38, 39	영적 각성운동 209, 238
실증주의 운동 155	앙리 3세(Henry III) 40	영적 갱생 51, 205, 208
실천이성 비판 165, 181, 184	앙리 4세(Henry IV) 22, 40, 44, 55	영적 갱생운동 208
십스, 리차드(Sibbes, Richard) 99	애즈베리, 프란시스(Asbury, Francis) 234, 261, 262, 316	영적 대각성운동 103, 217
쌩제르맹 칙령 39		영적 부재 현상 213
	애터베리, 프란시스(Atterbury, Francis) 241	영적설교 52
[ㅇ]		영적인 지식 204
	앤도버 신학교 339	영혼의 기아 302
아나태 37	앤드류, 에디디아(Andrew, Jedediah) 229	예루살렘, 요한(Jerusalem, Johann F. W.) 160
아놀드, 고트프리드(Arnold, Gottfried) 199	앤슬리, 수잔나(Annesly, Susanna) 240, 241	예수회 42, 44, 80, 84, 85, 150, 156, 190
아놀드, 토마스(Arnold, Thomas) 199, 297, 303	앤 어스틴(Ann Austine) 96	예언모임 53
아담스, 존 퀸시(Adams, John Q.) 313	앵글로-가톨릭 운동 298	예일 대학 17, 78, 214, 223, 224, 227, 321, 327, 339, 353
아돌프, 구스타프(Gustav II Adolf) 47	양심의 선험적 감정 168	
아른트, 요한(Arndt, Johann) 191, 192	양심의 자유 41, 64, 93, 291, 308	예정론 17, 18, 60, 84, 109, 111, 112, 113, 114, 116, 124, 125, 254, 256, 259, 266, 340
아리안주의 312	어거스틴의 3단계 인간의 상태 124	
아미로, 모이제(Amyraut, Moise) 116	어번 신학교 340	예정론의 근거 111
아빌레스, 페드로 메넨데스 데 (Avilés, Petro Menéndez de) 79, 80	어빙(Irving, E.) 303	예지 예정 114
	언약 개념 100	오글도르페, 제임스(Oglethorpe, James E.) 247
아아로 평화 조약 23	언약 신학 60, 61	
아우구스부르크 가신조 35	언약 신학의 기원 61	오냐테, 돈 후안(Oñate, Don Juan de) 81
아우구스부르크 동맹 전쟁 84	언약의 노래 191	오드런드, 존(Audland, John) 73
아우구스부르크 신앙고백 32, 202	에드워즈 2세, 조나단(Edwards II, Jonathan) 224, 226, 338	오류 목록표(Syllabus of Errors) 292, 293
아우구스부르크 제국회의 35		
아우구스부르크 종교화의 20, 21, 27, 31, 32, 36, 41, 44	에드워즈 6세(Edward VI) 52	오벌린 대학 329
	에드워즈식 모델 328	오스트리아 계승 전쟁 84
아이드게노쎈 37	에드워즈, 조나단(Edwards, Jonathan) 26, 207, 209, 210, 211, 212, 213, 214, 218, 219, 224, 226, 227, 230, 235, 251, 257, 278, 309, 330, 338, 352	오시안더, 안드레아스(Osiander, Andreas) 192
악에 대한 개념 182		오웬, 존(Owen, John) 62, 63, 66, 69,
안디옥의 이그나티우스(Ignatius of Antioch) 240		오캄, 윌리엄(William of Ockham) 287
안식교 345, 346, 347		
안티노미안적 알미니안주의 51	에르푸르트 대학 197	오찌그, 카스페르 슈벵크펠드 폰(Ossig, Casper Shwenkfeld von) 191
알드리취, 헨리(Aldrich, Henry) 241	에밀 166, 167, 168	
알렉산더, 아키발드(Alexander, Archibald) 230, 339, 340	에임스, 윌리암(Ames, William) 98, 99, 189	옥스포드 대학 62, 110, 170, 240, 243, 263, 296, 297
알렉산드리아의 클레멘트(Clemens, Titus Flavius) 240, 245	에피스코피우스, 시몬(Episcopius, Simon) 115	옥스포드 운동 27, 28, 283, 294, 296, 297, 298, 299, 300, 301, 302, 303, 305
알미니안 매거진 260	엘리어트, 존(Eliot, John) 277	
알미니안적인 침례교회 93	엘리자베스 1세(Elizabeth I) 51	온건한 칼빈주의 111, 112
알미니안주의 31, 51, 62, 94, 104, 113, 114, 115, 119, 218, 219, 220, 221, 223, 256, 260, 267, 268, 309, 311, 328, 329, 330, 331, 332, 334, 335, 342, 353	엠몬스, 나다나엘(Emmons, Nathanael) 224	올니, 토마스(Olney, Thomas) 94
	엡워드 240, 243, 246	올더스게이트가의 회심 252, 268
	역사비평적인 관점 160	올덴바르네벨트, 요한 판(Oldenbarnevelt, Johan van) 115
	열광주의자들 205, 245	
	영감론 110, 112, 126, 340	올레비아누스, 카스파르(Olevianus, Kaspar) 45
알미니안주의 신학 223	영국국교회 선교회 278	
알미니안주의풍 칼빈주의 353	영국국교회의 관용주의(latitudinarianism) 311	와이맨, 발렌타인(Wightman, Valetine) 95
알미니안 해설 62		
알미니우스, 제이콥(Arminius, Jacob) 113	영국 여성죄수 개혁 촉진회 277	
알브레히트 5세(Albrecht V) 45	영국의 부흥운동 19, 236, 272	완전성화 255, 267

완전주의　　　239, 242, 245, 255,
　　　267, 328, 329
완전한 믿음　　　255, 265
완전한 사랑　　　266, 330
완전한 성화　　　251, 266, 267, 325,
　　　329
왓츠, 아이작(Watts, Isaac)　272
왓코트, 리차드(Whatcoat, Richard)　261,
　　　262, 332
왕국에 대한 교회의 증거　77
외적인 말씀　122
외적인 속성　122
외형적인 종교적 책임　103
용감한 60인　73
용서의 도덕　170
우르시누스, 자카리아스(Ursinus, Zacharias)
　　　45, 111
우주론적 증명　180
우주에 존재하는 원인　174
운데어아익, 테오도르(Undereyck, Theodor)
　　　188
워드, 윌리엄(Ward, William)　280
워드(Ward, William G.)　297
워싱턴 앤드 리 대학　319
워즈워스, 윌리엄(Wordsworth, William)
　　　286
워커, 윌리스톤(Walker, Williston)　338
원리(Principia)　130
웨스턴 신학교　340
웨스트민스터 소요리문답　99, 109
웨스트민스터 신앙고백　18, 32, 59, 60,
　　　61, 94, 98, 110, 112, 113, 229,
　　　311, 324, 325, 337, 341
웨스트민스터 회의　52, 59, 60
웨슬리, 사무엘(Wesley, Samuel)　240,
　　　241
웨슬리, 요한(Wesley, John)　19, 185, 195,
　　　202, 209, 212, 216, 236, 237,
　　　238, 239, 240, 241, 243, 245,
　　　246, 247, 249, 250, 251, 252,
　　　255, 258, 272, 273, 274, 315,
　　　331, 352
웨슬리의 은총론　268
웨슬리, 찰스(Wesley, Charles)　19,
　　　195, 243, 244, 246, 247, 249,
　　　272, 273
웰스, 데이빗(Wells, David Falconer)　115,
　　　116, 318
위그노 전쟁　31, 36, 39, 40, 44, 156
위더스푼, 존(Witherspoon, John)　308,
　　　315
위텐보하르트, 얀(Uyttenbogaert, John)
　　　115
윌라드, 조셉(Willard, Joseph)　223

윌러드, 사무엘(Willard, Samuel)　102
윌리엄 3세(William III)　68
윌리엄스, 로저(Williams, Roger)　92,
　　　93, 94, 102, 149
윌리엄스(Williams, Isaac)　296
윌리엄즈, 요한(Williams, John)　280
윌리엄 프라인　58
윌버포스, 윌리엄(Wilberforce, William)
　　　274, 275
윌버포스(Robert I. Wilberforce)　296
유기에 대한 새로운 정의　225
유니온 신학교(뉴욕)　340
유니온 신학교(버지니아)　340
유니테리안 사상　224, 312, 313, 331
유니테리안 운동　312, 341
유니테리안주의　25, 309, 310, 311,
　　　312, 313, 351
유니테리안 협회　312
육적인 지식　204
윤리 신학　181
윤리적 공동체　184
윤리적인 유신론　184
율법 폐기주의　301
은총과 자율의 모순　184
은혜 받는 자리(anxious seat)　327
은혜 언약　60
은혜의 주권적인 역사　115
의의 양면성　301
의지의 자유　214, 220
이단의 전성시대　345
이성과 자율　2, 5, 22, 23, 24, 25, 26,
　　　27, 285, 294, 351, 352, 353
이성과 자율의 시대　2, 5, 22, 23,
　　　24, 25, 27, 285, 294, 353
이성법과 일치된 삶　143
이성의 법칙　136, 159
이성의 사례　154, 169
이성의 시대　15, 19, 144, 296, 299
이성의 예배　289
이성의 자유로운 사용　143
이성의 중요성　15, 138
이성의 충족성　24
이성적인 기독교　154, 303
이중 예정　60
이집트의 마카리우스　240, 245
인간 교육　190
인간기계론　157
인간 내면의 혁명　293
인간 미성숙의 정복　143
인간성 보존　299
인간성의 연구　15
인간 오성론　134, 152
인간의 결정론에 대한 고찰　160
인간의 내적 변혁　204

인간의 도덕적 책임　183
인간의 오성에 관한 탐구　174
인간의 책임의 중요성　256
인간의 특성　136
인간 인식　150
인간 정신의 진보에 관한 역사적 개요
　　　148
인간 천부인권론　308
인간 행위의 절대적 표준　98
인권 및 시민권 선언　288
인류의 교육　162
인본주의 시대　14
임마누엘 대학　57
잉함, 벤자민(Ingham, Benjamin)　246

[ㅈ]

자게르, 요한(Jager, Johann W.)　200
자기 부정의 순종　299
자기 사랑(self-love)　183
자기 인식(self-awareness)　150, 264
자기 표현(self-expression)　264
자리트, 드브레스(Jarratt, Devereux)　234
자바렐라, 쟈코보(Zabarella, Jacopo)　121
자연과학의 발달　15, 16, 17, 21, 22, 24,
　　　26, 27, 28, 69, 129, 137, 351
자연신론　19, 25, 26, 27, 104, 137, 142,
　　　152, 153, 154, 155, 156, 158,
　　　164, 168, 169, 170, 171, 172,
　　　173, 176, 218, 220, 236, 238,
　　　346, 351, 353
자연신론주의자　153, 220, 346
자연신앙(natural beliefs)　177
자연신학(theologia naturalis)　150,
　　　154, 157, 158, 161, 177, 180,
　　　181, 314, 352, 353
자연인　147
자연종교　25, 142, 149, 152,
　　　153, 154, 157, 170, 172, 176
자연 체계　146
자유사상가 협회　317
자유의지론　328
자유주의 신학　20, 161, 296, 311
자유주의 운동의 발흥　20
자유 출판협회　317
작센 공작 모리쯔(Moritz, Elector of Saxony)
　　　34
잔키, 제롬(Zanchi, Jerome)　111
장기의회　59
장로교 정치　54, 55, 97, 337
장로-회중교 약정　338
재세례파　42, 54, 72, 77, 92
잭슨, 앤드류(Jackson, Andrew)　342
잭슨풍 민주주의　322

색인　385

쟈코뱅당(Jacobins) 288
잔 달브레(Jean d'Albret) 40
저교회파(Low Church Party) 304
저드슨, 아도니람(Judson, Adoniram) 280
저 알미니안주의(Low Arminianism) 328
전가의 교리 266
전투적인 정통주의 칼빈주의 51
절대자에 대한 예배조례 289
절제운동 225, 345
정교분리 원칙 92, 307
정부론 135
정지된 완전주의 245
제 1차 바티칸 공의회 292
제 1철학 131
제2의 종교개혁 187
제 2의 청교도 67
제 2차 바티칸 회의 14
제 2축복(the second blessing) 267
제 2헬베틱 신앙고백 112
제너럴 뱁티스트(the General Baptists) 93, 94
제이콥, 헨리(Jacob, Henry) 94
제임스 1세(James I) 55, 56, 57, 68
제임스 2세(James II) 65, 66
제임스 리빙스톤 298
제임스타운 79, 88
제 칠일 안식교 347
제퍼슨, 토마스(Jefferson, Thomas) 305, 314
제한속죄 312, 336
제한 속죄론 116
젠틀맨즈 매거진 273
조지아 선교회 246
종교관용 이상 93
종교다원주의 17, 25, 154
종교법 293
종교사 15, 21, 155, 174, 224
종교의 유추 154, 170, 171
종교의 유추, 자연종교와 계시종교 170
종교의 자유 17, 22, 31, 37, 39, 40, 41, 48, 66, 69, 88, 90, 92, 93, 97, 104, 115, 303, 306, 307
종교적 관용 21, 22, 23, 115, 162
종교적 낙관주의 308
종교적 실용주의 184
종교적 열정 214, 242
종교적인 기만 182
종교적인 원리 174
종교적인 확신 168, 177
종교 전쟁 21, 22, 48
종교 합리주의의 선조 151
종교화(Sakrlisierung)의 과정 16
종말론적 소망 148
종말론적인 계시관 75

죄악된 인성 98
죄에 대한 정관 101
죄인들의 괴수에게 넘치는 은혜 65
주관주의 신앙 239
주의 군대 73
주일학교 운동 345
중국내지선교회 281
중국 선교의 아버지 281
중생 124, 183, 190, 191, 198, 203, 204, 222, 223, 334, 336
중세의 이념 15
중요한 소명 242
지고선(summum bonum) 182, 225
지동설 16, 129
지성주의 141, 208, 353
직관이성 144
진리를 진정으로 사랑하는 자 144
진리에 대하여 152
진리의 공표자 73
진실된 회심 90
진실에 관하여 142, 153
진정한 종교의 본질 126
진젠도르프, 니콜라우스(Nicholaus Ludwig, count von Zinzendorf) 201
진화론 20
쯔빙글리의 개혁사상 112
찌겐발크, 바돌로매우스(Ziegenbalg, Bartholomaeus) 277

[ㅊ]

찰머스, 토마스(Charlmers, Thomas) 304
찰스 1세(Charles I) 57, 58, 59, 61, 260
찰스 2세(Charles II) 64, 65, 70, 96
참된 기독교 192
창조만큼이나 오래된 기독교 154
채닝, 에드워즈(Channing, Edward T.) 313
처치(Church, Richard W.) 296
천년왕국 사상 205, 206
천동설 16, 129
천로역정 65
천부적 이성의 개념 170
철학 원리 131
철학적 사색 157
철학화의 법칙 145
첩, 토마스(Chubb, Thomas) 173
청교도 운동 27, 29, 49, 50, 51, 52, 61, 62, 64, 66, 67, 68, 69, 70, 78, 102, 104, 189, 190, 240
청교도적 경건주의 67, 68
청교도풍 101, 222
청교도 혁명 31, 305

체버리의 허버트(Herbert of Cherbury) 142
체험신앙 269
체험의 종교 74, 269
쳄니쯔, 마틴(Chemnitz, Martin) 110, 117
초자연적 신비에 대한 진정한 감정 299
촌시, 찰스(Chauncy, Charles) 223, 311
최고선(supremum bonum) 182
최종적인 권위 51, 53, 130
최초의 감리교 연회 253
최초의 감리교 협회 253
최초의 장로교 대회 229
최초의 침례교 93
추론적 의식(illative sense) 168
축자 영감 110
취리히 합의서 112
칠링워드, 윌리엄(Chillingworth, William) 134, 151
친구들(Friends) 73
침례교 선교회 277
침례교 원리 94
침묵의 빌헬름 43
칭의 문제 265
칭의에 대한 강의 301

[ㅋ]

카를 5세(Karl V) 22, 32, 33, 34, 35, 38, 42
카브리요, 후안 로드리게스(Cbrillo, Juan Rodriguez) 82
카트라이트, 토마스(Cartwright, Thomas) 51, 55
카트라이트, 피터(Cartwright, Peter) 334
카튼, 존(Cotton, John) 101
칸세르, 프라이 루이스(Cáncer, Friar Luis) 80
칸트, 임마누엘(Kant, Immanuel) 25, 177, 178, 179
칼로프, 아브라함(Calov, Abraham) 119
칼릭투스, 조지(Calixtus, George) 118
칼빈의 방법론 111
칼빈주의 17, 18, 22, 31, 32, 36, 37, 38, 39, 40, 41, 42, 43, 44, 45, 46, 48, 50, 51, 52, 58, 60, 62, 66, 67, 93, 94, 95, 98, 102, 110, 111, 112, 113, 114, 115, 116, 119, 122, 166, 169, 174, 190, 191, 213, 214, 217, 218, 219, 220, 221, 222, 223, 224, 226, 227, 231, 234, 238, 254, 255, 256, 257, 258, 259, 260, 267,

268, 278, 305, 308, 309, 311, 312, 313, 316, 321, 322, 323, 325, 327, 328, 329, 330, 331, 332, 334, 335, 336, 337, 340, 341, 342, 346, 350, 351, 352, 353
칼빈주의 감리회 258
칼빈주의 대 알미니안 논쟁 113
칼빈주의 부흥운동가 213
칼빈주의 수정판 321
칼빈주의의 전적부패 교리 308
칼빈주의 청교도운동 332
칼빈주의 총회 42
칼빈주의 침례교회 93, 94
칼빈파에 대항하는 항의서(Remonstrance) 114
캇시러(Cassierer, Ernest) 145
캠프 집회 318, 319
컬럼비아 신학교 340
케리, 윌리엄(Carey, William) 270, 271, 277, 278, 280, 281
케블, 존(Keble, John) 296
케인릿지 부흥회 318
케직 사경회 운동 207
케플러, 요하네스(Kepler, Johannes) 130
켁커만, 바르톨로메(Keckermann, Bartholomäus) 120, 121
켄데일, 로버트(Kendall, Robert T.) 18, 110
켐피스, 토마스 아(Kempis, Thomas á) 240, 241, 242, 268
코네티컷 선교회 344
코네티컷 신학교 322, 323
코네티컷 이반젤리칼 매거진 344
코로나도, 프란시스코(Coronado, Francisco Vasquez de) 81
코르톨트, 크리스티안(Kortholt, Christian) 195
코른헤르트, 디르크 폴케르츠존(Coornhert, Dirck Volckertszoon) 113
코우크, 토마스(Coke, Thomas) 261, 332
코페르니쿠스, 니콜라우스(Copernicus, Nicolaus) 129
콕세이우스, 요한네스(Cocceius, Johannes) 67, 99
콜럼버스, 크리스토퍼(Columbus, Christopher) 79
콜리지, 사무엘(Coleridge, Samuel T.) 303
콩도르세(Marquis of Condorcet) 148
쾨니히스베르그 178
퀘벡 83, 85, 86, 314
퀘이커교 70, 73, 74, 76, 77, 91, 95, 96,

97, 274, 275, 341
퀘이커 동우회 342
퀘이커 운동 27, 29, 70, 72, 73, 74, 341, 342
퀘이커 운동의 모토 72
퀸 앤 전쟁 84
큉, 한스(Küng, Hans) 14
크라이스트 처치 대학 241, 243
크래그, 제럴드(Cragg, Gerald R.) 21
크롬웰, 올리버(Cromwell, Oliver) 61
크룸비데(Krumwiede, Hans-Walter) 150
크뤼데너, 바로네스 폰(Krudener, Baroness von) 206
크리스마스 대회 262, 332
크리스티나 여왕 88
크리스티안 4세(Christian IV) 47
클락(Clarke, John) 95
클래런던법(the Clarendon Code) 74
클랩, 토마스(Clap, Thomas) 223
클레이톤, 존(Clayton, John) 245
키취, 엘리아스(Keach, Elias) 233
킬링워드, 토마스(Killingworth, Thomas) 233
킹스 채플(King's Chapel) 310, 311
킹슬리, 찰스(Kingsley, Charles) 303
킹 윌리엄 전쟁 84, 89
킹 조지 전쟁 84

[ㅌ]

타락 전 예정론 18, 60, 111, 114, 116
타락 후 예정론 17, 60, 114
타일러 대 테일러 논쟁 322
타일러, 베넷(Tyler, Bennet) 320, 322
타폰, 데이빗(Tappan, David) 223
테넨트, 길버트(Tennent, Gilbert) 26, 216, 230, 232, 235, 257
테넌트, 윌리엄(Tennent, William) 26, 230, 232, 257
테르스테겐, 게르하르트(Tersteegen, Gerhard) 191, 206
테일러, 나다니엘(Taylor, Nathaniel) 226, 320, 321, 328, 330, 339, 353
테일러리즘 322, 323
테일러, 제레미(Taylor, Jeremy) 240
테일러, 토마스(Taylor, Thomas) 189
테일러, 허드슨(Taylor, Hudson) 281
토마스 버나드 275
토마시우스, 크리스티안(Thomasius, Christian) 158
톨랜드, 존(Toland, John) 25, 153, 154
톨룩, 프리드리히(Tholuck, Friedrich) 207
통일령(Act of Uniformity) 52, 92

튜레틴, 베네딕트(Turretin, Benedict) 112
튜레틴, 프랑수아(Turretin, Francois) 108, 112, 340, 341
트랙 90 297
트뢸취, 에른스트(Troeltsch, Ernst) 13
트렌트 종교 회의 292
티크노르, 조지(Ticknor, George) 313
틴달, 매튜(Tindal, Matthew) 154
틴데일, 윌리엄(Tyndale, William) 51
틸리히, 폴(Tillich, Paul Johannes) 143, 154
틸링크, 윌리엄(Teellink, Willam) 190

[ㅍ]

파도버, 사울(Padover, Saul Kussiel) 314
파두아의 마르실리오(Marsiglio of Padua) 287
파리조약 86, 314
파비아 전투 38
파싸우 조약(Passauer Vertrag) 35
팍스, 조지(Fox, George) 27, 29, 70, 71, 72, 73, 74, 76, 77, 96
팔쯔선제후국 45
팔, 크리쉬나(Pal, Krishna) 279
팬덱태 248
퍼킨스, 윌리엄(Perkins, William) 57, 67, 99, 110, 189
페랄타, 페드로(Peralta, Pedro de) 81
페르난도 알바레스(Fernando Álvarez de Toledo) 43
페르디난트 2세(Ferdinand II) 32, 46, 47, 48
페르디난트 3세(Ferdinand III) 48
페이버(Faber, Frederick W.) 297
페터레인 협회 250, 251
페터르센, 요한(Petersen, Johann W.) 205
펜들 힐 73
펜실베이니아 70, 77, 89, 95, 96, 97, 98, 202, 230, 232, 306, 308
펜, 윌리엄(Penn, William) 70, 76, 96, 97
펠리페 1세(Philip I) 32
펠리페 2세(Philip II) 42, 43, 44
펠리페 3세(Philip III) 44
펠, 존(Fell, John) 241
평화의 계약 72
포카혼타스(Pocahontas) 89
포트 오렌지 87
포트 캐롤라인 80
폭군방벌론 40
폴란드 형제단(Polish Brethren) 125
푸시, 에드워드(Pusey, Edward B.) 296, 297, 298, 299, 300, 302
풀러, 토마스(Fuller, Thomas) 57

품성과 국가 정신에 관한 논문 156	하나님의 부성(fatherhood) 311	호킨스, 존(Hawkins, John) 104
프라우드, 리차드(Froude, Richard H.) 296, 297	하나님의 섭리의 기적적인 발판 198	혼란과 속임 286
프라이, 엘리자베스(Fry, Elizabeth) 275, 276, 277	하나님의 영의 사역의 두드러진 특징들 220	혼합주의 117, 118, 119
	하나님의 형상 120, 169, 265	홀데이브, 로버트(Haldabe, Robert) 304
프랑수아 1세(François I) 33, 37, 38	하늘 왕국의 열쇠 101	홀데인, 제임스 알렉산더(Haldane, James A.) 304
프랑수아 2세(François II) 39	하늘의 만찬 302	홀데인 형제단 206
프랑스 대 인디언 전쟁 84, 86	하늘의 불 319	홀라츠, 데이비(Hollaz, David) 120
프랑스식 가톨릭 23, 37	하버드 대학 90, 91, 213, 214, 223, 224, 229, 310, 311, 312, 313	홀리클럽 243, 245, 246
프랑스의 식민지 개척 83, 84	하우길, 프랜시스(Howgill, Francis) 73	홀바흐(Baron d'Holbach) 146
프랑스 혁명 20, 21, 25, 26, 27, 28, 50, 139, 141, 144, 157, 163, 270, 283, 284, 285, 286, 287, 289, 293, 305, 351, 372	하워드, 존(Howard, John) 276	홈스, 올리버(Holmes, Oliver Wendell) 313
	하이델베르그 요리문답 45	홉스, 토마스(Hobbes, Thomas) 135
	하인리히, 오토(Heinrich, Otto) 45	홉킨스, 사무엘(Hopkins, Samuel) 224, 225, 230, 316
프랑케, 고틸프(Francke, Gotthilf A.) 198	하임스, 조수아(Himes, Joshua V.) 346	
프랑케, 아우구스트(Francke, August H.) 26, 192, 194, 195, 196, 197, 198, 199, 201, 202, 208	하펜레퍼, 마티아스(Hafenreffer, Matthias) 118	화이트, 엘렌(White, Ellen G.) 346
	한, 요한(Hahn, Johann M.) 205	홧틀리, 리차드(Whately, Richard) 297
프랭클린, 벤자민(Franklin, Benjamin) 214, 256, 308	할레대학 161, 195, 197, 198, 201	홧틀리, 윌리엄(Whately, William) 189
		회의주의 37, 124, 156, 173, 174, 176, 177, 178, 300
프레스톤, 존(Preston, John) 99	할레비, 엘리(Halévy, Élie) 270, 271	회중교회 49, 54, 62, 65, 90, 91, 95, 97, 98, 101, 215, 217, 228, 280, 304, 315, 316, 323, 335, 338, 339, 342
프리드리히 3세(Friedrich III) 45	할레의 경건 194, 202	
프리드리히 4세(Friedrich IV) 46	합리주의 22, 24, 26, 27, 48, 69, 119, 125, 126, 134, 137, 138, 144, 145, 146, 151, 152, 153, 159, 160, 162, 164, 165, 169, 173, 176, 178, 182, 184, 189, 207, 209, 220, 227, 286, 292, 300, 314, 321	
프리먼, 제임스(Freeman, James) 310, 312		후계몽주의 305
		후천년설 17
프린스톤 신학교 17, 230, 340, 341		후커, 토마스(Hooker, Thomas) 101
프린츠, 요한 비외른손(Printz, Johan Björnsson) 87		후터, 레온하르트(Hutter, Leonhard) 117
		훈니우스, 니콜라스(Hunnius, Nikolaus) 118
프릴링하이즌, 데오도레(Frelinghuysen, Theodore) 26, 207	합성적 순서(ordo compositivus) 121	훈니우스, 에이기디우스(Hunnius, Aegidius) 117
프톨레믹(Ptolemaic) 129	핫지, 찰스(Hodge, Charles) 113, 340	
플라벨, 존(Flavel, John) 219	해녀 모어 275	휫필드, 조지(Whitefield, George) 19, 195, 209, 212, 213, 214, 230, 235, 246, 251, 255, 256, 259, 352
플로리다 79, 80, 81, 83, 84, 86, 314	햄프든 시드니 대학 319	
	햄프든(Hampden, Renn D.) 297	
플리머스 형제단 303	행위로 증명하는 믿음 193	
피니식 부흥운동 방법 329	행위 언약 60	
피니의 신학 329	허친슨, 앤(Hutchinson, Anne) 102	흄, 데이빗(Hume, David) 25, 155, 164, 173, 175, 178
피니, 찰스(Finney, Charles G.) 207, 325, 326, 328, 330, 343, 352, 353	헌팅던 백작 부인 셀리나 259	
	헤르더(Herder, Johann G.) 137	흠정역 성경(KJV) 56
피셔, 메리(Fisher, Mary) 73, 96	헤른후트 194, 202, 203, 250	힉스, 엘라이어스(Hicks, Elias) 76
피우스 7세(Pius VII) 289, 290	헬름슈테트 학파 118	
피우스 9세(Pius IX) 291, 292, 293	헷세의 필립(Philip of Hesse) 32	
핀리, 사무엘(Finley, Samuel) 232	헹스텐베르그, 에른스트(Hengstenberg, Ernst) 207	
필라델피아 대회 231, 232, 315	현대 선교의 아버지 280	
필라델피아 침례교 연맹 233	현대 에큐메니칼 운동 303	
필립 왕의 전쟁 212	현대 정신의 해방 13	
핌, 존(Pym, John) 59	현상의 지식 179	
	현세적 문화를 즐기려는 경향 141	
[ㅎ]	현자 나탄 138, 162	
하나님의 놀라운 역사에 대한 신실한 이야기 215	형식주의 54, 208, 209	
	호마루스, 프란시스쿠스(Gomarus, Franciscus) 113	
하나님의 놀라운 일의 서술 214	호민관 제도 61, 62	

한국기독교사연구소 출간도서

한국교회와 민족을 깨운 평양산정현교회

편하설, 강규찬, 조만식, 주기철 같은 걸출한 인물을 배출했던 평양산정현교회는 광복 전 40년간 부흥운동, 기독교민족운동, 신사참배반대운동, 공산정권에 대한 저항운동의 보루로서 겨레와 함께한 교회였다. 본서는 한국교회와 민족과 사회에 지대한 영향을 끼쳤던 평양산정현교회를 조명하여 민족부흥의 기치를 올리고자 했다.

박용규 지음
2006
신국판 양장
423쪽
17,000원

강규찬과 평양산정현교회

본서는 한학자, 기독교민족운동가, 목회자로 한국교회의 중요한 족적을 남긴 강규찬 목사를 조명한다. 그의 영향으로 산정현교회가 조만식 선생과 같은 많은 민족지도자들을 배출할 수 있었다. 본서를 통하여 교회가 민족과 사회에 대한 책임을 어떻게 감당해나가야 할지를 통찰을 얻게 될 것이며, 강규찬 목사와 그 시대 중요한 인물들을 만날 수 있을 것이다.

박용규 지음
2011
신국판
368쪽
12,000원

평양대부흥이야기

본서는 지난 100년 동안 한국교회가 놀라운 영적 생명력을 유지할 수 있었던 원동력인 한국의 오순절, 1907년 평양대부흥운동에 대하여 잘 소개해 주고 있다. 1907년 1월 평양 장대현교회에서 시작된 강력한 성령의 역사인 평양대부흥운동에 대한 관련 자료, 선교사들의 생생한 보고서와 서신과 중요한 문헌들을 담고 있는 이 책을 통해 다시금 한국교회에 부흥운동의 역사를 소망해 볼 수 있을 것이다.

박용규 지음
2013
신국판
182쪽
10,000원

평양노회 지경 각 교회 사기

평양노회는 한국장로교의 중심축이다. 평양대부흥운동이 일어난 곳이고, 평양장로회신학교가 위치한 곳이며, 신사참배를 결정한 곳이다. 영광과 치욕의 역사를 그대로 간직하고 있다. 그 같은 평양노회에 속한 교회의 소중한 역사가 이 책 한권에 그대로 녹아 있다. 당시 평양교회의 산 증인 강규찬, 김선두, 변인서는 평양노회의 교회들의 역사를 생생하게 그려냈다.

강규찬, 김인두, 변인서 편집
2013
신국판
260쪽
10,000원

총회 100년, 한국장로교회 회고와 전망

본서는 2012년 총회 설립 100주년을 맞아 한국장로교를 대표하는 여러 장로교신학교의 역사신학교수들이 지난 100년의 총회 역사, 신학, 논의를 심도 있게 논의하고 발표한 논고들이다. 성경관, 통일문제, 사회참여, 연합운동, 교회분열과 연합 등 다양한 주제들이 다루어졌다. 본서에서 기고자들은 지난 100년의 장로교 역사를 회고·진단하고 앞으로의 방향을 제시할 것이다.

박용규, 이은선 편집
2014
신국판
442쪽
15,000원

조선예수교장로회사기 (상)

한국장로교 역사를 독노회 이전부터 총회가 설립되기 전까지 노회록에 근거하여 객관적이고 체계적으로 정리한 책이다. 조선예수교장로회 사기 上은 총회가 엄선한 위원들이 중심이 되어 기술된 이 분야의 가장 권위 있는 저술로 한문으로 되어 있다. 초판의 편집상의 문제점을 보완하고 현대 독자들이 쉽게 접할 수 있도록 한문에다 한글로 토를 달고 세로쓰기를 가로쓰기로 바꾸고 색인도 첨부하였다.

차재명 편저
2014
신국판
448쪽
20,000원

조선예수교장로회사기 (하)

1912년, 제 1회 총회부터 1923년, 제 12회 총회까지의 장로교 역사를 총회록을 중심으로 기술하였다. 함태영을 비롯한 위원들이 기술하였고 1930년에 교정이 완료되었지만 일제하에 출판을 하지 못하다가 백낙준 박사가 오윤태 목사로부터 원고를 입수하여 1968년에 출간하였다. 초판의 편집상의 문제점을 보완하고 세로쓰기로 된 것을 가로쓰기로 하고, 선교사의 영어 이름을 삽입하고, 색인을 만들어 가독성을 높였다.

양전백, 함태영, 김영훈 편저
2017
신국판
767쪽
30,000원

세계부흥운동사 개정판

본서는 신구약성경과 지난 2천년간의 세계기독교회사에 나타난 놀라운 부흥운동, 영적각성운동 역사를 심도 있게 조명한 책으로서, 세계 각국의 개인, 교회, 민족 가운데 일어난 놀라운 성령의 역사를 생생하게 접할 것이다.

박용규 지음
2016
신국판 양장
1153쪽
55,000원

교회사총서 4 근대교회사

1648년 베스트팔렌 조약부터 1789년 프랑스 혁명과 1861년 남북전쟁에 이르는 이성과 자율의 시대 세계근대교회사를 통시적인 안목을 가지고 재구성한 책으로서, 종교개혁 이후 급속한 변천을 맞은 이 시대 세계 기독교의 역사, 중요사건, 인물을 흥미있게 만날 것이다.

박용규 지음
2016
신국판
394쪽
23,000원

교회사총서 1 초대교회사

세계초대교회 배경부터 5세기에 이르는 세계초대교회사를 원자료에 근거하여 재구성한 책으로 초대교회 박해, 속사도, 기독교 변증가, 이단의 발흥, 삼위일체논쟁, 기독론논쟁, 어거스틴을 비롯한 초대교회 사상가들, 수도원제도, 교황제도와 세계선교 사건을 생생하게 만날 것이다.

박용규 지음
2016
신국판
621쪽
32,000원

자연과학으로부터의 반기독교적 유추

한국이 낳은 가장 위대한 신학자 중 한 명인 죽산 박형룡 박사의 박사학위 논문을 번역한 책이다. 자연과학으로부터의 반기독교적 유추를 논박하기 위해종교, 성경, 하나님의 존재, 하나님의 사역, 인간의 본성에 관한 고등개념, 죄와 구원이라는 여섯 가지 중심 주제를 제시하며 내용을 전개한다. 학위 논문의 각주와 참고문헌을 현대적으로 다듬었고, 내용 전개 과정에서 생략된 순서를 재조정하였으며, 독자들을 위해 색인을 추가하였다.

박형룡 지음
2016
신국판
300쪽
12,000원

한국기독교회사 1: 1784-1910

저자는 한국과 외국에 흩어진 방대한 자료를 수집하여 1784년부터 1910년까지 한국교회의 모습을 생생하게 담아냈다. 본서에는 한국에 파송된 선교사들의 신학과 신앙, 그들이 남겨준 신앙의 발자취와 결실들이 생동감 있게 그려져 있다. 한국에 파송된 선교사들이 어떻게 복음의 순수성 계승, 복음전파, 복음의 대 사회적 책임을 선교현장에서 구현했는지를 생생하게 만날 것이다.

박용규 지음
2017
신국판 양장
1091쪽
55,000원

한국기독교회사 2: 1910-1960

저자는 1910년부터 1960년까지 반세기 동안 한국교회의 모습을 신학적으로, 역사적으로, 사회문화적으로 균형 있게 고찰하였다. 독자들은 한국교회의 조직부터 해외선교운동, 105인 사건과 3.1독립운동 같은 기독교민족운동, 사회계몽운동, 신사참배반대운동, 해방 후 남북한 교회의 재건과 갈등에 이르기까지 한국교회의 진 모습을 만날 것이다.

박용규 지음
2017
신국판 양장
1151쪽
55,000원

한국기독교회사 3: 1960-2010

한국교회는 한국근대화의 주역이었다. 1960년 4.19혁명과 5.16군사정변이후 급속하게 전개되는 한국사회의 변화 속에서 한국은 민주발전, 경제발전, 세계화를 이룩했다. 본서는 혁명과 정체성파악, 대중전도운동과 교회성장, 전환기의 교회, 복음주의운동과 해외선교, 도전받는 교회, 새로운 밀레니엄 시대의 한국교회를 심도 있게 다루었다.

박용규 지음
2018
신국판 양장
1284쪽
58,000원

제주기독교회사

제주선교는 평양대부흥의 결실이다. 평양대부흥의 주역 이기풍이 제주도에 파송 받아 복음의 불모지 제주에 복음의 씨앗을 뿌리고 오늘의 기적을 가능케 했다. 비운의 땅 제주의 역사는 수난의 역사였다. 그러나 복음이 들어간 후 제주는 희망의 섬, 영광의 땅, 태평양으로 나아가는 세계화의 길목으로 바뀌었다. 본서는 한국 최초의 고난과 영광의 제주기독교통사이다.

박용규 지음
2017
신국판
710쪽
32,000원

개혁주의 신학: 현대 개혁주의 역사

프린스톤신학, 웨스트민스터신학, 화란개혁주의, 남부개혁주의전통과 신정통주의신학 등 미국의 근대개혁주의신학과 역사를 각 분야의 최고의 권위자들이 정확하면서도 심도 있게 그려낸 본서는 개혁주의의 의미를 둘러싸고 발생하는 많은 혼란들을 해결해 줄 것이며, 오늘날 개혁주의가 어떤 의미를 지니는가를 정확히 제시해줄 것이다.

데이빗 F. 웰스 편집
2017
신국판
526쪽
24,000원

기독교역사와 역사의식

기독교 세계관의 근간은 바른 기독교 역사의식이다. 기독교와 역사는 불가분리의 관계를 지닌다. 본서는 이 세상을 살아가는 목회자, 신학생, 그리스도인들에게 기독교 역사에 대한 깊은 안목과 바른 역사의식을 심어줄 것이다.

박용규 지음
2018
신국판
264쪽
12,000원

한국장로교회와 민족운동

한국장로교회는 한국교회의 성장과 발전만 아니라 한국의 근대화에 지대한 공헌을 이룩하였다. 특별히 한국의 민족운동에 끼친 영향은 한 마디로 지대하다. 그럼에도 불구하고 그동안 이 분야에 대한 연구가 매우 부족했던 것이 사실이다. 본서는 풍부한 자료와 균형잡힌 역사해석과 함께 한국장로교회와 민족운동의 관계에 대한 통시적인 안목을 제시해 준다.

이영식 지음
2019
신국판
446쪽
22,000원

성령의 복음

본서는 의사 누가가 기록한 사도행전이 처음부터 마지막까지 성령이 중심 주제가 되어 진행된 성령의 복음이라는 사실을 설득력 있게 제시하였다. 본서는 사도행전이 기록된 당시의 역사와 시대적 환경은 물론 요세푸스, 유세비우스, 크리소스톰을 비롯한 고대 교부들, 존 칼빈, 램지와 브루스에 이르기까지 18-20세기의 고전적인 사도행전 연구서들을 통해 성령의 복음의 진수를 이 시대의 메시지로 재현했다.

박용규 지음
2020
신국판 양장
1212쪽
55,000원

성령의 복음 입문

본서는 성령의 복음의 중심 주제와 핵심 메시지를 알기 쉽게 이야기 형식으로 정리하였다. 본서는 사도행전에 대한 안목과 시각과 적용을 새롭게 만들어 줄 것이다. 독자들은 본서를 읽으면 사도행전에 대한 새로운 안목이 열릴 것이고, 사도행전을 더 깊이 알고 싶은 마음이 생길 것이다.

박용규 지음
2020
신국판
268쪽
12,000원

한국장로교사상사

본서는 한국장로교를 특징 짓는 가장 중요한 중심 주제는 성경의 권위라는 사실을 한국선교 초부터 1959년 예장합동과 예장통합의 분열까지 심도 있게 다루었다. 한국에 파송된 장로교 선교사들은 성경이 영감된 오류 없는 하나님의 말씀이라는 사실을 믿고 확신했다. 이와 같은 성경관은 사경회와 평양장로회신학교를 통해서 한국교회에 그대로 계승 발전되었다. 독자들은 왜 한국교회가 짧은 역사 속에서 놀랍게 성장했는지 그 사상적 배경을 본서를 통해서 만날 것이다.

박용규 지음
2023
신국판
480쪽
30,000원

교회사총서 2 중세교회사

590년 그레고리 1세부터 1517년 루터의 종교개혁이 일어나기 전까지 900여 년의 중세교회 역사를 교황과 대립의 시대라는 시각으로 중세를 한눈에 이해할 수 있도록 정리하였다. 중세를 특징 짓는 교황제도, 이슬람과 기독교의 대립, 동서방교회의 분리, 스콜라주의, 수도원운동과 중세신비주의부흥운동, 종교개혁 이전의 개혁자들, 그리고 르네상스 휴머니즘에 이르는 장구한 기독교 역사를 한 권에 담았다.

박용규 지음
2024
신국판 양장
552쪽
33,000원

평양대부흥운동

본서는 원산부흥운동과 평양대부흥운동, 백만인구령운동 등 한국교회의 일련의 부흥운동을 역사적으로 재구성한 책으로서, 한국교회 부흥운동의 실상과 역사 및 그것이 한국교회 향후의 진로에 미친 엄청난 결과를 확인할 수 있다.

박용규 지음
2024
신국판
752쪽
40,000원

교회사총서 5 현대교회사

1789년 프랑스혁명과 1861년 남북전쟁 이후의 교회 역사를 다룬다. 독일에서 발흥한 고등비평, 영국의 찰스 다윈의 진화론, 칼 마르크스의 공산주의를 배경으로 한 현대주의가 무섭게 역사적 기독교를 위협하였다. 자유주의발흥, 근본주의, 신정통주의, 에큐메니칼운동, 복음주의가 역사에 부상했다.

박용규 지음
2025
신국판
1100쪽
55,000원

교회사총서 3 종교개혁사 (근간)

1517년 10월 31일 마르틴 루터가 종교개혁의 포문을 연 이후부터 1648년 베스트팔렌 평화조약이 체결되기까지 종교개혁운동이 어떻게 발흥하고 전개되고 영향을 미쳤는가를 통시적으로 고찰하였다. 루터, 츠빙글리, 칼빈으로 대변되는 대륙의 종교개혁, 영국의 종교개혁, 급진종교개혁, 프랑스 위그노종교개혁과 네덜란드 종교개혁, 그리고 로마 카톨릭의 반종교개혁으로 이어지는 종교개혁의 흐름을 한눈에 이해하도록 정리하였다.

박용규 지음
신국판 양장

박용규 교수의 저서와 역서 소개

◆ 저서

- 한국장로교사상사. 총신대학교 출판부, 1992, 한국기독교사연구소, 2023(수정판).
- 초대교회사. 총신대학교 출판부, 1994, 한국기독교사연구소, 2016.
- 근대교회사. 총신대학교 출판부, 1995, 한국기독교사연구소, 2016.
- 죽산 박형룡 박사의 생애와 사상. 총신대학교 출판부, 1996.
- 한국교회를 깨운 복음주의 운동. 두란노, 1998.
- 한국교회를 깨운다. 생명의 말씀사, 1998.
- 평양대부흥운동. 생명의 말씀사, 2000. 한국기독교사연구소, 2024(개정판).
- 한국기독교회사 1권 1784-1910, 2권. 1910-1960, 한국기독교사연구소, 2016.
- 평양대부흥이야기. 생명의 말씀사, 2005, 한국기독교사연구소, 2014.
- 평양산정현교회. 생명의 말씀사, 2006.
- 제주기독교회사. 생명의 말씀사, 2008, 한국기독교사연구소, 2017.
- 부흥의 현장을 가다. 생명의 말씀사, 2008.
- 안산동산교회이야기. 큰숲, 2009.
- 강규찬과 평양산정현교회. 한국기독교사연구소, 2012.
- 사랑의교회 이야기. 생명의 말씀사, 2012.
- 세계부흥운동사. 생명의 말씀사, 2014, 한국기독교사연구소, 2016(개정판).
- 한국기독교회사 3권. 1960-2010, 한국기독교사연구소, 2018.
- 기독교역사와 역사의식. 한국기독교사연구소, 2018.
- 성령의 복음. 한국기독교사연구소, 2020.
- 성령의 복음 입문. 한국기독교사연구소, 2020.
- 중세교회사. 한국기독교사연구소, 2024.
- 현대교회사. 한국기독교사연구소, 2025.
- 종교개혁사. 한국기독교사연구소, 2025(예정).

◆ 공저

- 이 땅 부흥케 하소서. 생명의 말씀사, 2004.
- 총신대학교 100년사. 총신대학교, 2002.
- 장로교 총회 100년사. 예장총회, 2006.
- *Accountability in Missions*. Eugene: Wipf & Stock, 2011.
- 총회 100년, 한국장로교회 회고와 전망, 한국기독교사연구소, 2014.

◆ 번역서

- Noll, Hatch. Woodbridge. 기독교와 미국. 총신대학교 출판부, 1992.
- John D. Woodbridge, ed. 인물로 본 기독교회사 상 하. 도서출판 횃불, 1993.
- David Wells, ed. 개혁주의신학. 엠마오, 1993, 한국기독교사연구소, 2017.
- Charles Allen Clark. 한국교회와 네비우스 선교정책. 기독교서회, 1994.
- George M. Marsden. 근본주의와 미국문화. 생명의 말씀사, 1997.
- John D. Woodbridge, ed. 세속에 물들지 않는 영성. 생명의 말씀사, 2004.

    한국기독교사연구소(The Korea Institute of Christian History)는 비영리단체로서 복음주의적이고 개혁주의적인 신앙에 입각하여 한국교회사 전반에 대한 역사, 문화, 출판 사업을 통해 역사의식을 고취하고, 이 시대 복음의 대사회적 문화적 민족적 책임을 충실하게 감당하여 한국교회와 사회 전 영역에 그리스도의 주관을 확립하는 것을 그 목적으로 1997년 7월 14일 창립하였다.

    2004년부터 정기학술세미나를 개최하고 있으며, 2013년 4월까지 57차 정기학술세미나 및 심포지엄을 가졌다. 평양대부흥운동과 한국기독교회사 1, 2, 3을 비롯해 많은 저술을 발행했으며, 홈페이지 www.kich.org(www.1907revival.com)을 통해 평양대부흥운동, 세계부흥운동, 한국교회의 정체성과 이슈를 포함하여 기독교회사에 대한 심도 있고 균형 잡힌 정보를 제공하고 있다. 2021년 좀더 효과적인 사역을 위해 유튜브 '박용규 TV'를 개설하였다.

주   소 : 04083 서울시 마포구 성지길 54 (합정동376-32)
전   화 : (02) 3141-1964 (Fax. 02-3141-1984)
이 메 일 : kich-seoul@daum.net
홈페이지: www.kich.org(www.1907revival.com)
후원계좌: 국민은행 165-21-0030-176 (예금주:한국교회사연구소)
         우체국 104984-01-000223 (예금주:한국교회사연구소)